철학의 개념과 주요 문제

백 종 현 지음

철학의 개념과 주요 문제

백 종 현 지음

철학과현실사

[머리말]

사람마다, 아니 동일한 사람이라도 때와 장소에 따라, 사색과 체험의 정도에 따라, 혹은 이해관계에 따라, 서로 다른 이성(理性) 개념을 갖는 경우가 있다. 사실 이 이성 개념의 차이성으로 인해 고대 · 중세 · 근대 철학의 구분이 있고, 한국 · 독일 · 중국 철학의 구별이 가능할 뿐만 아니라, 누구의 철학, 누구누구의 전기 철학 또는 후기 철학의 분별이 가능하다고 해도 과언이 아니다. 그래서 만약 인류가 단 하나의 이성 개념만을 갖는다면, 그때 인류 세계는 오로지 하나이고, 인류는 '단 하나의 철학'을 갖는다 말해도 무방할 것이며, 몇 가닥의 이성을 가지고 있다면 몇 개의 세계, 몇 가지의 철학이 있다고 말할 수 있겠다. 반면에 어디에서도 도무지 주류적인 '이성'을 찾을 수 없다면, 무슨 철학이 있다고 말할 수가 없을 것이다.

'이성' 개념은, 따라서 '합리성' 개념도 고정적이지 않고 변천한다. 그러나 이성 개념이 형성 변천되는 것이고, 그런 한에서 다의적이라는 말이 그러니까 '세계와 인간의 보편적 질서 원리'라는 이성의 기본적인 의미가 변화한다는 것을 뜻하는 것은 아니다. '세계와 인간의 보편적 질서 원리란 도대체가 없다'고 누가 주장한다면,

그는 반(反) 또는 무(無) 또는 탈(脫) 이성을 말하는 것이고; 그는 곧 반(反)철학을 설파하고 있는 것이다. (어떤 사람들은 반(反)철학도 일종의 철학이라고 주장하기는 한다.) 그러나 누가 '이른바 세계와 인간의 질서 원리로서 이성이란 보편적인 것이 아니라, 단지 상대적인 것이다'고 말한다면, 그는 '이성'이라는 개념을 잘못 사용하고 있는 것이다. '이성'이 다의적이라 함은 '다수의 상대적인 이성이 있다'는 뜻이 아니라, 甲은 A를 세계의 보편적 질서 원리라 생각하는 데 반해 乙은 B를 세계의 보편적 질서 원리라 생각한다는 뜻이다. 그러므로 여기서 '이성'의 두 개념이 대립해 있는 듯 보이나, 그러나 이처럼 '두' 이성 개념이 충돌한다면, 하나는 다른 하나에 대해서 반(反) 내지 비(非) 이성일 뿐, 두 개의 이성이 대등한 원리로서 공존할 수는 없다. 이런 뜻에서 이성은 그리고 진리도, 일반적으로 말해 모든 이른바 '보편적인 것'은 배타적이다. 보편적인 것은 절대적이고, 얼핏 자가당착적으로 보이지만, 그렇기에 배타적이다.

그러므로 누가 '이성' 개념을 정립하고, '합리성'의 근거를 마련한다는 것은 '세계와 인간의 보편적 질서 원리'를 규정한다는 것을 말한다. 그리고 그것은 스스로 철학한다는 것을 뜻한다. 글쓴이는 이런 작업 결과의 일단을 이미 『철학논설: 대화하는 이성』(철학과현실사, 1999)을 통해 발표한 바 있는데, 이 책은 그것에다가 그 사이에 『윤리 개념의 형성』(철학과현실사, 2003), 『사회운영원리』(서울대학교출판부, 2004), 『철학의 주요 개념 1 · 2』(서울대학교 철학사상연구소, 2004[비매품]) 등에서 다루었던 주제들을 덧붙여 논의를 확장한 것이다. 이를 통해 글쓴이는 독자들과 더불어 철학의 개념과 철학의 주요 문제들을 전반적으로 논하면서 철학의 현안들에 대해 좀 더 일관적이고 보편적인 해답을 찾고자 시도하는 바이다.

대화의 소재로 인용하고 있는 많은 양의 철학 고전의 출처는 본문 중 ( )에 바로 제시하되, 번쇄함을 피하기 위해 원전 표기는 대체로 약호로 하고 상세한 것은 [참고문헌]에 제시한다. 그러나 글쓴이가 직접 번역하여 인용하는 원전들 가운데 원전의 체제상 장절 제시만으로 충분하여 면수 제시가 필요 없는 경우에는 특정 판본을 제시하지 않는다. 또한 외국어 원전이라도 인용에서는 모두 한국어로 한다. (물론 필요한 경우 원어를 번역어에 이어 제시한다.) 본래 외국어이던 것을 한국어로 바꾸어 표현하면 어느 정도 의미 변화가 따르는 경우도 있지만, 반면에 한국어가 의미를 더욱더 정확하게 또는 풍부하게 해주는 경우도 적지 않아 손실 못지않게 득도 크다.

그것이 언제 어디에서 누구에 의해 최초로 제기된 것이든 여기서 다루는 문제들은 현대의 인간 사회 문화 형성의 뿌리에 닿아 있는 것들로, 현대 한국 철학의 기본 문제들이기도 하며, 그것들이 그 문제 근원의 해명과 함께 한국 사회의 지평 위에서 한국어로 천착된다면 한국의 문화 향상에 밑거름이 될 것임을 의심하지 않는다. 애당초에 현실과 유리되어 있는 철학적 문제란 없다.

이 책은 여러 사람의 조력에 힘입어 모양을 갖추게 되었다. 임상진 선생은 찾아보기를 만들어주었고, 강지영 선생은 글을 다듬어주었다. 이 자리를 빌려 사의를 표하는 것은 마땅한 일이겠다. 또한 흔쾌히 출판을 맡아주신 철학과현실사의 변함없는 호의와 편집부 여러분의 노고에도 깊은 감사를 드린다.

2007년 3월 1일

靜敬齋에서 백 종 현

[차 례]

제 1 장

철학과 철학함

제 1 절 철학의 개념

'철학'은 무엇을 하는 학문인가? '철학함'이란 무엇을 어떻게 하는 것인가? 철학의 정체는 무엇이며, 철학한다는 게 도대체 무엇에라도 쓸모가 있는가? — 철학에 접하는 많은 사람들은 예나 지금이나 그리고 보통 사람이나 '철학자'라고 일컬어지는 사람이나 자주 이런 질문을 던지곤 한다. 그 첫째 이유는 '철학'에 '학(學)' 자가 붙은 것을 보면 무슨 학문은 학문인 모양인데, 그 말이 지시해 주는 바가 쉽게 파악되지 않기 때문일 것이다.

'학(學)', 다시 말해 '학문'을 무엇인가에 대한 '체계적 이론' 내지는 어떤 '지식의 체계'라고 한다면, 대체 철학이란 어떤, 무엇에 관한 이론 체계인가?

물리학은 사물의 물질적 원리에 관한 이론 체계요, 심리학은 사람의 마음의 원리에 관한 체계적 이론이요, 법학은 법에 관한, 생물학은 생물에 관한 학이며, 정치학이라는 것도 정치에 관한 어떤 종류의 이론 체계이거니 하는 짐작이라도 간다. 그런데, '철(哲)'에 관한 학이라는 것도 있는가, 아니면 '철'하는 활동도 학문 활동이란 말인가? 많은 사람들은 이런 의아심을 가지면서도 명칭만 가지고 철학에 대한 어떤 감(感)을 잡을 수가 없어, '철학'이라는 이름 아래에서 벌어진 일들의 현장, 즉 '철학사(哲學史)'를 되짚어보며 철학의 정체를 파악해 보려 한다. 그러나 철학사 책을 넘겨가면서 이른바 철학자들이 한 일들을 일별해 보거나, 그들 스스로 자기가 하고 있는 일, 즉 철학을 규정한 것을 살펴보면, 그 다양함이 자못 철학자 수만큼이나 됨을 발견하게 된다. 대체 이런 사정은 무엇에서 기인하는 것일까?

> 철학에 대해서는 다음과 같은 것만 말하고 싶다. 즉, 오랜 세월에 걸쳐 뛰어난 정신의 소유자에 의해 철학이 연구되었음에도 불구하고, 철학에는 논쟁의 여지가 없는 것이 하나도 없음을 보고서, 내가 다른 사람들보다 철학을 더 잘할 수 있으리라는 희망을 가질 수 없었다, 그리고 한 가지 것에 대해서는 단 하나의 참된 의견만 있을 터인데, 실제로는 많은 갖가지 의견들이 있으며, 게다가 그것들이 학식 있는 사람들에 의해 주장되고 있음을 보고서, 나는 단지 그럴 듯하게 보이는 것을 모두 거짓에 가까운 것으로 간주했다(Descartes, *Discours de la Méthode*, I, 12).

흔히 만나게 되는 이런 문제점을 염두에 두고서 철학에 대한 규정부터 어느 정도 확실히 해두는 것은 철학적 문제를 이해 · 탐구하고, 철학적 논의에 으레 끼어드는 불필요한, 그뿐만 아니라 철학의 본뜻과 정반대되는, 개념적 혼란을 방지하는 첫째의 일이 될 것이다.

우리가 오늘날 사용하는 '철학'이라는 말은 서양 문화사의 초기 고대 그리스에서 처음 등장한 '필로소피아(philosophia)'의 번역어이다. 그렇다면, 이 '필로소피아'의 본디 뜻은 무엇이던가?

'필로소피아'는 낱말의 형성 순서로 볼 때나 사태의 전개 순서로 볼 때나 필로소포스(philosophos: 지혜를 사랑하는 자, 철학자, 哲人)가 있은 후에 그의 활동(곧, 필로소페인[philosophein]: 철학함)의 결실로서 나타났다. 그런데 대체 '필로소포스'란 어떤 사람을 일컫는가? 이 명칭이 뜻하는 바는, 피타고라스(Pythagoras, 580～500 BC) 또는 헤라클레이토스(Herakleitos, c. 544～483 BC)에 이어 이 낱말을 분명하게 사용했던 소크라테스(Socrates, 469～399 BC)의 다음 말에서 그 대략을 파악할 수 있을 것 같다.

> 파이드로스여, 누군가를 지혜 있다고 일컫는 것은, 내가 보기엔 너무 높이 올라간 것 같고 그런 말은 신에게나 적용하면 적절한 것 같네. 그러나 지혜를 사랑하는 자(philosophos) 혹은 그 비슷한 말로 일컫는다면, 그 자신도 차라리 동의할 것이고, 더 합당할 것 같네 (Platon, *Phaidros*, 278d).

그러니까 플라톤(Platon, 427～347 BC)이 전해 주는 소크라테스의 말에 따르면, '필로소포스'란 완벽한 지식이라는 의미에서의 지혜를 가진 자라기보다는 그 같은 지혜를 사랑하고 추구하며 그에 이르려고 애써 노력하는 자, 그리고 그런 도정에서 참된 즐거움을 얻는 자, 그런 뜻에서 구도자(求道者)쯤을 지칭하는 것이라 하겠다.

> 철학, 즉 지혜에 대한 사랑은 그 순수함과 견실함에 있어서 놀라운 즐거움을 가지는 것처럼 보인다. 그리고 앎을 실제로 가지고 있

는 사람들이 그것을 찾는 사람들보다 더 즐겁게 삶을 영위한다고 말하는 것은 그럴 법하다(Aristoteles, *Ethica Nicomachea*, 1177a 20~1177b 25).

그러니까 '지혜' 그 자체를 가짐이 최상의 상태이기는 하겠지만, 그러나 그것은 거의 신과 같은 완전한 자에게서나 기대할 수 있는 일로, 사람은 기껏해야 '지혜를 찾는' 도정에 있다고 보겠다. 그리고 이런 뜻에서 '지혜를 사랑하는 자'를 우리가 '철인(哲人)'으로 이해하는 것은 유가(儒家)의 전통에서 볼 때도 그럴 듯하다 할 것이다. 우주 삼라만상의 원리(arche)를 통찰하고 있는 자, 그래서 "마음 내키는 대로 행해도 법도에 어긋남이 없는" 자(『論語』 爲政四: "子曰, 吾十有五而志于學 三十而立 四十而不惑 五十而知天命 六十而耳順 七十而從心所欲不踰矩" 참조), 그는 분명히 신인(神人)이며 성인(聖人)이다. 이런 성인 공자(孔子, 552~479 BC)의 으뜸 제자 10명을 '십철(十哲)'이라 칭했고, 그 다음 수준의 사람들을 골라 '칠십이현(七十二賢)'이라 일컬었으니, '철인' 내지 '철학자'는 '현인(賢人)'보다는 좀 더 '도(道)'에 가까이 다가간, 그러나 완전히 도에 이른 성인은 아직 아닌 자를 이름하는 것이었다고 보이기 때문이다.

이런 의미에서의 '철인'의 진리 추구 활동과 그 결실, 곧 '철인의 학문[哲人之學]'을 이제 우리가 '철학'이라고 일컫는다면, 그것은 '필로소피아'의 원래 뜻과 크게 어긋남이 없다 하겠다.

그러나 전통 유가적인 파악에 따르든, 그리스 철학의 이해에 따르든, 이 '철인' 내지 '철학자'라는 고래의 명칭이 오늘날 우리가 말하는 '철학자'와 똑같은 함축을 가질까? 오늘날 의미에서의 물리학자는 지혜 즉 참된 지식을 사랑하는 자가 아니며, 수학자와 역사학자는 그러한 지식을 추구하는 자가 아닌가? 이 반문을 통해 우리가 알 수 있는 것은, 초기 의미에서의 '철학자'는 오늘날 우리의 개념으로는 '학자'에 해당하며, 이에 상응해서 당시의 '철학'은 '학문 일반'을 지칭했다는 사실이다. 그러니까 플라톤, 아리스토텔레스(Aristoteles, 384～322 BC)가 말하는 '철학'은 오늘날의 개념으로는 '학문'에 가깝다. 그리고 이런 개념 사용은 서양의 근대 초까지도 계속되었다. 데카르트(R. Descartes, 1596～1650)에게 있어서도 그러하고, 라이프니츠(G. W. Leibniz, 1646～1716)에게도 그러하며, 뉴턴(I. Newton, 1642～1727)에게도 그러하다. 데카르트는 그의 라틴어 저술 『철학의 원리』(1644)의 프랑스어 번역자에게 보낸 편지에서 "전 철학을 하나의 나무에 비유한다면, 그것의 뿌리는 형이상학이요, 줄기는 물리학(자연학)이며, 가지들은 [⋯] 의학, 역학, 윤리학과 같은 여타 학들이다"라고 말하고 있다(Descartes, *Principes de la philosophie*, Oeuvres IX-2, 14 참조). 그리고 그의 『철학의 원리』는 'I. 인간 인식의 원리들에 관하여', 'II. 물질적인 것들의 원리들에 관하여', 'III. 가시(可視) 세계에 관하여', 'IV. 지구에 관하여' 등의 네 부로 되어 있는데, 여기에다 'V. 동물과 식물의 본성에 관하여', 'VI. 인간의 본성에 관하여' 등을 덧붙이려는 것이 원래 계획이었다. 뉴턴도 근대 물리학의 체계를 담고 있는 그의 저술에 『자연철학의 수학적 원리』(1687)라는 제목을 부여하였으니, 분명히 이때까지만 해도 '철학'은 '학문' 일반을 지칭하고 있었다.

그러던 '철학' 개념이 언제, 무엇이 계기가 되어 의미 변화를 겪게 되었는가? 그것은 근대적 의미에서의 '과학'들의 성립과 함께라고 생각되어야 한다. 서양 학문사에서 그 성립의 과정을 고려할 때나, 그냥 '학(scientia, science)'이라 일러도 무방할 터인데 굳이

'분과학(分科學)'이라 말하는 우리의 이해로 볼 때나, 과학(科學)은 총체학(總體學) 내지는 근본학(根本學), 즉 철학을 전제하고, 또 그로부터 파생되었다. 그렇다면 '철학'이라는 말이 생긴 이래 1,500년 이상 일괄 통칭되던 학문적 작업들, 혹은 학문적 문제들 가운데, 왜 어떤 것들은 '과학적'이라는 명칭을 새로이 얻게 되고, 어떤 것들은 오늘날도 여전히 '철학적'인 것으로 남아 있는가? 그것은 문제의 성격과 그 문제의 해결을 시도하는 방법의 차이에서 연유하는 것으로 볼 수 있다.

인간의 학문적 관심이 싹튼 초기에는 일체의 문제들이 '철학적'이었다. 그것은, 자연에 관해서든 인간에 관해서든 문제와 사태의 근본 원리를 찾으려는 문제의식은 있었으되, 문제 해결을 위한 변변한 수단과 방법을 개발하지 못한 채 암중모색에 머무르고 있었다는 말의 다른 표현이다. 그러다가 어떤 문제와 사태 영역들은 그것들에 접근해 갈 수 있는 비교적 신뢰할 만한 방법들이 개발되었고, 따라서 어느 정도 '객관적'인 논의 영역이 확보되었다. 그래서 이른바 '학문의 부분 영역', '분과 학문' 즉 '과학'들이 생겨났다. 그러니까 과학들이 분과되어 간 이래로도 여전히 '철학'에 머물러 있는 문제 영역들은 그 성격상 이른바 '과학'의 것들과는 다르다는 것을 의미한다. 즉 오늘날의 '철학'은 연구 대상이나 연구 방법에서 수학과도 다르고 과학들과도 다르다. 모든 과학들이 그리고 수학조차도 본래는 철학과 한통속이었고 이로부터 분화되었다고 해서, 오늘날의 수학과 과학이 오늘날의 철학과 동종의 학문이라 생각해서는 안 된다. 물론 그 '뿌리'의 같음과 인간의 지혜의 한계로 인해 그런 여러 과학에도 여전히 철학적 문제가 남아 있어, '과학철학', '사회철학', '법철학', '심리철학' 등등의 영역이 있기는 하지만 말이다. 이러한 '철학'의 변화에 대한 뚜렷한 상황 인식을 18세기 중엽의 '철학자'들은 갖기 시작했다. 그리고 서양 문화사에서 이 시기는 인간의 일반 이성이 '계몽'을 폭넓게 체험하고 있던 때이다.

많은 과학들은 이제 특정한 사람들만이 아는 언어(즉 수학)와 방법(즉 실험, 관찰, 통계), 그리고 그들만이 다룰 수 있는 도구(즉 과학 기기들)를 통해 큰 발전을 하기 시작했다. 그 연구 성과는 놀라웠고, 그것은 '전문가'들에 의해 이루어졌다. 이를 지켜보면서, 여전히 철학적 문제에 관심이 더 큰 학자들은 이제 철학도 전문적으로 연구되어야 함을 새삼스럽게 깨우쳤다. 이로부터 철학의 전문화가 시작되었고, 이것은 철학의 직업화를 낳았다. 그리고 이젠 어느 학문의 영역에서나 학문의 수준 자체가 전문적으로 그리고 직업적으로 몰두하지 않으면 유지될 수 없을 정도에 이르러 있기도 했다.

서양에서 철학의 비조라 일컬어지는 탈레스(Thales, c. 624～546 BC) 이래 18세기 초엽까지 오늘날 우리가 '철학자'라 부르는 사람들에게 '철학'은 사실 그들의 직업 소재가 아니었다. 그들은 대부분 생업이 따로 있거나 필요 없었으니, 말하자면 '철학함'은 그들에게는 '한가(閒暇, schole)'한 생활이었다. 철학사에 남긴 그들의 혁혁한 업적에도 불구하고, 그러니까 그들은 오늘날의 개념으로 말하면 철학의 '아마추어'들이었고, '아마추어' 신분을 또한 유지하려 했다. 고중세의 철학자들은 말할 것도 없고 데카르트, 스피노자(B. Spinoza, 1632～1677), 라이프니츠, 로크(J. Locke, 1632～1704), 버클리(G. Berkeley, 1685～1753), 흄(D. Hume, 1711～1776) 등 근대 철학의 초기 대표자들도 모두 그러했다.

이런 철학사적 전통에다가 아직까지도 '객관성'이 없어 보이는 철학적 논의의 형편 때문에 세상 사람들은 여전히, '철학'은 어느 정도의 지성과 일반적인 일상 체험만 가지면 누구나 할 수 있고, 할 수 있어야 하고, 또 '철학'은 당연히 누구나 알아들을 수 있는 언어로 말해져야 한다고 생각했다. 그러나 이제 그에 대한 '전문가'로서의 철학자들의 생각은 달랐다.

> 여타의 모든 학문에서는 [전문가가 있겠거니 하고] 조심성 있게 침묵으로 관망하는 사람들도 형이상학[철학]적 문제에 관해서는, 다른 학문에 비해 그들의 무식이 뚜렷이 드러나지 않음을 기화로, 대가인양 지껄이고 대담하게 단정한다(Kant, *Prolegomena*: AA IV, 264).

이렇게 칸트(I. Kant, 1724~1804)는 세상 사람들을 비판했고, 더 나아가 그의 후배 철학자 헤겔(G. W. F. Hegel, 1770~1831)은 다음과 같이 철학에 대한 일반인들의 오해를 지적했다.

> 사람들은 하다못해 구두 한 켤레를 만들기 위해서도, 비록 모든 사람이 자기 발에 맞는 구두 본(本)을 가지고 있고 구두를 만들 수 있는 소질이 있다고 하더라도, 구두 만드는 법을 배우고 훈련을 쌓아야 한다는 것을 인정하면서, 유독 철학함에 대해서만은 그러한 연구나 배움 내지는 노고가 필요치 않다고들 말한다(Hegel, *Enzyklopädie*, §5).

이런 생각에서 칸트는, 그 역시 당시 지성인의 사회적 과업인 계몽주의 운동에 앞장섰으면서도, 엄밀한 학적 토대를 닦음이 없이 그런 운동에 나서는 '에세이스트' 내지는 '이데올로그'들을 '통속철학자'라고 일컬어, 자신을 그들과 구별하였다.

요컨대, 이제 철학도 수학이나 과학들과 마찬가지로, 아니 그 문제의 근원성과 보편성, 그리고 난해함과 절실함으로 인해, 더욱더 엄밀히 학문적으로 그리고 전문적으로 연구되어야 할 상황에 놓였다고 칸트는 파악한다. 그리고 이 상황에 창조적 자세로 대응한 최초의 철학자로 우리는 칸트 자신을 꼽을 수 있다.

칸트는 우리가 철학사에서 만나는 대가들 가운데 최초의 직업 철학자, 즉 대학의 철학 교수이기도 하다. 다시 말하면 그는 종래의 여느 철학자들처럼 직업적으로는 다른 일에 종사하면서도 철학적 문제에 관심이 많고 사변력이 뛰어난, 그래서 후세에 큰 연구 성과를 남긴 '아마추어' 철학자가 아니라, 철학함이 그의 생업이었고, 또 오로지 철학에 전념한 최초의 '프로' 철학자이다. 비록 당시의 대학에서 철학을 연구하고 교육하는 '철학부'가, 국가 경영에 직접 필요한 인재를 양성하는 '상부' 학부인 신학부, 법학부, 의학부의 '하부' 학부로서 기초 교양 교육을 염두에 두고 설치되었다 하더라도, 이제 철학은 대학에서 전문적으로 연구되고 교육되기 시작했으며, 칸트는 대학 강단에서 정규적으로 철학을 강의하는 교수였다. 이때쯤 해서 사람들은 학교에서 연구되고 강론되는 '철학'의 개념(즉 '학교 개념')을 만나게 되었다.

물론 일반 시민적 견지에서 볼 때, 철학은 여전히 "인간 이성의 법칙 수립자"(Kant, 『순수이성비판』[*KrV*], A839=B867)이다. 그러니까 철학의 '세계 개념'에서의 철학함의 궁극 목표는 '우리 이성 사용의 최고 원칙'을 찾아내는 일이다. 그러나 이 목표에 도달하기 위해서는 철학이 단계적으로 그리고 체계적으로 연구되어야 한다. 18세기 중엽 철학의 '전문인'들은 철학이란 '개념들에 의한 이성 인식의 체계'라고 규정했다(Kant, *KrV*, A713=B741 참조). 개념들로 이루어진 이성 인식의 체계로서의 철학은 첫째로 '개념들의 구성[作圖]에 의한 이성 인식의 체계'인 수학과 구별되고, 둘째로 '경험적 자료에 의한 인식(cognitio ex datis)'들의 체계인 여타의 모든 과학들과도 구별된다.

이성 인식이란 원리적 인식(cognitio ex principiis), 즉 순수한 선험적 인식을 말하며, 그것은 크게 두 가지로 나뉘는데, 그 첫 번째가 이성의 이성 자신에 대한 인식이요, 그 두 번째가 이성에 의해 순수하게 원리적으로 생각되는 대상들에 대한 인식이다. 그래서 철학은 우선 두 부문을 갖는다. 그 첫째 부문이 이성 자신의 형식에 대한 인식들로 이루어진 '논리학(論理學, logica)'이고, 그 둘째 부문이 순수하고 원리적이되 대상의 실질[실재] 내용에 대한 인식들로 이루어진 '형이상학(形而上學, metaphysica)'이다. 그래서 논리학은 '형식철학', 형이상학은 '실질[실재]철학'이라고 부를 수도 있다.

이와 같은 철학의 본래 문제들의 영역 외에 19세기 이후에는 인간의 대상에 대한 인식 원리를 반성적으로 다루는 '인식론(認識論, Erkenntnislehre)'이 생겼고, 또한 이미 철학에서 분가해 나간 여러 과학들이 여전히 원리로서 필요로 하는 근본에 대한 반성 작업인 사회철학, 법철학, 정치철학, 과학철학, 언어철학, 심리철학, 예술철학, 기술철학, 문화철학 등이 생겨났다. 이것은 인간의 지혜 영역이 확장되어 가는 그만큼 무지(無知)의 영역도 확장되어서 과학의 '발달'로 철학적 문제가 줄어들기는커녕 더욱더 넓고 깊어져 가고 있음을 반영한다 하겠다.

이제 이 같은 학문의 분화 과정과 상호 맥락을 고려할 때, '자연과학'이니 '사회과학'이니 하는 여러 과학의 종가(宗家)이자 근본학(radical science)으로서의 오늘날의 '철학'은, 규정해 보자면, '자연과 인간 사회 문화 제 영역의 최고 원리와 제 영역의 통일 원리를 반성적으로 탐구하는 지적 활동 또는 그 결실'이라 할 수 있을 것이다.

제 2 절 철학의 방법

그러면 이제, 여전히 '과학들'의 문제 영역 밖에 놓여 있는 것으로 보이는 소위 '철학적'인 문제들을 탐구하는 방법으로는 어떤 것이 있을 수 있을까?

일찍이 칸트는 자주 사람들에게 "철학을 배우지 말고, 철학함을 배우라"(Kant, *KrV*, A837=B865 참조)고 강조했고, 이른바 철학하는 사람들이 '내용 없는 개념'을 농(弄)하고 '흉내 내어 얘기'하는 것을 경계했으며, '스스로 생각'하고 '제 발로 설 것'을 요구하였다(Kant, AA XXIX,1.1, 6 이하 참조). 이것은 철학하는 사람에게 있어서는 최소한의 철학하는 자세라고 볼 수 있다.

"철학함을 배운다 함은 자기 이성을 스스로 사용하는 것을 배운다는 뜻이다."(Kant, AA XXIV, 698) 철학의 의의가 '지혜의 추구'에 있다면, 우리는 오로지 자기 이성 사용의 자기 훈련을 통해서만 거기에 도달할 수 있을 것이니 말이다. 그래서 칸트는 "사람들은 단지 문헌에 의한 작업만으로는, 한 저자를 다른 사람에게 소개·강의할 정도로 이해할 수는 있겠지만, 그것만으로는 '어쩌면 저자 자신도 […] 이해하지 못했던' 사태 자체는 투시하지 못한다"(Kant, AA XXIX, 6 이하)고 지적한다. 그러니까 '철학한다'는 것은 단지 역사적으로 남겨진 문헌을 문자에 따라 연구함을 뜻하는 것이 아니라, 스스로 문제가 되는 사태를 관조하고 통찰하고 사색하여 문제성을 드러내거나 문제 해결 방안을 내놓음을 말한다.

그러나 우리는 철학적 문제의 연구에서는 역사적인 문헌들을 결코 소홀히 해서도 안 되고, 소홀히 할 수도 없다. 도대체가 '철학적' 문제라는 것은 사람들이 미처 깨닫지 못한 '문제' 또는 이미 '문제'로 부각은 되었지만 여전히 미결로 남아 있는 문제, 다시 말해 해답은커녕 아직 해답을 얻을 수 있는 방법이나 단서조차도 찾아진 것이 없어 여전히 '설왕설래' 중인 문제가 대부분이기 때문이다. 그래서 우리는 오히려 앞서간 사상가들이 남긴 논설들 가운데에서, 설령 그것이 단지 미로를 헤맨 결과이고 그 안에 착오가 포함되어 있다 하더라도, 인간의 보편적 이성의 모습이 적어도 부분적으로는 드러나 있음을 포착해야 한다. 칸트의 말처럼, "우리가 위대한 발견들 곁에서 분명한 착오들과 마주치게 된다 해도, 이는 한 인간의 실수에서라기보다 오히려 인간 일반의 인간성에서 비롯하는 것"(Kant, AA I, 151)인 경우가 많다. 인간성이라는 것은 고착되어 있고 폐쇄적인 것이 아니다. 착오는, 그것이 나타나면, 이성 자신에 의해 교정되고는 한다. 바로 그렇기 때문에 우리는 '사태 자체'에 대한 관찰 실험 외에도, 기존하는 개개 인간의 주관성에 입각한 이론들 중에서도 보편적 이성이라는 표준 척도에 따라 사태 자체로 전진해 가는 하나의 길을 발견할 수도 있고, 그를 통해 제기된 물음에 대한 답을 얻거나 아니면 물음 자체의 함축이나마 밝혀낼 수도 있는데, 이것 역시 진지한 철학함의 한 자세라 할 것이다. 그러니까 우리는 우리를 앞서간 탁월한, 그러나 서로 상충되는 이론을 주창한 사상가들을 대화시키고, 그 충돌점을 조정하는 방식으로 우리 자신의 생각을 전개시켜 나갈 수도 있다. 이러한 철학 방법을 우리는 '변증법적[대화법적]'이라고 일컬을 수 있으며, 그것은 '철학사 연구'를 통해 '철학 연구'를 할 수 있는 하나의 좋은 방법이다. 우리가 변증법을 '사태의 자기 전개 논리'라고 이해할 때, '이성'도 하나의 사태인 만큼 그 역시 자기 부정을 통하여 전진해 나갈 터이고, '철학함'도 하나의 사태인 만큼 이 역시 철학하는 개인과 개인, 세대와 세대를 이어가며 단계적으로 발전해 간다고 볼 수 있을 것이니 말이다.

그러나 진정 스스로 철학하는 유일한 방법은 '사변(思辨, speculatio)'이다. 철학을 '자연과 인간 만상(萬象)의 궁극적 원리'를 찾는 학적 작업이라 규정하고, 그러면서도 그것이 수학적인 방법으로도 과학적인 방법으로도 달성할 수 없는 것이라 한다면, 철학적인 문제들은 그 성격상, 자명한 진리를 전제하고 거기에서부터 연역(deductio)하는 방법으로나 개별적인 사태들에 대한 관찰을 토대로 보편성을 추리해 가는 귀납(inductio)의 방법으로는 해결을 할 수 없는 것이겠다. 그러하니 결국 우리가 할 수 있는 일은 현상(現象)을 진상(眞相)으로 간주하고, 이 진상을 가능하게 하는 필요충분조건들을 사변적으로, 환원(reductio)적으로 추궁해 들어가는 일이다. 그래서 철학의 본래적 방법은 예나 지금이나 '사변'뿐이라 하겠다. 그리고 이제까지 수많은 철학의 좌절 내지 좌초는 이 '사변'의 지난함에서 비롯한다 해도 과언이 아니다. 사변에 지치기 쉬운 지성은 충분한 근거 없는 교조에 기대어 독단론에 빠지고, 도무지 보편성을 찾아볼 수 없는 예증에 미혹되어 경험주의에 넘어가기 십상이기 때문이다.

제 3 절 철학의 기본 과제

1. 철학의 제일 과제로서 이성 또는 합리성 해명

인간의 지성 활동으로서 철학이 있을 수밖에 없고, 또 철학이 과학이 아니고 끝내 '철학'일 수밖에 없는 이유 중의 하나는, 인간 지성이 본질적으로 제한적인 한에서, 인간에게는 생각의 출발점을 설정하는 문제가 남고, 결국 이런 문제를 감당해야 하는 것은 철학이기 때문이다. 그런 까닭에 철학의 제일의 과제는 인간의 모든 지성 활동의 출발지를 마련하는 일, 곧 '이성(理性)' 개념을 명료하게 하는 것이다.

철학은 언필칭 세상 만상의 궁극의 원리를 밝히는 학문이라 했다. 그렇다면 도대체 그 궁극의 원리, 이치 곧 이성이란 어떤 의미를 가지는 것이며, 어디에서 유래하는가가 무엇보다도 먼저 해명되어야 할 것은 당연한 일이다. 이때 만에 하나 '이성이라는 것은 없다'는 결론에 이르면, 그로써 사실상 철학이 할 일은 없어진다. '철학'의 탐구 과제는 더 이상 없는 것이니 말이다.

인간을 인간답게 만드는 행위 규범으로서 '윤리(倫理)'를 말할 수 있을 때, 윤리의 문제라는 것이 생기는 것이고, 윤리학이 성립할 수 있다. 인간 세상에 도무지 '윤리'라는 것을 말할 자리가 없다면, 윤리학 곧 윤리에 대한 지식 체계가 무슨 의미를 지니겠는가? 또한 사고를 사고답게, 말을 말답게 해주는 원리로서 '논리(論理)'를 말할 수 있을 때, 논리학을 거론할 수 있다. 마음의 이치가 있다고 보므로 심리학이 할 일이 있고, 물질세계를 관통하는 이치가 있다고 생각하므로 물리학의 탐구 대상이 있을 것이다. 마찬가지 이치로 세상 만상을 일관하는 원리인 '이성'이 있다고 생각되는 마당에서만 무엇이라도 이성의 학, 곧 철학이 할 일이 있고, 철학이라는 것이 무엇이라도 할 일이 있을 때 철학이라는 것 자체가 성립할 수 있다. 그리고 철학이라는 것 자체가 존립해야 어느 시대의 철학, 누구의 철학, 또는 '한국의' 철학이라는 것도 의미 있게 말할 수 있다. 그렇다면, 철학의 존립 여부가 거기에 달려 있는 '이성'이란 무엇인가?

2. 이성의 의미

사람들은 흔히 일의 이치를 들어 사리(事理)라 일컫고 하늘의 이치[天理]와 땅의 이치[地理]도 말하며, 수에도 이치[數理]가 있다 말하는가 하면, 글 깨우치는 이치[文理]도 있다 한다. 무엇인가 어떤 종류의 이치가 있다면, 이치에도 상하위가 있을 터이고, 상하가 체계를 이룰 때는 최상위의 이치[原理]를 생각할 수 있을 터이다.

어떤 사람들은 이런 근원적 이치, 이런 원리를 사람 안에서 찾고, 어떤 사람들은 사람 밖에서 찾는다. 사람 안의 원리적 성격을 통칭하여 '이성(理性)'이라 하기도 하고, 사람 밖의 세상 이치를 '천도(天道)'라 부르기도 하며, '천도'는 곧 '이성'이라고 하는 이도 있고, 반대로 '이성'이 곧 '천도'라고 보는 이도 있다. 그러나 어느 경우에든 무엇을 지시하든 '이성'은 인간 및 세상 만물의 보편적 질서 원리를 뜻한다.

개념이 사태와 부합할 때 그 개념은 참답다 할 것이다. 그러나 어떤 개념이 그것의 사태와 부합하는지 어떤지를 판정한다는 것이 쉬운 일은 아니며, 원리적인 개념의 경우에는 그 사태와의 부합 여부를 알아낸다는 것이 아예 불가능하거나 무의미할 수도 있다. 어떤 개념들은 사태에 따라 형성되지만, 다른 어떤 개념들은 오히려 사태를 형성시킨다. 가령 '이성'과 그 가족 개념들 — 도(道), 이(理), 로고스(λόγος), 라티오(ratio), 페어눈프트(Vernunft) 등등 — 이 과연 존재하는 어떤 사태를 표상하는 것인지, 아니면 '이성'의 개념과 더불어 어떤 사태가 형성되는지를 판별한다는 것은 거의 불가능하거나 거의 무의미한 일이다.

'이성' 개념은 긴 세월을 두고 형성되어 왔으며, 그 형성의 역사는 사상의 변천사로 세계관, 인간관, 종교관의 변천 역사와 한 가닥이다. '이성' 개념이 형성 · 변천되어 왔다는 것은 무엇을 말하는가? 그것은 역설적이게도, '이성'의 의미가 불변했음을 말한다. 언제 어디 누구에게나 '이성'은 '세계와 인간의 보편적 질서' 원리를 뜻한다. 그러니까 '이성은 없다', 곧 '세상과 인간 세계에 보편적 질서 원리란 도무지 없다'고 말할 수는 있어도, '이성은 상대적이다'거나 '이성은 다수이다'라고 말할 수는 없다. 다수의 이성이 주장되는 곳이 있다면, 그곳에서는 필경 하나의 주장에 대해서 나머지 주장들은 반(反)이성이나 무(無)이성으로 치부될 것이니 말이다.

이성 개념의 변천은 보편적 질서라는 그것의 의미 변화에서가 아니라, 보편적 질서의 주체 내지는 연원에 대한 견해의 차이 및 변화에서 온 것이라 볼 수 있다. 이성의 주체 파악을 위한 인간의 노고는 인류 문화를 일구는 온갖 노고 가운데에서도 가장 크고 중요한 것이었다. 그래서 우리는 이성의 근원에 대한 기본적인 또는 근본적인 생각이 바뀔 때 시대가 변했다고 평가한다. 고대와 중세, 중세와 근대는 획기적인 정치 · 종교적 사건에 의해서만 구분되는 것이 아니라, '이성'의 의미 파악의 차이로도 구별할 수 있다는 말이다. — '이성' 개념의 변화는 곧 '주체[주관, subjectum]', '객체[객관, objectum]' 개념의 변천을 가져왔으며, 그것의 획기적 변천이 시대를 구별하게끔 만든다고 볼 수도 있다. — 그러하기에 오히려 획기적인 정치 · 종교적인 사건은 '이성'에 대한 생각의 변화와 함께 일어났다고 보는 편이 더 합당할 것이다. 그뿐만 아니라 세계사가 '이성' 개념의 형성과 더불어 시작되었다고 보는 편이 사태에 적확할 것이다. 하나의 이성 아래 하나의 세계가 열리는 것이며, 두 개의 '이성'이 있다면 두 '세상'이 있는 것이다. 우리가 '하나의 우주(universum)'를 말하는 것은 '하나의 이성'을 받아들이기 때문이다.

3. 이성 개념의 형성

한국어 낱말 '이성(理性)'의 문자적 유래는 유송(劉宋)의 범엽(范曄, 398~455)이 쓴 『후한서(後漢書)』의 한 구절(卷六七, 堂錮列伝 第五十七 序: "夫刻意則行不肆 牽物則其志流 是以聖人導人理性 裁抑宕佚 愼其所與 節其所偏 雖情品萬區 質文異數 至於陶物振俗 其道一也")에서 발견할 수 있다. 그러나 이 말은 서양 사상의 유입과 더불어 일단은 그것의 번역어로서 비로소 광범위하게 사용된 것으로, 그 대표적인 서양 원어는 그리스어 λόγos, 라틴어 ratio, 독일어 Vernunft, 영어 reason일 것이다. 그러므로 '이성' 개념의 의미 천착은 저들 개념의 대의 파악에서 출발하는 것이 적절하겠다.

그런데 λόγos, ratio, Vernunft 혹은 reason의 용처(用處)는 매우 다양하므로, 우리가 이것들 모두를 어우르는 말로 '이성'을 택한다 해도, 이성의 의미 영역은 전통적으로 도(道), 이(理) 혹은 성(性)이라 표현되던 것까지에 미친다고 보아야 한다.

그리스어 λόγos는 본디 '모으다', '셈하다', '말하다'를 뜻하는 동사 λέγω의 전성어로서 셈, 계산이라는 기본 의미에서부터 비율, 관계, 추리, 개념적 사고, 고려, 계획, 방법, 설명, 증명, 서술, 이론, 체계, 원칙, 원리, 근거, 학설, 말, 언표까지의 의미를 가지며, 라틴어 동사 reor의 전성명사인 ratio 또한 유사한 의미를 갖는다.

알크마이온(Alkmaion, c. 500 BC)이 "인간은 개념적 사고를 한다는 점에서 여타의 것들과 구별된다"(H. Diels/W. Kranz, *Die Fragmente der Vorsokratiker*, Bd. I, 215, Frag. 1a)는 것을 설파한 이래 일찍부터 인간은 '이성을 가진 동물(ζῶον λόγον ἔχον)'로 규정되었다.

> 우리는 이제 인간의 기능은 이성과 일치하는 혹은 적어도 이성과 분리되지 않은 영혼의 활동이라는 것을 상정할 수 있을 것이다 (Aristoteles, *Ethica Nicomachea*, 1097b 22~1098a 18).

이로부터 '이성'이라는 개념도 그 의미가 차츰 충전되어 갔다. 키케로(Cicero, 106～43 BC)는 "인간은 이성을 나눠 갖고 있기 때문에, 그 이성을 통해 귀결을 예상하고, 사물들의 원인들을 통찰하며, 그것들의 전개 단계들과 이를테면 선행하는 근거들에 무지하지 않다"고 보았으며, 또한 인간은 이성을 통해 "유사한 현상들을 비교하고 결합하며, 현재하는 것과 다가올 것을 연결하며, 전 생(生)의 과정을 쉽게 통찰한다"(Cicero, *De officiis*, I, 4)고 파악함으로써, 이성의 기능을 규정함과 동시에 이성이 인간만의 것이 아님을 지시하였다. 이런 사정의 파악은 "이성적 동물임이 인간의 특성(proprium hominis est esse animal rationale)"(Th. Aquinas, *Summa contra gentiles*, III/1, cap. 39)이라 논한 토마스 아퀴나스(Thomas Aquinas, 1225～1274)에게서도, 자연 상태에서 "이성적일 수 있는 동물(animal rationabile)"인 인간은 자기 형성의 노고를 거쳐 자신을 "이성적 동물(animal rationale)"로 만든다(Kant, AA VII, 321)고 본 칸트에게서도 마찬가지이다.

논리학 교과서에서 개념의 논리적 · 본질적 정의의 한 예로 흔히 '인간은 이성적 동물이다'가 제시될 정도로, 이처럼 이성은 인간만의 고유한 성질로 이야기되기도 하지만, 그러나 옛적에는 이성이란 우주 세계의 질서 자체이며, 이 우주 질서에 인간이 참여하는 한에서 인간은 이성적이라고 이해하는 경우가 더 많았다. 우리는 그 좋은 사례를 고대 중국의 유가나 도가 사상에서도, 고대 그리스와 로마 사상에서도, 오늘날 가히 세계적인 보편적 종교라 할 수 있는 기독교 사상에서도 발견할 수 있다.

『주역(周易)』의 「乾爲天 卦爻辭」에서 "하늘의 법도가 변화하니, 만물은 각기 자신의 본성을 바르게 하면서, 서로 합하여 큰 조화를 보전한다(乾道變化 各正性命 保合大和)"는 언명과 함께, 「계사전(繫辭傳)」(上, 十二)에서는 "형태를 가진 세상 만물을 그릇이라 한다면, 이것을 주재하는 형태 위에 있는 것을 도라고 한다(形而上者謂之道 形而下者謂之器)"라는 규정을 우리는 본다. 경우에 따라서 사람들은 우주 전체의 운행 원리로서의 '도(道)'에 대하여, 이 도의 분수(分殊) 내지는 세목(細目)으로서 개개 사물에 내재하여 각기 그 사물을 주재하는 원리가 '이(理)'라고 구분하기도 하였으나, 그 근본에 있어서 도리(道理)는 하나로 이해되었다.1)

도리는 또한 우주 자연의 운행 원리일 뿐만 아니라, 이 운행 원리를 가늠하여 인간이 그 행실에 있어서 마땅히 지켜야 할 법도이고, 이 법도로 말미암아 인간은 참다울 수 있는 그런 것으로 여겨지기도 하였다. "하늘이 정해 준 바가 본성이며, 본성을 따르는 것이 법도요, 이 법도를 마름질하여 격(格)을 세우는 일이 가르침이다. 법도라는 것은 잠시도 떠나 있을 수 없는 것이니, 떨어질 수 있으면 법도가 아니다(天命之謂性 率性之謂道 修道之謂敎 道也者 不可須臾離也 可離 非道也)"는 『중용(中庸)』의 첫 구절은 그런 생각을 담고 있는 한 예이다. 그뿐만 아니라 고대 그리스와 로마의 철학적 세계관도 이런 생각을 그 출발점으로 삼고 있다.

헤라클레이토스 이래로 고대 그리스 사상가들에게 있어서 로고

1) "太極只是天地萬物之理 [⋯] 萬物之中各有太極 [⋯] 太極只是一道字"(『朱子語類』, 卷一, 一); "道是統名 理是細目"(『朱子語類』, 卷六, 一); "太極在天曰道 此道字以天命流行之道言"(『栗谷全書』, 卷二十, 聖學輯要 二); "理以在物而言 道以流行而言 其實一而已"(『栗谷全書』, 同 窮理 章) 등 참조.

스(λόγos)는 무엇보다도 우주의 원리를 의미했고, 세계는 이성에 의해서 주재되고 있는 것으로 이해되었다. 세계는 온갖 것들의 무질서한 무더기가 아니라 질서정연한 전체 곧 코스모스(κόσμos)이다. 인간 안에 깃든 로고스는 인간에게 진리에 이르는 바른 길을 지시하는 사고의 원리일 뿐만 아니라 윤리적 자세의 척도로도 납득되었다.

플라톤에게 있어서 사고(διανοεῖσθαί)란 영혼이 탐구하고자 하는 대상에 관해 자기 자신과 나누는 대화[말, λόγos]이다(Platon, *Theaitetos*, 189e～190a 참조). 또한 타자와의 대화는 대화 상대자의 영혼으로 하여금 자신과의 대화를 통해 이미 그 자신이 보유하고 있는 진리를 자각하도록 촉발하는 매체이다(*Theaitetos*, 157c 참조). 인간은 누구나 자신 안에 진리의 척도를 지니고 있고, 그렇기 때문에 대화 참여자는 한결같이 중요한 위치를 가지며, 참된 대화를 이끄는 것은 언제나 로고스이다. 이 로고스가 아리스토텔레스에게서는 곧바로 도덕적 정도(正道, ὀρθόs λόγos, recta ratio)이다. 정도를 따라 사는 것이 윤리적 태도이며, 그 정도란 다름 아닌 중용(中庸, μέσos)의 길이다(Aristoteles, *Ethica*, 1138b 18 이하 참조). 도덕적 인간의 징표는 그의 정념(情念)이 로고스의 지도에 따른다는 점이며, 이런 경우에 인간은 최고 완전성에 도달한다. 그런데 아는 자만이 행할 수 있고, 행하는 자만이 진정으로 아는 자인 만큼 인간의 최고 완전성은 그의 이성(λόγos)이 완전하게 발달하는 데에 있다(*Ethica*, 1144b 30 이하 참조). 로고스의 이런 의미는 스토아 사상을 거치면서 더욱 풍부함을 얻는다.

스토아 사상에서 로고스는 일차적으로 세상사를 결정하는 내적 원리로서 우주의 정기(精氣, Geist)로 이해되었다. 그것은 헤라클레이토스에서처럼 불에 비유될 수 있는 질료 원리로서 만물을 주재하는 것이며, 확고부동한 법칙성에 따라 우주의 전개를 이끄는 것이다. 역사는 로고스가 관통하는 이성적 과정이며, 이 우주의 정연한 질서와 단계 내에서 각양각색의 만물은 각기 자기의 위치를 가지며, 인간 또한 마찬가지이다.

그러나 보편적인 이성이 만물을 주재한다는 것이 스토아 철학에 있어서는 만물이 이성을 구유하고 있음을 의미하지 않는다. 자연사물 가운데 인간만이 이성 능력을 갖추고 있다. 그런 의미에서 인간은 '이성적 동물'이다. 이성을 담지하고 있는 개개 인간의 영혼은 보편적 이성의 한 부분들이다(Seneca, *Ad Lucilium Epistulae morales*, Ep. XLI 참조). 인간들 사이에 의견의 일치가 일어난다는 사실은 그들의 이성 능력이 보편적인 이성 능력으로부터 유래하고 있음을 입증한다. 인간은 자연 안에서 최선의 것이다(Seneca, *Naturales quaestiones*, I, 13 참조). 이성은 세상에서 가장 신적인 것이며(Cicero, *De legibus*, I, 22 참조), 그것은 인간과 신들을 연결시킨다(Cicero, *De natura deorum*, II, 62 참조).

행위에 있어서 이성은 도덕적 행위의 규준으로서 곧 자연과 짝을 이루는 것이다. "자연에 맞게 살라(naturae convenienter vive)"는 것이 스토아 철학의 도덕 명령이다. 이것이 뜻하는 바는, 사람은 누구나 세상사를 순리로 받아들여야만 한다는 것이다. 왜냐하면, 세상사란 두루 이성의 지배 아래에 있기 때문이다. 세상에서 되어가는 일을 거부하거나 생(生)에서 발생하는 사건을 수용하지 않는 것은 비도덕적이다. 왜냐하면, 그것은 우주 세계의 이성[合理性]에 대한 도전이기 때문이다. 더 좋은 세계, 더 완전한 세상을 건설한다는 것은 인간의 과제가 아니며, 부질없는 짓이다. 세계의 완전함은 결코 의심할 수 없으며, 그것은 이성을 의심하는 일로, 이성 자체를 의심할 척도는 어디에도 있을 수 없다.

인간이 도덕적 완전성에 이르는 유일한 길은 자기의 이성을 우주의 보편적 이성에 합치시키는 것이다. 모든 비도덕적 행실은 종국에는 우주 질서에 대한 비이성적 반발이다. 이런 반발은 정념의 규제받지 않는 출몰에 기인한다. 그러므로 모든 사람은 각자 스스로 자신을 완전히 이성화하도록 힘써야 한다. 그러니까 인간은 전적으로 로고스가 되도록, 바꿔 말하면, 심정(pathos)의 동요를 완전히 절멸시키도록 전념해야만 한다. 거기에 바로 무감정(apatheia)의 이상이 있다(Diogenes Laertios, *VII*[Zenon], 117 참조). '무감정'이란 단지 정념이 이성에 굴복한다는 의미가 아니라, 정념이 완전히 제거되어 인간이 전적으로 로고스가 되는 것을 의미한다.

자연 자체의 이법(理法)이요, 자연물 가운데 특별한 생물인 인간의 생명 원리이자 사고와 행위의 규준으로 이해되던 이성은 기독교 사상에 와서 당초에는 초월적인 신 안에 그러니까 인간 위에, 그러나 예수의 육화(肉化) 사건을 통하여 드디어는 인간 안에도 있는 것으로 납득된다.

> 태초에 말씀[道, 理性]이 있었다(ἐν ἀρχή ὁ λόγος). 말씀은 하느님[神]께 있었으며, 말씀이 하느님이었다. [···] 만물은 말씀을 통해 이루어지며, 말씀 없이는 한 가지도 이루어지지 않는다. 이루어지는 모든 것들에 있어서 말씀 가운데 생명이 있었으며, 그 생명은 인간의 빛이었다. [···] 그것은 이 세상에 온 모든 인간을 비추는 참다운 빛이었다(『공동번역 성서』, 「요한복음」 1:1~9).

알렉산드리아의 필론(Philon ho Alexandria, 24 BC~AD 50)과 교부들, 그리고 스콜라 철학자들의 이해에 따르면 이제 로고스는 신적인 것이지만 신과 동일한 것이 아니다. 그것은 이를테면 제 2의 신이며, 신과 세계 사이의 일종의 매개자이다. 인간과 신을 이어주는 것도 로고스이다. 로고스는 신의 계시이며, 신을 공표하는 말씀이며, 그 말씀은 인간을 지혜로 인도하고 때로는 강제하고, 약한 자에게 치유를 준다. 인간을 위한 신의 계명으로서 로고스는 올바른 길(ὀρθός λόγος)이며, 사람들의 관습에서 생긴 법과는 대조되는 자연법이다. 신의 형상으로서 로고스는 또한 인간 안에, 곧 지성 안에 자신의 모상(模像)을 가진다. 이런 뜻에서 인간은 신의 형상에 따라 창조되었다.

달리 말하면, 로고스는 세계를 창조한 주(主) 하느님의 세계 창조의 근본틀(forma principalis)이자 운행 원리이며, 그것은 이성 자체 곧 순수 이성(ratio pura)이다. 이 신의 이성(ratio divina)에 인간이 참여(μέθεξις)한 그만큼 인간도 이성적이다. 이런 맥락에서 인간의 이성은 신의 이성과 유사하고 그것의 모상이라 할 수 있다. 그러나 신의 이성과는 달리 인간의 이성은 불완전하고, 그런 점에서 신의 이성과 인간의 이성은 질적으로 다르다. 그럼에도 인간은 자기가 조금 할당받아 가지고 있는 이성의 힘으로 신의 이성의 길을 따라 걸음으로써 신의 은혜를 입어 최선에 이를 수 있다.

4. 이성 개념의 변이

자연에 내재하는 이성, 자연을 주재하는 신의 이성은, 인간도 자연물 가운데 하나인 까닭에 인간을 또한 관통하는 이성이기는 하지만, 인간이 참다운 이성의 주체는 아니고, 그런 의미에서 인간 위에 있는 이성이다. 그러나 근대에 와서 많은 사람들은 이성은 인간의 이성이며, 이성의 주체는 인간이라고 생각하고, 그런 생각은 '계몽(啓蒙)'이라는 이름과 함께 퍼졌다.

> 이성 혹은 양식(良識)이 우리를 인간이게 하고 우리를 짐승과 구별되게 해주는 유일한 것이므로, 그것은 모든 사람에게 온전히 갖추어져 있다(Descartes, *Discours de la Méthode*, I, 2).

'근대' 혹은 '현대'라는 시대 구분을 하면서, 인간이야말로 진정한 이성의 주체라는 생각은 개명된 것이고, 자연 이성 또는 초자연적 이성을 생각하는 것은 덜 깨인 짓이라는 게 광범위하게 납득되었다. 그리고 이런 생각의 철학적 결정판은 아마도 칸트의 『순수이성비판』(1781), 『실천이성비판』(1788), 『순전한 이성의 한계 안에서의 종교』(1793)에서 표현된 이성 개념일 것이다. 칸트의 "코페르니쿠스적 전환"(Kant, *KrV*, BXVI)의 중심에는 바로 이성의 주체에 대한 생각의 대변화가 자리하고 있다.

초월적 이성의 세계 주재 사상은 인간 한계에 대한 절실한 자각과 그 한계의 극복을 타력(他力)에나마 의존하려는 희망을 담고 있다고 볼 수 있다. 기독교 신앙 체계에서 이 '희망'은, 신은 자연 만물의 근원이자 근거이고 주(主)이며, 반면에 그 안에 인간도 포함하는 만물은 신의 피조물로서 세상에 잠시 머무는 객(客)이고, 신이 그의 사업을 하는 데 쓰는 도구적 존재임을 수용해야 하는 대가를 치른다.

신은 만물의 중심이고 그의 이성은 세계의 질서 자체이고, 그런 의미에서 '순수 이성'이다. 신은 또한 자신의 생각대로 자신의 뜻에 따라 만물을 운행한다는 의미에서는 '순수 의지'이며, 진정한 의미에서 '자유(自由)' 자체이다. 진정한 의미에서 자연 만물이 그 존재생성에서 무엇인가로부터 비롯한 것(ens ab alio)이라면, 신은 그리고 오직 신만이 자신으로부터 비롯한 것(ens a se)이니, 신은 만물의 궁극의 원천 곧 자기 원인(causa sui)이고, 이 궁극의 원인은 자연 인과 계열 너머에 있을 수밖에 없으니, 신은 우리 인식에 대해서뿐만 아니라 자연의 존재 생성 계열에 대해서도 초월적인 것이다. 그러므로 그것은 아무런 재료 없이도 있지 않던 것을 있도록 하게 하기도 하고, 이미 있는 것을 달리 있도록 하게 하기도 하고, 있는 것을 없도록 하게 할 수도 있는 순수한 활동(actus purus)이다. 이렇게 이해할 때 '순수 이성'이나 '자유 의지'는 매인 데 없는 존재자 곧 신에게나 타당한 술어라 해야 할 터이다.

그러나 사람들은 '계몽'의 기치 아래 순수 이성과 자유 의지를 인간의 술어로 돌리고 인간을 만물의 주인의 자리에 앉히고자 하였다. 그래서 인간은 '주체(subjectum)'이고 기체(基體, substantia)로 주장되었다. 이 주장의 정점에 칸트가 서 있다.

인간은 철두철미 신체적 존재이고 그런 한에서 자연의 일부이다. 그러나 자연이란 무엇인가? 질료[내용]적으로 볼 때 자연(natura materialiter spectata)은 물질의 집합이지만, 형식적으로 볼 때 자연(natura formaliter spectata)은 수학적-역학적 법칙 체계임을 '계몽된' 자연과학자들은 들춰내 보여주었다. 그런데 수학과 역학의 원리, 그것은 어디에서 연유하는가? 그것은 자명하게도 수학을 하고 역학을 하는 인간, 곧 '나'의 이성으로부터 유래한다. 그러니까 자연의 질서는 궁극적으로 인간의 이성에 기초하는 것이다. 인간의 이성(理性)은 문자 그대로 그에 의해 인식되는 자연의 이치, 원리로 간주된다.

인간 이성이 그것의 형식적 원리인 자연은 인간에게 그러하게 파악된 자연이라는 뜻에서 칸트는 그것을 '현상(Erscheinung)'이라 부른다. 그러나 이 현상은 인간에게 그밖에 달리 있을 수는 없는 현존하는 것 자체 곧 실재이다. 자기비판을 거친 인간 이성은 이른바 '그 자체로 존재하는 사물', '사물 자체'란 우리 인간이 '그 자체로 존재한다고 생각하는 것' 바로 그것임을 안다. 그 자체로 존재하는 것을 그것 그대로 파악하는 인간의 인식 방식이 자연과학이다. 그러니까 이른바 진리의 학문인 자연과학을 통해 존재자는 자기 모습을 그대로 드러낸다. 그런데 자연과학은 인간 이성의 산물이다. 무엇이 그 자체로 존재하는 것인가를 가장 권위 있게 밝혀내는 것은 자연과학인데, 이 자연과학은 있는 것에 대한 인간의 인식 방식인 것이다. 그러므로 무엇이 그 자체로 존재하는 것인가는 인간의 인식 방식에 의존하고 있으며, 적극적으로 말하면 인간의 인식 방식은 '그 자체로 존재하는 것'을 규정하는 것이다. 인간이 모든 실재하는 것을 인식하며, 이 인식을 통해 실재하는 것은 그 실재하는 것으로 정(定)해지고 위치 지어진다. 인간이야말로 모든 실재하는 것의 중심이며, 그런 의미에서 주체이다. 이것은 인간의 학적 인식이란 인간에 독립적인 사물로의 동화(assimilatio ad rem)(Th. Aquinas, *De veritate*, qu. I, art. 1 참조)가 아니라, "그가 그의 개념들에 맞게 사물 안에 집어넣었던 것"(Kant, *KrV*, BXII)을 도출하는 일이다.

자연과학의 성과에 자신을 얻은 인간의 이성은 무엇이 존재하는 것이고 존재하지 않는 것인가를 가려내는 판관(判官)임을 자부하고, 실재하는 것이란 다름 아닌 인간의 이성에게 자신의 모습을 드러낸 것이라 생각한다. 이런 뜻에서 '실재'는 곧 '현상'이다. 그리고 이 현상은 우리 인간에 대하여 나타난 것이란 의미에서 '대상(對象, Gegenstand)'이다. 그래서 이제 '사물'은 그 자체로 있는 것이라기보다는 그것을 인식하는 이성에 대하여 존재하는 것으로 이해되고, 이런 관계는 '인식하는 이성 = 주관, 인식된 대상 = 객관'으로 설정(positio)된다. 그리고 여기서 사물을 있는 그대로 관조(theoria)하고 인식하는 이성은 이론 이성 또는 사변 이성으로 이해되고, 이 이론 이성은 자신이 '이미 갖추고 있는(선험적인, a priori)' 기능에 따라 대상을 인식함으로써 비로소 그 대상을 대상으로 가능하게 하는 주체라는 의미에서 '초월적 주체(transzendentales Subjekt)'라 일컬어질 수 있다(Kant, *KrV*, A346=404 참조).

칸트가 말하는 초월적 주체[관]로서의 이성이 경험에 앞서 이미 갖추고 있는 인식 기능은 그것의 선험적 구조에 기반하는 것으로 다름 아닌 근대의 수학적 자연과학을 가능하게 한 인식 형식을 말한다. 인간 이성은 사물을 시간·공간 질서 위에서 양(量), 질(質), 관계(關係), 양태(樣態)의 개념에 맞춰 인식한다. 우리가 자연 세계를 수학적-역학적 질서 체계로 인식하는 것은 우리의 인식 방식이 시간·공간상의 것만을 감각하고, 그 내용을 수량과 힘의 관계로 정리하기 때문이다. 그러니까 우리 이성은, 무엇인가가 (혹시 신이 보기에는) '있다' 하더라도, 그것이 초시간적·초공간적이어서 감각될 수 없고, 수량적으로 파악될 수 없으며, 힘의 영향 관계로 포착될 수 없는 것이라면, 바꿔 말해 그것을 우리가 인식할 수 없고, 그것이 우리에게 결코 인식되지 않는다면, 그것은 우리에게는 아무것도 아닌 것이며 없는 것이다. 이런 뜻에서 우리가 무엇인가를 인식한다 함은 그것의 무엇임(essentia)과 있음(existentia)의 방식을 규정하는 것이고, 우리에 의해서 이렇게 규정된 것만이 '우리에 대해서 있는 것' 곧 대상(對象)일 수 있는 것이다.

그러나 주관이 존재자의 존재를 규정한다는 것은 어디까지나 형식의 면에서 그러한 것이고, 그렇기 때문에 존재자가 주관에 의존되어 있다 해도 그것은 존재자의 존재 형식, 나아가서 존재자들의 총체인 자연의 법칙 체계의 원리의 면에서만 그러한 것이다. 인간이 자연물의 하나로서 그 안에서 터 잡고 살고 있는 자연은 단지 법칙 체계일 뿐만 아니라 질료적인 자연인 만큼, 인간은 여전히—

적어도 질료적인 면에서는 — 자연에 의존해 있고 예속되어 있음을 말한다. 그러므로 요컨대 인식 주관으로서의 인간은 질료를 수용한다는 점에서는 감수적(sensibel)이고 수동적이다. 그러면서도 수용된 질료를 규정한다는 점에서는 즉 그 질료에 형식을 부여한다는 점에서는 자발적이고 능동적이다. 이런 맥락에서 인간 이성은 굳이 표현하자면 "부분적으로 [자연존재자인] 현상의 창조자"(Kant, AA XV, 조각글 254)이다.

자연 대상을 인식하는 인간의 이론 이성은 주어지는 것을 자신의 인식 방식대로 수용, 하나의 대상으로 규정할 뿐, 자연에 어떠한 변화를 일으키지는 않는다. 그러나 인간은 실천 행동을 통해 자연에 변화를 일으킬 뿐만 아니라, 인간은 특히 도덕 행위를 통해 삶의 조건으로서 자연에서 자신의 이상을 실현하고자 한다.

한편으로는 자연 속에서 자연 존재자로 살고 있는 인간이 다른 한편으로는 사태의 '자연스런' 흐름과는 달리 '마땅히 해야 한다'는 이상(理想)에 따라 행위한다. 이때 '마땅히 해야 함'은 감성적 자연에서는 발견할 수 없는 표상이므로, 그것은 순수한 이성의 이념이라는 것이 칸트의 생각이다.

순수한 이념에 따라 도덕 행위를 주도하는 인간의 힘을 칸트는 순수한 실천 이성이라고 부른다. 순수한 실천 이성은 인간이 인격적 존재자로서 모든 도덕 행위에서 준수해야 할, "너의 의지의 준칙이 항상 동시에 보편적 법칙 수립의 원리로서 타당할 수 있도록, 그렇게 행위하라"(Kant, *KpV*: AA V, 30)는 원칙을 제시하고, "네가 너 자신의 인격에서나 다른 모든 사람의 인격에서 인간(성)을 항상 동시에 목적으로 대하고, 결코 한낱 수단으로 대하지 않도록, 그렇게 행위하라"(Kant, *GMS*: AA IV, 429)는 실천 강령을 자율적으로 세운다.

인간의 도덕적 실천 의지는 오로지 이성이 세운 도덕 법칙에 따라 행위할 뿐 그 행위의 동기에서 어떤 자연적 영향도 받지 않는다. 그 점에서 그것은 자유로운 의지로 이해된다. 그런데 인간의 실천적 행위로서 도덕 행위는 자연 세계에 영향을 미친다. 그러니까 자연에서 일어나는 사건 가운데 어떤 것은 자연 중의 연쇄적·기계적 인과 원인에서가 아니라 도덕적 실천 의지의 자유 원인에서 일어나는 것이 있는 셈이다. 그러므로 이때 실천 의지가 준수해야 할 도덕 법칙을 세운 이성, 이를테면 순수한 실천 이성의 주체인 인간은 자연의 인과 계열 밖에 있다고 볼 수 있다. 이런 이해에서 칸트는 신체적 존재로서 인간은 자연 세계에 속하지만, 도덕적 존재로서 인간은 예지 세계(mundus intelligibilis)에 속한다고 본다.

자연적인 존재자로서 인간은 그의 자연적인 소질로 인하여 자주 감성적 동기에 따르며, 그것은 순수 이성이 세운 도덕 법칙과 흔히 충돌한다. 드문 일이긴 하지만 그러나 때로 인간은 자연적 성향(propensio)을 뒤로 하고 도덕 법칙을 준수하기도 함으로써 그가 자유로운 행위 주체, 곧 인격(persona)임을 보여준다. 이때 우리는 "우리 안에 있는 그 무엇이 수많은 욕구들을 통해 끊임없이 자연에 의존하는 존재인 우리로 하여금 [⋯] 그런 욕구들을 무가치한 것으로 여길 만큼 그토록 높이 고양되도록 하는 것일까?"(Kant, *RGV*: AA VI, 49) 하고 물어볼 수 있다. 이 물음에 대해서 칸트는 "개념적으로는 파악할 수 없는, 신적인 유래를 알려 주는 어떤 (우리 안의) 소질이 심성에 작용해 감동을 일으켜서"(Kant, AA VI, 50) 도덕 법칙을 준수하게 하고, 그렇게 하는 것이 '자연의 궁극 목적'에 부합하기 때문(Kant, *KU*: AA V, 455 참조)이 아닐까 반성하면서, 인간 행위뿐만 아니라 자연 전체를 주재하는 인간 위에 있는 어떤 힘, 질서 원리를 다시금 환기시킨다. 산의 정상에 오르면 이내 내리막길이라던가. 이로써 계몽주의는 그 정점에서 다시 인간 이성 너머의 것을 생각한다. 그리고 이 지점에서 우리는 헤겔의 '세계이성' 내지는 '세계정신'과 마주친다.

자유 없이는 실천 의지도 미적 상상력도 불가능한 것이고, 자유는 현실적으로는 의지를 통해, 이상적으로는 상상력을 통해 현실화한다. 의지와 상상력은 선(善)과 미(美)의 이상이나 전형(典型)을 그리고 지향하며, 인식하는 지성은 진리의 이상을 세우고 그에 이르려고 애쓴다. 그것이 정신의 제 현상, 정신의 자기 전개 과정이다.

정신은 자기정립적이며 자기활동적인 것이고, 그래서 자유이자 주체이므로 본래 무엇에 관하여 상관적이지 않고 상대적이지 않은 절대자라 해야 할 것이다. 그러나 정신이 삼라만상과 인간을 통하여 그 자신을 드러낼 때, 다시 말하면 개념으로서의 정신, 절대자가 매체를 통하여 전개 실현될 때, 그것은 여러 모습[相]을 보이고 그런 한에서 전변(轉變)하고 상대적이다. 그러니까 정신은 실재에서는 이를테면 '상대적인 절대자'라 할 수 있고, 끊임없이 다른 것으로 되어가는 중에서 자기 자신을 세우고 자기 자신에 머무르는 것으로 이해할 수 있다. 정신은 원래 절대자이건만 현실적으로는 상대적이기 때문에 현실적인 정신의 모습은 언제나 가상(假象, Schein)이고 그런 만큼 정신은 본래의 자신을 세우기 위하여, 곧 진상을 드러내기 위하여 자신의 그때그때의 모습을 스스로 부정한다. 그래서 헤겔은 자주 정신이란 "순전히 스스로 하는 운동의 절대적 불안정"(Hegel, 『정신현상학』[*PdG*]: GW9, 100) 또는 "절대적 부정성"이라 말한다.

정신은 현실에서 결코 안정 중에 있는 일이 없으며, "항상 전진하는 운동"(Hegel, GW9, 14) 속에 있다. 그런데 이 전진 운동은 자기 자신을 부정함으로써 이루어진다. 한 계기에서 '진상'으로 현상하는 정신은 다음의 계기에 현상하는 정신에 의해 부정되고 가상으로 전락한다. 그것이 진정한 '진상'이 아니었기에 새로운 현상이 등장할 수밖에 없었다는 점에서 이 부정은 필연적이고, 이 부정은 그러나 바로 정신 자신의 힘이라는 점에서는 자유 자체이다. 자유로서 "정신의 힘은 그것이 표출되는 꼭 그만큼 큰 것이며, 정신의 깊이는 그의 펼쳐냄 중에서 자신을 확장하고 그리고 자신을 상실해 갈 수 있는 그만큼의 깊이를 갖는다."(GW9, 14) 정신에 의한 정신 자신의 이 부정을 통한 확장 운동 과정이 '정신의 생(生)'이며, 정신은 이 끊임없는 자기와 자기의 '분열' 중에서 완성되어 가는 자신을 발견함으로써만, 자신의 진정한 '진상'을 마침내 획득한다(GW9, 27 참조).

정신은 전변 운동을 통해서 자신을 드러내나, 그러나 이 자신을 바꾸어가는 운동 중에서도 정신은 항상 '자기동일성'— 이른바 비동일성의 동일성— 을 유지하며, 자기동일성을 유지한다는 점에서 그것은 불변의 절대자이자 실체이다. 또한 이 절대자는 "살아 있는 실체"(GW9, 18) 곧 '주체'이며, 언표상에서는 '주어'이다(GW9, 18 참조). 전개되는 모든 계기들, 전상(展相)들은 이 주체에 속하는 것이며, 이 주어에 속하는 술어들이다. 속성들은 언제나 주체 내지 기체(基體)인 실체에 속하며, 술어들은 언제나 주어에 속해 있다. 그러나 실체 내지 주체는 속성 없이는 아무것도 아니며, 술어 없이 주어는 결코 표현될 수 없다. 이 속성들이 바로 그 실체는 아니지만, 속성들 곧 전개되는 계기들을 통해서 실체는 그러나 자신의 참모습[眞相]을 드러낸다. 정신의 한 계기 한 계기, 한 전상 한 전상은 정신을 현실에서 드러내고 있다는 점에서 그 각각 진상이지만, 그러나 진정한 "진상은 전체"(GW9, 19)뿐이다. 물론 이 "전체는 그것의 전개를 통해서 완성되는 것이다."(GW9, 19. 또 Hegel, 『논리의 학』[*WL*] I: GW11, 355 참조) 정신은 이렇게 다수이면서 하나[一者]이며, 보편적인 것[普遍者]이고, 이런 의미에서 절대자이다. 이 절대자로서의 정신은 스스로 끊임없이 자기 자신을 부정하는 운동의 주체이며, 이 점에서 자유인 정신은 '달리 되어감'에서 자신임을 유지하고, '달리 있음'에서 '자기와 같음[同一性]을 재생산'해 내는 것이다. 그러므로 정신은 오직 매개적으로만 현상하며, 따라서 실체 내지 주체로서, 그리고 절대자로서 정신이 진정으로 무엇인가는 이 부정 운동의 '종점'에서 비로소 나타날 것이다. 이 '종점'은 정신이 자기 부정 운동을 막 '시작'할 때부터 그러니까 살아 있음을 보일 때부터 '목표'로 가진 '이념[개념]'이자 긴 도정을 매개로 한 '결실'이다(Hegel, GW11, 376 참조).

정신의 자기완성의 긴 도정이 세상의 역사, 세계사이며, 그런 점에서 세계사의 주체인 이 정신은 '세계정신' 또는 '세계이성'이라 부를 수 있다(Hegel, *PdG*: GW9, 25 참조). 그러니까 이 세상, 세계란 세계정신의 자기인식 내용이며, 자기 기투(企投)와 노역(勞役)의 결과이다. 그런데 우리가 아는 한, 이 세계정신의 대표적인 매체는 인간이며, 세계정신은 인간을 통하여, 인간의 대상 인식과 자기인식 그리고 실천을 통하여 가장 잘 발현된다.

헤겔이 세계정신의 탁월한 매체는 인간이고, 인간의 활동을 통해 세계이성이 구현된다고 말할 때, 그 인간의 활동은 대상 의식에 국한되는 것이 아니다. 오히려 대상 의식, 자연 인식 활동보다는 인간의 자신에 대한 의식 즉 자기의식, 따라서 타자의식, 말하자면 타자에 대한 인식과 타자와 관계 맺는 활동에 의해 세계 역사는 전개되는 것이다.

자기의식적 존재자로서 개인은 개체이고, 그런 한에서 그 자기의식은 독립성을 지향하고, 그것은 욕구를 가진 생명체로 현상한다. 이 자기의식은 최초에는 '나는 나이다'라는 순전히 자신을 향해 있음, 스스로 있음(Fürsichsein)으로서 개별자이지만, 이 개별자로서 자기의식은 그에 맞서 있는 또 다른 자기의식을 발견한다. 이 복수(複數)의 자기의식은 서로 독립성을 내세우며 인정(認定) 싸움을 벌인다. 승자는 그 독립성을 인정받고 패자는 노예가 되는 것이다. 그래서 자기의식 사이의 싸움은 생명을 건 투쟁이며, 이긴 자만이 자유를 확보한다.

노예는 자기의식의 독립성을 상실한 자로, 노예는 단지 사물적 존재자들 중의 하나일 뿐이며, 독립성 없이 그러니까 사물처럼 주인에게 종속해 있다. 노예는 주인의 의사대로 움직여야 하며, 노예는 주인이라는 타자의 자아를 자기의 것으로 삼고 있기 때문에, 노예가 하는 행동은 실은 그 주인이 하는 행동이다.

살아 있는 존재로서 자기의식 간의 인정 싸움이 생명을 건 투쟁으로 발전하여 승자와 패자 사이에 주인과 노예의 관계가 형성된다면, 그것은 승자가 힘이 강한 탓이라기보다 패자가 목숨 잃는 것을 두려워했기 때문이라 볼 수도 있다. 예속될 처지에 놓여 있는 자가 생명을 잃는 한이 있더라도 독립성을 지키려 들면, 승자는 있어도 주인은 없을 터이다. 패자가 복종 대신에 죽음을 택하고 나면, 노예는 세상에 존재하지 않을 것이기 때문이다. 그런 만큼 노예는 독립성을 잃고서라도 생명을 지속시키려는 욕구로 인해 생긴 것으로, 노예는 '주인의 노예'라기보다 이를테면 '생(生)의 노예'라 할 수 있다.

헤겔이 말하는 주인과 노예의 관계를 비단 우리는 두 자기의식 사이에서만 발견할 수 있는 것은 아니다. 정념의 노예도 적지 않으며, 저편에 있는 하느님을 주(主)로 받들고 기꺼이 그의 종(從)으로서 영생(永生)을 얻고자 하는 자도 많다. 또한 목숨 부지를 위해 금전[物神]의 노예이기를 마다하지 않는 자도 쉽게 볼 수 있다. 인간 사회에는 이렇게 여러 종류, 여러 형태의 주종 관계가 있으며, 어느 경우에든 한 인간이 종(從)의 위치에 놓이는 한, 그는 자기의식으로서 독립성을 상실하고 사물로 전락한다.

인간에게서 구현되는 이성은 그러나 "이성이 바로 실재성이라는 의식의 확신"(GW9, 133)으로서 모든 실재성과 완전성을 저편의 것에서가 아니라 자기 자신 안에서 찾으려 한다. 의식은 저편의 것 자체를 지양하고 저편의 것 안에서 다름 아닌 자기 자신을 인식한다. 이렇게 이성이 자기 자신으로 복귀할 때, 한 자기의식의 "타자임과의 부정적 관계"(GW9, 132)는 긍정적인 것으로 전환한다. 이제까지 자기의식은 타자나 세계를 대가로 해서 자기 자신을 구하고 유지했다. 그렇지만 "자기 자신을 확인한 이성으로서 자기의식은 세계와 자기 자신의 고유한 현실에 대해서 안정을 되찾으며, 이것들을 짊어질 수 있게 된다. 이와 같이 그의 생각[意識]이 그 자체로 직접적으로 현실임으로써 자기의식은 현실에 대한 이상주의[觀念論]의 태도를 취한다."(GW9, 132) 자기의식이 이런 태도를 취할 때, 이성은 이제 세계에 대해서 그리고 자기 자신에 대해서 완전히 새로운 입장을 보인다. 이 서로 다른 존재 형태들은 상호 공존적으로 간섭하며, 서로 배제하고 제한한다기보다는 그렇게 함으로써 오히려 상호 보완한다.

"이성적 자기의식의 자기 자신을 통한 실현"(GW9, 193)의 최고 형태는 "윤리의 나라"(GW9, 194)이다. 윤리의 나라에서는 주인과 노예의 관계와 같은 개인들 상호간의 일방적 인정이 피해질 뿐만 아니라, 개개인은 전체로 지양된다. 헤겔이 보기에 비로소 여기에서 개개인은 "그들이 각자의 특성을 희생시키고 [전체라고 하는]

보편적인 실체가 그들의 영혼이며 본질이 됨을 통하여 — 이 보편적인 것이 그들 개개인들의 소행이며 그들에 의해서 이루어진 작품이 됨을 통하여 각자가 독자적인 존재자임을 의식한다."(GW9, 194)

윤리의 나라에서 전체와 개인, 개인과 개인 사이의 관계는 한낱 당위적인 것도 아니고, 한 반성하는 이성이 만들어낸 이론적인 것도 아니다. 그것은 전체 안에서 살고 있는 개개인이 항상 자신들에서 체험하는 바이다. 개개인은 자신을 성찰하자마자 그것을 알 수 있다. 그의 행동의 방식과 내용이 전체라는 보편적 실체에 의해 규정되기 때문이다. 개개인의 행위의 "내용이 비록 완전히 개별화되어 있다 할지라도 분명히 이러한 내용도 그 구체적인 사실에 비추어보면 만인(萬人)의 행동과 불가분의 관계에 뒤얽혀 있는 것이다. 자신의 욕구를 위해 하는 개인의 노동은 자기 자신의 욕구를 충족시키기 위한 것이지만 또한 이에 못지않게 타자의 욕구를 충족시키기 위한 것이기도 하며, 더 나가서 개인은 사실 타자의 노동을 통해서만 자신의 욕구를 충족시킬 수가 있는 것이다. 그뿐만 아니라 개인은 자기의 개별적인 노동을 함에 있어서 이미 부지불식간에 보편적인 노동을 하고, 또한 그는 모름지기 이러한 보편적인 노동을 자기의 의식적인 대상으로 삼고 이를 수행해야 한다. 이렇게 해서 전체란 어디까지나 개별자에 의한 전체라는 점에서 결국 이 개별자의 작업이고 그 작품일 뿐만 아니라, 또한 개별자는 이러한 작업을 통하여 거꾸로 그 자신을 전체로부터 되돌려 갖는 것이다."(GW9, 194 이하)

이로써 '타자를 위한 존재(Sein für Anders)'와 '자기 자신을 위한 존재(Fürsichsein)'의 통일이 이루어진다. 이 통일이 한 민족, 한 국가에서 '보편적 실체'의 기능이며, 이 보편직 실체는 윤리에서,

그리고 현실적으로는 법률에서 그것의 보편적 언어를 발견한다. 이 보편적 언어는 '보편적'이면서도 다름 아닌 개별성을 표현하고 있다. 윤리로서 법률은 모두 "개개인이 행하는 것을 표현하고 있기" 때문이다. 개개인은 윤리 법칙과 법률에서 자기 자신을 인식한다. 개인은 이 '보편적 정신'에서 "자기 자신의 현실 속에서 다름 아닌 자기 자신을 발견할" 확신을 갖는다. 좀 더 풀어 표현하면, "나는 타자들 중에서 그들과의 통일을, 그들이 나를 통해서 존재하고 내가 그들을 통해서 존재하는 방식으로 직관하며, 즉 나 자신으로서 타자들을, 타자들로서 나 자신을 직관한다."(GW9, 195) 그래서, 한 자유로운 민족, 국가의 윤리적 사회생활에서 '자기의식의 이성의 실현이라는 개념'이 그것의 완성된 실재성을 가짐이 확인된다. 바꿔 말하면, 자기의식이 자기 자신 속에서 '우리'를 의식할 때, 의식은 '보편적 실체'와 하나가 되고, 그로써 '참된 정신'이 된다. 여기에서 이성의 "자기 자신이 모든 실재성이라는 확신이 진리로 고양되며, 이성이 자기 세계로서의 자기 자신을, 그리고 자기 자신으로서의 세계를 의식함으로써, 이성은 정신이다"(GW9, 238)라고 말할 수 있다.

이로써 절대자로서 이성은 비로소 구체적이 된다. 이성은 절대자로서 현실(성)의 숨겨진 배후가 아니라, 인간 세계 자체 안의 구체적인 현실이다. 아니 이성은 인간 세계에서 자신을 실현시키고, 실현시켜야만 하는 것이다. 이성이 절대자이고 세계정신이라고 일컬어지는 것은, 그것이 바로 "모든 사람의 행위의 불요 부동의 확고한 근거이자 출발점이며, 목적이자 목표"(GW9, 239)가 되는 것이기 때문이다. 그러나 그것은 모든 사람의 행위를 통하여 비로소 자기를 보이고, 그런 의미에서 각자의 활동이 결과하는 "보편의 작품"(GW9, 239)이기도 하다.

세계정신은 개개인들의 이해관심과 욕구와 정열을 매체 삼아 자신을 전개해 간다. 그렇기에 개인들의 욕구가 다양하고 열정이 뜨거울수록 그리고 상상력의 폭이 넓고 깊을수록 세계정신은 그 풍성함을 내비친다. 상충하는 이해관심에 매인 개별자로서 개인들은 서로 제한하고 대립하고 투쟁하지만, 그것을 통해 보편자인 이성은 자신을 구체화하고 현실화한다.

5. 반(反)이성주의 동향과 철학의 과제

서양 근대에서, 특히 칸트로부터 헤겔에 이르기까지의 인간 이성 비판을 통한 인간 이성의 본질 구명은 다름 아닌 인간 자신의 정체에 대한 철학적 해명 노력이다. 그 노력 끝에 사람들이 우리에게 말하는 바는, 인간은 자연적 존재자로서 신체적으로는 매우 제한되어 있으면서도, 그 본질에 있어서는 바꿔 말해 이성적으로는 자유로운 존재자이며, 그 점에서 정신이라는 것이다. 또한 자연도 그 전체에서 볼 때는 자기운동하는 것으로서, 그만큼 정신의 표현이자 전상(展相)이며, 이 자연 형성에 인간은 이상을 가지고 능동적으로 관여함으로써 자연 정신의 대표성을 얻는다는 것이다. 그리고 자연에서 인간 이성의 실현 과정이 세상의 역사 곧 세계사이며, 그러니까 인간은 (세계)정신의 외현(外現)의 주요 매체이며, 세계사의 주역이라는 것이다.

이와 같은 자연과 인간에 대한 이성주의적 사상에는 반추해야 할 몇 가지 생각이 포함되어 있다.

첫째, 비록 물질적 질료를 빌려 현실화하는 것이기는 하지만 자연은, 따라서 그 안에 살고 있는 인간도 그 본질에 있어서는 자유로운 정신이고, 다시 말하면 자기정립적이고 자기운동적인 실체이고, 게다가 목적 지향적 활동을 하는 주체라는 생각이다.

둘째, 자연과 인간은 그 뿌리에 있어서 — 곧 정신에 있어서 — 하나인데, 정신의 외현은 그것의 절대적 부정성에서 기인하므로, 자연도 인간도 고정 불변적인 것이 아니고 형성되어 가는 것이라는 생각이다.

셋째, 인간은 그러므로 목적 지향적인 따라서 자기입법적이고 실천적이며 이성적이되 역사적인 존재자라는 생각이다.

이러한 생각이 함축하는 바는 많다. 특히, 인간이 역사적인 존재자라는 파악은 인간 사회를 개인 주체들의 집합체(compositum)로 이해하는 편에서 보면 여러 가지 반성할 점을 야기한다. 역사는 시간과 공간 위에서 형성되어 가는 것이고, 또한 여러 사람이 함께 이루어가는 것이다. 곧 역사는 집단적 · 사회적이며, 제한된 공간과 시간을 넘어 이상을 현실로 바꿔가는 도정이다. 인간이 역사적인 한에서, 인간은 이상을 동경하고 희망을 잃지 않으며, 유(類)적 생활을 한다. 인간이 인류라 함은, 아버지와 앞 세대의 종점을 나와 뒤 세대는 그 활동의 출발점으로 삼는 존재자임을 뜻함과 아울러, 개별자인 그 '나'는 결코 단독자가 아니고 이미 전체(totum) 안의 부분임을 뜻한다.

개별자인 '나'가 전체의 부분으로서만 존재한다는 것은 그의 이성도 그의 자유도 전체 이성 또는 전체 자유 내에서만 의미를 얻음을 뜻한다. 이로부터 우리가 '세계이성' 또는 '세계정신' 같은 어법을 사용하여 '역사이성'이나 '시대정신', '국가이성'이나 '민족정신'이라는 개념을 이끌어낼 때, 개인의 주체성과 이성은 그 독립성 곧 개별성을 상실한다. 이런 생각의 방향이 반전체주의, 반보편이성주의를 불러일으켰다고 볼 수 있다. 그러나 이성주의는 인간의 착오에 대한 자기 교정 능력을 믿으며, 따라서 유(類)로서의 인간은 착오에 빠지지 않을 뿐만 아니라, 한 걸음씩 전진하여 자신을 완성하여 마침내 세계를 완성한다는 희망을 가지고 있다.

세계가, 세상이 그리고 인간이 진정으로 무엇인가를 우리가 알고 싶어할 때, 우리에게 '인류의 역사'보다도 더 좋은 자료가 되는 것은 없다. 그런데 역사는 시대에 따라 또는 시시각각 갖가지 양상을 보인다. 발전이라는 말이 일정한 목표로의 접근을 뜻하는 것으로 이해되어야 한다면, 인류의 역사는 발전하는 것일까, 퇴락하는 것일까, 아니면 단지 변전(變轉)하는 것일까? 보편이성주의는 이 물음에 인류사는 발전한다고 응답한다.

한 개인을 전체로 놓고 볼 때 그는 단계를 거쳐 그리고 다양하고 풍부한 경험을 통해 성장하듯이, 인류 또한 다양한 개개인들 또는 민족들을 통하여 발전한다. 어떤 개인들, 어떤 민족들은 패망하지만, 개별자의 수많은 패망조차도 오히려 인류사 발전의 토대를 이룬다. 전체 인류는 개개인을 요소로 갖기에 개개인들의 성격 곧 개성이 다양할수록 인류는 더욱더 풍부해진다. 그러나 인류는 개개인들의 한낱 수적인 집합도 아니고, 인류를 대변하는 것이 평균적 인간도 아니다.

인류사는 현실의 역사이지만, 현실은 단지 던져져 있는 것이 아니라 인류의 활동에 의해 형성되어 가는 것이고, 인류의 활동은 궁극적으로 선한 인간, 좋은 세계를 지향해 왔다. 우리가 이제껏 진정으로 선한 인간을 만난 적이 없고, 좋은 세상을 이룬 적이 없다 하더라도, 그렇다고 해서 우리에게 그에 이르려는 목표가 없다고 할 수는 없다. 그런데 우리가 '선한' 인간, '좋은 세상', 활동의 '목표'를 이야기하는 데는 불가피하게 보편적인 개념이 등장한다. '선함'이나 '좋음'이 사람마다 시시때때로 또 상황마다 다르게 이해된다면, 도대체 '이야기' 자체가 부질없는 일일 터이다. '1 − 1 = 0'이 자명하듯이, 누구나 사람은 물건처럼 취급되지 않고 그 자체로 가치 있는 존재 곧 인격으로 응대되는 사회가 좋은 사회인 것도, 자기가 하고 싶어서 하는 일이 동시에 마땅히 해야 할 일이기도 하고 전체가 바라마지 않는 일이 되는 그런 일만을 할 수 있을 때 사람은 더할 수 없이 행복하다는 것도 '자명한' 사실이다. 그리고 이런 '사실'을 사실로 납득하는 능력을 보편적 이성이라 부르는 것은 합당한 일이다.

이 같은 보편이성주의는, 조심스럽게 이해되어야 할 것이지만, 인간의 '보편적 이성'은 세계이성의 표현이며, 그것은 장구한 시간을 두고 인류의 끊임없는 노고를 거쳐 마침내 현실화한다는 인간중심적 점진적 발전론이고, 그 과정에서 자연 대 인간, 인간 대 인간 사이에서 일어나는 수많은 갈등과 충돌은 오히려 '전체'의 내적 생명력이고, 이런 자기 보완적 생명 활동을 매개로 시초에 한낱 개념이던 절대자, 무한자는 내용을 얻고 구체화한다는 현실 긍정의 역사철학이자 낙관적 세계관이다.

그러나 이 같은 보편이성주의는 개인 주체가 내세워지고 자연과학의 위세와 함께 자연-감각주의가 힘을 얻으면서 원시적 '형이상학의 잔재'로 치부되고, '보편적 이성'은 차츰 옛말이 되어가고 있다. 그리고 그 대안으로 거론되는 것이 담론적 합의에서 합리성의 근거를 찾아보자는 것이다. 이와 더불어 형이상학적 탐구를 망설이는 이들은 '과학철학'이라는 이름 아래 과학적 지식의 의미를 해석해 보거나, '사회철학'이라는 이름 아래 사회과학이 전제하는 가치를 분석하는 것을 주된 업무로 삼고 있다.

1960년대 이래 '도대체 이성이라는 것이 있는가?'라는 회의적 물음이 제기되어, 어느 곳에서는 이른바 반(反)이성주의 내지 탈(脫)이성주의가 잠시나마 득세한 것처럼 보이기도 하지만, 진정한 의미에서 '이성이 없는 곳'에서는 최소한의 담론도 불가능하므로, — 이성의 비근한 형태는 어법(語法)이고 논법(論法)이니 말이다 — 원천적으로 이론 활동이란 있을 수 없고, 따라서 어떠한 주의 주장도 의미 있게 내세워질 수가 없다. 담론의 토대를 위해서도 최소한의 이성 개념은 있어야 하고, 그로부터 '합리성' 개념을 잡아내지 않을 수 없다.

그래서 어느 상황에서나 철학의 기본 과제는 이성 내지 합리성 개념을 밝혀내는 일이다. 그 작업은 철학의 시작점이자 종착점을 이룬다.

제 4 절 한국 철학의 의미

1. 한국에서 철학 개념의 형성

한국 사회에서 '철학'이라는 말이 쓰이기 시작한 것은 19세기 말 또는 20세기 초쯤으로 추정된다. 이미 17세기에 천주교 교리와 함께 서양 철학이 유입된 자취가 있으나, 처음에는 '哲學'이라는 번역어가 아니라 '費祿蘇非亞', '斐錄所費亞' 또는 '飛龍小飛阿'라는 중국어 표기가 채용되었던 것으로 조사되어 있다. 믿을 만한 보고에 따르면, 그러다가 20세기 초에 이정직(李定稷, 1841～1910)이 쓴 「康氏[칸트]哲學說大略」(1903～1910년경)[2]이나 「倍根[베이컨]學說」 내지는 이인재(李寅梓, 1870～1929)가 펴낸 『希臘古代哲學攷辨』(1912～1915년경)[3]을 계기로 '철학'이라는 말이 정착

2) 박종홍, 「李定稷의 '칸트' 硏究」, 『朴鍾鴻 全集』 V권(민음사, 1998), 283~285면 참조.

3) 한국철학회 편, 『韓國哲學史』 下卷(東明社, 1987), 351면 이하 참조; 박종

되었다고 한다.

이인재는 고대 그리스 철학을 소개·해설한 그의 책에서, 철학은 '논리학', '형이상학', '윤리학'의 세 부분으로 이루어져 있으며, "만상(萬象) 가운데서 일리(一理)만을 연구하여 실용(實用)을 찾는 과학과는 달리 백과(百科)의 학(學)으로서 삼라만상의 원리를 탐구하는 학"이라 설명했다 하니, 이미 철학의 전모를 이해하고 있었다고 볼 수 있다.

또 다른 조사 보고에 따르면 보성전문학교 1907년도 교과 과정에 '논리학' 과목이 등장하고,[4] 연희전문학교 1921년도 교과 과정에는 '논리학', '윤리학'을 비롯해 '철학개론(哲學概論)'이라는 교과목이 들어 있었다 한다.[5] 이것은 이미 서양 학문의 유입과 더불어 '철학'이라는 낱말과 그 낱말이 지시하는 내용이 함께 한국 사회에 상당히 유포돼 있었음을 짐작하게 한다.

그러니까 이것은 한국 사회 문화가 20세기에 접어들어 '철학'이라는 새로운 어휘를 갖게 되었고, 그에 상응하는 새로운 체험을 했음을 말해 준다. 이른바 서양 철학의 유입에서 비롯한 이 새로운 체험은 그런데 한국인들에게 단지 새로운 어휘를 갖도록 한 것이 아니라, 새로운 낱말들로 표출된 사태를 대면하게 하고, 그 사태에

홍, 「李寅梓 論」, 『朴鍾鴻 全集』 V권, 424~434면 참조; 조요한, 「우리의 삶, 우리의 現實, 韓國 哲學言語로의 模索」, 『월간 조선』, 1982년 2월호, 328면 참조; 허남진, 「서구사상의 전래와 실학」, 『철학사상』 4호(서울대학교 철학사상연구소, 1994), 178면 참조; 이현구, 「개화기 유학자와 계몽운동가들의 서양 철학 수용」, 위의 책, 247면 이하에는 李寅梓의 『希臘古代哲學攷辨』의 주요 맥락이 서술되어 있음.

4) 이기상, 「철학개론서와 교과과정을 통해 본 서양 철학의 수용(1900~1960)」, 『철학사상』 5호(서울대학교 철학사상연구소, 1995), 70면 참조.

5) 박영식, 「人文科學으로서 哲學의 受容과 그 展開過程」, 『인문과학』 26집(연세대학교 인문과학연구소, 1972), 110면 참조.

대한 사색을 이끌었다. 다시 말하면 새로운 사상을 배태 내지 형성하게 한 것이다. 그리고 이로부터 유래한 새로운 사상 즉 '서양적' 사상은, 사상이라는 것이 인간의 행위에 미치는 영향의 정도 그만큼 한국인들의 제반 일상생활 방식에 변화를 가져왔다. 21세기 초 한국인들은 적어도 백 년 전의 한국 사람들과는 상당한 정도로 다르게 살며, 먹고 입고 꿈을 꾼다. 그런 차이가 나게 하는 데는 새로운 철학사상도 한몫을 했음이 분명하다.

이제 우리가 서양 철학이 유입된 이후에 형성된 한국의 사상을 '새롭다'고 하는 것은, 그 사상이 주제 내용에서뿐만 아니라 제기되는 문제를 다루는 방법에서 재래의 것과 사뭇 다르기 때문이다. 전통적인 것에 비해 그 주제에 있어서 다르고 문제를 탐구하는 방법이 다르고 그 탐구 결과가 새로운 언어로 쓰였는데도 그것이 여전히 '한국인들의' 사상, '한국의' 철학이라면, 그것은 어떤 의미에서 그런가? — 여기서 우리는 '철학'의 의미를 유지하는 '한국의' 철학이란 무엇일까를 새겨보아야 할 필요를 발견한다.

2. 외래 사상과 '한국의' 철학

한국이 적어도 2,500년 이상의 문화사를 가지고 있고, 삶의 양식 형성에는 불가불 철학사상이 관여되기 마련이라면, 한국에는 이미 전통 철학사상이 있었을 터이고 실제로 있었다고 할 수 있는데도, 무슨 연유로 한국 사회에 낯선 사상이 유입되고 그것이 단지 호기심을 따라 소개되는 정도가 아니라 한국 사람들의 사고방식, 더 나아가 생활방식 자체에 큰 변화를 일으키게 되었는가? 한국인들은 왜 20세기 초 이래로 서양 철학을 배우며, 그것도 열심히 익히고 있는가?

'철학'이라는 것도 하나의 학문이고, 학문이란 어떤 의미에서든 보편적인 지식의 체계를 일컫는 것이라 했는데, 도대체 '서양의' 철학, '동양의' 철학, '한국의' 철학, 또는 '조선시대의' 철학, '이율곡의' 철학이란 무엇을 말하는 것인가? '스스로 생각하기'가 철학의 본령인 마당에 남의 철학을 배워 내 철학을 삼는다는 것이 가능하기나 한 일이며, 그것은 대체 무슨 의미를 갖는 일이고, 그것이 뜻하는 바는 무엇인가?

오늘날 '철학'을 '자연과 인간 사회 문화 제 영역의 최고 원리와 제 영역의 통일 원리를 반성적으로 탐구하는 지적 활동 또는 그 결실'이라 규정할 수 있다면, '한국의 철학'이란 '한국 사람이 한국에서 통용되는 언어로 자연과 한국 사회 문화 제 영역의 최고 원리와 제 영역의 통합 원리를 반성적으로 탐구하는 지적 활동 또는 그 결실'이라고 말할 수 있을 것이다. 이 규정이 무난하다면, '한국'이 들어갈 자리에, '서양'이나 '동양', '독일'이나 '중국'을 넣거나, 더 나아가서 '기호 지방', '영남 지방' 또는 '이율곡', '이퇴계'를 넣어 '～의 철학'이라고 규정할 수 있을 것이다. 그러나 이 규정도, 예컨대 '한국 사람', '한국에서 통용되는 언어', '자연과 한국 사회 문화 제 영역의 최고 원리'를 어떻게 이해하느냐, 또 이 세 조건 중 일부만 충족시키는 경우 어느 쪽에 비중을 두느냐에 따라서, 때로는 좁게 때로는 넓게 적용될 수가 있을 것이며, 심한 경우 그 기준을 아주 느슨하게 사용하면 '서양 철학', '한국 철학' 따위의 구별이 무의미하게 될 수도 있다. 또 남의 철학 문헌에 대하여 연구하는 것까지를 '철학하다'의 범위에 집어넣는다면, '○○철학'의 규정에서 누가 어떤 언어로 작업을 하는가는 부수적일 수도 있다.

그렇다면 과연 철학의 국적을 말해 주는 본질적인 징표는 무엇인가? 우리가 한국 철학을 말할 때, 그것은 어떤 의미에서 '한국의'

철학인가?

'어떤 철학의 국적을 결정짓는 것은 그 철학을 배태시킨 철학자의 탄생지도 아니고, 그 철학자가 주로 활동한 지적 단위체나 그가 사용한 언어도 아니다. 만일 첫째의 기준이 적용된다면 스피노자 철학은 네덜란드 철학이 될 것이고, 둘째 기준이 적용된다면 김재권의 철학은 미국 철학, 비트겐슈타인의 철학은 영국 철학이 될 것이고, 셋째 기준이 적용되면 퇴계 · 율곡(退溪 · 栗谷) 철학은 중국 철학, 비트겐슈타인의 철학은 독일 철학이 될 것이다. 이후 영향력의 기준에서 판별이 된다면 프레게의 철학이나 비트겐슈타인의 철학은 영국 또는 미국 철학이 될 것'이라고 어떤 이는 생각한다. 그래서 이런 생각은 '철학은 국가적 성격을 갖기보다는 개인적 성격을 갖는 것'이라는 결론으로 나아간다. 그렇게 생각할 수도 있겠다 싶은 논변이다. 그렇다면, 우리가 그리스 사상과 중국 사상, 독일 철학과 영미 철학을 구분해서 말하는 것은 지각없는 짓인가?

문화권의 경계라는 것이 먼빛으로 보기와는 달리 가까이 다가갈수록 희미한 탓에 지도에 국경을 표시하듯이 그렇게 분명하게 선을 긋는다는 게 어렵다는 것은 인정해야 하지만, 그럼에도 우리는 기성의 문화를 충분히 의미 있게 공간적 · 시간적으로 구분하여 이야기할 수도 있고, 구별되는 대개의 특징을 열거할 수도 있다. 이런 일은 또한 문화의 한 양상인 철학에 대해서도 물론 할 수 있다. 인간들이 언제 어디서 살았고 살든 인간인 한에서 상호간에 보편성을 나눠 갖게 마련이지만, 또한 개인 간에 집난 간에, 그뿐만 아니라 일정 개인이나 집단이라 하더라도 연대별로 여러 면에서 차이가 난다. 어떤 철학도 그것이 철학인 한 '원리적 지식 체계'라는 보편성이야 가지고 있겠지만, 누가, 언제, 어디서, 왜, 어떻게 했고 그렇게 하는가에 따라 구별될 수도 있다. 우리는 플라톤의 철학과 아리스토텔레스의 철학을 구별하고 청년 칸트의 철학과 장년 칸트의 철학을 구분하며, 휴암(休庵) 백인걸(白仁傑, 1497～1579)의 사상과 율곡 이이(李珥, 1536～1584)의 철학을 구별할 수 있을 뿐만 아니라, 적어도 똑같은 정도로 의미 있게 한국 철학과 독일 철학을, 그리고 조선 중기의 한국 철학과 현대의 한국 철학을 구별하여 말할 수 있다.

플라톤과 아리스토텔레스의 철학은 고대 그리스 철학의 축이며, 칸트와 헤겔의 철학은 근대 독일 철학의 핵이고, 퇴계 이황(李滉, 1501～1570)과 이이의 성리학은 근세 조선의 철학을 대표하며, 열암 박종홍(朴鍾鴻, 1903～1976)의 철학은 1950～60년대 한국 철학의 일면을 분명하게 대변한다. 김재권(Jaegwon Kim)이 한국인의 한 혈족이라 하더라도 그가 미국 사회 문화 속에서 생긴 철학적인 문제를 미국에서 통용되는 말로 쓰고 생각하고, 그 결과가 미국에서 논쟁거리가 된다면, 그의 철학적 작업은 '미국적'이라고 평가함이 합당할 것이다. 독일 철학계를 정원으로 비유할 때, 한국인 백아무개가 독일에서 독일말로 칸트 철학에서 제기된 문제를 철학적으로 논했다면, 그의 작업은 독일 철학계라는 정원에서 자라난 초목 가운데 하나이고, 그런 뜻에서 '독일의' 것이다. 그러나 그가 거기에서 한국적인 '임-있음'의 문제 시각에서 '존재자의 본질-존재' 해명을 시도했다면, 그의 작업은 '한국적'이다. 더구나 그가 한국에서도 이 작업을 한국의 문화 의식 속에서 한국어로 계속하여 결실을 본다면, 그것은 한국 철학의 일부라고 해야 할 것이다.

이런 정도로 '한국 철학'의 개념을 우선 정리하고, 원래의 물음으로 돌아가자. — 한국인들에게 철학이란 무엇이고, 왜 한국인들은 20세기 초 이래 서양 철학을 적극적으로 수용하고, 그 사상 흐름에 편승하고 있는가? 그러면서도 대체 이런 상황에서 사람들은 무엇을 염두에 두고서 '한국 철학'을 말할 수 있는가?

이른바 철학자들은 철학이 제반 문화를 선도해야 한다고, 그리고 선도할 수 있다고 자부하나, 사실은 여타 문화 영역을 뒤따라가는 경우가 더 많다. 20세기 초에 서양 철학이 한국 사회에 유입된 것도, 당대 한국인들의 철학적 자각과 모색으로부터 그 길에 이르게 되었다기보다는 서양의 제반 문물이 세계 정세의 흐름에 따라 한국 사회에 밀어닥침으로 인해 서양 문화의 한 가닥으로 함께 들어온 것이라고 보아야 할 것이다. 거기다가 철학의 학문적 성격과 역할이 여러 과학의 맨 뒤에 오면서도 여러 과학의 단초와 원리를 추궁하는 것인 만큼, 한국의 제반 학문 세계가, 다시 말하면 표층 문화를 주도하는 물리학, 천문학, 지리학, 생물학, 법학, 정치학의 세계가 이미 서양적 흐름에 합류했는데[휩쓸려 들어갔는데], 철학이 여전히 성리학적 · 실학적인 전통만을 이어간다면, 그렇지 않아도 현대에 와서 신통치 않아진 이른바 분과학(分科學)의 근본학으로서의 철학은 그 역할을 상실한다. 현대 한국 사회의 질서와 정의의 골간을 이루는 헌법 체계가 어느덧 유교 원리나 『경국대전(經國大典)』의 정신을 떠나 미국 헌법, 프랑스 인권선언, 독일 헌법 정신과 그 맥을 같이하는데, 재래의 법철학, 정치철학으로 현대 한국 사회의 어떤 법 원리, 정치 원리를 설명할 수 있겠는가?

한국에서 당초에 서양 철학의 접수가 자발적이 아니었음은 거의 틀림없는 사실이다. 그러나 철학이라는 것이 인간의 현실 생활과는 전혀 무관하고 철학자가 사회생활에서 완전히 떠나 있다면 몰라도, 이미 사회 근간이 서양식으로 재편되어 가는 마당에 철학한다는 사람이, 그가 순전히 과거 한국 철학의 역사 연구가이길 지향하는 경우가 아니라면, 그 재편되어 가는 문화 양상의 근거를 탐구하지 않을 수는 없는 것이다. 한국인들이 현대 한국 사회 운영의 토대인

'자유'와 '평등'의 원리를 이해하기 위해서는 전통적인 한국의 철학자들인 퇴계나 율곡 혹은 다산(茶山) 정약용(丁若鏞, 1762~1836)의 사상보다는 로크나 루소(J. J. Rousseau, 1712~1778) 또는 칸트의 사상에 대한 이해를 더 필요로 한다. 물론 문화 양상은 중층적인 만큼 표피층에는 새로운 물결이 일어도 심층에는 여전히 옛물이 두텁게 남아 있을 수 있다. 바로 그만큼은 한국 사람들이 한국에서 서양적 철학을 한다고 해도, 한국식 서양 철학, 바꿔 말해 화제는 서양에서 발원했으나 그러나 이미 한국인들 자신의 문제를 다루는 한국의 철학, 곧 한국(적) 철학의 일환이라 할 것이다. 그러니까 한국인들이 서양 철학을 수용했고 그리고 수용한다고 하더라도 바로 그로 인해서 한국인들의 철학적 문제가 순전히 '서양적'이 된다고 볼 수는 없다. 이런 이야기는 예컨대 한국인들이 중국으로부터 삼국시대에 불교 사상을 수용한 것에 대해서도, 여말선초(麗末鮮初)에 성리학을 수용한 것에 대해서도 그대로 적용된다.

어떤 이는, 한국 역사에서 주류(主流) 사상은 언제나 외래적인 것이고, 그런 의미에서 한국 사상사는 외래 사상 수용사인데, '한국사상', '한국 철학'이란 무엇이냐고 묻는다. 과연 외래 사상을 접수했다고 해서 일체의 고유성을 이야기할 수 없는 것일까? 독일 이상주의 철학이 연원을 따지면 그리스 사상이고 기독교 사상이라 해서 우리는 독일 철학을 이야기할 수 없는가? 남들이 먼저 문제의식을 갖고 그 문제를 먼저 탐구하기 시작했고 문제 해결 방식을 공유한다 하더라도, 그 문제가 자기 문제이기도 하고 또한 스스로 탐구에 참여한다면 그 결실의 상당 부분은 자기 것이 된다고 보는 게 합당하다.

오늘날 한국인들에게 서양 철학은 무엇인가? 기자(記者)적 관심에서 단지 소개되어 구경거리가 되는 것이 아니라, — 사실 한국에서 이른바 '철학하는 사람' 가운데 오히려 서양 (심지어는 중국이나 인도) 철학의 역사나 현황을 보고하는 '기자'라고 불러야 할 사람이 많기는 하지만 — 일정 부분 한국적 문제의식과 문제 해결의 관심에서 수용되고 변용된다면, '서양' 철학은 그만큼 '한국의' 철학이기도 하다. 한국인들이 오랜 동안 중국 철학사상을 수용하다가 난데없이 서양 철학을 떠들게 된 것은 '한국의' 여러 문화 양상이 어느 사이 서양화한 것과 맥을 같이한다고 보아야 한다. 20세기 초 이래 당초에 한국인들이 그것을 평가하고 선택할 겨를도 없이 서양 철학이 유입되고, 그것이 어느 사이엔가 현대의 한국 철학 형성에 중심 역할을 하게 된 것도 단지 한국에서 철학하는 사람들의 주체성 결여라기보다는 한국의 문화, 적어도 표층 문화 전반이 서양화한 탓이라 해야 할 것이다. 철학하는 사람들이 주체성도 없이 어제는 '중국적' 철학에 오늘은 '서양적' 철학에 — 그것도 독일 철학, 프랑스 철학, 영미 철학 등 이른바 강대국 문화권의 철학을 번갈아 가며 — 휩쓸려 들어간다고 비판할 수도 있겠지만, 그러나 현대 한국에서 주체적으로 철학하는 사람은 '서양' 철학을 할 수밖에 없다고 말하는 것 또한 합당하다. 한국인들이 아프리카(탄자니아나 니제르)의 철학 혹은 아라비아의 철학은 거의 수용하지 않고, 중국 철학이나 서양 철학을 수용한 것은 그것이 — 수동적으로 세계 정세에 휩쓸려 들어간 일이든, 능동적인 문화 향상 전략의 일환이든 — 한국 사회의 제반 문화 · 학문 영역에 피할 수 없는 영향을 미쳤고, 그 가운데서 한국인들의 삶을 꾸려갈 수 있는 원리를 어느 면 발견했기 때문이다. 과거 한국인들에게 수용된 '중국' 철학이 한국의 철학이 되었듯이, 그와 같은 정도에서 그리고 같은 의미 연관에서 현대의 한국인들이 수용하는 '서양' 철학은 현대 한국 철학의 일부인 것이다.

물론 이런 사실을 한국인들이 유쾌하게 받아들일 수는 없을 것이다. 어쩌면 유감스러운 일일 수도 있을 것이다. 왜냐하면, 서양 철학사상의 유입이라는 사건으로 말미암아 새로이 탐구 대상으로 부각된 철학적 문제들이 다분히, 종래 탐구의 연장선에서 나왔다기보다는 갑작스레 정치경제적 외세(外勢)에 실려 한국인들의 관심을 끌고 한국인들에게 부과되었다고 볼 수밖에 없기 때문이다. 서양 중심의 세계사의 관점에서는 19세기 말부터 한반도의 사람들에게도 서구 철학사상이 유입됨으로써 한국 사람들도 세계사의 대류에 합류했다고 볼 수 있을지는 모르겠으나, 한국 철학사상을 통사(通史)적으로 볼 때, 한국 철학사상사는 19세기와 20세기 간에 단절과 전환이 있었다고 평가하는 것이 합당할 것이다. 그리고 이 단절은 한국 철학사상의 획기적인 발전의 계기였다고 언젠가 평가할 수 있는 날이 올지도 모르겠으나, 그러나 일단은 한국에서 '철학하는 사람들'로 하여금 자유의 힘과 자생력을 잃고 '세계 주류'라는 이름 아래 밀려들어오는 서양 강대국에서 힘을 얻은 사상을 수입하여 주석·해설하는 따위의, 실상은 사상의 주변을 맴도는 일에 한 세기 내내 종사하도록 하였다. 그 결과 한국 사회는, 비록 외형적으로 정치적 식민 상태는 벗어났음에도 철학사상적으로는, 포괄적으로 말해 정신문화적으로는, 더 오랜 동안 식민 상태를 겪고 있다고 해도 과언이 아니다.

사람들이 언제 어디에 살든 '인류'라고 묶여질 수 있는 그만큼은 보편성을 가질 터이므로, 철학적 문제와 해결 방안도 그 범위만큼은 보편적일 것이니, 바로 그 영역 내에서는 굳이 외래 사상이니 자생적 사상이니를 구별할 필요가 없을지도 모르겠다. 그러나 문화의 여러 양상과 그에 수반하는 철학적인 문제들 가운데는 국가 단위의, 또한 시대적인 특수성이 있기가 십상이므로, 한국인들의 사상이 그런 특성을 갖지 못한다면 기본적으로는 '한국의' 사상이랄 것도 없는 것이며, 그럴 경우 그것이 한국의 문화나 세계의 문화 향상에 어떤 기여를 할 것이라 기대하기도 어려울 것이다. 어떤 지역의 사상이 다른 지역의 사상과 단지 '다르다'는 그 이유만으로 그것이 특별히 좋다고 내세워져야 할 것은 없으나, 그렇다고 "요즈음 세계 일류 국가에서는 이런 철학사상이 풍미하며, 이런 철학적인 문제가 논의의 중심을 차지하고 있다. 그러므로 한국 사람들도 그런 것을 탐구할 필요가 있고, 해야만 한다"는 문맥에서 외래 사상을 추종하고 수용함으로써 보편성을 유지하는 그런 사고 활동을 '한국의' 사상이라고 내세우기는 더욱이 어렵다.

우리가 진정으로 '한국의' 철학을 이야기할 수 있기 위해서는 한국에서 철학하는 사람들의 노고의 결실이 세계 문화 수준을 이끌 만한 보편성을 가지면서도 한국적인 문제 — 예컨대, 동서 문화의 접점에서 생긴 '이성' 내지 '합리성' 개념의 새로운 정립이라든지, 서양 존재론의 번역 · 해설이 아니라, '이다'-'있다'의 구조 분석이라든지, 한국에서 계사(copula) 구조의 탈락 현상 해명이라든지, 좌우 이데올로기의 충돌 지점에서 사회 운영 원리나 세계 평화의 원리 모색이라든지, 유교 윤리와 기독교 윤리의 혼융의 어려움 극복과 같은 — 상황의 특수성을 반영한 것이 있어야 할 것이다.

철학적 문제들 가운데는 보편적인 '인간'의 문제와 아울러 민족 역사적 · 문화 전통적 특성을 갖는 것도 있기 때문에, 경우에 따라서 철학은 '중국적'일 수도 있고 '독일적'일 수도 있으며, '미국적'일 수도 있고 '한국적'일 수도 있다. 이때 '~적' 철학은 물론 특정 시대, 특정 지역, 특정한 사람들에게만 유효할 수도 있지만 — 이 점에서는 이른바 '과학'들도 마찬가지이다 — 철학에 '~적'이라는 이름을 붙여 다른 철학과 구별하는 것은 그 유효성의 제한 때문이라기보다는 그 문제의식과 그 주제 전개 양태의 특별성 때문인 경우가 더 많다. 예컨대, 실용주의 철학을 '미국적'이라고 하는 것은 그 이론이 미국 사람에게만 타당하기 때문이 아니라 그 사상이 특히 미국에서 정치하게 전개되었고, 미국적 생활 양상을 잘 반영한다고 보기 때문이며, 또 정언적 명령에 의한 의무에 따르는 행위만을 도덕적 행위라고 평가하는 철학 체계를 '칸트적', 또는 '프러시아적', 또는 '독일적'이라고 하는 것은 이런 도덕철학이 칸트 자신에게만, 또는 18세기 후반 독일 사람에게만 유효하기 때문이라기보다는 비교적 독일 사람들의 의무 관념을 잘 반영하고 있다고 생각하기 때문이다. 그리고 우리가 '한국 철학'을 이야기하고자 할 때 염두에 두고 있는 것도 이런 의미에서의 '한국적' 철학이다. 독일적인 문제나 미국적인 문제 가운데 단지 특정 지역의 문제에 그치지 않는 것이 많은 것처럼, 한국적인 문제들 가운데는 그것이 타 지역 사람들에게 현안 문제로 의식되지 않았을 뿐 근본적으로는 인류 공동의 문제인 것이 많이 있다. 이런 문제들에 대한 철학적 통찰은 한국의 철학을 가능하게 할 뿐만 아니라, 동시에 세계 문화에 다양성을 주어 인류 문화를 풍부하게 하는 일이다. 이런 의미에서 한국 철학의 성립은 그 주석의 소재가 800년 전의 고려 불교 사상이냐, 400년 전의 조선 유교 사상이냐, 200년 전의 독일 철학이냐, 현대의 미국 철학이냐에 따라서 좌우된다기보다는 그 문제의식과 탐구 자세 그리고 연구 방법과 연구 결실이 인류 문화의 보편성을 유지하면서도 얼마나 한국적 특수성을 담고 있는가에 달려 있다고 볼 수 있다.

그러니까 율곡 · 다산의 전적을 주해 · 요약 · 해설하는 일은 '한국 철학을 하는 것'이고, 로크 · 칸트에 대해서 그렇게 하는 것은 '서양 철학을 하는 일'이라는 식의 이해는 올바른 것이라 보기 어렵다. 아마도 기껏 전자는 한국 철학사 고전 연구의 일환이고, 후자는 서양 철학사 문헌 연구의 한 가지라고 말하는 정도가 제격일 것이다.

3. 동양 철학, 서양 철학, 한국 철학

그렇다면 진정한 의미에서 '한국 철학'이란 무엇인가? 적지 않은 사람들이 100년 전, 아니 2,500년 전의 이른바 '동양 철학'을 '한국 철학'과 동일시하거나, 아니면 그런 '동양 철학'은 '동양의' 철학이니까 '우리의' 철학이라고 여기거나, 또는 오늘 우리의 '한국 철학'은 200년 전 '서양 철학'보다는 200년 전 '동양 철학'에 자연히 더 근접해 있다고 보는 경향이 있다. 이런 심리적 친근성의 정체는 무엇인가?

대체 '동양' 철학은 무엇인가? 그것은 '우리의' 철학이라 할 수 있는 것인가? 또는, 세계를 크게 동양·서양으로 나눌 때 한국은 동양에 속하니까, '동양 철학'에는 한국 철학도 일부 들어 있는 것인가?

서양 문물의 위력이 충분히 입증된 19세기 후반 동아시아 3국의 경세가들은 '동도서기(東道西器)'론을 주창했다. 서양의 '그릇'은 수용하되 그것에 동양의 (정신적) 원리를 담아 쓰자는 주장이었다. 이런 주장 속에는 서양의 '도'는 취할 것이 못 되며, 또한 동양의 전통적인 '그릇'은 효용성에서 서양 것만 못하니 버리자는 논지가 함축되어 있다. 그러나 이런 주장은 어떤 상황에서도 주체성을 유지하자는 자기 문화 정체성에 대한 신념과 자기 보존 기제에서 비롯한 것일 수도 있고, 가시적인 '그릇'의 위력은 도저히 부인할 수 없으니 그것은 수용하기로 하되, 우열의 분별이 명료하지 않은 '도

(道)'는 계속해서 내세워보자는 전략에서 나온 것일 수도 있다.

어쨌든 '동도서기'론에서 '서(西)' 곧 서양이 유럽과 미국을 지칭하고, '기(器)' 곧 그릇이 근대 이후의 수학적 자연과학 내지 물질문화를 지시함은 거의 분명하다. 그렇다면, '동(東)'과 '도(道)'는 무엇을 지칭한 것이었을까?

중국에서는 동시에 중국적인 것을 중심에 놓고 서양의 문물을 활용하자는 '중체서용(中體西用)'론이 나왔고, 일본 사람들은 서양의 기술과 일본의 혼을 접합시키자는 '양재화혼(洋才和魂)'이니 '서기화혼(西技和魂)'이니 등을 슬로건으로 내걸었으니, 그들에게서 '동'은 어디까지나 자기들 자신이었고, '도'는 자기들의 철학 내지 역사 문화적 자산을 뜻했다고 볼 수 있다. 그렇다면, 한국 사람들에게 있어서 '동'은 한국을 지시하는가?

지금도 대부분의 한국 사람의 관념에는 '동양'과 동아시아 3국(한국, 중국, 일본)은 거의 동일한 것일 뿐만 아니라, 1세기 전에는 더욱더 그랬고, 아마도 1세기 반 전에는 '동양'은 곧 '중국'이었다. 그래서 한국 사람들이 '동양의 도'를 말했을 때 그것은 거의 '유교적 원리'를 염두에 둔 것이었다. 역사를 되돌아볼 때, 유교의 도덕 및 정치 원리가 국가적 제도로까지 발전한 경우는 중국도 아니고 일본도 아니요, 오로지 조선시대의 한국뿐이라 할 수 있으니, 그 점에서 '유교적 원리'는 더 이상 중국적인 것이라기보다는 한국적인 것이라고 할 수 있다고 보아, 저 '동도'가 꼭 중국적인 것을 지칭하는 것이 아니라, 한국적인 것도 포함한 것이라고 말할 사람이 있을지 모르겠다. 그러나 그런 것이라면 기독교 윤리도 한국화하면 한국적인 것이라 해야 할 것이고, 민주주의도 한국에서 현실화되면 한국적인 것이라 한다 해서 이치에 벗어난다고 하지 못할 것이다. 이런 식이라면 무엇이든 수용해서 발전적으로 사용하면 '한국의 것'이 될 것인데 굳이 '동도서기'를 분별해서 말할 것이 있을까?

한국 사람들이 예나 지금이나 '동양 곧 한국'이라고 생각한 적이 없는데도 '동도'를 말했으니, 그것은 어떤 '한국 고유의 정신'을 지칭했다고 보기 어렵다. 또 그런 것을 지칭했다면, 도대체 '한국 고유의 정신'이라고 말할 수 있는 것이 무엇일까? 아마도 그런 무엇을 염두에 둔 것이라면, 중국 사람들이 '중체서용(中體西用)'을, 일본 사람들이 '서기화혼(西技和魂)'을 이야기했을 때, 조선 사람들이 중국인과 더불어 — 마치 자신들이 중국 사람인 양 — '동도서기'를 말하는 대신에 '선도서기(鮮道西器)'나 '한혼서기(韓魂西技)'를 덧붙여 이야기했음직하다. 그러나 이런 이야기를 한 이가 없었다는 것은 '동도'가 동학(東學)이나 한국의 토속 신앙 내지는 민간 습속을 지칭했다기보다는 넓게 보아 유(儒), 불(佛), 도(道) 등 중국적인 고급 사상 체계를 지칭한 것이었기 때문이라 보아야 할 것이다.

'세계화'의 이름 아래 서양적인 것이 물품뿐만 아니라 이른바 '정신'조차도 한국 사회 곳곳에 파고들자 최근 들어 다시금 한편으로는 '우리 것을 찾자'는 의식이 확산되어 가고 있다. 이런 마당에 한국에서 사람들이 귀 기울여 듣고 '아, 우리 동양에도 이런 근사한 것이 있구나!' 하고 자부심을 느끼는 것의 중심에는 '부처님 말씀'과 '노자(老子) 이야기', 그리고 '논어(論語) 이야기'가 있으니, 우리에게 '우리 것'이 무엇을 의미하는가는 어떤 관점에서 보면 아주 분명하고, 어떤 관점에서 보면 매우 모호하다. 분명한 것은 보통 한국 사람의 관념에 노자와 공자의 사상 또는 불교의 가르침은 '동도'를 대변하는 것이며 그것은 '우리 것'에 포함된다는 사실이고, 모호한 것은 이것이 과연 '우리 것'인지, 어떤 의미에서 '우리 것'인지, 또 그것은 '우리 것'이니까 '남의 것'보다 더 좋다는 것인지 어떤지이다.

이렇듯 우리 한국인에게 '동양' 철학이란 연원적으로는 대개가 '중국'의 철학이다. 그런데도 '동양' 철학이니까 '우리' 철학이라 한다면, 그것은 '서양' 철학과는 달리, 거리상으로 조금 더 가까운 데서 더욱이 훨씬 오래 전에 한국 사회 문화에 유입되어 이미 한국 것처럼 쓴 지가 한참 되었으니 '중국 철학'은 '우리 철학'이나 다름없다는 말인가? 아니면, 피부 색깔도 비슷하고 풍토도 비슷한 같은 동양 지역 사람들의 사상이기 때문에, 그것은 한국의 풍토에도 한국 사람들의 정서에도 맞고 한국 사회 문화의 문제 해결에도 적절한 척도가 된다는 말인가? 누가 '동양 철학'이란 비록 그 원류의 대부분을 중국이나 인도의 사상에서 찾을 수 있다 하더라도, 이미 오랜 동안 한국식으로 변양되어 이미 토착화된 '한국 사상'이라고 말한다 해서 잘못이라 할 수는 없을 것이다. 그것은, 오늘날 '서양 사상'이라고 일컬어지는 것의 내용 중 상당 부분은 기독교적인데, 기독교가 동방의 유태 지방에서 유래했다 해서, 그것이 '서양 사상'이 아니라고 말할 수는 없는 이치와 같으니 말이다.

그러나 기독교가 로마 세계에 이식되어 서양 문화의 중추가 된 것 하고, 유교와 불교가 그리고 심지어 도교가 중국에서 한국으로 확산된 것 사이에는 큰 차이가 있다. 기독교는 속방(屬邦)에서 나와 본토로 확산된 것이고, 유교나 불교는 '상국(上國)'으로부터 주변으로 전래된 것이니 말이다. 여기에 이런 분석을 굳이 붙이는 것은, 20세기 초 이래 서양 사상의 한국에서의 확산에도 '상국 문화의 유입과 수용'이라는 그 성격에는 변함이 없기 때문이다. 다만, '상국'이 중국에서 미국, 영국, 독일, 프랑스 등으로 바뀌었을 뿐이다.

그래서 만약 우리가 '동양 철학'은 비록 그것이 본디 한국 문화에서 발생한 것은 아니라 하더라도 한국 사회 문화에 수용된 지 이미 수천 년, 수백 년이 지났으니 '한국 사상'이라고 말한다면, 20세기에 비로소 수용된 '서양 철학'도 현재의 추세대로 한두 세기 더 흘러가면 같은 의미에서 '한국 철학'이 될 것이라고 말하지 않을 수 없다. '한국 철학'이라는 것을 '한국에서 활발하게 논의되는 철학'으로 이해하는 한에서는 말이다. 그러나 사정이 진정 이러하다면, 한국 사상계는 예나 지금이나 '사대주의적'이라는 평을 감수하지 않을 수 없을 것이다.

4. 한국 철학의 의의

오늘날 우리가 '한국 철학을 모색한다', '한국 철학을 한다'고 말할 때, 그렇다면 도대체 '한국 철학'이란 무엇을 의미하는가? 옛 한문으로 서술되어 있는 퇴계나 율곡의 이론을 요즈음의 한국말로 바꿔 해설하면 한국 철학을 하는 것일까? 조선 실학자 정약용과 최한기를 비교 연구하면 한국 철학을 하는 것인가? 그 반면에 홉스(Th. Hobbes, 1588～1679)와 로크의 사회계약설의 시비를 따지면 영국 철학을 하는 것이고, 칸트와 헤겔에서 신(神)의 존재 의미를 새기면 독일 철학을 하는 것인가? 그렇다고 말할 수는 없을 것이다. 오히려, 퇴계나 율곡이 주로 주자학을 논했지만 그 천착한 바가 중국 사람들의 그것과 차이가 나고 문제 접근의 주안점에 당대의 한국적 요소가 있기 때문에 그들의 철학을 오늘날 '한국 성리학'이라고 부르고 또는 '과거의 한국 철학'이라고 부르듯이, 오늘날의 우리가 로크를 논하든 칸트를 논하든 그 논점이 한국 사회 현안 문제에 비추어 절실하면, 그것을 논함을 '한국 철학을 함'이라고 해야 할 것이다.

학문의 총칭으로서의 옛 철학 개념 대신에, 뭇 학문이 분화된 오늘의 관점에서 '철학'이라는 것을, 이미 규정한 바 있듯이, '자연과 인간 사회 문화 제 영역의 최고 원리와 제 영역의 통일 원리를 탐구하는 학문'이라고 이해한다면, 이제 우리는, 앞서 말한 바대로, 한국 철학이란 '한국 사람이 한국에서 통용되는 언어로 자연 및 한국 사회 문화 제 영역의 최고 원리와 제 영역의 통일 원리를 반성적으로 탐구하는 지적 활동 또는 그 결실'이라고 포괄적으로 규정해도 무방할 것이다.

물론 한국 사람이 미국에서 영어로 인류 사회 문화의 원리적 문제를 추궁하여 큰 성과를 거둔다 해도, 분명 그것은 한국 철학계가 거둔 큰 성과라 할 것이지만, 그렇다고 그런 철학에 굳이 당장 국적을 부여할 것까지 있을까 하는 생각이 든다. 예컨대 폴란드 사람 타르스키(A. Tarski, 1902～1983)의 의미론적 진리론은 인식 논리학 상의 큰 업적에 속하지만, 굳이 그의 의미론적 진리론을 '폴란드 철학'이라고 해야 할까 싶다. 다른 문화 영역의 예이기는 하지만, 가령 조수미가 밀라노에서 푸치니를 노래하여 대단한 성공을 거두었고, 장영주가 뉴욕에서 베토벤을 연주하여 한국 음악인의 자질을 세계 음악계에 떨쳤다 해서, 그들이 '한국 음악'을 한다고 할 수 있을 것인가?

그래서 '한국 사람이 철학함'을 '한국 철학을 함'으로 이해한다면 또 다른 풀이도 가능하겠으나, '한국 철학'이라는 것이 '무엇인가 한국적인 요소—그것이 문제 상황에 따른 것이든, 주제에서 비롯한 것이든, 아니면 문제 접근 방식에 수반하는 것이든—가 있는 철학'을 의미하는 것이라면, 한국 사회 문화의 특성을 떠나서 한국 철학을 말할 수는 없을 것이다. 물론 '한국 철학'도 '철학'인 이상 학문적 보편성을 갖는 것임에 틀림이 없고, 만약 그런 보편성을 가지고 있지 않다면, 철학 축에 끼지도 못할 터이다. 그러나 문화 일반이 보편성을 가지면서도 특수성을 갖듯이, 철학도 보편성을 가지면서도 특수성을 갖기에 우리는 '중국 철학'과 '미국 철학', '독일 철학'과 '인도 철학'을 구분하는 것이고, 같은 수준에서 '한국 철학'을 논할 수 있는 것이다.

어떤 문제 상황에서 어떤 주제를 어떤 방식으로 다루든 한국 사람이 세계 철학계에서 큰 업적을 내고, 또 그것이 계기가 되어 그런 학문적 전통이 한국에서 생기면, 분명 그것 역시 '한국 철학'의 범위에 포함될 것이 틀림없다. 그러나 이런 경우를 가정해서 한국 철학을 규정한다면, 철학 분야에서 무엇을 어떻게 하든 잘만 하면 (그리하여 '세계적'인 영향력을 가지면) 한국 철학을 한다고 말하는 것이 되고 말 것이니, 결국 하나마나한 얘기가 되고 말 터이다. 그러므로 '한국 철학'을 논하는 마당에서는 우리는 마땅히 그 의미를 좀 더 좁혀서 이야기해야 할 것이다. 그리고 요즈음 한국 사람들이 자주 문제 삼고 있는 '서양 철학의 유입과 수용을 통해 한국 철학이 어떻게 변화했는가?'라는 물음 또한 단지 그로 인해 '한국 철학계가 어떻게 달라졌는가?'가 아니라, '그것이 한국 사람들이 한국 사회 문화의 문제를 철학적으로 사고하고 해결하는 데 어떤 영향을 주었는가?'를 묻는 것으로 보아야 한다.

우리는 한국 사회 안에서 세계와 교류하며 살면서 '인간다운' 삶을 꾸려가는 데 수많은 문제에 부딪치며, 필요한 경우 이에 철학적으로 접근해야 하는 과제를 안고 있다. 이런 문제들이 '한국 철학의 소재'를 이루는 것이고, 그 문제 해결의 노고와 결실이 '한국 철학'의 내용을 이룰 것이다.

제 2 장

논리학과 기본 개념

제 1 절 논리학의 개념

1. 이성의 학으로서 논리학

'논리학(logica)'은 어원 그대로 '로고스(logos)의 학'이다. 그런데 그리스어 로고스는 앞서 보았듯이 말, 도(道), 관계, 비례, 추리, 이성 등을 뜻하는 매우 다의적인 말이고, 그 때문에 '논리학' 역시 다의성을 피하기 어렵다.

'로고스'를 '이성(理性, ratio)'으로 이해할 경우에 논리학은 '이성학(philosophia rationalis)'을 말한다. 그러나 이때도 '이성학'은, 이성을 객관적인 예지적 존재(entia rationis)로 이해하느냐, 아니면 진리를 인식하는 데서 작동하는 인간 심성의 주관적인 지적 능력으로 이해하느냐 따라 그 내용은 많이 달라질 수 있다. 앞서 개관한 이성 개념의 변천에서 알 수 있는 것처럼, 근대 이전에 이성학은 주로 전자의 의미로, 근대 이후에는 — 헤겔과 같은 예외가 없는 것은 아니지만 — 주로 후자의 의미로 이해되었다. 전자 의미의 이성학으로서 논리학은 '세계의 시원(始原, arche) 내지 원리(pricipium)의 학'이라 한다면, 후자 의미의 이성학으로서 논리학은 '사고 기술 내지 사고 법칙의 학'을 의미한다. 지적 능력으로서 이성은 일정한 법칙 내지 규칙에 따르는 사고 작용을 하며, 그 대표적 양태는 개념 작용, 판단 작용, 추리 작용, 체계화 작용이다. 이 사고의 법칙을 '논리 법칙'이라고 하며, 저 사고 작용의 양태 양상들의 체계적 서술이 논리학의 내용을 구성한다. 저 논리 법칙 내지 논리 규칙을 습득하고 논리적 사고 훈련을 받음으로써 사고 능력이 증진한다면, 논리학은 사고의 기술(ars)을 담고 있는 셈이다. 이런 논리학은 사고의 형식들만을 내용으로 갖는다는 점에서 때로 '형식 논리학'이라고 일컬어지기도 하고, 사고 일반을 가능하게 하는 조건 내지 규칙들을 다룬다는 점에서 '일반 논리학'이라고 일컬어지기도 한다.

전자의 의미에서 논리학은 차츰 형이상학이나 존재론과 한 가지로 치부되며, 후자의 의미에서 논리학은 사고의 원리를 추궁한다는 점에서 근대 이후 인식론의 일부를 이루는 것으로 간주되기도 하며, '논리학'은 오늘날 주로 후자의 의미로 쓰인다. 이와 함께 '로고스'는 '말' 내지 '사고'의 의미로 받아들여진다. 이에 따라 '논리(論理)'도 말의 이치, 사고의 이치, 논(論)함의 이치를 뜻하는 말로 쓰이고 있다.

2. 논리학의 성격 문제

'논리학'에 남아 있는 첫째 문제는, 논리학은 과연 하나의 지식 체계, 곧 학문(scientia)으로서 철학의 일부인가, 아니면 단지 학문 또는 철학의 도구인가 하는 문제이다. 이것은 '논리학' 성립 당초부터 제기된 문제이다.

헬레니즘 시대 안드로니코스(Rhodos의 Andronikos) 등 소요학파가 아리스토텔레스의 논리학 관련 6권의 저술을 『도구(*Organon*, 機關)』라는 이름 아래 묶고, 근대에 이르러 이를 염두에 둔 베이컨(F. Bacon, 1561～1626)이 학문의 『새로운 도구(*Novum Organum*)』(1620)를, 그리고 람베르트(J. H. Lambert, 1728～1777)가 진리를 찾고 그것을 착오 및 가상과 구별해 내기 위한 『새로운 도구(*Neues Organon*)』(1764)를 내놓았을 때, 그것이 함의하는 바는 논리학은 학문을 위한 방법 내지는 도구라는 것이었다. 그러나 이에 반해 앎을 세 종류로 나누어 본 스토아학파는 논리학을 자연학(physica), 윤리학(ethica)과 더불어 주요한 철학의 구성 성분으로 보았다(Diogenes Laertios, *VII*, 39 참조). 그 이래로 논리학의 성격에 대한 논란은 계속되고 있다.

3. 논리학의 범위 문제

논리학을 둘러싸고 있는 또 하나의 근본 문제는 논리학의 범위가 어디까지인가이다. 변증학(辨證學, dialektike episteme)을 논리학에 포함시킬 수 있는가 하는 문제에서 사람들은 매우 큰 시각 차이를 보이고 있다.

플라톤은 개념을 분해하고 종합하는 기술인 변증학(Platon, *Sophistes*, 253 d)은 '이데아', 곧 참된 존재를 인식하는 데 기여하는 한에서 논리학에 포함된다고 보았다(Platon, *Philebos*, 58 a; *Phaidros*, 265 f. 참조). 이런 이해에서는 변증학은 논변 기술이면서도 참된 것의 형이상학이다. 이에 반해, 아리스토텔레스는 변증학이 한낱 사실적이고 우연적인, 그러니까 필연적이 아닌 전제들로부터 그럴 듯한 결론을 이끌어내는 논변 기술인 한에서, 확실한 전제로부터 확실한 결론을 이끌어내는 분석학(分析學)과는 구별된다고 보았다(Platon, *Topica*, I, 1, 100a 27 참조). 이런 아리스토텔레스의 구분법에 따라 후에 칸트는 논리학 안에 분석학과 변증학을 포함시키되, 전자를 '진리의 논리학', 후자를 '가상(假象)의 논리학'이라고 칭했다. 그러나 헤겔은 다시금 아리스토텔레스의 '분석학(analytica)' 등은 '형식 논리학'으로서 도구적 기술에 불과하고, 오히려 변증학이야말로 참된 '논리의 학(Wissenschaft der Logik)'으로서 진리의 형이상학이라고 보았다. 이 문제는 논리학(logica)을 '로고스(logos)의 학문'으로 이해하는 한, 그리고 '로고스'의 정체가 확연해지지 않는 한, 쉽게 결론에 이를 수 있는 문제는 아니다. 앞서 '이성' 개념의 해명이 철학의 시작점이자 종착점이라고 한 말은 이에도 적실하다 하겠다.

제 2 절 논리와 사고

1. '논리'의 말뜻

'논리'는 논(論)함의 이치[理]를 말한다. 그렇다면 대체 논함의 이치란 무엇인가?

'말[言]'과 '순서를 세우다[侖]'라는 두 뜻글자가 모여 한 글자를 이룬 한자말 '논(論)'은 여러 가지 의미를 가진다. 그 중에서도 ① 말하다[說], ② 생각하다[思], ③ 의논하다[議] 등을 '논하다'의 기본 뜻이라고 볼 수 있다. '논함'의 이 세 가지 의미를 바탕으로 놓고 생각해 보면, '논리'란 그러니까 ① 말함의 이치, ② 생각함의 이치, ③ 의논함의 이치를 이르는 말이라 할 수 있다.

그런데 말[언어, 言語]은 생각[思考]을 밖으로 보이는, 즉 표현하는 매개요, 의논함은 여럿이서 자기 생각을 말로써 주고받음이다. 그러므로 논리란 내면적으로는 생각의 이치요, 외면적으로는 말의 이치라고 볼 수 있다. 그리고 '이치'란 무엇인가가 바로 그 무엇인 까닭, 무엇인가를 바로 그 무엇이게끔 해주는 까닭을 이르는 것이니, '논리'란 말이 말이고 생각이 생각이며, 말을 '말되게' 하고 생각을 '생각되게' 하는 까닭이라고도 풀이할 수 있다.

우리가 비록 논리를 말의 이치, 생각의 이치로 새긴다 하더라도, 그러나 생각과 말을 무엇으로 보느냐에 따라서 '논리'라는 말이 사용될 수 있는 영역이 좁을 수도 있고 매우 넓을 수도 있다.

대체로 일상생활에서는 논리라는 말이 넓은 의미로, 그것도 서로 다른 여러 가지 문맥에서 사용되고 있음을 본다. '정치 논리가 경제 논리를 억누르고 있다', '국제 관계는 힘의 논리에 지배받는다', '현실의 논리가 희망의 논리에 밀려 있다', '그것은 소설의 논리이지 시의 논리는 아니다' 등등 이런 말들은 그런 좋은 예이다.

그런데 이런 문맥에서 넓은 의미로 사용되는 '논리'라는 말은 실은 '이치' 일반을 뜻하는 것이다. 그러므로 우리가 논리를 이치 가운데서도 어떤 특정한 이치로 이해한다면, 논리란 한낱 '이치'가 아니라 '말과 사고[생각]의 이치'라 해야 할 것이다.

2. 말과 사고[생각]와 논리의 관계

이제 '사고와 말의 이치'란 무엇을 말하는가? 여기서 '사고(思考)'는 무엇이며, '말'은 무엇인가?

대부분의 자연 언어의 낱말들이 그러하듯이 '말'과 '사고'라는 말도 역시 경우에 따라서 매우 다른 뜻으로 쓰인다. 심한 경우에는 말 같지 않은 말도 말이라 불리고, 생각 같지 않은 생각도 생각이라 일컬어질 정도이다.

'말 같지 않은 말', '생각 같지 않은 생각'이라는 평가는 보통 윤리 도덕적인 관점에서 내려지기도 하고 논리적인 관점에서 내려지기도 한다. 윤리적으로 허용하기 어려운 말이나 생각에 대해서도 우리는 저런 평가를 할 수 있다. 그러나 이런 경우는 논리적인 것과는 구별되므로 여기서는 논리적인 관점에서만 말과 생각을 살펴보자.

논리적인 관점에서 볼 때, '말 같지 않은 말' 즉 말이 되지 않는 말이란 어떤 말일까? 또 '생각 같지 않은 생각' 즉 생각이라고 할 수 없는 생각은 어떤 것일까?

'누가 내 공책에 두 개의 둥근 사각형을 그려 놓았다'는 말이나 '우리 동네 개울에는 청룡이 세 마리 살고 있다'는 말은 말이 안 되는 말이다. 이 말들은 문법적으로는 틀린 데가 없음에도 논리적으로는 맞지 않는 말이다. 논리는 어법(語法)이나 문법(文法)과는 달리 단지 말의 규칙이 아니라 '말과 사고의 이치'이다. 어법이나 문법과 마찬가지로 논리도 말의 규칙이기는 하지만, 한낱 말의 규칙이 아니라 사고의 표현으로서의 말, 곧 언표(言表)의 규칙이다. 생각 같지 않은 생각을 담아낸 말 역시 비록 그 말이 어문법적으로는 올바르다 하더라도 논리적으로는 말이 되지 않는다.

어문법적으로 맞지 않는 말도 무엇인가 의미를 담아 발음되고 글자로 쓰인 이상 그런 모든 것을 말이라고 이해할 때는 '말'이 되겠지만, 그러나 엄밀하게는 말은 적어도 어문법에는 맞아야 말이 된다. 그러나 논리적인 관점에서는 이것에 더해 생각이 되는 생각이 담겨 있는 말만을 말이라 할 수 있다. 생각 없이, 사태에 대한 분별없이 발음된 말은 설령 문법에는 맞다 하더라도 논리에는 맞지 않는 말이기 십상이다. '둥근 사각형'이나 '청룡'은 그런 말이다. '둥글음'과 '사각'은 함께 어울릴 수 없으며, 존재하지도 않는 용이 '푸른' 색깔을 가졌다는 것을 우리는 사실로 받아들일 수 없을 뿐만 아니라 논리적으로도 이해할 수 없다.

그러나 우리가 어떤 수인(囚人)의 다음과 같은 글귀나 어떤 수필의 다음과 같은 한 구절을 마주칠 경우에는 사정이 좀 다르다.

> 그리운 친구여,
> 할 일도 없고
> 움직일 수도 없는
> 나는
> 천장에
> 작은 네모난 구멍에 걸린
> 둥근 달을 보며
> 둥근 사각형을 생각하였다.
>
> 둥근 사각형 –
> 그것은
> 둥글까 네모일까
> 네모일까 둥글까
>
> 생각하다
> 생각하다
> 잠이 들었다.
>
> 그렇게
> 또

하루가 갔다.

산자락에 청룡 한 마리가 꾸불꾸불 드러누워 있다. 산봉우리에서 내려다보니 그 위에 독수리 한 마리가 그림자를 드리운다.

위와 같은 글귀들은 비록 그 안에 존재하지도 않고 논리적으로 생각할 수도 없는 것을 지시하는 말을 포함하고 있다 하더라도, 그 말이 뜻있게 음미될 수도 있다. 이런 종류의 글은 과연 논리적이냐 아니냐 하는 관점에서 보기보다는 심리적 상태를 어떻게 잘 형상화해 냈는가, 연상(聯想)에 대한 적절한 표현이 이루어졌는가 등의 관점에서 평가해야 할 것이다. 이런 예에서 보듯 비록 논리가 '생각과 말의 이치'라 하더라도, 우리는 모든 말, 모든 생각에 대해서 엄밀한 의미에서의 '논리적'이기를 요구할 수는 없다. 그것은 생각에도 여러 가지가 있기 때문이다.

1) 사고[생각]란 무엇인가?

사고[생각]란 넓은 의미로는 의식 활동과 그 내용 모두를 지칭한다. 그러므로 느끼고 상상하고 의욕하는 것도 사고의 일종이라 할 수 있다. 그러나 좁은 의미로 사고는 판단과 그것의 요소인 개념, 그리고 판단이 일정한 규칙에 따라 결합된 추론으로 이해된다.

생각이 넓은 뜻으로 사용될 때는, 생각에 대해서 '논리적'이라는 척도는 제한적인 의미를 가질 수밖에 없다. 가령 시 쓰기와 같은 예술 활동에서 중요한 의식의 기능은 논리적 사고력보다는 미(美)적 상상력이라 볼 수 있다. 논리적으로 시가 쓰이기만을 요구하다 보면, 우리는 우리의 의식의 한 값진 영역을 잃어버리게 될 것이다. 이뿐만 아니라 어떤 영감이나 신념, 신앙, 희망도 꼭 논리적 기반을 갖는 것은 아니지만 그 나름의 의미 있는 활동으로 볼 수 있다.

2) '논리적'일 것이 요구되는 사고

그렇다면, 논리가 문제되는 생각은 어떤 종류의 것일까?

그것은 기본적으로는 판단 작용과 그 내용으로서의 생각[思考]이다. 판단 작용이란 어떤 개념과 다른 어떤 개념을 결합하거나 분리하는 의식 활동을 말한다. 예를 들자면 '하늘은 푸르다', '저 장미는 붉지 않다' 등의 언표가 판단 작용의 결과이다. 그런데 이런 판단은 개념들로 이루어지며, 또 몇 개의 판단이 규칙에 따라 연결되면 추론이 이루어지기도 한다. 그래서 사람들은 보통 개념 작용, 판단 작용, 추론 작용으로서의 생각에 대해서 '논리적'이기를 요구한다. 그리고 자기의 판단이나 추론이 옳음을 내세우는 것을 주장이라 하므로 주장을 담고 있는 언표들 또한 모두 '논리적'이기를 요구받는다.

우리는 우리 인간의 여러 의식 활동 가운데에서 논리적 기능을 지성(知性) 혹은 이성(理性)이라 불러, 감성(感性), 감정, 상상력, 의지(意志) 등과 구별한다. 이와 관련해서 우리는 보통 우리 인간이 추구하는 가치를 크게 진(眞), 선(善), 미(美) 셋으로 나누고, 이 세 가치 모두에 대해서 생각한다. 이런 가치 구분에서 '논리적'이라는 척도는 진리의 영역에서만 타당하다고 볼 수 있다. 반면에 선의 영역에서는 얼마나 윤리적이냐 또는 정의로우냐가, 미의 영역에서는 얼마나 큰 쾌감을 또는 고아한 감정을 불러일으키느냐 등이 문젯거리가 될 것이다. 물론 선이나 미의 문제에서도 누가 어떤 주장을 펼 때는, 그 주장 자체는 윤리적 활동도 예술적 활동도 아닌 지적 활동이므로 역시 '논리적'이어야 한다. 그러니까 개괄적으로 말해 '논리적'이라는 재[尺度]는 지식으로 대변되는 지성 활동에 타당한 것이다. 지성 활동은 일반적으로 논리적이기를 요구받는다.

이때 '논리적'이라는 평가의 척도는 '확실성'과 '정합성(整合性)'이다. 바꿔 말하면 생각은 명료하고 충분한 근거를 가져야 하며, 자가당착이 없어야 한다는 것이다. 명료하지 못한 사고란 다른 사고와 잘 구별되지 않는 사고를 말하며, 자가당착적인 사고란 자기 안에서 또는 다른 사고와 서로 어울리지 않거나 어긋나는, 곧 모순적인 사고를 말한다. 주장을 담고 있는 생각은 그 주장을 뒷받침해 줄 충분한 근거를 가질 때 논리적이라 할 수 있다. 반면에 명료하지 못한 생각, 근거가 충분하지 못한 생각, 모순을 포함하고 있는 생각 등은 비논리적이라 해야 할 것이다.

3) 논리의 영역과 지성 활동

지성 활동이란 무엇인가를 알고 이해하며, 이것에 대한 자기의 생각이나 견해를 남과 더불어 이야기하는 것이다. 그것은 자기의 생각을 표현하고 주장하며, 남의 생각을 이해하고 비판하는 활동이다. 그리고 이런 활동은 말을 통해서 수행되는 것이 보통이다. 이때 그 생각과 말이 논리적일 때 의사소통이 제대로 이루어진다. 그렇기 때문에 논리란 의논함을 가능하게 하는 이치라고도 할 수 있는 것이다.

그러나 어떤 사람들은, 인간은 어떤 것을 제대로 알 수도 없고, 설령 무엇인가를 제대로 안다고 하더라도 말을 통해 그것을 남에게 이야기하거나 이해시킬 수 없다는 견해를 가진다. 이런 견해는 언어 적대 감정(言語敵對感情)의 표명이라고 할 수 있겠는데, 그런 견해를 우리는 드물지 않게 접하게 된다. 이런 견해도 그 나름의 정당성을 가질 수 있을 것이다. 그러나 우리가, 즉 '너와 내'가 무엇인가에 대해서 생각을 주고받고 의논한다는 행위가 있고, 이런 행위가 우리 인간에게 보편적 삶의 마당을 마련해 준다는 의의를 갖는다면, 우리는 이런 행위를 수행할 수 있는 공동의 밑바탕을 가져야 한다. 그것이 바로 공동의 규칙을 따르는 언어이다. 우리가 사용하는 일상 언어의 공동의 규칙이 다름 아닌 문법이고 논리이며, 이 가운데에서도 논리는 말이 그 형식에서뿐만 아니라 내용에서도 알맞도록 해주는 말의 이치이다.

논리는 사고가 사고이고 말이 말이 되기 위해서는 반드시 지켜야 할 규범이다. 그래서 우리는 생각이나 말은 논리적이어야 한다고 강제할 수 있다. 우리가 논리적으로 생각하고 논리적으로 말함은 지성적인 공동체 생활의 기초이며, 그러므로 그것에 여러 제약과 제한이 있다 하더라도 지성적인 사회생활을 영위해 나가기 위해서는 생각하고 말함에 있어서 사람들은 최소한의 규칙인 '논리'를 준수해야 한다.

3. 논리의 요소와 법칙

논리의 요소란 무엇을 말하는가?

논리는 생각[사고]을 생각이게끔 해주는 이치이면서 또한 생각을 말[언어]로 표현한 언표의 이치이다. 그러므로 사고를 이루고 언표를 구성하는 요소가 바로 논리의 요소가 된다 하겠다.

사고를 이루는 요소로서 우선적으로 고찰해야 할 것은 사고의 기본 원리와 법칙들, 사고의 기초적인 작용 방식 그리고 사고의 기본 단위 등이다. 이 세 가지에 각각 언표의 기본 법칙, 언표의 기초적인 방식 그리고 언표의 기본 단위가 상응할 것이다.

1) 사고의 기본 원리와 법칙

사고(思考)는 기본적으로는 개념에다 개념을 덧붙이거나 개념과 개념을 떼어내는 의식 활동이다. 예를 들자면, '사람은 동물이다'라는 사고는 '사람'이라는 개념에 '동물'이라는 개념을 덧붙이는 활동이고, '사람은 짐승이 아니다'라는 생각은 '사람'이라는 개념과 '짐승'이라는 개념을 분리시키는 활동이다. 이런 기본적 활동을 토대로 사고는 그 기본 단위를 분해하고 합성하면서 전개되어 나간다. 이때 올바른 사고란 그 단위 요소를 알맞게 형성하고, 그 단위 요소의 결합과 분리가 확실한 근거 위에서 정합(整合)하게 즉 앞뒤가 서로 맞게 수행되는 사고를 말한다. 이런 사고 활동에서 그것을 올바르게 이끌어가는 지도(指導) 원리로 볼 수 있는 것이 '사고 확실성의 원리'와 '사고 정합성의 원리'이다.

(1) 확실성의 원리

사고의 확실성은 크게 보아 두 점에서 생각할 수 있다. 하나는 어떤 생각이 명료한가, 즉 다른 생각들과 뒤섞여 있지 않고 분명한가 하는 점이고, 또 하나는 그 생각이 충분한 근거를 가지고 있는가 하는 점이다.

이런 두 측면에서의 사고의 확실성은 사고가 순전히 이성이나 지성의 활동에만 의거하느냐 혹은 경험에 기초한 것이냐에 따라 그 자체로서 자명하게 받아들여질 수도 있고 검증(檢證)을 통해 확인될 수도 있다. 앞의 것을 이성적 확실성, 뒤의 것을 경험적 확실성이라고 부를 수 있다. 이성적 확실성은 어떠한 경험에 의거하지 않고서도 그 자체로 확증된다는 의미에서 명증(明證)적 확실성이라 하고, 경험적 확실성은 경험에서 그 근거가 제공된다는 의미에서 실증(實證)적 확실성이라고 할 수 있다. 이성적 확실성은 언제나 필연성[어느 경우에나 반드시 그러함]을 함유하지만, 경험적 확실성은 사실성(事實性)[그 경우에는 그러함]만을 함유한다. '네모난 도형', '직선=평면상에서 두 점 사이의 최단 거리' 등을 이성적으로 확실한 사고 내용이라 할 수 있다면, '새', '인간=이성적 동물' 등은 경험적으로 확실성이 보증되어야 할 사고 내용이다.

또 사고의 확실성은 그것이 매개 없이도 보증되느냐 또는 매개를 통해서만 보증되느냐에 따라 직접적 확실성과 간접적 확실성으로 구분될 수도 있다. 이때 매개는 이성적인 것일 수도 있고 경험적일 수도 있는데, 매개란 이를테면 확실성의 입증 수단이라고 볼 수 있다. 하늘을 나는 종달새를 육안으로 본 사람에게 '저 종달새가 하늘을 난다'는 생각 내용은 직접적으로 확실하지만, 종달새에 관해 과학 책에서 읽거나 다른 사람으로부터 듣기만 한 사람에게 '종달새는 봄날에 하늘을 난다'는 생각 내용은 간접적으로만 확실하다고 말할 수 있다.

근거율

확실한 생각 가운데서도 명료한 생각이란 그것이 무엇에 관한 생각이고, 그 내용이 무엇인가가 분명하게 드러나는 생각을 말한다. 반면에 근거 있는 생각이란 그 생각을 보증해 주는 충분한 이유가 있는 생각이라고 말할 수 있다.

그래서 확실성의 한 원리는 '무엇이든 (충분한) 근거 없이는 있을 수 없다'로 표현되기도 한다. 이것을 사람들은 근거율 내지 충분근거율(充分根據律) 또는 충족이유율(充足理由律)이라고 부른다. 이때 문제가 되는 것은 '충분한 근거'란 어떤 것인가이다.

어떤 사고는 다른 사고와의 연관 관계에서, 또 어떤 사고는 많은 증거와 증언을 통해서 그 확실성이 뒷받침될 수 있지만, 어떤 사고는 그 자신만이 자신의 확실성을 보증할 수밖에 없다. 여기에서 확실성, 그 가운데에서도 자명한 확실성을 어떻게 이해해야 하는가 하는 문제가 생긴다. 그뿐만 아니라, 한 사람에게는 불확실하지만 다른 많은 사람에게는 확실한 생각이 있을 경우, 과연 확실함을 내세우는 사람이 많다는 사실이 그 생각이 확실함을 보증해 주는가도 또한 문젯거리이다. '내가 지금 글을 읽고 있다'는 생각은 확실한가? 확실하다면 이 확실성을 나는 나에게 또는 남에게 어떻게 확인시킬 수 있는가? '내가 지금 글을 읽고 있다'는 자기의식만으로 충분한가, 아니면 다른 무엇(누구)에게 물어보아야 하는가? '1－1＝0'이라는 생각은 확실한가? 이 확실성은 어떻게 보증되는가? 이런 확실성의 문제는 단순한 생각에 대해서도 그렇지만, 여럿의 단순한 생각들이 연이어지고 뒤섞여 있는 복잡한 생각에 대해서는 더욱더 크게 제기될 수도 있다.

이런 사정 아래에서 때로는 그 '충분한 근거'라는 것이 직각적으로 제시되기도 하고, 때로는 합의 절차를 거쳐 제시되기도 하지만, 그럼에도 우리는 무엇이든 충분한 근거 없이는 있을 수 없고, 생각 또한 충분한 근거 위에서만 제대로 성립할 수 있다는 원칙을 받아들인다. 그리고 우리는 어떤 생각에 대해서 그 생각이 다름 아닌 그 생각이기에 충분한 근거를 가지고 있을 때, 그 생각은 확실하다고 말한다. 그리고 어떤 생각이 올바르기 위해서 확실해야 함은 당연하다고 생각한다.

(2) 정합성의 원리

사고가 올바르려면 그 자체로서 확실해야만 한다. 그뿐만 아니라 한 사고를 이루는 구성 요소들은 그 요소들 상호간에 그리고 한 사고는 다른 사고와 서로 알맞게 어울릴 수 있어야 한다. 여기서 '다른 사고'란 나의 다른 사고는 말할 것도 없고 다른 사람의 사고도 포함한다. '나는 지금 앉아 있다. 그리고 동시에 걷고 있다'는 생각이 어떤 사람에게 제아무리 확실하다고 하더라도 이것은 서로 아귀가 맞지 않는 생각이다. 또한 '나는 철수를 아침에 강화도에서 분명히 보았다'는 생각이 나에게 제아무리 확실하다고 하더라도 그 시간에 철수는 영국 런던에서 박물관을 관람하고 있었다는 사실을 철수 자신이 여러 증빙 자료를 통해 확인해 주고, 또 많은 사람들이 그 사실을 보증할 때는 나의 '확실한' 생각은 문제가 되지 않을 수 없다. 그렇기 때문에 한 생각은 다른 생각과 알맞게 어울릴 때 올바른 생각일 수 있다고 우리는 받아들인다. 이것은 우리가 정합성(整合性)을 사고의 원리로 인정하기 때문이다.

사고의 정합성은 몇 가지 사고의 법칙에 근거한다. 그런 법칙으로 사람들은 보통 동일률(同一律), 모순율(矛盾律), 배중률(排中律)을 꼽는다.

동일률

동일성의 법칙은 '어떤 것도 자기 자신과는 같다'고 표현될 수 있다. 철수는 철수이며 나무는 나무이고, 삼각형은 삼각형이다. 그러니까 철수를 영수라고 생각하거나 나무를 돌이라고 생각하거나 삼각형을 원이라고 생각하면, 그 생각은 정합하지 않다. 즉 앞뒤가 서로 맞지 않는 것이다.

무엇과 무엇의 동일성에는 '철수는 철수이다'처럼 완전한 경우도 있고, '철수는 사람이다'처럼 부분적일 경우도 있다. 완전한 동일성을 말하면, 그것은 동어반복으로서 그 생각은 자명하다고 한다. 그러나 부분적인 동일성, 즉 부분적으로 같음이 생각되는 경우에는 그 양자 사이의 포함 관계를 헤아려보아야 하며, 그 결과에 따라 그 생각은 맞을 수도 있고 틀릴 수도 있다. '나무는 나무이다'라는 생각은 자명한 것으로 언제나 맞다. '나무는 식물이다'라는 생각은 나무는 식물에 속한다, 즉 식물의 일부라는 점에서 맞다. 그러나 '식물은 나무이다'라는 생각은 식물이 나무에 속하는 경우는 아주 조금뿐이므로, 아주 조금 맞는 생각이라고 평가하거나 거의 맞지 않는 생각이라고 말할 수 있다. 또 '나무는 동물이다'라는 생각은 나무는 전혀 동물에 속하지 않으므로 전혀 맞지 않는 것이라 해야 한다. 어떤 생각의 맞고 맞지 않음의 척도 혹은 규범으로 기능하는 이런 이치가 바로 동일성의 규칙, 동일률이다.

동일률의 실제 적용에서 주의해야 할 점은 무엇과 무엇의 동일성을 살필 때에 관점을 바꿔서는 안 된다는 점이다. 예컨대 누군가가 '삶은 삶이 아니요, 죽음은 죽음이 아니다. 삶으로써 죽고 오히려 죽음으로써 산다'고 말할 때, 문맥상 앞의 삶과 뒤의 삶, 앞의 죽음과 뒤의 죽음이 다른 뜻으로 말해진 것이라면, 이 말은 동일률을 어긴 것이 아니다. 가령 위의 말이 문맥으로 볼 때, '(수치스런) 삶은 (참다운) 삶이 아니요, (의로운) 죽음은 (값없는) 죽음이 아니다. (치욕스럽게) 삶으로써 (인격적으로) 죽고, 오히려 (떳떳하게) 죽음으로써 (영혼으로) 산다'는 뜻으로 이해된다면, 이 말은 논리적으로 그릇되다고 평가할 수가 없다. 그러므로 일상 언어(자연 언어)로 말할 때는 말이 문맥에서 의미하는 바에 따라 '논리성' 여부를 가려야 한다.

모순율

모순율이란 '어떤 것에도 그것에 어긋나는 것이 속할 수 없으며, 또한 서로 어긋나는 성질이 함께 어떤 것에 속할 수 없다'는 사고 법칙을 말한다. 원을 삼각이라고 생각하거나 천장에 뚫린 구멍이 둥근 사각이라고 생각함은 알맞지 않은 것이다. 어떤 것도 자신과 어울릴 수 없는 것을 자신의 성질로 가질 수 없으며, 서로 어울릴 수 없는 성질들을 동시에 함께 가질 수 없다.

이 모순의 법칙을 일상적인 사고나 언표에 적용하여 그것의 맞고 맞지 않음을 판별할 때에는, 동일률의 적용에서와 마찬가지로, 모순을 파악하는 관점을 바꾸지 않도록 주의해야 한다. '그 사람은 무식하면서 유식하다'는 언표가 한 관점에서 말해졌다면 모순을 범한 것이지만, 어떤 문맥에서 그것이 서로 다른 관점에서 말해진 것으로 이해될 때는 모순을 범한 것이라 볼 수 없다. 가령 저 말이 그 사람은 현대인의 필수 교양인 수학, 과학 등을 전혀 모른다는 점에서는 무식하지만, 인생 경험이 풍부하고 세계의 풍물에 대해서 밝게 안다는 점에서는 유식하다는 뜻으로 말해진 것이라면, 그것은 모순을 범한 것이라고 볼 수 없다. 또 누군가가 '인간은 살아가면서 죽어가는 것이며, 죽어가면서 살아가는 것이다'라고 말할 때도 살아가다와 죽어가다를 서술하는 기준이 다를 경우에는, 이 말이 모순을 범한 것이라 볼 수는 없다. '나는 지금 슬프면서 기쁘다'고 말할 때도, 그것의 문맥상 의미가, 예컨대 고향을 떠남은 슬프지만 새로운 보금자리에서 꿈을 펴게 되어 기쁘다는 것으로 이해된다면, 모순된 표현이라고 볼 수 없다. 이런 경우가 적지 않다. 그러므로 언표에서 모순의 규칙 준수 여부는 문맥상의 의미를 살펴 가려야 한다.

배중률

배중률 즉 중간(혹은 제3자)을 배제한다는 법칙은 '모순 관계에 있는 두 생각이 모두 틀릴 수는 없다'로 표현된다. 어떤 생각 '가'와 어떤 생각 '나'가 모순 관계에 있다면, 분명히 '가'와 '나' 모두가 맞을 수는 없는 일이다. 어떤 생각이 있을 때 그것은 맞거나 틀리거나이다. '맞다'와 '틀리다'는 모순 관계에 있는 말이고, 그래서 어떤 생각에 이 말이 동일한 관점에서만 적용된다면 그것은 맞거나 틀리거나 중 하나이다. 다시 말하면 맞으면서 동시에 틀릴 수도 없고, 맞는 것도 아니고 틀리는 것도 아닐 수는 없다. 그것은 이미 모순율이 일러주는 바이다. 그렇다고 양자가 모두 틀리지는 않다고 배중률은 말하고 있다.

'꽃은 열매이다'라는 생각은 맞거나 틀리거나이다. 이때 이 생각이 틀리다면, '꽃은 열매 아닌 것이다'라는 생각은 맞을 수밖에 없다. '꽃은 열매이다'와 '꽃은 열매 아닌 것이다'가 모순 관계에 있다면, 이 두 생각이 모두 틀릴 경우 그것은 '꽃은 열매도 아니고 열매 아닌 것도 아니다'라는 말인데, 이럴 수는 없다. 그러니까 만약 어떤 두 생각이 모순 관계에 놓여 있다면, 그 두 생각 중 하나는 맞는다는 것을 배중률은 지시하고 있다.

배중률을 어떤 두 생각에 적용할 때 주의할 점은 그 두 생각이 과연 모순 관계에 있는가를 판별해 내는 일이다. '영혼은 있다'와 '영혼은 없다'는 두 생각의 경우 여기서 '있다'와 '없다'가 모순적인 의미로 쓰였다면, 우리는 적어도 '영혼이 있다'는 생각이 맞으면 '영혼이 없다'는 생각은 틀리고, '영혼이 없다'는 생각이 맞으면 '영혼이 있다'는 생각은 틀리다고 말할 수 있다. 그러나 여기서 '있다'와 '없다'가 서로 다른 관점에서 그 의미를 갖는다면 저 두 생각은 다 맞을 수도 있고 다 틀릴 수도 있으며, 그 맞고 틀림이 도무지 가려지지 않을 수도 있다. 가령 누가 손으로 만지고 눈으로 볼 수 있다는 의미에서의 영혼은 있지 않지만, 나의 사랑의 힘으로서의 영혼은 있다고 말한다면, 이 말의 뜻은 논리적으로 뜯어볼 수 있는 성질의 것이 아니다. 또 다른 예로서 '용은 동물이다'와 '용은 동물이 아닌 것이다'라는 두 생각을 살펴보자. '용은 동물이다'라는 생각은 경험 과학적으로 볼 때는 틀리다. 그렇다면 '용은 동물이 아닌 것이다'라는 생각은 맞는가? '동물 아닌 것'이 만약 '동물은 아니지만 그러나 다른 무엇인 것'을 함축한다면 이 생각 역시 잘못된 것이다. 용은 도대체가 아무것도 아니기 때문이다.

'금은 동물이다'와 '금은 식물이다'라는 두 생각의 경우에는 사정이 다르다. 이 두 생각은 서로 반대가 되기는 하지만 모순은 아니다. 이렇게 반대가 되는 생각도 함께 맞을 수는 없다. 그러나 이 예처럼 양쪽 모두가 틀릴 수도 있다. 반면에 '개는 동물이다'와 '개는 식물이다'와 같은 반대되는 생각에서처럼 한 쪽은 맞고 다른 한 쪽은 틀리는 경우도 있다.

이상의 설명과 예시를 통해 알 수 있듯이 배중률은 앞서 언급한 모순율의 다른 적용 방식이라고 볼 수도 있다. 그런 까닭에 모순율의 사용에서와 마찬가지로 배중률의 적용에서도 먼저 생각에 포함되어 있는 요소들의 관계가 과연 모순 관계인가 어떤가를 주의 깊게 살펴야만 배중률을 적용할 수 있다. '모순' 관계가 실로 무엇을 말하는가는 아래에서 인식론의 문제를 다루면서 다시 한 번 검토하게 될 것이다.

요컨대, 어떤 생각이 의미 있는 내용을 담으려면 최소한 이와 같은 사고의 법칙을 준수해야 하며, 이 사고의 법칙은 기본적인 논리 척도이므로, 언표도 당연히 이를 준수할 때 '논리적'이 된다.

2) 사고의 기본 방식 및 단위

생각[사고]에는 생각함이라는 사고 작용의 면과 생각됨이라는 사고 내용의 면이 있다. '생각한다'는 작용이 없는데 생각이라는 것이 있을 수 없고, 생각이 있는데 '생각된 것'이 있지 않을 수 없다. 사고 작용과 사고 내용이 없는 사고는 있을 수 없다. 그리고 생각에는 그 생각을 하는 자가 있다. 즉 내가 생각하거나 그가 생각하거나 우리가 생각한다. 그러나 따져보면, 나는 내가 생각한다고 생각하고, 그가 생각한다고 생각하며, 네가 생각한다고 생각한다. 그래서 생각의 기본적인 구조는 '나는 무엇을 생각한다'라고 볼 수 있다.

나는 [너는, 그는, 우리들은, 너희들은, 그들은] '저기에 노란 난초 꽃 한 송이가 피어 있다'고 생각한다. '난초는 식물이다'라고 생각한다. '그는 내 친구이다'라고 생각하며, '그는 선량한 사람이다'라고 생각한다. 이런 명제로 언표되는 생각을 우리는 '판단(判斷)'이라고 부르므로, 말하자면 생각[사고]의 기본 방식은 판단이다.

물론 생각이 언제나 판단의 방식으로만 일어나는 것은 아니다. 나는 '왜 그가 나한테 오지 않았을까?' 하고 생각하기도 하고, '아, 그 꽃 정말 아름답구나!' 하고 생각하기도 하며, '그가 자기 일에 전념한다면 얼마나 좋을까!' 하고 생각하기도 한다. 그러니까 생각에는 판단뿐만이 아니라 의문, 감탄, 희망, 명령 등도 포함된다. 그러나 이런 생각들은 하나의 판단을 바탕으로 한 여러 가지 양태의 의식 활동이라고 할 수 있다. 예컨대 '왜 그가 나한테 오지 않았을까?'라는 생각의 바탕에는 '그가 나한테 오지 않았다'는 판단이 놓여 있는 것이다.

그런데 누군가가 '왜 그가 나한테 오지 않았을까?' 하는 의문을 가지고 있을 경우, 그가 그런 의문을 가지고 있음은 자명한 것이어서 그의 의문이 사실인지 어떤지를 물을 필요가 없지만, 이 물음의 바탕을 이루고 있는 '그가 나한테 오지 않았다'는 판단에 대해서는 그것이 과연 근거 있는 생각인가를 따져볼 수 있다. '아, 그 꽃 정말 아름답구나!'에서도 누군가가 그 감탄을 하고 있다는 사실이야 분명하고, 그 감탄이 맞는지 틀리는지를 묻는 것은 무의미한 일로 그걸 따져본다는 것은 부질없는 짓이다. 그러나 이 감탄의 바탕에 있는 '그 꽃은 아름답다'는 판단에 대해서는 그것이 충분한 근거가 있는 생각인지를 우리는 가려볼 수 있다.

그래서 생각의 여러 형태와 방식에도 불구하고, 직접적으로 '논리적' 기준을 적용해 평가할 수 있는 생각을 우리는 판단이라고 할 수 있다. 이런 뜻에서 판단을 생각[사고]의 기본 방식이라 하는 것이다. 그리고 하나의 판단 혹은 몇 개의 판단을 전제로 새로운 판단을 이끌어내는 사고의 방식을 추론(推論)[추리(推理)]이라 한다. 판단과 추론이 말로 표현되면 하나의 문장 혹은 몇 개의 서술 문장으로 나타난다.

그런데 사고의 기본 단위인 판단을 쪼개보면, 그것이 몇 개의 의미소(意味素), 바꿔 말하면 기초 의미 단위(意味單位)로 이루어져 있음을 알 수 있다. 그 기초 의미 단위를 개념(槪念)이라 부른다. 그러니까 판단을 형성하는 기초적인 사고의 방식은 개념이라고 할 수 있다. 언표에서 개념은 낱말[單語]로 나타난다. 이를테면 낱말은 개념을 담고 있는 그릇이다.

같은 그릇이라도 서로 다른 물건을 담을 수 있고, 같은 물건이라도 서로 다른 그릇에 담길 수 있듯이, 한 낱말이 서로 다른 개념을 표현할 수도 있고, 한 개념이 서로 다른 개념을 표현할 수도 있으며, 한 개념이 서로 다른 낱말로 표현될 수도 있다. '사람', '인간(人間)', 'man'은 한 개념을 표현하는 서로 다른 낱말이며, '배'는 서로 다른 개념들인 몸의 일부, 과일의 한 종류, 해상 교통수단의 하나 등을 담고 있는 하나의 낱말이다.

문법적으로 말해 낱말들이 일정한 규칙에 따라 연결되어 문장을 이룬다 하면, 논리적으로 말해 개념들이 일정한 규칙에 따라 결합되면 판단이 성립한다. 개념(槪念)은 어의적으로 풀이하자면 '어떤 것에 대한 대개의 생각[관념]'이지만, 내용을 살펴 말하자면 '여러 대상에 공통적인 의미 내용[관념]' 혹은 '여러 관념 속에서 공통 요소를 추상하여 종합한 하나의 관념'이라 하겠다. 그러나 판단에서 기초 의미 단위로서의 개념은 하나의 대상을 지시하기도 하나, 경우에 따라서는 아무런 대상을 지시하지 않기도 한다. 문장에서 하는 역할에 따라 낱말을 내용어(內容語)와 구조어(構造語)로 구분할 수 있듯이, 개념도 어떤 것을 지시하는 대상개념(對象槪念)과 판단의 틀을 만들고 그 틀을 짜는 것에서 의미를 얻는 기능 개념(機能槪念)으로 나누어볼 수 있다.

제 3 절 사고와 개념

1. 개념의 의의

사람들의 생각을 언표하는 기본적인 형식은 문장이고, 문장은 낱말[단어]들로 구성된다. 그런데 낱말은 근본적으로는 개념(槪念)을 언표한다. 개념들이 연이어져 한 덩어리의 생각이 이루어지는 만큼, 개념은 의미 있는 생각의 최소 단위이다. 그러므로 개념은 앞서 말했듯이 생각을 담고 있는 말과 글의 최소 의미 요소[意味素]라고도 할 수 있다. 개념들은 언표되는 생각[思考]의 틀[형식]을 이룸과 함께 생각의 내용도 형성한다.

2. 사고의 형식 개념

1) 사고의 형식을 이루는 근간 개념

언표되는 생각은 어떤 개념들을 바탕으로 전개되며, 생각의 전개에서 이 개념들이 어떤 역할을 하는가를 잘 살펴보면, 어떤 개념들은 생각의 기본 구조를 형성함을 알 수 있다. 예컨대 '무엇이[누구는] 무엇이다', '언제 어디에 무엇이[누가] (어째서) 있다[없다]', '언제 어디서 무엇이[누가] 무엇을 (왜) (어떻게) 하다' 등이다. 이런 사실은 우리 생각의 기본 틀[형식]을 이루는 것은 시간 · 장소, 주체[주어], 존재(방식) 또는 상태 · 동작(방식), 이유[원인, 목적] 등의 요소임을 말해 준다. 또 여기에 '무엇[누구]'에는 양(하나, 여럿, 모두와 같은 양[量])의 표상이, '어떠하다'에는 정도(전혀, 조금, 많이와 같은 질[質]의 정도)의 표상이 덧붙여짐을 볼 수 있다.

생각의 바탕에 놓여 생각을 틀 지우는 이런 요소들만으로도 '대개(大概)의 생각[念]'은 형성된다는 의미에서, 그것들은 일종의 개념(概念)이다. 이런 개념은 생각의 뿌리이자 큰 줄기의 기능을 하는 것이므로, 다른 종류의 개념들과 구별해서, 근간 개념(根幹概念)이라 부르기도 하고, 생각의 큰 틀이라는 의미에서 사고의 범주(範疇)라고 부르기도 한다.

우리 사고에서 근간 개념으로 볼 수 있는 것은, 다시 한 번 정리해서 말하자면, 시간 · 공간, 주체 및 주체의 양(量)적 규정, 존재 · 상태 · 동작 방식들 사이의 (서로 주고받는 영향) 관계, 주체와 존재 · 상태 · 동작 방식 사이의 관계(예컨대 능동, 수동) 등의 표상이다.

우리는 '무엇이 있다'고 하면 '언제 어디에?' 하고 묻는다. 무엇이 있는데 언제 어디에 있는 것이 아니라 하면 당장 의아해한다. 누군가가 '용이 있기는 있는데 언제 어디에 있는 것은 아니다'라고 말하면, '그런 것은 기껏해야 상상으로만 있는 것이라고 하는 것이며, 그러니까 실제로는 없는 것이다'라고 응대한다. 여기에 생각의 틀로 기능하는 '있다', '없다'라는 개념도 '언제', '어디서'라는 의식도 '대개의 생각'이라는 뜻에서 일종의 개념이다.

우리는 있는 것에 대해서는 '그것이 무엇일까?', '그것은 어떠한가?'를 생각한다. 그러고 나서는 '그것은 금이다', '그것은 구리가 아니다', '그것은 은인 것 같다', 또는 '그것은 노랗다', '그것은 빨갛지 않다', '그것은 하얀 것 같다'고 판단한다. 여기서 '~은 ~이다[하다]', '~은 ~가 아니다[~지 않다]', '~은 ~인 것 같다'는 모두 생각의 틀을 이루는 개념이다. 또 '한 마리의 개구리가 튀어 올랐다', '많은 정치가는 거짓말쟁이다', '모든 사람은 자기 나름의 이상을 가지고 있다'는 생각에서처럼 '하나', '여럿', '모두'라는 것 역시 사고의 틀을 이루는 개념이다. 이런 수량의 개념을 통해 우리는 생각에서 중심이 되는 것, 곧 주체를 한정시킨다. 또 '폭풍우 때문에 다리가 무너졌다. 그래서 사람들은 더욱더 크고 튼튼한 다리를 새로 놓았다'는 생각이나, '모든 사람들은 이상을 가지고 있다. 그러므로 영준이도 이상을 가지고 있다'는 생각에서 보이는 '~때문에', '그래서', '그러므로' 따위의 개념 역시 한 생각의 중심과 다른 생각의 중심을 연관시켜 주는 사고의 형식으로 기능하는 개념이다.

요컨대, 문장에서 구조어(構造語) 내지는 논리어(論理語)로 나타나는 개념들은 모두 사고 자체의 작동의 틀인 기능 개념들이며, 인간의 이성 능력 자체란 이것을 두고 하는 말이다.

2) 근간 개념의 유래

그러면 이러한 근간 개념, 다시 말해 생각의 기본 틀을 우리 인간은 어떻게 가지게 됐을까? 우리는 왜 '언제 어디서 몇몇의 무엇이 어떻게 있는가?'를 묻고, '현재 우리 동네 어귀에는 아름다운 공원 하나가 실제로 있다'고 대답하며, 우리는 어떻게 해서 '언제 어디서 누가 무엇 때문에 무엇을 어떻게 하는가?'를 묻고, '해질녘 공원에서 영준이와 나는 건강을 위해 즐겁게 산책을 하였다'고 대답하며, 우리는 왜 '언제 어디서 몇몇의 무엇이 어째서 어느 정도로 그러한가?' 하고 묻고, '영준이가 도랑 가까이에 다가갔을 때 모든 개구리들은 위험을 느꼈는지 죽은 듯이 있었다'고 대답하는가? 이렇게 묻고 대답하는, 그러니까 생각하는 형식은 어디서 유래한 것인가? 우리는 어째서 무엇인가를 생각하면 반드시 시간·공간 의식을 가지며, 누가[무엇이] 그랬는가 하는 주체에 대한 의식을 가지며, 상태를 생각하고 분량을 생각하며 정도(程度)를 생각하고 연관관계를 생각하는가? 왜 우리는 하필 이러한 틀에 따라 생각하는 것일까?

어느 때부터 어떤 계기로 어떤 과정을 거쳐 이런 생각의 틀을 우리 인간이 가지게 되었는지 현재까지의 연구로는 확실하지 않다. 그러나 적어도 사고의 기본 형식을 이루는 이런 개념들을 우리 인간이 임의로 선택했거나 서로 약속을 해서 정했다고 보기는 어렵다. 그것들은 사고의 기본 법칙으로 기능하는 동일률, 모순율과 마찬가지로 보편적이기 때문이다. 그것들을 바탕으로 해서 우리의 의식은 무엇인가를 겪으며 경험한다. 그러므로 그것들은 또한 현재와 같은 우리 인간의 경험 과정을 거쳐 형성되었다고 보기는 어렵다. 그것은 오히려 지금의 우리의 경험 방식에 선행하는 것으로 보인다. 우리의 사고 기능을 이성(理性)이라고 부른다면, 그런 개념들은 이성에 본래적이고 고유한 사고 기능의 틀이며, 이성은 이러한 본래적인 틀을 가지고 있음으로 해서 비로소 무엇인가를 생각하고 경험할 수 있다. 이런 개념들은 그러니까 경험으로부터 얻어졌다기보다는 경험에 선행해 이성의 경험 작용을 기능하게 하는 표상이라는 뜻에서 선험(先驗)적인 것들이라 볼 수 있다.

인간의 이성이라는 것이 어떤 경로를 거쳐 오늘날의 형태를 가지게 되었는가를 추적하는 일은 우리에게 여전히 남겨져 있는 과제이지만, 그러나 우리가 일단 '이성'의 기능을 납득하는 것은 그것이 일정한 성격을 가짐을 인정하는 것이고, 이때 일정한 성격이란 다름 아닌 선험적인 사고 규칙이나 개념들로 말미암는 것이다.

> 우리 관념들 혹은 개념들은 명료하고 분명한 것인 한에서 실재적인 것들이고, 신에서 나오는 것이기 때문에, 참인 것이 아닐 수 없다(Descartes, *Discours de la Méthode*, IV, 7).

> 이성은 우리의 모든 관념 혹은 개념이 진리의 어떤 토대를 가지고 있을 것임을 충분하게 일러준다. 왜냐하면, 그렇지 않고서는 전적으로 완전하고 전적으로 진실한 신이 이런 토대 없이 그 관념들을 우리 속에 집어넣었다는 것은 있을 수 없는 일이겠기 때문이다(*Discours*, IV, 8).

> 우리가, 신이 자연 속에 확고하게 세우고 우리 영혼 속에 그에 대한 개념을 각인시켜 놓은 일정한 법칙들에 대해 충분히 숙고하기만 한다면, 세계에 있는, 또 세계 속에서 일어나는 모든 것에서 그 법칙들이 정확하게 지켜지고 있음은 의심할 수 없는 것이다(*Discours*, V, 1).

3. 사고의 내용 개념

사고의 형식으로서 기능하는 개념들이 없으면 사고 자체가 발동이 안 되지만, 그러나 그렇게 기능하는 선험적 개념들만으로는 아무런 사고 내용도 이루어지지 않는다. 사고가 내용을 가지려면 사고의 재료들이 있어야 한다.

사고의 기본 방식은 판단이고, 이 판단은 개념을 성분으로 갖는 것이니, 여기서 사고의 재료라는 것 역시 개념들이겠다. 사고의 내용을 이루는 개념들이 있어야 이성은 이것들을 그의 사고의 형식에 맞춰 조합하여 사고를 전개해 나갈 것이다. 그렇다면, 이런 사고 내용을 이루는 개념들은 어떻게 생겨난 것일까? 예컨대, '그것은 사과이다. 아직 풋사과인 걸 보니 맛이 새콤할 것 같다'나 '이것은 잘 익은 배인데 맛이 달다'라는 생각에서, '사과', '배', '맛', '새콤하다', '달다', '풋', '익은' 따위의 개념은 어디에서 유래할까?

생각의 내용을 이루는 것은 한 관념이나 대상을 지시하는 명칭[이름]이거나 아니면 개념들인데, 이때 개념이란 '여러 관념 속에서 공통 요소를 추상하여 종합한 하나의 관념' 또는 '여러 대상에 공통적인 징표(徵表)를 매개로 해서 여러 대상을 함께 나타내는 표상'이라 볼 수 있다. 그러니까 이런 하나의 개념이 생기기 위해서는 먼저 '여러 관념'이나 '여러 대상'이 주어져 있어야 한다. 이를테면 개념을 만들기 위한 소재가 주어져 있어야 한다. 바로 이런 소재를 우리는 보통 상상이나 감각적 경험을 통해 얻는다. 가령 '인어'라든지 '용'과 같은 개념은 그 소재를 상상을 통해 얻은 것이고, '사과', '배'라든지 '개구리'와 같은 개념은 감각 경험을 통해 그 소재를 얻은 것이다.

1) 경험 개념

먼저 '사과'니 '배'니 하는 개념이 어떻게 생겨났을까 한번 생각해 보자.

어느 날 사람들이 들에서 처음 보는 몇 그루의 나무를 발견했는데, 살펴보니 나무 모양도 조금씩 다르고 열매 모양도 서로 조금씩 달랐다. 그러나 자세히 비교하면서 살펴보았더니 크게 두 무더기로 나눌 수 있을 만큼 일부와 또 다른 일부는 서로 비슷한 점들을 함께 가지고 있었다. 그래서 일부의 열매들을 '사과'라고 부르고, 다른 일부의 열매들을 '배'라고 부르기 시작했다. 이렇게 해서 '사과'라는 명칭과 '배'라는 명칭이 생겨났을 것이고, 이제 우리는 '배' 하면 일정한 맛, 색깔, 모양을 가진 과일을 떠올리게 된다. 이렇게 해서 '배'의 개념은 형성된 것이며, '배'라는 개념, 곧 배에 대한 '대체적인 관념'은 배끼리도 맛이나 색깔, 모양 등이 조금씩 다르지만, 그러나 '배'라면 꼭 가지고 있어야 할 공통의 성질만을 뽑아 가지고 있는 것이다. 이런 공통의 필수 불가결의 성질을 본질(本質)이라고 부르니까, 어떤 것의 개념은 그와 같은 모든 것들의 본질 표상(表象)이라고 볼 수 있다. 한 개념 아래 포섭되는 사물들은 그러므로 본질적으로는 같은 것이다. 조생종이든 만생종이든, 장십랑(長十郎)이든 신고(新古)든, 한국산이든 서양산이든 배는 '배'인 한에서 본질적으로는 한 가지이다. 이런 성격은 '배'라는 개념에서뿐만 아니라 '사과'라는 개념에서도, '푸르다'나 '붉다'라는 개념에서도 마찬가지이다. 그리고 그 개념이 생겨나는 과정도 마찬가지이다. 이런 개념들은 어떤 것에 대한 (수차례의 감각적인) 경험을 토대로 해서 만들어지는 것이다.

그러면 '용'이라든지 '인어'와 같은 개념은 어떻게 생겨났을까? '용'이나 '인어'는 상상의 산물이다. 그러나 이것들 역시 감각 경험을 소재로 갖는다. 우리는 '용'이나 '인어'를 직접적으로 감각한 적은 없지만, 그러나 용이나 인어를 이루는 성질들을 분석해 보면, 그 성질들은 감각 경험적인 것으로 환원시킬 수 있다. 예컨대, 인어의 상체는 처녀의 모습이고 하체는 물고기의 모습인데, 그것은 감각적으로 경험할 수 있는 것이다. 이 경우 순전히 상상이 한 일은 약간의 변형과 결합이라 할 수 있다.

이렇듯 우리 이성은 어떤 소재가 상상을 통해서 또는 감각을 통해서 주어지면, 그것들을 서로 비교(比較)하고, 주어진 것들이 어떤 점에서 공통이고 어떤 점에서 서로 다른가를 반성(反省)하여, 서로 다른 점은 도외시하고 같은 점들만을 뽑아서 곧 추상(抽象)하여 주어진 것 모두에 대한 '대체적인 표상' 즉 개념을 만든다. 그러니까, 이성이 주어지는 소재들을 비교 · 반성 · 추상하여 개념을 만들 수 있기 위해서는 소재들이 먼저 주어져야 한다. 이렇게 해서 만들어진 개념을 우리는 '경험적' 개념이라고 부를 수 있다.

2) 순수 (상상) 개념

그런데 개념들 가운데는 이런 경험적 개념이나 앞서 든 선험적 개념들과는 그 성격을 달리하는 개념들도 있다. '삼각형'이라든지 '진리'라든지 '선(善)'과 같은 개념이다. 이런 개념들은 사고의 형식을 이루는 사고 기능 자체의 표상도 아니고, 그렇다고 무엇인가 주어지는 것들을 비교 · 반성 · 추상하여 이성이 만들어 가졌다고 보기도 어려운 것들이다. 오히려 이런 개념들은 이성이 먼저 '삼각형이란 어떠어떠한 것이다', '진리란 어떠어떠한 것이다'라고 규정해 놓고서, 이 규정을 어떤 대상에 적용하는 것이라고 보아야 한다. 이것들은 다시 '삼각형'처럼 상상 속에서나마 그 모양[像]을 그려 볼 수 있는 것과 '진리'나 '선'처럼 단지 이상(理想) — 이상도 일종의 상상으로 볼 수 있겠는데 — 속으로만 그려볼 수 있는 것으로 구별된다. 그러나 이런 차이에도 불구하고 이런 유의 개념들은 통틀어 '순수 상상 개념'이라고 부를 수 있다. 어떤 감각 경험에 의거함 없이 이성 스스로 상상을 통해 만들어낸 개념이라는 뜻이다.

3) 파생 개념

이외에도 이성은 예상(豫想)이라든지 추상(追想)이라든지 또 다른 갖가지 상상의 방식을 통해 개념들을 만들기도 하고, 일단 경험적으로든 순수 상상적으로든 만들어진 개념들을 기초로 해서 또 다른 개념들을 만들기도 한다. 그리고 그뿐만 아니라 이성은 임의적인 명명을 통해 얻은 '이름'이나 조작적인 정의(定義)를 통해 얻은 술어(術語)들과 논리적 규칙들을 바탕으로 제 3의 개념을 만들기도 한다. 그로 인해 우리는 이른바 많은 파생(派生)적 개념들을 가지고 있다. 우리가 가지고 있는 개념들의 수효의 면에서 볼 때 형식적인 근간 개념이나 내용적인 경험적 또는 순수한 기초 개념들보다는 오히려 파생적인 개념들이 훨씬 더 많다. '철학', '과학', '예술', '문화' 따위의 개념들 또한 그런 파생적 개념들의 예들이라 하겠다.

4. 개념 형성 능력의 의의

그래서 사고의 기본 구조를 형성하는 개념은 변함이 없어도—이런 개념의 변화가 있을 때 우리는 '사고의 혁명'을 이야기할 수 있다—사고의 내용을 이루는 개념들은 경험과 상상력 그리고 지성의 논리적 조작 등을 통해 증대한다. 개념의 증대는 사고의 풍부함을 가져오고, 사고 영역이 넓어진다는 것은 문화의 폭이 넓어짐을 뜻하며, 그 역(逆)도 마찬가지이다. 이런 뜻에서 개념 형성 능력은 문화 형성 능력의 핵심이라고 말할 수 있다.

제 3 장

형이상학과 주요 문제

제 1 절 형이상학의 개념

1. 형이상학의 유래

한국어 낱말 '형이상학'은 서양말 'metaphysica', 'metaphysics', 'Metaphysik'의 번역어 '形而上學'에서 유래한다. 원래의 말 '메타피지카(metaphysica)'는 기원전 1세기에 안드로니코스가 아리스토텔레스의 저작들을 정리하면서 제목 없이 전해져 온 존재에 관한 14권의 저술을 자연학(physica) 뒤에 묶어 놓으면서 '자연적인 것[자연학] 뒤의 것(tà metà tà physicá)'이라고 명명한 데서 비롯한다고 한다. 그러니까 오늘날 철학의 핵심 영역 중 하나인 형이상학의 내용을 미루어 생각할 때, 당초에는 책 편집상의 순서를 지칭하던 '자연적인 것 뒤의 것'이라는 이 말이 책의 내용을 담은 '자연적인 것 너머의 것'을 다루는 학문이라는 말로 전환된 셈인데, 그것은 우연한 일이라기보다는 사태에 부합하여 일어난 매우 자연스러운 일이라 하겠다. 이로부터 자연학 뒤에 하면서 자연학의 앞, 단초를 탐구한다는 형이상학의 고유 의미가 생긴 것이다.

본디 '뒤에' 또는 '다음에'를 뜻하던 그리스어 '메타(meta)'가 중세에 라틴어 '위에(supra)' 또는 '넘어서(trans)'의 의미를 얻음에 따라, 형이상학은 학문 소재의 성격상 자연학을 상당 수준 한 뒤에 연구하는 것이 합당한 순서라는 뜻과 함께, 형이상학은 자연학을 넘어서, 그러니까 '자연적인 것', '감각적인 것'을 넘어서 그것의 토대, 근거, 원리, 이를테면 도(道)를 탐구하는 학문이라는 뜻을 얻었다. 이미 그런 뜻에서 토마스 아퀴나스는 "metaphysica는 곧 transphysica를 일컫는다"(*lib. Boet. De trin.*, q. 5, a. 1)고 말한 바 있다. 'metaphysica'에 '형이상학' 즉 "형상 위의 것[形而上者] 곧 도(道)"(『周易』, 繫辭上 十二: "形而上者謂之道 形而下者謂之器" 참조)를 탐구하는 학문이라는 명칭을 주는 것은 이 같은 의미 연관을 고려한 것이라고 하겠다.

2. 진정한 철학으로서 형이상학

형이상학은 문자 그대로 '감각적인 것 너머의 것(tà metà tà physicá)', 바꿔 말하면 자연 저편의 것에 관한 학문이다. 형이상학은 명칭상 자연, 곧 경험 대상의 총체를 넘어서는 것, 그러니까 '초감성적인 것에 관한 학'이다. 이런 뜻에서 아직 '철학'이 과학과 구별되기 전, 모든 학문적 주제는 형이상학적 주제였다고 해도 과언이 아니다.

철학의 근대적 "학교 개념"(Kant, *KrV*, A838=B866 참조)에 따

라 말한다면, 철학은 보편적 진리를 추구하는 하나의 학문으로서 "개념들에 의한 이성 인식의 체계"(Kant, *KrV*, A713=B741; *Logik*: AA IX, 23 참조)이다. 그러니까 철학은 경험적 자료에 의한 인식들의 체계인 여러 과학[分科學]과 구별되는가 하면, 또한 같은 이성 인식의 체계라는 점에서는 동류인 수학하고는, 수학이 "개념의 구성[作圖]에 의한"(같은 곳) 이성 인식의 체계, 곧 이성 개념을 직관에서 그려내는 인식의 체계라는 점에서, 서로 구별된다. 개념들에 의한 이성 인식인 철학적 인식으로 우리는 두 가지를 생각해 볼 수 있다. 하나는 사고의 능력인 이성 자체, 곧 사고의 형식에 관한 순수 인식이고, 다른 하나는 오로지 이성에 의해서만 생각될 수 있는 대상들에 관한 순수 인식이다. 그 대상이 서로 다른 이 두 가지 철학적 인식으로 인해 철학은 바로 서로 구별되는 두 영역을 갖는다. 첫째 영역은 앞서 다루었던바 '대상의 차이와는 관계없이 사고 형식의 원리(logos) 일반'에 관한 인식을 그 내용으로 갖는 논리학(logica)이다. 논리학은 이를테면 철학의 형식적 부문이다. 반면에 둘째 영역은 대상과 인식 내용을 갖는 철학의 실질적 부문인데, 그것이 다름 아니라 형이상학이라 일컬어진다. 그러므로 형이상학이야말로 '진정한' 철학이라 할 수 있다.

'진정한 철학'으로서 형이상학은 취급하는 대상의 차이로 인하여 다시금 두 분야로 갈린다. 자연(自然) 즉, '스스로 그러한 바'의 것[存在者]에 관한 것인 '자연 내지는 존재 형이상학'과, 자유(自由) 즉 '스스로에서 비롯하는 바'의 것[當爲, 道德]에 관한 것인 '자유 내지는 윤리 형이상학'이 그것이다. '존재 형이상학'은 순수 이성의 이론적[사변적] 능력 분석에 의거하고, '윤리 형이상학'은 순수 이성의 실천적 능력 곧 자유의 분석에 의거한다.

'어떤 상태를 자신으로부터 비로소 개시하는 힘'으로서 자유를 주제로 삼는 자유 형이상학은, 자유에서 비롯하는 원리가 바로 마땅히 있어야 할 것, 즉 당위(當爲, Sollen), 그러니까 도덕(道德)의 원리가 된다는 점에서, 곧 도덕철학 내지 윤리학의 근간을 이룬다.

그리고 존재 형이상학은 존재자로서의 존재자, 존재자 일반의 존재 원리를 탐구하는 '일반 형이상학(metaphysica generalis)'과, 한 존재자이긴 하지만 결코 감각 경험적으로 접근할 수는 없는 특수한 존재자들을 탐구하는 '특수 형이상학(metaphysica specialis)'으로 나뉜다. 일반 형이상학은 존재자가 존재자인 까닭을 탐구하고 모든 존재자에게 타당한 원리를 찾는 것이므로, 다름 아닌 존재론을 말한다. 특수 형이상학은, 특수한 존재자를 다루는데, 그런 존재자는 자연을 초월해 있는 것이므로 오로지 이성의 힘으로써만 개념화할 수 있는 것이다. 보통 그런 것으로 생각되는 것이 영혼, 우주 자체, 신인데, 그래서 영혼론, 우주론, 신학이 특수 형이상학의 내용을 이룬다.

좁은 의미에서 '형이상학'은 보통 자연 형이상학만을 지칭하는데, 이때 그것은 이성의 사변적 사용에서 얻은 "모든 사물들의 이론적 인식에 대한 순전한 개념들에 의한 […] 모든 순수한 이성 원리들을 내용으로 갖는다."(Kant, *KrV*, A841=B869)

순전한 개념들에 의한 순수 인식의 체계로서의 형이상학은 "사고 능력 자체의 본질로부터 얻어진" 것이므로, "사고의 순수 활동들, 그러니까 선험적 개념과 원칙들"(Kant, AA IV, 472), 곧 인식대상에 관계하는 순수한 이성 사용의 최고 원리들이 그 내용을 구성한다. 실질적인 의미에서는 다름 아닌 형이상학과 동일한 것인 철학은 그 내용을 이루는 순수한 이성 사용의 최고 원리들을 결코 경험으로부터, 그러니까 어떤 대상으로부터 얻어 갖는 것이 아니고, 이성 자신 안에서 찾아낸다. 철학은 이성 자신이 그것에 준거해서 대상을 다룰 이성 사용의 규칙을 밝혀내는 것이다. 철학은 이런 의미에서 '인간 이성의 입법자'라 하겠는데, 이것이 철학의 이른바 "세계 개념"(Kant, *KrV*, A838=B866 참조)이다.

3. 엄밀한 학으로서 형이상학의 가능성

우리가 순수한 이성 인식의 한 체계, 곧 하나의 형이상학을 세우고자 한다면, 우리는 무엇보다도 먼저, 경험이 우리에게 알려주는 바가 전혀 없고, 경험으로부터는 결코 아무것도 취할 수 없는 무엇인가를 우리 인간이 어떻게 인식할 수 있는가를 묻지 않을 수 없다. 그러나 이성은 어떤 경험에도 의존하지 않고서 어디에서 이 물음에 대한 답을 얻을 수 있을까? 도대체 인간의 이성이라는 것은 어떤 경험에도 의존함이 없이 무엇인가를 인식할 수 있는 능력을 가진 것인가?

이성은 우리 이성 자신을 점검하여 선험적 인식의 가능 근거를 캐고, 이성은 경험적 원리의 도움 없이 어디에까지, 어떤 종류의 대상에까지 이를 수 있는가를 규정하고, 또한 이성이 자신이 가지고 있는 인식 원리들과 함께 넘어서서는 안 될 경계선을 획정한다. 그런데 형이상학에서 이성은 감성적인 것으로부터 전혀 이종(異種)적인 초감성적인 것으로 넘어서려 한다. 이때 더구나 이성은 지금 그가 감성 세계를 인식하는 데 쓰던 인식의 원리들을 가지고 그렇게 해보려 한다. 그러나 감성적인 것과 초감성적인 것 사이에는 본질적인 차이가 있기 때문에, 이 원리들은 초감성적인 것들에는 도무지 타당하지가 않다. 그러므로 이성이 형이상학이라는 이름 밑에서 자기 능력을 넘어서 무엇인가를 인식해 보고자 한다면, 거기에는 큰 위험과 착오가 있다. 이를 피하고 참된 형이상학을 위한 확실한 주춧돌을 놓기 위해서는, 그러므로 먼저 이성이 그 이론적 사용에서 넘어서는 안 되는 이성 사용의 한계를 분명히 규정하는 일이 필요하다. 칸트의 '순수 이성 비판'은 바로 이 문제, 곧 순수한 이성이 대상과 관련해서 우리를 어디에까지 이르게 할 수 있는가를 밝히려는 작업이다. 형이상학은 이런 작업을 통해 비로소 '엄밀한 학'으로서 위상을 확보할 수 있을 것이다.

제 2 절 일반 형이상학으로서 존재론

1. 존재론 개념의 형성

존재의 원리와 인식의 원리에 관한 철학적 이론을 각각 '존재론', '인식론'이라고 부른다. 그러나 보기에 따라서는 인식의 원리가 곧 존재의 원리가 되므로, 그런 경우 존재론과 인식론은 내용적으로는 차이가 없고, 다만 관심과 관점의 면에서 구별이 있을 뿐이다.

존재론이라는 한국말 어휘는 서양말 '온토로기아(ontologia, ontology, Ontologie)'의 번역어이다. '온토로기아'라는 원 라틴어 철학 술어는 17세기 초부터 사용되어 온 것으로 조사되어 있는데, 고클레니우스(R. Goclenius, 1547~1628)의 『철학사전(*Lexicon philosophicum*)』(1613)에 최초로 등장한다(16. art.: 'abstractio'). 여기에서 '온토로기아(ontologia)'는 말뜻 그대로 '존재에 관한 (철)학(philosophia de ente)'이라고 풀이되어 있다(*Historisches Wörterbuch der Philosophie*, Bd. 6, Sp.1190 참조).

철학사적으로 볼 때 '존재론'이라는 명칭은 비교적 늦게 형성되었지만, 그 학문의 내용은 고대 그리스 시대부터 철학의 일부, 아니 핵심부를 이루고 있다. 아리스토텔레스의 논리학(Organon)과 형이상학(Metaphysica) 등에는 이미 거의 모든 존재론의 문제들이 등장한다.

아리스토텔레스는 "존재자로서의 존재자(to on he on)와 이것에 자체적으로 귀속되는 것에 관한 학문이 있다"(Aristoteles, *Metaphysica*, 1003a 21/22)고 하면서 이 학문을 "제일철학(prote philosophia)"이라고 부른다(*Metaphysica*, 1026a 24, 30 참조). 여기서 말해진 존재자로서의 존재자와 이 존재자에 본래적으로 속하는 것은 '존재자의 있음[존재, hoti esti]과 무엇임[본질, ti esti]'으로 해석되어 중세와 근대 초의 형이상학의 핵심 문제가 된다. 그러나 '존재자로서의 존재자'란 어떤 특정한 존재자를 말하는 것이 아니라, 단적으로 '존재한다[있다]'는 술어가 속할 수 있는 일체의 것을 지칭하는 것으로, 존재론의 탐구 대상은 곧 어떤 것이 존재하는 것인 한에서, 바로 그 존재하는 것이 존재하는 것인 까닭[이유, 원인, 근거, 목적]이다.

도대체 존재자는 왜 존재자인가? 존재자를 존재자이게끔 하는 원인은 무엇인가? 이 물음들에 관련하여 사람들은 모든 존재자를 존재자로 만드는 근원적인 존재자를 생각하게 되었는데, 그 근원적인 존재자에게 '신(theos)'이라는 이름이 붙여졌고, 그래서 '제일철학'의 문제는 신학(theologia)의 문제로 전이되었다.

이제 '존재론'은 미크라엘리우스(J. Micraelius, 1597～1658), 클라우베르그(J. Clauberg, 1622～1665), 뒤 하멜(J. B. Du Hamel, 1624～1704), 라이프니츠를 거쳐 볼프(Chr. Wolff, 1694～1754)에 이르러 '존재자 일반에 관한 학' 혹은 일반 형이상학(metaphysica generalis)의 통칭으로 사용되었다(*Encyclopedia of Philosophy*, 2nd edition, Macmillan Reference USA, vol. 7, p.27 이하 참조). 볼프의 강단 철학의 영향을 깊게 받았으면서도, 새로운 철학을 구상한

칸트는 플라톤 이래 데카르트까지 '학문'과 동의어로 쓰이던 '철학(philosophia)'을 여타 과학들과 구별되는 전문 학문으로 규정하고 그 내용을 세분함으로써 존재론의 대상 영역을 확정하였다(Platon, *Phaidros*, 278d; Descartes, *Principia philosophiae*의 프랑스어 역자 Picot에게 보낸 편지; Wolff, *Philosophia prima sive Ontologia*, §1 참조).

2. 존재론의 문제와 쟁점들

이제 존재론의 주요 문제들과 쟁점들을 살펴보자.

1) 존재론적 물음

우리는 무엇인가에 대해서 '그것은 무엇인가?'라고 묻고, '그것은 무엇이다'라고 대답한다. 일상적인 대화에서 그리고 과학적인 탐구에서도, 그 '무엇'이란 예컨대 장미꽃이거나 비둘기, 바위 혹은 생물, 무생물, 어떤 때는 세포나 H_2O 등을 지시한다. 보통의 생활에서는 '그것은 무엇인가?'의 물음에서 이런 유의 답을 들으려 하고, 그런 답을 얻으면 만족한다. 그러나 이런 물음들의 바탕에는 더 근원적인 물음이 하나 있을 수 있다. 어떤 것이 장미꽃이든, 비둘기든, 생물이든, 무생물이든, 혹은 용과 같은 상상적인 것이든, 그것은 반드시 '무엇이다.' "도대체 이 '무엇임'이란 무엇인가?"는 그래서 어떤 물음보다도 근원적인 물음이다. 그런데 '무엇인' 것은 있거나 없거나이다. 한 마리의 비둘기는 우리 집 지붕 위에 있고, 한 마리의 용은 그림으로는 있으나 실제로는 어디에도 없다. 그렇다면, 이 '있음'(혹은 '없음')은 무슨 뜻인가?

우리가 말하고 생각하는 모든 것에 대해 '무엇임'(혹은 '무엇 아님')과 '있음'(혹은 '없음')은 보편적으로 타당하다. 철학자는 어떤 것이 무엇이 됐든, 그것이 꽃이든 새든, 세포든 H_2O든, 삼각형이든 용이든, 그것이 '무엇'이며, '있다'는 점에서 보편적임을 보고, 어떤 것이 됐든 그것을 무엇이게 하고, 있게 하는 근거, 원리를 묻는다. 그것은 '사람은 왜 존재하는가', '공기는 어떻게 있는가'를 묻는 것이 아니라, "도대체 어떤 것은 왜 '무엇[본질, essentia, Wassein, Sosein]'이며, '존재(existentia, Daßsein, Dasein, Wiesein)'하는가"를 묻는다. 그것은 어떤 한 사물의 본질과 존재를 묻는 것이 아니라 — 이것은 과학적 물음의 대상이다 — 존재자 일반의 본질과 존재를 묻는다. 이것이 존재론의 근본 물음이다.

어떤 것은 도대체 어떻게 무엇일 수 있으며, 있을[존재할] 수 있는가?

"왜 도대체 없는 것[無]이 아니라 오히려 어떤 것[存在者]이 있는가?"로 정식화된 존재론의 물음을 우리는 라이프니츠에서(Leibniz, *Principes de la Nature et de la Grace, fondés en Raison*, in *Philosophische Schriften*, Bd. I, hrsg. v. H. H. Holz, Darmstadt, 1985, S.426 참조) 발견하고, 이에 대한 상세한 해설을 또한 하이데거에서(Heidegger, *Einführung in die Metaphysik*, S.1 이하 참조) 볼 수 있다: "아무것도 아닌 것[無]이 무엇인 것[存在者]보다 더 간단하고 쉬운데, 왜 사물들은 존재해야만 하는가?"

'왜 도대체 없는 것이 아니라 오히려 어떤 것이 있는가?' — 이것은 '형이상학의 기본 물음'으로서 물음들 가운데 물음이며, 최초의 물음이다. 그것은 존재자 전체를 향하여, 그것의 존재 이유를, 궁극의 존재 원인을 묻기 때문이다.

이 존재론의 기본 물음은 다음의 물음들을 함축한다.

① 도대체 무엇임[본질] 일반을 가능하게 하고, 있음[존재] 일반을 가능하게 하는 근원은 무엇인가?

② 존재자는, 그것이 어떤 것이든, 무엇으로 있다[존재한다]. 그렇다면, 존재자의 무엇임[본질]과 있음[존재]의 관계는 무엇인가?

③ 어떤 존재자는 개별성 혹은 특수성과 보편성을 함께 갖는다. 가령 소크라테스는 산파인 어머니를 가진 그리스의 철학자이며, 동시에 사람이고 생물이다. 여기서 개별자 '소크라테스'와 보편자 '철학자', '사람' 혹은 '생물'은 어떤 관계에 있는가?

④ 어떤 존재자, 예컨대 소크라테스는, 기원전 469년 이전에는 존재하지 않다가, 기원전 469년부터 399년까지는 존재하다가, 기원전 399년 이후에는 다시 존재하지 않는다. 왜 어떤 존재자는 있다가 없게도 되며, 없다가 있게도 되는가? 모든 존재자가 이러한 성격을 갖는가? 항상 있기만 하는 존재자는 없는가?

⑤ 도대체 '있다', '존재한다'는 무엇을 의미하는가?

2) 존재론의 물음과 관련된 쟁점들

(1) 본질과 존재 일반의 근거 혹은 원리

존재자의 무엇임과 있음의 규정은 존재자의 존재 방식이며, 그 방식은 근원적인 존재자로부터 유래한다는 견해가 있는 반면에, 존재자의 존재 규정 일반은 존재자를 파악하는 인간 의식의 사고방식이라는 견해도 있다.

모든 존재자는 본질의 면에서나 존재의 면에서 그 존재자가 그러한 원인을 가지며, 그 원인은 그 존재자 자신 안에 혹은 밖에 있으되, 그 원인 역시 어떤 형태의 존재자여야만 한다. 왜냐하면 아무것도 아닌 것[無]은 어떤 것을 무엇이게도, 있게도 할 수 없을 것이니까 말이다. 이런 생각으로부터 나온 것이, 모든 존재자의 존재 규정이 그로부터 유래하는 시원(始源), 근원적인 존재자로서의 신(神)의 개념이다.

낱말로서는 똑같이 신(theos, deus)이라고 표현되더라도, 존재자의 유래를 자연 발생적으로 파악하는 이신론(理神論, deism)이 있는가 하면, 그것을 의지적인 창조의 결실로 파악하는 유신론(有神論, theism)이 있다. 이 가운데 이신론의 신 개념은, 존재 생성의 근거율 적용에서 하나의 예외를 인정해야만 한다는 점에서, 그리고 유신론의 신 개념은 초월성과 인격성으로 인해서 많은 쟁론을 불러 일으킨다.

이신론의 신 개념을 먼저 살펴보자.

무엇인가가 존재함은, 내가 존재하고 있으니 확실하다(Descartes의 "cogito ergo sum."[*Meditiones*, II; *Principia philosophiae*, I, 7; *Discours de la méthode*, IV, 1] 참조). 그리고 나를 나 자신이 있게 하지 않은 것도 확실하다. 그렇다면 나를 있게끔 한 원인이 있을 것이다. 무에서는 아무것도 생기지 않는다. 그러므로 나를 존재하게 한 원인이 또 있을 것이다. 이러한 존재자의 원인으로서의 존재자의 계열에서 최초의 존재자가 있을 것이고, 그렇다면 그것은 모든 존재자의 근거이고 시원(始源)이다.

그러니까 이 최초의 존재자는 자신의 존재 원인을 더 이상 자신의 밖에 갖지 않는다고 생각되어 '자기 원인(causa sui)'이라 일컬어지고, 신(theos)이라고 일컬어지기도 한다. 그것은 '자신으로부터 유래하는 존재자(ens a se)'이기 때문에 무엇에도 의존되어 있지 않은 '자족체(自足體, autarkeia)'이며, '그것은 자신의 본질상 자기 안에 존재를 포함'하기 때문에, "자기의 존재를 위하여 어떤 다른 것도 필요로 하지 않는 것"(Descartes, *Principia*, I, §57 참조)이라는 의미에서 '실체(substantia)'라고 불리고, 모든 존재자들이 그로부터 유래하므로 모든 존재자를 포괄한다는 뜻에서 '최고 완전 존재자(ens perfectissimum)', 혹은 모든 존재자들이 가지고 있는 성질들을 다 갖추고 있다는 의미에서 '최고 실질[재] 존재자(ens realissimum)'라고도 불린다(Descates, *Principia*, I, §§48～51; Spinoza, *Ethica*, Pars I; Leibniz, *Monadologie*, §§39～40 참조).

이신론의 신 개념으로써 세계의 발생을 설명할 때, 그런 견해는 보통 '유출(流出, aporroia, emanatio)설'이라고 불린다.

> 도가 하나를 낳고, 하나가 둘을 낳으며, 둘은 셋을 낳고, 셋이 만물을 낳는다(道生一 一生二 二生三 三生萬物). (老子, 『道德經』, 四十二)

> 하나[一者, to hen, 하나님]는 만물이되 유일자는 아니다. 왜냐하면 만물의 근원이 만물이 아니라, 만물이 그것으로부터 나오기 때문이다(Plotinos, *Enneades*, V, 2, 1: Peri geneseos).

'하나[一者, to hen]'로부터 세계의 발생을 유출로 설명하면서, 그 '하나'를 단지 순서에 있어서 앞서는 것으로 보고 세계 내재적인 것으로 보면, '자연과학적'인 세계 생성의 설명이 된다. 그리고 이런 세계 생성의 설명에 대해서는, "그 '하나'는 어디에서 유래하는가?"라는 질문이 여전히 제기될 수 있지만, 이신론은 이 질문 자체를, 그 '하나'는 궁극의 원인이므로, 더 이상 그 유래를 물을 수 없다고 배제한다. 그러니까, '존재하는 것은 반드시 그 원인을 갖는다'는 존재 근거율에 단 하나의 예외가 인정되는 셈이다. 이 점 이외에는 유출설의 구성은 '논리적'이므로, 이신론에서는 '신의 존재 증명'과 같은 작업은 불필요한 것으로 생각된다. 모든 사물[존재자]의 본질에 존재 방식은 그 원인에 따라 규정되며(Spinoza, *Ethica*, Pars I, 25 참조), 그 원인은 자연 안에 있다. 이 원인의 계열, 즉 존재자의 전 계열 자체가 자연이다.

그러나 어떤 사람들은 세계의 시원(始源)으로서의 '하나'는 의지와 지혜를 가진 존재자이며, 그 '하나'의 의지와 지혜의 질서에 따라 만물의 본질과 존재의 양이 정해진다고 파악한다. 이런 '하나'를 신이라고 부를 때, 그런 견해는 유신론이라고 일컬어지며, 이때 신은 인격성을 가지므로, 보통 '인격신'이라고 불리고, 인격신으로부터의 만물의 유래를 '창조(創造, creatio)'라고 일컫는다. 그래서 그 '하나'는 '하나님(하느님)', 혹은 '창조주'라고 불리며, 그것이 바로 모든 존재자의 존재 원리로 이해된다.

> 한 처음에 하느님께서는 하늘과 땅을 지어 내셨다. […] 하느님께서 "빛이 생겨라!" 하시자 빛이 생겨났다. […] 하느님께서 "물 한가운데 창공이 생겨 물과 물 사이가 갈라져라!" 하시자 그대로 되었다. […] 하느님께서 "하늘 아래 있는 물이 한 곳으로 모여, 마른 땅이 드러나거라!" 하시자 그대로 되었다. […] 하느님께서 "하늘 창공에 빛나는 것들이 생겨 밤과 낮을 갈라놓고 절기와 나날과 해를 나타내는 표가 되어라! 또 하늘 창공에서 땅을 환히 비추어라!" 하시자 그대로 되었다. […] 하느님께서는 […] 당신의 모습대로 사람을 지어 내셨다. […] 그들에게 복을 내려 주시며 말씀하셨다. "자식을 낳고 번성하여 온 땅에 퍼져서 땅을 정복하여라. 바다의 고기와 공중의 새와 땅 위를 돌아다니는 모든 짐승을 부려라!" […] 이렇게 만드신 모든 것을 하느님께서는 보시니 참 좋았다(『공동번역 성서』, 「창세기」 1 참조).

창조주로서 '하나'는 모든 존재자들의 본질과 존재를 규정한다.

그리고 선을 사랑하고 악을 미워하며, 악의 회개를 기뻐하고, 선에 대해서는 상을 내리고, 간절한 소원에는 응답한다. 그것은 사람들이 가지고 있는 모든 성질들을 완전한 형태로 가지고 있다. 이를테면 '완전한 인격체'이다. 인격신으로 '하나'는 또한 자연 만물의 근원이면서도 자신의 피조물과는 위격(位格)에서 완전히 구분되어, 자연의 존재자들의 계열 중에 있지 않다. 말하자면 '초월자'이다.

초월적 인격체로서의 신의 존재 설명에는 초논리적 요소가 불가피하게 개입되므로, 계시(啓示)에 의한 확인이나 신앙(信仰)이 요구되고, 따라서 그것은 과학적이라기보다는 '종교적'이다. 그러나 많은 신학자들은 신의 존재를 이론적으로 증명하려고 노력하였다. 대표적인 몇 예를 살펴보자.

기독교 신학자들이 제시한 신 존재 증명 방식 가운데 철학사적으로 영향력이 컸던 방식이 셋이 있는데, 그것은 칸트에 의해서 각각 '존재[본질]론적 증명', '우주론적 증명', '목적론적 증명'이라고 이름 붙여진 것이다.

'존재[본질]론적 증명' 방식은 안셀무스(Anselmus, 1033～1109)가 제안한 것으로 전해져 오고 있는데, 다음과 같은 삼단 논법의 형식을 빌려 정리해 볼 수 있다(Anselmus, *Proslogium*, cap. 2, 3 참조).

- 신은 개념상 최고로 완전한 것이다.
- 완전성에는 존재도 포함된다. (왜냐하면, 어떤 것이 완전한데 존재하지 않는다면, 그것은 완전성의 결여를 뜻하므로, 자가당착이기 때문이다.)
- 따라서 신은 존재한다. (좀 더 정확히 표현하면, 존재하지 않을 수 없다. 그러므로 신은 필연적인 존재자이다.)

'우주론적 증명'과 '목적론적 증명' 방식은 토마스 아퀴나스가 제안한 다섯 가지 증명 방식 가운데 세 번째와 다섯 번째 것으로, 요약하면 다음과 같다(Th. Aquinas, *Summa Theologiae*, Pars I, q. 2, art. 3 참조).

세계 안에 있는 모든 것들은 있을 수도 있고 없을 수도 있는, 말하자면 우연적이고 가능적인 존재자들이다. 왜냐하면, 그것들은 모두 발생하고 소멸하기 때문이다. 그런데 어떤 존재자가 더 이상 존재하지 않게 되는 것은, 그것의 존재 근거가 자기 밖에 있기 때문이다. 그러므로 모든 우연적인 존재자들의 근거로서 그것들의 밖에 하나의 존재자가 반드시 있어야만 한다. 이 필연적인 존재자를 사람들은 신이라고 부른다.

전혀 지적인 능력이 없는 자연의 사물들도 어떤 목적을 향하여 움직인다. 그것도 일정하게 의도된 목적을 향하여. 마치 화살이 저 혼자 날아가지만, 궁수에 의해서 계획된 방향으로 날듯이, 세계 내의 모든 존재자들은 어떤 지적인 존재자에 의해 계획된 방향으로 운동하고 있다. 이 운동의 기획자를 사람들은 신이라고 부른다.

데카르트는 이외에 '이성론적 증명'이라고 부를 만한, 또 다른 증명 절차를 제시하는데, 요약하면 다음과 같다(Descartes, *Meditationes*, III 참조).

① 명료하고 분명한 인식만이 참이다. (데카르트의 '보편타당한 진리'의 기준으로서의 perceptio clara et distincta: ego-cogito-cogitatum)

② 명료하고 분명한 의식의 내용으로서의 신의 관념이 있다.

③ 원인 없이는 아무것도 있을 수 없으므로－이것은 '자연의 빛'

으로서 이성이 주는 명명백백한 사유 법칙이다—우리 의식 내에 있는 신의 관념의 내용을 있게끔 한 원인이 있어야만 한다.

④ 이 원인의 내용은 그 결과인 신의 관념의 내용보다 크거나, 적어도 같아야 한다.

⑤ 그런데 우리 의식 내에 있는 신의 관념의 내용은 무한하고 완전 독자적이며 전지전능하다는 것이다.

⑥ 무한하고 완전 독자적이며 전지전능한 신의 관념의 원인은 그러므로 '나' 자신이거나, 내 의식 내에 있는 또 다른 어떤 관념일 수가 없다. '나'나 내 의식 내의 또 다른 어떤 관념도 무한하고 완전 독자적이며 전지전능하지는 못하기 때문이다.

⑦ 그러므로, 내 의식 내에 있는 신의 관념을 일으킨 원인은 내 의식 밖에 있는 어떤 것이어야만 한다.

⑧ 따라서, 내 의식 내의 신의 관념을 일으킨 원인으로서의 신은 내 의식 밖에 실재한다.

이밖에도 라이프니츠는, 개별 사물들은 각종의 결여성을 가지고 있음에도 불구하고 그것들의 집합체인 세계는 조화롭게 운행되고 있는데, 그것은 이 세계가 적절성의 원칙에 따라서 만들어졌기 때문이며, 그런 세계를 만든 자는 그러므로 완전한 자라 하여 신의 존재를 입증하려 한다(Leibniz, *Monadologie*, §§54～57 참조).

버클리는, '지각된 것만이 실재(esse is percipi)'한다는 것은 의심할 여지가 없으며, 그런데 자연 세계에 있는 모든 사물들이 우리 인간이 지각할 때는 있다가 우리가 지각하지 않으면 없게 된다고는 도저히 생각할 수 없으므로, 실재하는 것은 우리가 지각하지 않더라도 누군가의 지각 중에 있어야 하며, 그 누군가는 언제나 모든 것을 지각하는 무한자여야 한다고 보아, 그 무한자를 신이라고 논변한다(Berkeley, *A Treatise concerning the Principles of Human Knowledge*, I, sect. 3, 89, 147 참조).

그러나 이상의 여러 신의 존재 증명이 논리적으로 정당하다고 하더라도, 이들 증명은 선(善)을 상주고 악(惡)을 징벌하는 인격적 신의 존재를 입증하지는 않고 있다. 게다가 칸트가 전통적인 신 존재 증명은 논리적으로 허위임을 밝혀냄으로써(Kant, *KrV*, A567=B595~A704=B732 참조), 그 후로 신의 존재를 이론적으로 증명하려는 시도는 성공적이지 못한 것으로 여겨지고 있다. 신의 존재의 입증은 그러니까 이제는 철학적 문제라기보다는 오로지 종교·신학적인 문제라 볼 수 있다. 또 신의 존재 증명이 성공한다고 하더라도, 그것은 '원인 없는 존재자가 적어도 하나 있다'는 주장이 됨으로써, 존재론의 근본 물음은 여전히 남는다. 가령 우리는, '신은 도대체 어떻게 전지전능하고 완전하게 선한 존재자일 수 있는가?', '신은 도대체 무가 아니라 오히려 존재자인가?'라고 다시금 물을 수 있기 때문이다.

그래서 존재자의 '본질'과 '존재'의 근거는 어떤 존재자가 아니고, 존재자의 '본질'이니 '존재'니 하는 것은 존재자를 인식하는 의식의 규정이라고 보는 견해가 생긴다. 그러나 이러한 파악이 적용될 수 있는 범위는, '의식되는 존재자'로 국한된다. '누구에게 의식되지는 않지만, 그러나 그 자체로 존재하는 것'이란 따라서 무의미한 말이 된다. 여기에서도 이른바 '실재론'과 '관념론'의 대립을 보게 된다. 관념론의 입장에서 보면, 실재론은 알지도 못하면서 그 자체로 존재하는 것을 주장함으로써 철학함의 기본 태도인 확실성의 토대를 벗어나는 것이며, 반면에 실재론의 입장에서 보면, 관념론은 그 자체로 존재한다고 말하면 무의미한 것을 '존재한다'고 인식한다는 모호성을 가지고 있다. 이 논의는 의식의 초월성에 관한 인식론적 쟁론으로 이어진다.

(2) 존재자의 존재와 본질의 관계

존재자의 본질과 존재의 관계 문제는 유한자의 성격 반성에서 대두됐다고 볼 수 있다. 많은 존재자들은 일정 기간만 존재하다가 사라진다. 이 사실은, 어떤 무엇인 것이, 그러니까 일정한 본질을 가진 것이 존재하기도 하고 안 하기도 한다는 것을 뜻하며, 이것은 '존재'가 그 '무엇인 것'과 함께하기도 하고 떨어지기도 한다는 것을 의미한다.

이 문제는 특히 스콜라 철학에서 유한자의 그러한 유한성이 그것이 그 존재함에서 타자에 의존되어 있기 때문이 아닌가, 그렇다면 유한자와 그것의 존재의 지주(支柱)인 근원적인 존재자와의 관계는 무엇인가 하는 물음과 결부되어 생각되었다.

현실적으로 존재하는 것은 언제나 '무엇'으로서 '존재'하며, 그러므로 현실적 존재자는 그 '무엇' 즉 본질(essentia)과 그 존재(existentia)의 결합체(compositio)이며, 이때 본질과 존재는 실질적인 차이(distinctio realis)를 갖는다는 견해가 토마스 아퀴나스에 의해서 제기되었다. '무엇인 것'이 반드시 존재하는 것은 아니니, 존재란 무엇인 것의 우연적 속성에 불과하다. 존재 유무와 상관없이 어떤 것은 여전히 무엇인 것이므로, 존재와 본질은 전혀 별개의 것(res)이다. 이렇게 생각하는 사람들은, 이런 구별을 통하여 단지 가능적이던 것이 현실적인 것으로 되고, 현실적으로 실재하던 것이 소멸하기도 하는 사태를 설명할 수 있다고 보았다.

이에 반해서 둔스 스코투스(Duns Scotus, 1266/70～1308)는 존재와 본질은 실질적인 구별이 아니라 '존재'란 무엇인 것의 양태(modus)라 하고, 수아레즈(Suárez, 1548～1617)는 '존재'는 그 자체로 무엇과 실질적으로 구별되는 것도 아니고 무엇인 것의 양태도 아니며, 무엇이 '있다', '없다'라는 것은 단지 개념상의 구별일 뿐이라고 생각하였다.

수아레즈가 말하는 '개념'이 인간의 의식 작용의 일종으로 해석된다면, 있음과 없음은 실질적인 것도 아니고 실질적인 것의 양태도 아니고 한낱 의식 작용이 됨으로써, 그의 생각은 '존재'가 사고의 형식이라는 칸트의 사상으로 연결되어 간다. 그리고 이 문제 역시 실재론과 관념론의 갈등에 포섭된다.

(3) 개별자와 보편자의 관계

공자는 사람이다. 소크라테스는 사람이다. 원효는 사람이다. — 공자, 소크라테스, 원효를 개별적 존재자라고 한다면, 이것들 모두를 포섭하는 '사람'은 보편적 존재자라고 할 수 있다. 이때 개별자와 보편자의 관계는 무엇인가?

내 노트에 연필로 그린 정삼각형이 있다. 내 기하학 책에 인쇄된 둔각 삼각형이 있다. 칠판에 분필로 그려진 예각 삼각형이 있다. 나는 이제 이들 삼각형들을 모두 지워버린다. — 그러면 삼각형은 더 이상 없는가?

사람들을 인격적으로 대하는 것은 선이다. 부모에 대한 공경은 선이다. 이웃에 친절함은 선이다. — 이때 낱낱의 선한 행실들과 선은 어떤 관계에 있는가?

금강산은 아름답다. 대금 소리는 아름답다. 이사도라 던컨의 손끝은 아름답다. 고야의 '마야'는 아름답다. — 이들 아름다운 것들과 아름다움은 어떤 관계에 있는가?

이와 같은 예들에서 우리가 생각할 수 있는 개별자들과 보편자의 관계에 관해서, 이른바 보편자는 개별적인 것들의 공통 징표에 의한 한낱 개념 내지는 이념[이상]인가, 아니면 개별적인 것들은 보편자라는 원본(原本)을 다소간에 닮았거나 본뜬 것인가 하는 물음이 제기된다.

이 물음에 대한 대립적 견해는 플라톤의 이데아(idea)론과 아리스토텔레스의 실체(ousia)론의 차이에서도 이미 볼 수 있다.

개별자들은 끊임없이 발생하고 소멸하지만, 그 개별자들에 공통인 보편적 성질들은 존속한다. 그뿐만 아니라, 개별자들은 그 보편성 가운데 약간씩을 결여한 채로 존재하며, 따라서 개별자는 보편자를 닮았다. 보편자는 영구 불변적이고 그런 뜻에서 실재라고 한다면, 개별자는 이 실재를 닮았으나 명멸하는 것으로, 그런 뜻에서 실재의 모상(模像) 내지는 현상이다. 이 보편자를 개별자들의 이데아로서 절대 불변적인 참된 것으로 파악하는 플라톤에 반하여 아리스토텔레스는 개체만이 실재하는 것이며, 실재하는 것으로서 개체들은 고정 불변적인 것이 아니라 변화 중에서 자기 자신을 발전시키고 완성시켜 나간다고 본다. 그리고 아리스토텔레스에게서는 보편자는 개별자들의 종(種)이나 유(類)의 표상으로 이해된다.

개별자와 보편자의 관계 문제는 중세에 논리학과 그리스적 형이상학과 기독교 신앙이 뒤섞여 하나의 격렬한 철학적 논쟁을 일으켰는데, 이를 보통 '보편 논쟁'이라고 부른다.

논쟁은 에리우게나(J. S. Eriugena, 810～877)가 '실재론'적 견해를 피력한 데서 발단되었다고 볼 수 있다. 그에 따르면, 보편자는 특수자와 개별자를 자기 자신으로부터 산출하고 자신 안에 포섭하는 좀 더 본질적이고 근원적으로 실재하는 것(res)이다. 보편자를 이렇게 실재하는 것으로 본다는 점에서 이 입장을 실재론(realism: realis ← res)이라고 부른다. — 그러니까, 여기서 말하는 실재론은 보통 관념론-실재론의 대립 개념에서 말하는 실재론과 다르다. — 이 보편자 실재론은 개념 간의 논리적 포섭 관계가 존재자의 산출 및 포함 관계라고 파악한다. 더 보편적인 개념 즉 상위 개념이 충층의 하위 개념 즉 점점 덜 보편적인 개념들의 바탕에 놓여 있듯이, 보편적인 것은 개별적인 것의 기체(基體)로서 다양한 개별자들의 바탕에 놓여 있는 것이며, 개별자들은 이 기체의 여러 가지 상태(status)라고 생각된다.

보편자 실재론과는 반대로 보편자란 한갓 명사(名辭, nomen)에 불과하다는 견해가 있는데 이를 유명론(唯名論: 名目論, nominalism)이라고 일컫는다. 이 생각은 아리스토텔레스의 논리학에 기반하고 있다. 아리스토텔레스에 따르면, 우리가 실재를 확인할 수 있는 것은 경험되는 개체이며, 개체는 판단에서 '바탕에 놓이는 것(hypokeimenon, substratum)' 즉 실체(substantia)이며, 반면에 보편자의 논리적 의미는 판단에서 술어이다. 그러므로 보편자는 실체, 실재하는 것일 수 없다. 그것은 여러 실재하는 개체들에 공통으로 붙여진 명칭 혹은 공통의 부호이며 낱말이고, 낱말이란 말소리에 불과하다. 그런데 말소리란 혀와 입이 만든 공기 운동에 지나지 않는다고 일찍이 보에티우스(A. N. S. Boethius, 480~524)는 정의했다. 그러니까 개별적인 것만이 실제로 있는 것이다. 여러 개별자들을 통합해서 하나의 이름으로 부르는 것이나, 하나의 사물을 여러 부분으로 나누어서 보는 것은 인간의 언어 습관 내지 사고 습관일 따름이며, 진짜로 있는 것은 개별자뿐이다.

보편자의 실재를 주장하는 사람들이 이성주의(rationalism)로 기울듯이, 개별자만이 실재한다고 주장하는 사람들은 쉽게 감각주의(sensualism)로 기우는데, 그것은 개별자에 대한 인식은 언제나 감각 경험에서 성립하는 반면, 보편자는 결코 감각적으로는 포착되지 않는 데서 기인한다.

보편자 실재론과 유명론에 대해서 절충적 견해를 취한 사람들도 있는데, 아델라르드(Adelard of Bath, 1090~1160)와 아벨라르드(P.

Abelardus, 1079～1142)의 생각이 언급될 만하다.

아델라르드의 견해는 보통 무차별주의(indifferentism)라고 일컬어지는데, 그것은 보편자는 그 자체로서 실재하는 것은 아니지만 그러나 개체 안에 내재한다(universalia in re)고 본다. 실재하는 것인 개별자는 자기 안에 다른 개별자들에게도 공통인 일정한 성질을 갖는다. 이 유사성(consimilitudo)은 개별자들에게 무차별적인 것이고, 유(類)는 그 안에 포섭되는 모든 종(種)들에, 종은 그 안에 포섭되는 모든 예(例)들에 무차별적으로 내재한다.

개념주의(conceptualism)라고 불리는 아벨라르드의 주장에 따르면, 보편자는 실재하는 것일 수도 없고 그렇다고 한갓 공기 운동으로서 말소리일 수만도 없다. 말소리가 여느 공기 운동과는 달리 언표로서 기능할 수 있는 것은 보편적 의미를 갖기 때문이며, 이 보편적 의미란 다름 아닌 개별적으로 실재하는 것들이 본질 규정에서 똑같은 것(conformitas)을 가지고 있기 때문에 성립한다. 그러므로 보편자란 개별자들이 공유하고 있는 본질 규정 즉 개념이다.

그러나 보편 논쟁에서 문제가 되었던 보편자와 개별자는, 주로 피조물로서의 자연 존재자를 지시하는 것이라고 볼 수 있다. 이 문제가 수학적 존재자나, 선의 이념이나 미의 보편성의 탐구에 관련이 될 때는 인간의 이성이나 감성의 기능, 특히 상상력이 하는 역할을 고려하여 보편자는 관념으로, 이상으로, 형식적 원형으로 이해되고, 개별자는 그 보편성의 얼마간씩을 구체적으로 현시 혹은 담지하는 것으로 납득될 수 있을 것이다.

(4) 유한 존재자와 무한 존재자의 구별

봄이면 움트고 여름이면 짙푸르던 초목도 쓰러져 사라지고, 단단하기만 하던 바윗돌도 분해되어 사라지며, 사람들을 준엄하게 꾸짖고 각성시켰던 공자도 소크라테스도 죽었듯이, 나도 죽고 너도 마침내 죽는다는 것을 우리는 안다.

'죽음'이란 무엇을 의미하는가? 죽음은 존재의 끝을 의미하는가, 존재 방식의 변경인가? 과연 존재는 시작되고 끝나고 하는 것인가?

이런 물음들과 관련하여, 철학자들은 존재자들을 유한 존재자와 무한 존재자로 형식적으로 구분하곤 했다.

만약 무한 존재자가 있다면, 그런 존재자에게는 존재의 시작도 끝도 없을 것이고, 그 까닭인즉 자기 존재의 원인을 자신 안에 가짐이고, 그래서 '자기 원인적 존재자', '자기로부터의 존재자(ens a se)'로 불리고, 일정 기간만 존재하는, 그러니까 존재에 시작과 끝을 갖는 존재자가 있다면, 그 까닭은 그 존재가 타자에 의존되어 있음일 것이고, 그래서 '타자로부터의 존재자(ens ab alio)'라고 불린다.

그리고 이 문제는 다시금 신의 문제와 관련되어, 궁극적으로 저 '타자'는 신으로 이해되기도 하고, 혹은 모든 자연 존재자는 자연에서 나서 자연으로 돌아가되, 자연 자체는 모든 존재자를 낳고 모든 것을 포섭하는 자이니, 자연이 바로 신이라고 파악되기도 한다.

'나'의 죽음, 우리 인간의 죽음의 의미 탐구에서 비롯해서 모든 생명 있는 것의 생명의 발생과 소멸의 의미의 문제로 확장되었다고 볼 수 있는 문제가 바로 생명의 원리로서의 '영혼'의 문제이다. 이 문제가 인간 존재자에 국한되면, 마음[心]과 몸[身]의 구별 유무를 따지는 심리철학의 문제가 된다. — 마음을 축약 발음해서 '맘'이라 표기하고, 맘과 몸을 합해서 '맘'이라고 표기하면, 이원(二元)적 선입견을 배제할 수 있을 것이다. — 이 마음-몸 곧, 맘의 문제가 세계 내의 모든 자연 존재자에게 확대되면 이른바 정신과 물질의 문제가 된다.

(5) '있음[존재]'의 의미의 문제

존재론에 얽혀 있는 많은 문제들은, 반성해 보면, '있음[존재]'의 의미를 분명히 하지 않은 데서 유래한다고 볼 수 있다. 그래서 우리는 다시금 묻지 않을 수 없다. 도대체 '무엇이 있다'고 할 때, '있다'는 무엇을 뜻하며, '없다'와 구별되는 징표 내지 기준은 무엇인가? 그리고 무엇이 없다가 있게 되고, 있다가 없어진다는 것이 무엇을 의미하는가? 이 물음에 대한 답을 찾음으로써 존재론에 얽혀 있는 문제들은 그 해답의 실마리를 얻을 수 있다.

무엇이 있다가 없어진다는 것은, 문자 그대로, 존재자[有]가 비존재자[無]로 전환되는 것이고, 없던 것이 있게 된다는 것은, 비존재자[無]가 존재자[有]로 되는 것이라면, 논리적으로 모순 관계인 이 두 항 사이의 상호 이월(移越)이 어떻게 가능한가? 이 물음에 대해서는 가능한 두 답이 고려될 수 있다. 첫째로, 발생 소멸은 오직 모든 존재자를 주재(主宰)하는 자의 창조에 의해서 가능하다는 것이다. 그러나 이 답이 유효하려면, 그 '주재자'의 존재가 납득되어야 한다. 둘째로 가능한 답변은, 발생 소멸이란, 한 시점에서 무엇(예컨대, 甲)이던 것이 다른 시점에서 그 무엇이 아닌 것(예컨대, 乙)으로, 혹은 한 시점에서는 무엇으로 인식될 만한 것이 없다가, 다른 시점에서는 무엇으로 인식되는 것이 나타남을 의미한다는 것이다. 이때엔 '무엇으로 있다'는 '무엇으로 있다고 인식된다'는 것을 뜻하고, '있다', '없다'의 기준은 그렇게 인식하게 되는 이유로 대치된다.

용은 실제로 '있는 것은 아니'지만 상상의 동물로 '있고', 하느님은 존재하지만 초월적으로 존재하고, 삼각형은 칠판 위에 그리면 있다가 지우면 없어지고 하는 것이 아니라 어느 경우에나 우리의 생각 속에만 있다. 이처럼 '있다'는 매우 다의적으로 쓰인다. 그래서 아리스토텔레스가 존재자들을 보편적으로 서술하는 최고의 유(類)적 술어들을 모아 '범주(categoria)'들이라고 불렀을 때, '있다'는 그런 범주의 하나로 생각되지 않는다. 후에 칸트는 '있다'를 양태의 범주로 파악하고, '있음'에는 세 가지 양태가 있으며, 그 양태는 존재자의 성질[속성]이 아니라, 사고하는 의식의 무엇인 것에 대한 태도라고 규정한다. 칸트가 제시하는바, 의식이 무엇이 어떻게 존재하는가에 대한 태도를 정할 때 규칙으로 쓰이는 원리는 다음과 같다(Kant, *KrV*, A218=B265 이하 참조).

> 첫째, 공간 · 시간상에 나타나고 수량으로 재어질 수 있고, 다른 것과 서로 영향을 미칠 수 있는, 즉 힘을 주고받을 수 있는 것은 가능적으로 있다. 그런 것은 있을 수 있는 것이다. 말하자면 가능적 존재자이다.
>
> 둘째, 감각적으로 포착할 수 있는 것은 실제로 있다. 그런 것은 말하자면 현실적 존재자이다.
>
> 셋째, 어떤 현실적인 것과의 관련이 인과관계나 상호 관계적으로 규정되는 것은 반드시 있다. 그런 것은 이를테면 필연적 존재자이다.

여기에서 제시되는 '있다'의 기준에 따라 존재자 개념을 가지게 되면 전통적인 철학자들이 존재론적 물음에서 함께 묻고자 했던 많은 '존재자'들이 존재론의 물음과는 아무런 관련이 없는 것으로 된다. 가령 영혼이니 신이니 하는 것 등은 더 이상 '존재자'라고 일컬어질 수 없는 것이니 말이다. 이 예는, 존재론의 물음은 근본적으로 '존재[있음]'의 의미 문제로 환원됨을 잘 보여주고 있다.

제 3 절 정신 개념과 위상 문제

1. 낱말 '정신'의 유래와 상관 개념

한글 낱말 '정신'은 본래 한자어 '精神'을 한국 사람들의 발음으로 읽어 적은 것이다. 곧, 오늘날 우리가 쓰고 있는 '정신(精神)'이라는 낱말은 1870~80년대 일본인들이 서양 사상을 수용하면서 'spirit', 'Geist' 등을 '精神'으로 번역한 것[1]을 받아쓰기 시작한 데서 연유한 것으로 보아야 할 것이다. 그러니까 한자어 '精神'은 중국 태생이라기보다는 차라리 일본 태생인 셈이다. '정신'이라는 이 낱말을 한국인이 언제부터 쓰기 시작했는지는 분명하지 않으나, 한 조사 연구[2]에 따르면, 언더우드(H. G. Underwood)가 펴낸『韓英字典(한영ᄌᆞ뎐, *A Concise Dictionary of the Korean Language*)』(Yokohama/Shanghai: Kelly & Walsh, 1890)에 'reason'을 '지각', '의리'와 더불어 '졍신'으로 옮긴 예가 이미 보인다 한다. 철학 분야에서는 조선 사람 전병훈(全秉薰, 1860~?)이 1920년경 베이징[北京]에서 출간한 책『精神哲學通編』에서 볼 수 있고, 또한 한국인이 쓴 최초의 철학 개론서라 할 수 있는 한치진(韓稚振)의『最新 哲學概論』(復活出版部, 1936)에서도 쓰이고 있다. 그러니까 '철학'이라는 낱말을 포함해서 다수 철학 용어들이 그러하듯이 '정신'이라는 말도 서양 사상이 우리 사회 문화에 유입되면서부터 널리 쓰이게 된 것이다.[3]

---

1) 참조: 井上哲次郎,『哲學字彙』(1881), 東洋館, 1884.

2) 강영안,『우리에게 철학은 무엇인가』, 궁리, 2002, 175면 이하 참조.

3) 백종현,『독일철학과 20세기 한국의 철학』, 철학과현실사, 1998/2000, 43면 이하 참조.

그 이후 '정신'이라는 말은 우리 문화생활의 여러 영역에서 여러 사태와 연관되어 사용되고 있다. 유사어만 하더라도 정기(精氣), 정령(精靈), 영혼(靈魂, 靈, 魂, 넋, 얼), 마음[心], 이성, 생명, 이념, 의식 등 이루 다 헤아릴 수 없을 정도이며, 이것과 대립적인 의미를 지닌 말들 또한 물체, 신체, 육체, 몸, 물질 등 다수가 있다. 이것은 '정신'이라는 말이 여러 가닥의 역사를 담고 있으며, 지시하는 사태가 그만큼 복잡다단하고 애매모호하다는 것을 말해 주는 것으로 해석해도 좋을 것이다.

일상적으로 '정신'이라는 말은 이미 매우 다양하게 사용되고 있지만, 철학적 개념으로서 '정신'의 의미는 서양 철학사상이 우리 문화에 수용되면서 더욱더 풍부해졌고, 오늘날 여러 가지 철학적 논쟁에서 '정신'이 주제어가 될 때, 그것은 이 말의 한자어 연원의 의미에서보다는 오히려 서양 사상의 원천에서 유래한 근대 철학적 논의의 맥락으로부터 얻은 의미에서 사용되고 있다.

그 가운데서도 오늘날의 철학적 논의에서 '정신'은 특히 '영혼', '마음'과 때로는 교환 가능한 말로 때로는 서로 구별되는 말로 사용되고, 또한 많은 경우 그것들의 상관 개념과 함께 사용되고 있다.

대표적인 상관 개념은 정신-물체[물질], 영혼-육체, 마음-몸[신체](心·身) 등으로, 이것은 바로 그 안에 많은 철학적 논의거리를 함유하고 있다. 세계의 본원적 존재에서부터 세계 구성의 요소, 생명체의 고유성에서부터 인간의 인격성 또는 '나'라는 자아의 근원에 관한 문제에까지 거의 모든 형이상학적·인식론적·윤리학적 문제들은 이 켤레 개념들과 연관되어 있다.

2. '정신' 개념의 고전적 의미

우리가 '정신'이라는 낱말 자체를 사용한 것은 기껏해야 19세기 말부터지만, 이 말의 의미 연원은 거의 인류 문화사 초기에서부터 찾을 수 있다. 사람의 동물적 삶에 관련돼 있는 말들은 대개 역사가 깊은 반면, 고급문화 영역을 지시하는 말들은 오히려 역사가 짧은 것이 보통이다. 그런데 '정신'은 분명 문화어 중의 문화어임에도 불구하고 그 의미 연관의 역사가 참으로 깊을 뿐만이 아니라, 많은 문화 현상들과도 깊게 얽혀 있다. 게다가 '정신'이 지시하는 바는 인간 자신 내지는 인간 사회 문화의 본질에 해당하는 것이어서, '정신'의 개념은 인간관이나 세계관 또는 가치관을 대변한다고 볼 수 있다. '정신' 개념의 의미 형성에 큰 영향을 미친 여러 사상 형태들을 살펴보면 그것을 잘 알 수 있다.

1) 중국 고전에서 '정신'

'정신(精神)'이라는 말이 번역어로 채용됨으로써 비로소 20세기에 와서 널리 쓰이게 된 것이기는 하지만, 그러나 이 말의 연원은 옛 중국의 고전에서 찾아볼 수 있다. 그런데 한자말에서 '정(精)'과 '신(神)' 그리고 이 두 낱말이 합해진 '정신(精神)'은 때로는 서로 무관하게 때로는 유사한 의미로 사용되었다.

'정(精)'은 일찍부터 '곡식의 알맹이', '순수함', '정액(精液)', '정세(精細)함' 등을 뜻함과 함께 '만물 생성의 영기(靈氣)'를 뜻했다(『莊子』, 在宥: "吾欲取天地之精 以佐五穀 以養民人" 참조). '신(神)'은 오늘날은 거의 '하느님'과 동일한 말로 사용되고 있지만, 옛적에는 '천신(天神)', '신령(神靈)', '혼령(魂靈)'이라는 뜻과 함께 '의식(意識)', '정신(精神)'이라는 뜻을 가진 말로 쓰였다(『荀子』,

天論: "天職旣立 天功旣成 形具而神生" 참조). '정신(精神)'이라는 말 또한 이미 일찍부터 때로는 형해(形骸) 또는 신체와 구별되는 '정기(精氣)'의 뜻으로(『呂氏春秋』, 盡數: "聖人察陰陽之宜 辨萬物之利 以便生 故精神安乎形 而年壽得長焉"; 王符, 『潛夫論』, 卜列: "夫人之所以爲人者 非以此八尺之身也 乃以其有精神也" 참조), 때로는 '의식(意識)'의 뜻으로(『史記』, 太史公自序: "道家使人精神專一 動合無形 贍足萬物" 참조) 사용되었다.

그러니까, 중국 고전에서의 낱말 '정신'의 문맥상의 어의는 오늘날의 용례에서와 상당 부분 같아 보인다. 그럼에도 예컨대, 오늘날 우리가 '심신(心身)의 문제'라 일컫는 것은 옛 사람들의 표현을 빌려 말하자면 '신형(神形)의 문제'라 할 수 있는 등 낱말 사용상의 차이가 없지 않고, 또한 '정신(精神)'이라는 말은 아주 드물게만 쓰였던 것으로 보인다.

2) 유대와 초기 기독교 고전에서 '정신'

한국어 '정신'에 상응하는 말로 『구약성서』에서 가장 빈번하게 등장하는 말은 헤브라이어 '루아(ruah)'이다. 이 말은 본디 숨결, 바람 등을 뜻한다. 예컨대, 입김(「시편」 33:6), 숨[입김](「욥기」 19:17), 생명 숨결[바람](「예레미아」 10:14) 또 선들 바람(「창세기」 3:8)과 폭풍[세찬 해풍](「출애굽기」 10:19) 등이 언급되고 있다. 이 모든 것이 생명을 만들어내는 힘들에 대한 고대 유내직 표상들이다. 고대 이스라엘의 야훼 신앙은 이 사념들을 창조 신앙과 결합하고, 그래서 신의 숨 내지 신의 입김으로서 '야훼의 숨결(ruah jahve)'이 모든 피조물의 생명의 생리적 효력이 된다. 인간과 동물의 세계는 동일한 생명력에 의해 존재하게 된 것이다(「시편」 104:30: "숨을 거두어들이시면 죽어서 먼지로 돌아가지만, 당신께서 입김을 불어 넣으시면 다시 소생하고 땅의 모습은 새로워집니다.”). 숨결은 생명의 숨(「창세기」 6:17)이며, 모든 피조물의 생명 정신이 야훼에 의해 소환되면, 모든 피조물은 죽음에 든다(「창세기」 6:7 참조). 생명의 비밀은 숨 속에 들어 있다. 숨은 다름 아닌 ‘목숨’인 것이다. 야훼의 숨은 창조신의 절대적인, 마음대로 할 수 없는, 생명을 만드는 권력이다. 예언자 시대에 야훼의 생명 숨결은 야훼의 말씀과 결합되고, 그래서 시편은 “야훼의 말씀으로 하늘이 펼쳐지고, 그의 입김으로 별들[모든 무리, 군대]이 돋아났다”(「시편」 33:6)고 읊고 있다.

때때로 생명의 숨결은 ‘네페쉬(nefes)’라는 말로 대치되기도 한다(「출애굽기」 23:12). 그럼에도 ‘네페쉬’는 ‘루아(ruah)’와 구별되는데, 그것은 ‘네페쉬’가 ‘루아’처럼 보편적으로 생명을 일으키는 힘이라기보다는 오히려 인간과 동물의 개별적인 구체적 생명을 표현하는 말이기 때문이다. 그래서 ‘네페쉬’의 죽음에 대해서는 말하지만, ‘루아’의 죽음에 대한 얘기는 전혀 없다.

신약성서에서도 정신을 지칭하는 말로 ‘루아’에 대응해서 그리스어 ‘프네우마(pneuma)’가 사용되고 있다. 이 ‘프네우마’ 역시 근원적으로는 ‘공기, 바람, 숨의 힘이 충전된 운동’을 뜻하며, 그러니까 생리적-물질적 의미를 지닌다. 이 말은 의미의 변경 없이 ‘성령’을 일컬을 때에도 쓰이고, 때로는 악령을 지시할 때도 쓰인다.

‘프네우마’가 마르코와 마태오에서는 구약의 연장선상에서 인간 정신을 지칭하는 말로 쓰이면서, 한편으로는 ‘생명의 힘’이라는 뜻의 ‘숨’(「마태오」 27:50)으로, 다른 한편으로는 지각, 인식, 감각이라는 뜻의 ‘생각’(「마르코」 2:8)으로 쓰인다.

3) 고대 그리스-로마 고전에서 '정신'

'정신'이라고 번역될 수 있는 그리스어 낱말 '프네우마(pneuma)'는 동사 '호흡하다(pneo)'에서 유래한 것이다. 그러니까 '프네우마'는 원래 '움직이는 공기', '호흡된 공기', '호흡[숨]' 정도를 의미한다. 그렇다고 이 말이 '호흡 작용[숨을 쉼]'을 뜻한 것은 아니고, 어디까지나 질료적 의미를 가졌다.

고대 그리스 초기부터 이 말은 의학과 철학에서 사용되었다. 우주와 인간의 생리 작용에서 공기와 '정신'은 중요한 기능을 하는 것으로 간주되었다. 살아 있는 숨은 피와 함께 혈관을 돌면서 생물학적 작용들의 근원을 이룬다. 정신의 중심부는 뇌에 위치하고 있으며, 거기서 인간의 전 신체 조직을 주재한다고 생각한 사람들도 있었고, 또 어떤 사람은 정신은 심장에 위치하며 거기서 피와 함께 전 신체를 관통한다고 보았다. 아리스토텔레스도 이렇게 생각한 사람 중의 하나다.

스토아 철학에서 '정신'은 포괄적인 의미를 가졌다. 그것은 한편으로는 개별 영혼의 실체나 내적 신성(神性)의 실체를 지시하는 말로 쓰였다. 예컨대, "따뜻한 정신은 영혼이다."(Diogenes Laertios, *VII*, 157) "이성은 다른 것이 아니라, 인간의 신체에 깃든 신적 정신의 한 부분이다."(Seneca, *Epistulae*, 66, 12) 정신은 만물을 관통하고 우주의 통일성과 우주 안에 함유되어 있는 개별 존재자들의 통일성을 보증한다. 우주는 커다란 유기체이고 살아 있는 것으로서, 그것의 부분들은 모두 서로 화합하고, 서로 영향을 주고받는다. 개개 영혼이 육체에게 그렇게 하듯이, 우주 유기체에게 내부로부터 혼을 넣어주는 것은 생명의 호흡인 신성(神性)이다. "그러니까, 세계가 신적인 정신과 연관을 이루고 있는 정신에 의해 통합돼 있지 않다면, 세계의 모든 부분들이 서로 화합하는 일이란 정말로 일어날 수 없을 터이다."(Cicero, *De natura deorum*, II, 7, 19) 만물은 신의 정신으로부터 생긴다. 그것은 우주의 질서 잡힌 실재를 자신으로부터 산출하는 창조적인 불이다(Diog. Laert., *VII*, 156). 그렇기에 우주의 생성은 개개 생물의 생성과 똑같은 것으로 관찰된다. 우주는 나중에 펼쳐질 모든 성분들을 이미 자기 안에 가지고 있는 최초의 정자(精子)로부터 발생한다. 또 주기적인 세계 화재(火災)가 있어, 그로부터 우주가 발생했던 근원 종자(種子)로의 규칙적인 귀환이 있다. 똑같은 방식으로 인간의 생의 표출들도 육체의 모든 부분들에 들어 있는 영적 정신을 근거로 해서 설명된다. 그래서 감각적 인식이란 영적 정신에 지각된 대상의 모상(模像)의 인상(印象)으로 파악된다. 이 인상은 영혼의 중심부에서 육체의 주변으로, 또 주변으로부터 중심부로 흐르는 정신의 유동들에 의해 만들어진다. 이 정신의 유동들은 유기체의 응집을 돌본다. 이 정신의 유동들이 영혼의 중심부에 의한 일정한 육체 운동들의 성립을 설명해 주고, 또한 다른 한편으로는 인상들이 외부로부터 중심부 안으로 받아들여지는 것을 설명해 준다(Diog. Laert., *VII*, 158 참조). 스토아학파에서 정신은 일관되게 질료적인 원리로 간주되었고, 그러면서도 그것의 섬세성과 운동성이 매우 강조되었다. 인간에게 있어서 영적 정신은 사후에도 한동안 개별성을 유지하고 있다가 이내 보편적 세계 영혼 안에 받아들여진다. 이런 식으로 우주의 전개에 있어서와 마찬가지로 개별 영혼에서도 모든 것이 순환적 과정에 따라 진행된다. 그러니까 스토아 자연학자들은 인간을 포함하는 '물질주의적' 우주생물학을 내놓았다고 볼 수 있다.

1세기 초의 종교 · 철학의 절충주의(syncretism) 학파는 정신에게 중요한 위치를 부여했다. '정신'이라는 말은 신의 세계에 대한 관여를 상징적으로 서술하는 데에 사용되었다. 그러니까 정신은 신의 세계 생기(生起)에 대한 직접적인 관여이다. 이 관점에서 중요한 것은 정신이 더 이상 질료적인 것으로 파악되지 않는다는 사실이다. 그러나 그렇다고 해서 정신의 비물질적인 성격이 좀 더 자세하게 규정된 것은 아니지만 말이다.

영지주의(靈知主義, gnosticism)자들에게서 '정신'은 여러 가지 의미로 사용되고 있다. 이 말은 자주, 혼돈적이면서도 조형적인 물질에 혼을 집어넣는 우주의 형식적 원리를 뜻한다. 또 어떤 사람들에게서는 이 말은 빛과 어둠 사이의, 그리고 우주의 상위 영역들 사이의 중간에 놓여 있는 우주 원리를 뜻한다. 또 어떤 때는 인간의 상위 부분을 의미한다.

신플라톤학파 철학에서 정신은 무엇보다도 비물질적인 것과 물질적인 것 사이의 중간자로서 간주된다. 정신이란 영혼을 둘러싸고 있으면서, 영혼의 육체와의 오염된 접촉을 방지하는 어떤 것을 뜻한다(Plotinos, *Enneades*, II, 2, 2 참조). 이것은 인식 작용에서 분명하게 드러난다. 영혼은 물질적인 대상들과 직접적으로 접촉하지 않고, 사물들의 모상들을 영혼의 정신적 보자기에 싼다. 인간과 신성(神性) 사이의 직접적인 접촉은 배제되어 있다. 예언과 황홀은 신적 정신을 매개로 일어나는바, 신적 정신에 의해 영혼은 빛나고 정화되며, 그렇게 해서 인간은 더 높은 인식에 이를 수 있고, 그의 자연적인 가능성들을 뛰어넘는 활동을 펼칠 수 있다.

한편 '정신'에 대응하는 라틴어는 '스피리투스(spiritus)'라 할 수 있는데, 이 말은 이미 1～2세기의 기독교 문헌에 자주 등장하며, 그 의미는 스토아학파의 유물론적 정신론으로부터 큰 영향을 받고 있으면서도 점차 정신주의 색채를 드러냈다.

아우구스티누스(Augustinus, 354～430)는 정신(spiritus)을 무엇보다도 비물질적 실재, 곧 신이나 인간의 영혼을 지칭하는 말로 사용한다. 그때 정신적인 것은 적극적인 의미를 얻어, 그것은 신플라톤 학파의 영향을 받아 단순하고 불가분리적인 것으로 생각되고 있다(Augustinus, *De natura et origine animae*, IV, 22～23; *De trinitate*, XV, 5, 7 참조).

이로써 우리는, 보통의 말들이 그러하듯이, 처음엔 일상 언어생활에서 구체적인 대상적 내용을 갖던 말 '정신'이 철학적인 숙고가 덧붙여지면서 원래의 의미와는 차츰 멀어지는 말로 변화하는 것을 볼 수 있다.

3. 근대 '정신' 개념의 형성과 해체

1) 실체인 정신으로부터 이념인 정신으로

(1) '정신' 실체의 함축

'정신' 개념이 철학적 논의의 핵심에 등장한 것은 데카르트가 마음-몸, 정신(mens)-물체(corpus)라는 두 실체론을 폄으로써였다. 데카르트의 이 두 실체론은 기독교적 전통 사고와 새로운 수학적 자연과학의 지식을 화해시키려는 시도의 산물로서, 그것은 계몽주의 시대가 철학자에게 한 요구에 부응한 것이라 볼 수 있다.

'실체'란 "그것이 존재하는 데 다른 어떠한 것도 필요로 하지 않는 것"(Descartes, *Principia philosophiae*, I, 51)을 말한다. 그러니까 실체란 '그 자체로 존재하는 것'이다. 그리고 이 규정대로라면 절대자인 '신'만을 실체라 할 터이다. 그러나 데카르트는, 의식[생각]이라는 본성을 가진 정신과 연장성[공간적 크기]이라는 본성을 가진 물체는 상호간에 독립적으로 존재하는, 그러므로 그것이 존재하기 위해 서로를 필요로 하지 않는 것(res)이라는 뜻에서 각각 실체라고 말한다. 이 제한적 의미에서의 실체 이원론을 인간의 존재 구조 설명을 위한 이론으로 원용하면서 '심신 이원론'과 함께 '심신 상호 작용설'이 나왔고, 이로부터 현대 심리철학의 여러 문제는 발단한다.

데카르트는 "나란 정확히 말해 다름 아니라 생각하는 것(res cogitans)"이며, '생각하는 것'이란 곧 '정신', '영혼', '지성', '이성'이라고 풀이하고, '나[자아] = 생각[의식]하는 것 = 정신[마음]'이라고 규정하는 한편, 이것과는 다른 '물질적인 것(res materialis)' 또한 '존재'한다고 말한다.

데카르트에 의하면, 생각함을 본성으로 갖는 '나'라는 실체는 "존재하기 위해 아무런 장소도 필요로 하지 않으며, 어떠한 물질적인 것에도 의존하지 않는다."(*Discours de la Méthode*, IV, 2) "이 나는, 곧 나를 나이게끔 하는 정신은 신체[물체]와는 완전히 구별되며, […] 설령 신체가 없다 하더라도 그것인바 그대로 온전히 존재하기를 그치지 않는다."(같은 곳) 더 나아가, "완전한 존재자로서 신이 […] 존재한다는 것은 기하학의 어떤 논증보다도 더 확실"(*Discours*, IV, 5)하고, 세계 내의 모든 '물체들', '지성적인 것들', 기타 '자연물들' 모두가 "그것의 존재를" 이 완전한 자의 "힘에 의지하고 있고, 이것 없이는 단 한순간도 존재할 수 없다."(*Discours*, IV, 4)

데카르트의 이 문맥에서, '나'라는 정신이나, 모든 것들의 존재를 가능하게 한다는 완전한 '존재자'로서 신이나 공간상의 어느 지점에 존재하는 것이 아님은 분명하다. 심지어 데카르트는 그것은 공간적인 존재자가 없다 하더라도 그 자체로 존재하는 것이라고까지 말하고 있다. 그러니까 오늘날 우리가 어떤 존재자가 논의되는 자리에서라면 언제나 묻기 마련인, '그것은 언제 어디에 있는가?'라는 물음이 '신'을 포함해 이른바 '정신'이라는 존재자에게는 물어질 수가 없다. 그런데도 그것이 '존재하는 것'이라면, 도대체 무슨 뜻에서 존재하는 것인가? 그것이 '나'라는 지성에 의해 명료하고 분명하게 지각되는 것이라는 의미에서 존재자라 한다면, 그래서 불명료한 감각이나 '상상'에 의해서 파악되는 물리적인 존재자보다도 훨씬 더 확실하게 존재하는 것(*Discours*, IV, 6)이라면, 참으로 존재하는 것인 '신' 및 '나'에 비해 차라리 '물체'는 가상(假象)적으로 존재하는 것, 그러니까 진정한 의미에서는 존재하지 않는 것이라 해야 할 것이다. 그러나 반대로, 만약에 물체를 진정한 의미에서 존재하는 것이라 한다면, 물체와는 전혀 다른 것인 '정신'은 진정한 의미에서는 존재자가 아니라 해야 할 것이다. 이 점에서 명료하지 못했던 데카르트의 반성은 '정신'의 본질적 성질인 '생각[의식]'의 내용을 설명하는 데서 더욱더 모호함을 드러낸다.

데카르트는 '생각하는 것으로서 나란 무엇인가?'라는 물음에 대해 "그것은 곧, 의심하고, 통찰하고, 긍정하고, 부정하고, 의욕하고, 의욕하지 않고, 무엇인가를 상상하고, 감각하는 것이다"(*Meditationes*, II, 8)라고 대답한다. 정신 실체로서 '나'의 적어도 한 가지 활동은 '감각함'이라는 것이다. 그런데 '나'란 신체에 대해 독립적인 것이고, 공간상의 장소를 차지하고 있지 않은 것이라 했다. 대체 이때 신체 없는 내가 '감각한다'는 것은 무엇을 어떻게 한다는 말인가?

데카르트는 실체로서의 '정신'을 내세우면서도 부지불식간에 그것이 적어도 지각 활동에서는 신체 의존적임을, 그러니까 더 이상 실체가 아님을 말하고 있는 것이다. 그리고 로크는 정신 실체를 이 방향으로 계속 끌고 가 마침내 그 존재가 해소될 처지에 놓이게 한다.

로크에서 '실체'는 일종의 복합 관념이다. 그는 실체란 마음에 주어진 단순 관념들이 "그 안에 존속하고, 그로부터 유래하는 어떤 기체(基體)"(Locke, *An Essay Concerning Human Understanding* [*Essay*], ed. A. C. Fraser, Bk. II, ch. 23, sect. 1)라고 규정하기도 하고, "우리 안에 단순 관념을 일으킬 수 있는 그런 성질들, 즉 보통 우연적인 것들이라 일컬어지는 그런 성질들을 담지하는, 어느 누구도 그것이 무엇인지를 모르는, 단지 가정된 것"(*Essay*, II, 23, 2)이라고 부연하기도 한다.

그런데 로크는 이렇게 '실체'를 규정한 후에 데카르트와 마찬가지로 실체를 '세 종류' 곧 신, 유한한 정신들(finite spirits), 물체들(bodies)로 나눈다. 여기서 로크는 데카르트처럼 단지 '정신'이라는 것 그리고 '물체'라는 것을 말하는 대신, '정신들'과 '물체들'을 말함으로써 다수의 셀 수 있는, 그러니까 서로 구별되는 정신들과 물체들을 거론하고 있고, 이것은 아직 데카르트에게는 의식되지 않은 더 많은 '심신의 문제들', 예컨대 마음과 몸의 '개체성', '자기동일성' 따위의 문제들까지도 문제의 전면에 등장시킨다.

로크에서 '유한한 정신들'에 속하는 '우리 인간들의 마음들'이란 이렇게 한 묶음으로 지칭될 수 있는 한에서 보편성을 가지고 있는 것임과 동시에, 복수인 점에서 서로 구별되는 개별성을 가지고 있는 것이다. 그러니까 우리들 중의 하나인 '나'는 개별성을 가지며, 하나의 '나'는 다른 '나들'과 구별되는 한에서는 자기동일성을 가져야 할 것이다.

무한 실체로서 "신은 시작도 없고, 영원하고, 불변적이고, 무소부재하고, 그러므로 그것의 동일성에 관해서 어떠한 의문도 있을 수 없다."(*Essay*, II, 27, 2) 그러나 유한한 정신들을 포함해서 유한한 실체들은 어느 것이나 "존재하기 시작하는 일정한 시간과 장소를 가지며, 그 시간과 장소와의 관계는, 그것들 각각이 존재하는 동안, 언제나 그것의 동일성을 결정할 것이다."(같은 곳)

우리는, 일정한 시간과 장소에 존재하는 것으로서의 어떤 것이 다른 시간과 장소에서도 그 자체로 존재하는가 어떤가의 비교를 통해 어떤 것의 동일성과 차이성을 이야기할 수 있다(*Essay*, II, 27, 1 참조) 이때 우리가 구하는 것은 개별성의 원리이다. 즉 이때 우리는, "어떤 것은 무엇에 의해서 바로 그 '어떤 것'이 되는가?"를 묻는다.

물체는 그것을 구성하고 있는 분자들이 동일한 한에서 바로 '그것'이다. 만약 그것을 구성하는 분자들의 일부 또는 대부분이 바뀌면, 더 이상 '그것'이 아니다.

그런데 "생물들의 상태에서는, 그것들의 동일성은 같은 분자들의 덩어리에 달려 있는 것이 아니라, 다른 어떤 것에 달려 있다. 왜냐하면, 생물들에서는 물질의 큰 뭉치의 변이가 동일성을 변경시키는 것이 아니니 말이다. 묘목에서부터 큰 나무로 자라 베어지는 참나무는 줄곧 같은 참나무이다. 말로 성장하는 망아지는 때로는 살찌고 때로는 마르지만, 언제나 같은 말이다."(*Essay*, II, 27, 4) 다시 말해, 한낱 물체는 "어떻게 결합되든, 물질의 분자들의 응집일 따름"이나, 한 식물과 한 동물의 동일성은 그것을 유지하기 위해 "자양분을 흡수하고 분배하는 데 적합한 그것의 부분들의 조직"에 의거한다(*Essay*, II, 27, 5).

그렇다면, 한 "사람의 동일성은 어디서 성립하는가?" 그것은, 인간도 동물인 한에서, "오로지, 같은 유기체를 위해, 지속적으로 생명적으로 통일된, 끊임없이 움직이는 물질의 분자들에 의한, 계속되는 같은 생명의 참여에서" 성립한다고 로크는 말한다(*Essay*, II, 27, 7). 그러나 인간은 단지 동물이 아니라, 또한 '인격'으로 이해되고 있음을 로크는 무시하지 않는다. 그래서 그는 더 나아가 묻는다. “인격의 동일성은 어디서 성립하는가?” 이 물음에 답하기 위해서는 “인격이 무엇을 지칭하는가?”를 숙고하지 않으면 안 된다. 로크의 생각에, “인격이란 이성과 반성을 가진, 그 자신을 그 자신으로 고찰할 수 있는, 생각하는 지성적 존재자이다. 그것은 서로 다른 공간과 시간상에서도 동일한 생각하는 것(thinking thing)이다. 인격은, 생각 활동과 분리될 수 없는, 의식에 의해서만 그 자신을 그 자신으로 고찰한다. 어느 누구도 그가 지각한다는 것을 지각함이 없이는 지각할 수 없다. 우리가 무엇을 보고, 듣고, 냄새 맡고, 맛보고, 느끼고, 성찰하고, 의욕할 때, 우리는 우리가 그것을 하고 있음을 인식한다. 그러니까 그것은 언제나 우리의 현재의 감각과 지각에 대하여 그러하다. 이로 인해 모든 사람은 자기 자신에 대해서 그가 자아라고 부르는 바로 그것이다.”(*Essay*, II, 27, 11[9]) 그러니까, 로크에 따르면 ‘인격’ 내지 ‘자아[자기]’의 동일성은 자아의 자기지각 곧 자기인식 또는 자기의식에서 성립한다.

그런데 이 대목에서 로크는 인격 내지 자아를 물체로서의 신체와도 그리고 유한한 정신과도 분리시켜 생각한다. 사람들이 자기의식에 근거해 ‘자아’를 이야기할 때, “같은 자아가 같은 실체[물체(신체)]에서 계속되는가, 다른 실체[물체(신체)]들에서 계속되는가는 고려되지 않는다. 왜냐하면, 의식은 언제나 생각함에 수반하고, 그것이 각자를 그가 자아라고 부르는 것이 되게끔 함으로써, 그 자신을 여타의 생각하는 것과 구별짓기 때문이다. 그리고 바로 이 점에서만 인격의 동일성이, 다시 말해 한 이성적 존재자의 동일성이 존립한다. 그리고 이 의식이 어떤 과거의 행동이나 생각에 거슬러 올라가 미칠 수 있는 데까지는 그 인격의 동일성이 미친다.”(*Essay*, II, 27, 11[9]) 그러므로 로크에게서는 자아의 동일성이나 인격의 동일성은 궁극적으로는 오로지 자기의식에 근거를 두고 있다. “인격의 동일성은 실체[물체(신체)]의 동일성에 있는 것이 아니라, […] 의식의 동일성에 있다."(*Essay*, II, 27, 19) 자기의식이 자기의 동일성을 구성한다. 인격의 동일성은, 내가 나중에 내가 이전에 어떤 행동을 했다는 것을 앎으로써 구성된다. 이제 로크에서 문제로 남는 것은, 그렇다면 '(유한한) 정신'이라는 실체는 구체적으로 무엇을 지칭하고, 이 이론적 개념이 존재 세계에서 하는 역할이 무엇인가 하는 점이다.

'물체'라는 실체는 종국에는 그것이 무엇인지를 우리가 모르는 것이라는 점 때문에 그 정체야 장막에 가려져 있기는 하지만, 관념들의 귀속처, 갖가지 현상적 성질들의 담지자로서 물리적 사물들의 동일성의 기반이고, 실재적 인식[진리]의 척도이자 '실재하는 사물'의 근거가 된다. 반면에 '(유한한) 정신'이라는 실체는, 해석하기에 따라서는, 한 식물, 한 동물, 동물로서의 한 사람의 동일성의 근거인 '같은 생명'의 담지자라 할 수 있겠다. 그러나 그것은 자아나 인격, 그러므로 나아가서는, '마음'의 동일성의 토대는 아니라 하니, 이것의 토대가 되는 이른바 '자기의식'은 누구의 의식이라는 말인가? 그게 아니고, '물체'라는 실체가 물리적 사물의 동일성을 담보하듯이 '정신'이라는 실체가 자아의 동일성을 담보하는 것이라면, 물체와는 달리 정신이라는 실체는 '자기의식'을 통해 자기에게 알려진다는 말인가? 그러니까, '정신'이라는 실체는 '우리가 모르는 어떤 것'이 아니라, 우리 자신에게 알려지는 것이라는 말인가? 여기서 '정신' 실체는 그 정체가 의혹에 싸인다.

(2) '정신' 실체의 부정과 그 귀결

로크에서 실체가 어느 경우에나 우리에게 '알려져 있지 않은 것'이라고밖에는 규정되지 않는 것이라면, 암암리에 마음의 고정 불변성 곧 동일성의 근거로 제시되는 '정신' 실체 역시 정체불명이다. 그래서 오로지 경험적 확실성의 보증 아래에서만 논의를 진행시키고자 하는 흄은 '마음'의 실체성, 그러니까 자아 내지 인격의 동일성 자체를 인정할 근거가 없다고 주장했다.

흄에 따르면, 우리가 갖는 일체 개념의 원천은 경험적 지각, 곧 경험적 인상과 관념들이다. 그런데 흄의 생각에는, "한순간이라도 변함없이 같은 것으로 머물러 있는, 단 하나의 영혼 능력도 없다. 마음은 일종의 극장이다. 여기에서 여러 지각들은 잇따라서 나타나고, 즉 지나가고, 다시 지나가고, 어느덧 사라지고, 무한히 잡다한 사태와 상황 속에서 뒤섞인다. 마음에는 당연히 한 시점에서라도 단일성은 없으며, 서로 다른 시점에서 동일성도 없다. 우리가 그 단일성과 동일성을 상상하는 어떤 자연적 성향을 갖고 있다고 할지라도 말이다."(Hume, *A Treatise of Human Nature*[*Treatise*], eds. L. A. Selby-Bigge/P. H. Nidditch, Bk. I, Part 4, sect. 6[p.253]) 여기서 '마음 = 극장'의 비유를 오해해서는 안 된다. 극장은 아무런 공연이 없을 때라도 텅 비어 있는 장소로 있고, 막이 오르면 그 안에서 여러 장면들이 연출되는 것이지만, 흄에게서 마음은 결코 그런 것이 아니다. "마음을 구성하는 것은 단지 잇따르는 지각들일 뿐이다. 또한 우리는 이 장면들이 표상되는 장소 또는 이 장소를 이루고 있는 재료들에 관한 아주 어렴풋한 개념조차도 갖고 있지 않다."(같은 곳) 그러니까 더 정확히 말하자면, 마음은 극장과 같은 공연 장면들이 펼쳐지는 장소라기보다는, 차라리 잇따르는 장면들의 모임 바로 그것이다. "우리가 마음이라고 부르는 것은, 어떤 관계들에 의해 함께 통일된, 그리고는, 잘못되게도, 완전한 단순성과 동일성을 부여받은 것으로 가정된, 서로 다른 지각들의 더미 내지는 집합일 따름이다."(*Treatise*, I, 4, 2[p.207]) 흄은 '나'의 실체성 곧 고정 불변성은 결코 경험적으로 확인될 수 없음을 거듭 강조한다. "자아 또는 인격은 어떤 하나의 인상이 아니라, 그것에 대해 우리의 여러 인상들과 관념들이 관계하고 있다고 상정되는 그러한 것"(*Treatise*, I, 4, 6[pp.251~252])이며, 그것은 "다름 아닌 서로 다른 지각들의 다발 내지 집합인바, 지각들은 포착할 수 없을 만큼 빠르게 서로 잇따르며, 영원한 유동과 운동 중에 있다"(*Treatise*, I, 4, 6[p.252])는 것이다.

그렇다면 무엇이 우리들로 하여금 이렇게 잇따르는 지각들에 동일성을 부여하고, 우리 자신을 우리의 전 삶의 과정을 통해 불변적이고 부단한 존재를 갖는 것으로 생각하게끔 하는가? 흄에 따르면, 그것은 순전히 상상력과 기억 작용이 하는 일이다. 서로 잇따르는 지각들의 더미 사이에는 기껏 유사성이 있을 뿐인데, 우리는 "상상에 따라, 이들 서로 다른 연관돼 있는 대상들이, 단절적이고 변형적임에도, 결과적으로는 같은 것이라고 대담하게 주장한다. 그리고는 […] 단절성을 제거하기 위해서 우리는 감관의 지각들의 지속적인 존재를 꾸며내고, 변형성을 감추기 위해서 영혼, 자아, 실체 따위의 개념 속으로 뛰어든다."(*Treatise*, I, 4, 6[p.254])

더 나아가 "기억은 동일성을 발견할 뿐만 아니라, 지각들 사이의 유사 관계를 낳음으로써 동일성 산출에 기여한다."(*Treatise*, I, 4, 6[p.261]) "기억만이 우리로 하여금 지각의 이런 잇따름의 연속과 범위를 알게 하기에, 주로 이것에 근거해서 기억은 인격 동일성의 원천으로 간주된다. 우리가 기억을 가지고 있지 않다면, 우리는 결코 아무런 인과의 개념도 갖지 못할 터이고, 따라서 우리의 자아 내지 인격을 구성하는 원인과 결과의 연쇄에 대해서도 아무런 개념을 갖지 못할 터이다. 그러나 일단 기억으로부터 인과의 개념을 얻고 나면, 우리는 원인들의 같은 연쇄를 확장하여, 그에 따라서 우리의 기억을 넘어 우리 인격의 동일성에 이를 수 있다."(*Treatise*, I, 4, 6[pp.261~262])

그러나 이 같은 흄의 경험적으로 건전하고 정밀한 논구의 도정은 도대체 '기억 작용'을 누가 하는가라는 물음 앞에서 길이 끊긴다. 누군가가 기억을 통해 1994년 여름에 본 로마 시가와 1996년 겨울에 본 로마 시가를 비교하여 그 유사성을 인지하고, 그 유사성을 넘어—상상력에 의해서든 습관에 의해서든 또는 다른 무엇에 의해서든—'동일성'을 주장할 때, 1994년 여름에 로마 시가를 본 자와 1996년 겨울에 로마 시가를 본 자는 동일한 자여야 한다. 그 자를 우리가 '나'라 부르든 '나의 마음'이라 부르든 '나의 의식'이라 부르든 상관없이, 만약 그 자가 '동일한 자'가 아니라면, 기억 작용도 '연상 작용'도 귀속시킬 데가 없다. '자아'를 또는 마음을 한낱 '지각들의 다발'이라 하고, 지각들이란 시시각각 달라지는 것으로 간주할 때, 일정한 한 시점(t_1)과 다른 한 시점(t_2)에서의 '지각들의 다발'은 내용상 다를 것이고, 그래서 시점 t_1에서의 '지각들의 다발'(m_1)인 마음을 갑(甲)이라 한다면—제아무리 유사하다고 하더라도—결국은 이미 내용상 똑같지 않은, 시점 t_2에서의 '지각들의 다발'(m_2)인 마음은 을(乙)이라 해야 할 것이다. 그러므로 갑과 을은 서로 다른 자이고, 따라서 갑이 어느 시점에서 지각한 것을 을이 기억하고 '습관'에 따라 연상한다는 것은 있을 수 없는 일이다. 그러므로 우리가 기억이나 습관을 얘기하려면, 어느 시점에서든 그 활동을 하는 자는 동일한 자로 전제해야 한다. 그러니까 이미 기억과 습관을 얘기하는 마당에서는 어떤 의미에서든 '자아의 동일성'은 전제되어 있는 것이다.

그래서 자아 내지 인격의 동일성은 지각 자료를 근거로 한 상상력의 조작이나 성향만으로써는 충분히 설명되지 못한다. 그래서 이

'동일성'은 다른 방식으로 이해되고 설명되어야 한다. 아니면, 우리는 경험적인 세계에는 도대체가 동일한 것은 없다고 말해야 한다. 그러나 그 대신에 우리는 세상의 변화에 대해서 얘기해서는 안 된다. '변화'는 어느 경우에나 '동일한 것'의 달리됨이니 말이다.

2) 개념 또는 이념으로서 정신

(1) 인식하는 자아의 동일성과 관념성

데카르트의 '정신'-'물체' 두 실체론은 인간과 자연 세계의 관계 설명 방식의 단초가 되어, 로크에서는 '마음'과 '실재하는 사물'이라는 두 실체론으로 전이되고, 버클리에서는 이른바 '실재하는 사물'이 "존재는 지각된 것"(Berkeley, *Principles of Human Knowledge*, I, 3)이라는 그의 대상 현상론에 의해 마음 안의 관념들의 집합으로 해체되고, 흄에 이르러서는 '마음'마저 '지각들의 다발'로 규정되어 그 실체성이 부정되었다. 이 같은 '실체' 사상의 변천은 더욱더 경험주의 원칙에 충실해 간 근대인들의 사고의 반영이고, 현대 물리주의의 출발점이라 할 것이다. 그러나 이 같은 사고 노선은 대답되어야 할 새로운 문제를 야기한다. 예컨대, '나'는 그리고 '우리'는 자연 세계 전체가 또는 그 안의 갖가지 사물들이 변화하고 있음을 분명히 인식하는데, 이 대상의 변화를 '고정 불변성'이나 '동일성' 개념 없이, 바꿔 말해 '실체-우유성(偶有性)' 개념 없이 어떻게 설명할 수 있을까? — 이 같은 문제들을 의식한 칸트는, 우리 인간으로서는 결코 실증할 수 없는 '그 자체로서 존재하는 실체적 물체'와 '영원 불멸적으로 존재하는 실체적 영혼[정신]' 대신에 대상 인식을 수행하는 주관으로서의 '의식'과 그 의식의 기능 형식인 순수 지성 개념으로서 '실체' 개념을 도입하여 문제들을 풀어

간다.

흄이 그렇게 생각했듯이, "감관들에서 생기는 인상들과 관련해 그것들의 궁극 원인이 인간 이성에 의해서 완벽하게 해명될 수는 없다. 그것들이 직접적으로 대상들로부터 생기는지 또는 마음의 창조적인 힘에 의해 생산된 것인지, 아니면 우리 존재의 창조자로부터 파생된 것인지 확실하게 결정한다는 것은 언제나 불가능하다." (Hume, *Treatise*, I, 2, 6[p.67]) 그래서 흄은 사람들이 그 자체로 존재하는 것이라고 믿는 '실체'를 한낱 '우리'의 "지속되는 존재자라는 허구에 의해 쪼개져 있는 현상들을 하나로 묶는 성향" (*Treatise*, I, 4, 2[p.205])에 의한 관념일 뿐이라고 주장한다. 그러니까 흄은, 다양한 지각 묶음의 변화에도 불구하고 그 묶음들을 어떤 '동일한 사물'에 귀속시키는 우리의 인식 행태를 설명함에 있어서, 사물의 그 동일성의 근거를 이제까지의 상식처럼 이른바 '우리 마음 밖에 실재하는' 사물의 실체성에서 찾지 않고, 그 사물을 인식하는 우리 자신에게서 찾고 있다. 이로써 흄은 주관주의의 문을 연 셈이고, 이미 열린 문 안으로 들어선 칸트는 주관주의의 대저택을 세운다.

칸트는 어떤 지각군이 사물 A로 통일되고, 또 어떤 지각군이 사물 B로 통일되는 근거를 더 이상 '사물 자체'에서 구하지 않고, 인식하는 의식의 통각의 초월적 통일 기능에서 찾는다. '통각(apperceptio)'이란 내가 무엇인가를 의식하고 있음에 대한 의식이다. '나는 내가 무엇인가를 의식한다는 것을 의식한다(ego-cogito-me-cogitare-cogitatum)'는 의식의 구조에서 '나는 의식[생각]한다'라는 자기의식은 "나의 모든 표상들에 수반할 수밖에 없다."(Kant, *KrV*, B131) 왜냐하면, 내가 생각[의식]하지 않는 것이 나의 표상이 될 수는 없을 것이니 말이다. 모든 표상들에 수반하는 이 '나'의 자기의식에서 그 모든 표상들은 '나의 표상들'이 되고, 시시각각 표상되는 그 잡다한 표상들에 수반하는 이 '나'가 '동일자'인 한에서, 그 표상들은 하나로 통일된다. 그래서 칸트는 바꿔 말해, "내가 주어지는 잡다한 표상들을 한 의식에서 결합할 수 있음으로써만", 나는 "이 표상들에서 의식의 동일성을 스스로 표상할 수 있다"(Kant, *KrV*, B133)고 말한다.

'내가 무엇인가를 의식한다'는 대상 의식에는 '나'와 '의식함'과 '의식되는 것'의 세 요소가 있다. '나'는 의식의 주체이고 대상을 의식하는 주관이다. '의식함'이란 이 주체의 대상 지향 활동이고, '의식되는 것'은 바로 그 지향된 대상이다. 만약 우리가 감각 경험의 의존 여부에 따라 '경험적임'/'순수함'이라는 말을 구별해 쓴다면, '나'는 예컨대 수학적 대상을 의식할 때처럼 순수하게 기능하기도 하고, 자연적 대상을 의식할 때처럼 경험적으로 기능하기도 한다. 그러나 이 '내가 무엇인가를 의식한다'에 수반하는 자기의식의 '나'는 언제나 순수하게 기능한다. 자기의식은 어떤 감각 기관의 기능도 아니니 말이다.

대상 의식에 수반하여 대상 통일 기능을 수행하도록 하는 이 순수한 자기의식은 대상 의식이 기능하는 데에 일정한 틀[형식]을 제공한다. 이른바 '순수한 지성 개념들', 바꿔 말해 사고의 '범주들'이 바로 그것이다.

인식 주체 곧 의식이 갖추고 있는 이 같은 일정한 인식의 틀은 인식 작용을 가능하게 하고, 인식 작용이 있는 곳에 비로소 인식되는 것, 다시 말해 우리에게 존재하는 사물, 대상이 나타난다. 이런 사태 연관을 고려하여 칸트는 우리 인간에게 경험되는 사물은 모두 '현상'이라고 일컫는다. 그러니까 이런 의미에서 인식하는 의식의 특정한 성격은 경험에 선행하고, 그래서 경험되는 것 곧 현상에 선행하고, 바꿔 말해 '선험적(a priori)'이고, 그래서 "모든 경험에 선행하면서도 (선험적이면서도), 오직 경험 인식을 가능하도록 하는 데에만 쓰이도록 정해져 있는 어떤 것"을 "초월적(transzendental)" (Kant, *Prolegomena*: AA IV, 373)이라고 술어화한다면, 선험적인 의식 기능은 경험적 인식에서 초월적이다.

경험적 인식과 초월적 인식이 구별되는 이 대목에서 우리는 '경험적 나[자아]'와 '초월적 나[자아]'를 구별해 말할 수 있다.

우리의 일상 언어생활에서 모든 '나들'이 서로 구별됨에도 똑같이 '나'라고 일컬어지는 것은 그 '나들'에 동일성이 있기 때문이다. 그러면서도 그 나들이 서로 구별되는 것은 또한 차이성이 있기 때문이다. 적어도 대상 인식에서 '동일한 나'는 의식의 동일한 인식 기능을 말하는 것으로, 그것을 칸트는 '초월적 나[자아, 주관, 주체]'라고 칭한다. 그러니까 '초월적 나'의 차원에서는 '너'와 '나'의 구별이 없다. 그래서 만약에 '나들' 사이에 차이가 있다면, 그것은 — 하나의 사과를 나누어 먹으면서 한 사람은 '시다'고 느끼고 다른 한 사람은 '달다'고 느끼는 — '경험적 나'의 차원에서의 일이라 해야 할 것이고, 그것은 신체성을 도외시하고서는 말할 수 없을 것이다. 그렇다면, 이른바 '초월적 나'는 신체성과 무관하게 말할 수 있다는 것인데, 그렇기에 그것은 시간·공간상의 존재자가 아니라, 단지 '초월 논리적' 개념일 따름이다. 그러므로 그것은 서로 다른 '나들'을 각각 적어도 하나의 '나'로서 가능하도록 하는 논리적 전제(Kant, AA XX, 270 참조)이나, 우리는 그 동일성을 '나들'이 인식 작용에서 보이는 동일한 기능 — 예컨대, 모든 '나들'은 대상 인식에서 한결같이 '무엇이 어떠어떠하다'는 인식 틀을 따른다 — 에서 확인할 수 있다.

요컨대, '하나의 나'가 적어도 두 관점에서 얘기될 수 있다.

한 관점에서 '나'는 자연적 존재자이다. 자연적 존재자로서 '나'는 당연히 자연, 곧 신체를 떠나서는 생각될 수 없는 것이다. 그러므로 어떤 방식으로든 신체들에 구별이 있는 한에서, '나들'도 구별될 수밖에 없다. 그리고 이런 '나들' 가운데 하나인 '나'가 영원히 존재하느냐[불멸적이냐] 그리고 자기동일적이냐는 오로지 경험 과학적으로 확정될 수밖에는 없다. 이 같은 맥락에서의 '나'의 나임에 대한 탐구는 생리-심리학적 또는 사회학적으로만 가능할 것이며, 로크나 흄이 자기의식이나 기억을 통해서나 '나의 동일성'을 확보할 수 있을 것이라고 생각했을 때도 암암리에 이 '나'를 염두에 둔 것으로 보아야 할 것이다. 그리고 나의 '나임'의 근거를 영혼[정신]으로 보고, 영혼은 실체[비물질성]이고, 그 자체로 단순[불멸성]하고, 자기동일적[인격성]이고, 영원한 생명성[불사성]이라고 주장하는 이른바 "이성적 영혼론은 학문으로서는 전혀 성립할 수 없다"(Kant, *KrV*, A382 참조)고 비판하면서, '나'에 대한 지식 체계로서는 오로지 "일종의 생리학"인 "경험적 심리학"(Kant, *KrV*, A347=B405 참조)이 있을 뿐이라고 칸트가 결론지었을 때, 그 역시 이런 '나'를 염두에 두고 있다.

그러나 또 다른 관점에서 '나'는 그 '나'가 누구이든 '나'라는 점에서는 동일하고, 또 '나'인 한에서 항상 자기동일적이다. 그러니까 이런 의미에서의 '나'는 자연적인 존재자가 아니다. 아니, 우리가 만약 존재자를 시간 · 공간상의 어떤 것을 지시하는 것으로 이해한다면, 그런 것은 도대체가 '존재자'가 아니다. 그것은 '나'를 '나'이게끔 하는 형식적 규정일 따름이다. 그것은 도대체가 '나'라는 개념이 가능하도록 해주는 것이다. 그러면서도 그것은 일체의 '경험적인 나들'을 동일하게 '나'이게끔 하는 것이니 이를테면 '초월적인 나'이다. 그리고 이 '형식적' 나는 문자 그대로 하나의 개념 내지는 이념이다.

(2) 실천하는 인격의 이념성

사람의 의식 활동은 인식만 하는 것이 아니라 실천도 한다. '실천(praxis)'이란 존재자를 있는 그대로 파악하는 인식과는 달리, 의지적으로 존재에 영향을 미치는 행위이다. 존재에 영향을 미친다 함은 존재에 변화를 일으키고 생성 소멸하게 함을 뜻한다. 존재에 영향을 미치는 일은 일반적으로 자연 내의 사물들 사이에서도 일어난다. 그러나 그런 것을 우리는 실천이라고 부르지는 않는다. 의지적으로 기투(企投)하는 행위만이 실천이라 일컬어질 수 있다. 이런 실천 행위에는 노동과 도덕적 행위가 있다. 노동은 자연을 변화시킨다. 그러나 노동은 자연의 법칙의 범위 내에서 수행된다. 반면에 도덕적 행위는 자연의 제약을 넘어선다. 그래서 칸트는 이런 도덕 행위의 주체를 '순수한 실천 이성'이라고 부른다.

실천 이성이 "어떤 법칙의 표상에 맞게 행위하게끔 자기 자신을 규정하는 능력"(Kant, *GMS*: AA V, 427)이라면, 순수한 실천 이성은 이성 자신이 제시한 법칙의 표상에 준거해서 행위를 규정하는 능력이라 볼 수 있다. 이성은 원리의 능력이고, 순수한 이성은 원리 자체이니, 순수한 실천 이성은, 자신이 제시한 원리에 따라 행위를 하는 능력, 즉 자율적 능력이다. 그러므로 그것은 자유로운 의지이기도 하다.

순수한 실천 이성은 인간이 마땅히 행해야 할 법도를 제시하는 바, 그 법도가 도덕 법칙이다. 도덕 법칙은 언제나 당위의 법칙이다. 당위의 법칙은 무엇이 어떠할 수밖에 없다는 논리적 필연성이나, 무엇이 어떻게 존재하며 생겨나는가를 반영하는 사실적 필연성이 아니라, 무엇이 존재해야만 하며 생겨나야만 하는가를 규정하는 당위적 필연성의 표현이다. 도덕적 규범은 사실 내지 존재의 규칙이 아니다. 그것은 사람들은 보통 이러이러하게 행동하게 마련이라든지, 그러저러하게 행위한다면 개인이나 사회를 위해서 유익할 것이라는 따위의 사실 보고나 이해타산에 의거한 권유, 훈계가 아니라, 인간으로 하여금 무조건 인간으로서의 도리를 다할 것을 명령한다. 그것이 명령하는 '인간다운' 행위 내용은 사실에 근거해서가 아니라 인간의 이상(理想)에 근거해서 정해지는 것이다. 이 이상은 선(善)이라는 선험적 가치의 표현이고, 도덕규범은 그러니까 선험적 행위 원칙이다.

이 같은 선험적 도덕규범에 따른 행위만을 선행이라 할 수 있고, 이런 행위의 주체가 인격(人格, Person)이다. 도덕적 행위 주체로서 인격은 무엇과의 비교에 따라 가치를 얻는, 즉 수단으로서 가치를 갖는 물건과는 달리 '그것의 현존이 절대적 가치를 가지고 있는 것'이다. 인격은 다름 아닌 목적 그 자체인 것이다. 그래서 실천 이성의 원칙은 '이성적인 자연 존재자는 목적 자체로서 존재한다'는 '인간 행위의 주체적 원리'를 전제로 한다. 여기에서 이성이 이성적 존재자인 인간에게 보편타당한 행위 규범으로 부과하는 실천적인 명령이 나온다. 예컨대, "네가 너 자신의 인격에서나 다른 모든 사람의 인격에서 인간(성)을 항상 동시에 목적으로 대하고, 결코 한낱 수단으로 대하지 않도록, 그렇게 행위하라"는 칸트 도덕철학의 정언 명령 같은 것 말이다.

인식 가운데 진리와 허위가 있다면, 선과 악은 도덕 행위 가운데 있다. 도덕 행위란 사람과 사람 사이에서 일어나는 실천 행위다. 사람을 인격으로, 그 자체 가치 있는 것으로 대하는 행위는 선하고, 사람을 한낱 수단 가치로 취급하는 행위는 악하다. 그러므로 인간은 선한 행위 가운데서 절대적인 가치를 갖는 존재자, 목적인 존재자가 된다. 목적 자체인 인간을 우리는 존엄하다고 한다. 이성이 제시하는 선의 이념은 이로써 다름 아닌 인간 존엄성의 이념이다.

그런데 자연적 존재자인 인간이 언제나 자기 자신이나 남을 인격으로 대하는 도덕적 행위를 할 수 있다는 것은, 인간의 자연적인 신체 욕구적인 경향성을 제어하고 도덕 명령을 존경하여 준수할 수 있는 힘을 인간이 한편으로 가지고 있음을 전제로 한다. 이 힘이 바로 의지의 자유이며, 인격적 존재자로서의 인간은 자유 의지이다.

도덕적 행위의 주체는 자유로운 의지이다. 자유로운 의지에 의해 수행되는 도덕적 실천 행위는 아직 없지만 그러나 마땅히 있어야 할 것 즉 이상을 실현하는 당위적 활동이다. 그리고 그 실현은 자연 안에서 이루어져야 한다.

자유로운 의지의 활동이 자연에서 무엇인가를 실현시킨다 함은 있는 그대로의 자연을 다르게 변화시킨다는 뜻이고, 의지가 자유롭다 함은 자연으로부터 결코 아무런 영향도 받지 않는다는 뜻이다. 그러니까 자연으로부터 아무런 영향도 받지 않는 순수 의지가 자연에 어떤 영향을 미친다는 뜻이 된다. 그것은 자연 안에서 살고 있는 자연 존재자인 인간이 자연의 규칙으로부터 자유로운 초월적인 힘을 가지고서 자연을 변경시킬 수 있음을 말한다. 이것은 자연 세계는 수학적-역학적 법칙들의 통일 체계이고, 도덕 세계는 당위적 실천 법칙의 통일 체계이되, 자연 세계는 도덕 세계에 아무런 영향을 미치지 못하지만 도덕 세계는 자연 세계에 어떤 영향을 미친다는 말로 이해될 수 있다. 이것은 자연 세계에 물리적 원인에 의해서 사건이 발생하기도 하지만, 도덕적 원인에 의한 사태가 일어나기도 함을 뜻한다. 나는 머리를 들고 있기가 힘들어 머리를 숙이기도 하지만, 어른에게 존경을 표하기 위해서 머리를 숙이기도 한다. 머리를 숙이는 움직임은 이 두 경우에서 다 같이 물리적-생리적 법칙에 따라 진행되지만, 그 움직임을 작동시킨 원인은 서로 다르다. 이것은 자연 내에는 자유(의지의) 원인성과 자연(인과의) 원인성이 양립함을 말한다. 인간은 행위에서 자연 존재로서 물리적 법칙에 종속하기도 하면서 자유 존재로서 도덕적 법칙에 종속하기도 한다는 것이다. 물리적-생리적 법칙에 종속하는 한 인간은 여타의 자연 사물과 한가지지만 도덕 법칙에 종속하는 한에서는 인격이다.

그러나 이때 인격적으로 자연 세계에서 행위하는 자는 자연적 존재자, 즉 신체를 가진 존재자이고, 그런 한에서 '너'와 '내'가 구별되는 인간이다. '너 자신이 다른 사람을 인격으로 대하라'는 명령은 이미 '너'와 '다른 사람'을 구별하고 하는 말이다. 그러니까 도덕 법칙의 보편적 당위성을 표상하는 실천 이성은 보편적 이성이지만, 그것을 자연 안에서 실행에 옮기는 행위 주체는 개별자로서 인간, 즉 개인이다. 즉 행위 주체로서의 개개인은 보편성과 더불어 개성을 가진 자유 의지적 존재자이다.

3) 절대자로서 정신

칸트는 '초월적 의식' 개념을 세워 대상 인식 현상을 해명하고, '인격' 개념을 세워 인간의 도덕적 행위 현상을 설명하고자 했다. 그러나 거기에 실체로서 '정신'은 없었다. 이에 반해 헤겔은 그 자체로 존재하는 유일한 것으로서 '정신(Geist)'을 세계 생성과 운동의 중심에 놓는다.

헤겔에서 정신은, 앞서 살펴본 바 있듯이, 스스로 자신을 정립하며 스스로 활동하는, 그래서 자유이자 주체인, 말하자면 절대자이다. 그러나 정신이 세상 만물을 매체로 그 자신을 드러낼 때, 다시 말하면 개념으로서의 정신, 절대자가 삼라만상을 통하여 전개, 실현될 때, 그것은 여러 모습을 보이면서 부단히 바뀌고 그런 한에서 상대적이다. 그러니까 정신은 실재에서는 이를테면 '상대적인 절대자'라 할 수 있고, 끊임없이 다른 것으로 되어가는 중에서 자기 자신을 세우고 자기 자신에 머무르는 것으로 이해할 수 있다.

정신은 이런 전변적인 운동을 통해서 자신을 드러내면서, 그러나 이 자신을 바꾸어가는 운동 중에서도 항상 '자기동일성'을 유지하며, 자기동일성을 유지한다는 점에서 그것은 불변의 절대자이자 실체이다. 이 절대자로서의 정신은 스스로 끊임없이 자기 자신을 부정하는 운동의 주체이며, 이 점에서 자유인 정신은 실상 '달리 되어감'에서 자신임을 유지하고, '달리 있음'에서 '자기와 같음을 재생산'해 내는 것이다.

그러니까 전체라는 의미에서 하나인 절대자는 자기운동의 주체, 자유의 실체라는 의미에서 정신이며, 세상의 역사, 곧 세계사는 이 정신의 자기완성의 도정이다. 절대자인 정신은 주어져 있는 것이 아니라 스스로 형성해 가는 것이고, 그런 뜻에서 '살아 있는 실체'이다.

4) '정신' 없는 물리주의 세계

헤겔이 세계의 운동 원리, 주체인 실체로서 정신을 강력하게 설득했음에도 불구하고 19세기 중반 이후 많은 사람들은 정신, 영혼, 마음의 지위를 더 이상 인정하려 하지 않는다.

일찍이 라 메트리(J. O. de La Mettrie, 1709～1751)는 데카르트에 대한 비판으로 『인간기계론(*L'homme machine*)』(1748)과 『인간식물론(*L'homme plante*)』(1748)을 폈다. 그는 사람이나 동물이나 식물이나 모두 기계적 운동만을 한다고 보았다. 인간의 의식 활동 일체도 물리적 자극과 육체적 과정의 산물이라는 것이다. 그는 인간의 의식이란 물질적 기계 운동의 특수한 부산물일 뿐으로, 실체로서의 정신은 — 인간적인 것이든 신적인 것이든 — 존재하지 않는다고 주장했다.

이제 헤겔 비판으로부터 자리를 잡은 신칸트학파의 랑게(F. A. Lange, 1828～1875)는 "영혼 없는 영혼론", 곧 "마음 없는 심리학(Psychologie [Seelenlehre] ohne Seele)"을 발설했고(F. A. Lange, *Geschichte des Materialismus und Kritik seiner Bedeutung in der Gegenwart*, Iselohn/Leipzig, 1866, Bd. 2, S.381), 20세기 중반을 넘자 마침내 플레이스(U. T. Place, 1924～2000)는 '의식은 두뇌 과정'이라는 물리주의적 원칙을 주창하였다("Is Conciousness a Brain Process?", in: *British Journal of Psychology* 47(1956), Pt. 1, pp.44～45 참조). 그 후 주로 영미 심리철학들은 물질주의적 경향을 보이고 있다.

어떤 사람들은 심리 현상에 대한 용어들은 물리적 현상 외에 아무런 것도 지시하는 바가 없기 때문에 마땅히 제거되어야 하고, 실제로 과학의 발달에 의해 마침내 사라질 것이라고 본다(제거적 유물론, Eliminative Materialism). 정신 내지 심리 현상의 정체는 오로지 신경과학(neuro science)을 통해서만 밝혀질 수 있다고 보는 것이다. 이에 어떤 사람들은 모든 유형의 심리 상태는 그것에 상응하는 일정한 물질적 상태, 곧 두뇌 신경 상태가 있으며, 양자는 존재적으로는 동일한 것이라고 주장한다(유형 동일론, Type-Type Identity Theory 또는 환원적 유물론, Reductive Materialism). 가령, '사랑'이란 오른쪽 1, 2, 3, 4, 5번 뇌세포가 활발하게 운동한 상태이고, '미움'이란 왼쪽 1, 3, 5, 7, 9번 뇌세포가 격렬하게 운동한 상태라는 것이다.

이 같은 사조에 따라 대부분의 '현대인'들은 '정신', '영혼', '마음[心]', '자아', '인격', '의식' 따위는 물리적 언어로 번역되지 않는 한 지시하는 바가 없는 것으로 치부한다. 이런 유물론적 · 물질주의적 주의, 주장들은 학자들 사이의 갑론을박을 거치면서 점점 세밀화 내지 교묘화해 가고 있는 중이므로, 아직도 이론적으로 완성된 것은 아니다. 그러나 현재까지의 상황만으로도 '정신' 없는 물리주의가 인간 세계에 미친 파장은 결코 작지 않으며, 인간 세계의 질서 원리를 새로이 모색하도록 촉구하고 있다.

물리주의, 다시 말해 세상 만물의 이치를 물리적 내지는 물리학적이라고 보는 견해는 의당 '정신'의 존재를 승인하지 않고, 인간에게서도 자기 원인(causa sui)적인 자유(自由)를 인정하지 않으며, 그래서 사람들 사이의 관계에서도 당위를 허용하지 않음으로써 무엇보다도 결국 인간 사회의 질서 원리인 도덕이 설자리를 없애버린다. 물리적 법칙에 따라 만물은 운동하는 것이고, 바위와 소나무 사이에, 사과나무와 까치 사이에, 개와 개 사이에 당위가 없고 윤리가 없는데, 아무런 자유로운 의지나 의사(意思) 없이 똑같은 자연 법칙의 지배 밑에 있는 사람들 사이에 어떤 종류의 당위, 윤리가 있겠는가?

근대 계몽주의 시대에 데카르트가 새삼스럽게 정신과 물체 이원론을 내놓았던 것은, 사실 세계의 진리는 승인하되, 당위적 도덕과 희망적인 성스러움을 여전히 인간 세계에 남겨두려는 간절하고도 진지한 노력의 일환이라고 평가할 수 있다. 그러나 가치의 세계에서는 진리보다는 선함과 성스러움이 으레 우위를 차지하는 법이니, 정신과 물체의 공존이란 사실상은 여전히 물체가 정신에 종속함을 의미하는 것이고, 그래서 어떤 식으로든 정신이 있다고 받아들여지는 한 모든 사회 질서의 권위는 '고귀한 영혼'에 있을 수밖에 없다. 그러므로 영혼의 본거지를 타파하지 않고서는 감성의 '독사성'이나 감각의 '자유로움'은 비천함을 면하기 어렵다. 인간을 철두철미 감성적 · 신체적 존재자로 파악한 마르크스(K. Marx, 1818～1883)가 종교(기독교)는 "민중의 아편"(*Aus den Deutsch-Französischen Jahrbüchern*, in: *Frühe Schriften*, Bd. 1, hrsg. H.-J. Lieber/P. Furth, Darmstadt, 1989, S.488)이라고 규정한 것이나, 니체(F. Nietzsche, 1844～1900)가 "신들은 죽었다"(*Also sprach Zarathustra*, in: *Nietzsche Werke*, Bd. III, hrsg. K. Schlechta, München/Wien, 1980, S.340)고 외친 것은, 신을 정점으로 하는 정신 체계의 본거지에 대한 감성적 공격이다. 이에 비해 20세기 후반 미국 철학의 주류를 이루고 있는 물리주의는 동일한 주의, 주장의 이성적 변형이다. 물리주의는 이성의 옷을 입은 니체주의인 것이다.

이성적인 논증과 과학적인 사실 입증을 '토대로' 정신 존재를 '확인할 수 없다'고 천명함으로써 사실상 신의 존재와 인간이 정신적 존재임을 부정하고 나면, 선의 관념 자체가 원천을 잃게 되는 것이고, 결국 사람들 사이의 관계는 자연 물리적 사물들의 관계이거나 아니면 감성적 욕구의 교환, 곧 이해(利害) 관계로 환원될 따름이다. 신도 이성도 없는 곳에서 사람이 사람답게 사는 길, 곧 '정도(正道)'를 거론할 때 사람들이 기댈 수 있는 것은 오로지 상호 역학 관계를 맺고 있는 운동체들인 사람들 사이의 힘의 균형밖에는 없다. 이 판국에서 '정도'를 제시하는 것은 하느님도 아니고, 이성을 대변하는 탁월한 현자(賢者)도 아니고, 오직 힘 있는 '다수'일 따름이다.

그런데 잦은 이합집산 중에 형성되는 '다수'는 변덕쟁이이다. 그래서 아침나절의 '정도'는 저녁나절에는 이미 '정도'가 아니기도 하고, 오늘의 정도는 내일이면 벌써 '사도(邪道)'일 수 있으며, 동쪽에서의 '정도'는 서쪽에서는 '헛소리'일 수 있고, 그 반대일 수도 있다. 그래서 모든 가치는 상대적인 것이 되고, 말할 것도 없이 윤리적 가치 또한 상대화되고, 이름하여 도덕 '상대주의'가 득세한다. 도덕의 상대성이란 결국 무도덕성 이상도 이하도 아니다. 나에게는 선한 것이지만 너에게는 그렇지 않을 수 있고, 그들에게는 선한 것이지만 우리에겐 악한 것임을 승인하게 되면, 한 행위가 보는 이에 따라서 선하기도 하고 악하기도 하고 이것도 저것도 아니기도 할 수 있다는 말이 되는데, 이 상황에서 어떤 윤리적 척도가 제 구실을 할 수 있겠는가!

오늘날 세상에서 자신을 신체적 존재자라고 공공연하게 받아들이는 사람들의 신체적 삶의 질은 십중팔구 사람들의 영리한 계산능력 곧 지력(知力)에 따라 결정된다. 그럼에도 불구하고 사람들은 차라리 '지력이 좀 모자란다'는 평은 감내할망정 '도덕적으로 악질이다'라는 평은 사람이라면 누구나 못 견뎌 한다. 그런 사람들에게 '도덕적 가치어'들을 무의미하게 만드는 이론은 그야말로 '복음'이다. 형이상학적 명제들과 함께 윤리적 판단들이 무의미한 것으로 확인된 마당에 윤리적 강령들은 어떤 본부에서 발령이 되든 어떠한 권위도 얻지 못한다. 물리주의는 사람들을 도덕의 굴레로부터 해방시키는 '복음'인 것이다. 그렇게 '해방된' 인간은 그래서 하나의 물체가 된다. 물체에게 분명 도덕적 가치어들은 무의미한 것이다.

우리가 보통 '인간의 존엄성'을 이야기하는 것은 인간이 여타의 생명체보다 지력이 뛰어나고, 여러 가지 방법을 동원하여 온갖 사물을 부릴 능력을 갖고 있기 때문이 아니다. 만약 그런 것이라면, 사람 중에서도 가장 존엄한 사람은 가장 지략이 출중하고 뭇 사람을 굴복시키는 사람이라 해야 할 것이다. 우리가 사람은 그 자체로 존엄하다고 말하는 것은, 무엇엔가 쓸모가 있어서 가치가 있는, 그러니까 수단적 가치를 갖는 물건과 달리 사람은 누구나 그 자체로 가치 있는, 그러니까 목적적 가치를 가진 존재자로 간주하기 때문이며, 우리가 인간을 스스로 이렇게 높여 보는 것은, 만물 가운데서 사람만이 유독 윤리적 당위 질서에 자신을 복종시킬 줄 알고, 바로 그런 한에서 신성하다고 보기 때문이다. 이제 정말이지 물리주의의 주장이 사실이고, 그래서 그것이 사실이기 때문에 우리가 사실에 근거해서 '도덕의 세계'를 무의미한 것으로 치부해야 한다면, '인간의 존엄성' 역시 물리적인 의미밖에는 얻지 못할 것이다. 그렇게 되면 사람 위에 사람 있고, 사람 밑에 사람 있는 사회도 얼마든지 정당화될 수 있을 것이다. 인간 만사는 기껏해야 물리적-생리적-심리적으로 설명될 것이니 말이다.

그뿐만 아니라 기본적으로는 윤리 도덕에 그 정당성의 뿌리를 두고 있던 국가사회의 법령들의 권위도 물리주의적 사회에서는 한낱 물리적 힘에 의존하고 있는 것이 된다. 물리주의적 사회에서는, 우리가 남의 담장 너머까지 가지를 뻗친 감나무에게 책임을 물을 수 없고, 남의 집 처마 밑에 둥지를 튼 제비에게 책임을 물을 수 없듯이, 배고픈 나머지 남의 과수원에서 사과를 따먹은 사람에게도 책임을 물을 수 없다. 책임은 스스로 행위한 자에게나 물을 수 있는 것이지, 물리-생리-심리적 인과 연관에서 기계적으로 운동한 사물에게 물을 수 있는 것이 아니니 말이다. 물리주의적 사회에서는 이른바 '범죄자'란 단지 대개의 사람들과는 다른 방식으로 운동한 자를 지칭할 터이니, 범죄자는 더 이상 처벌의 대상일 수가 없고, 오직 치료의 대상이거나 수리(修理)의 대상일 따름이다. 톱니가 손상돼 빨리 내닫는 시계는 톱니를 좋은 것으로 바꿔주거나 쓰레기로 버리듯이, 아비가 없어 죄지은 자에게는 아비를 만들어주고, 정서가 불안정하여 남에게 행패를 부린 자에게는 적절한 치료를 해주거나 그래도 쓸모가 없으면, 또는 수리비가 효용보다 더 들 것 같으면, 내다 버리는 것이 물리주의적 처리 방식이다.

물리주의적 세계에는 기껏해야 '물격(物格)'과 그것의 등급인 '물품(物品)'이 있을 뿐 '인격(人格)', '인품(人品)'의 자리는 없다. 그런 곳에서 이른바 '선비 정신'이란 선비라고 일컬어지는 사람들의 생리-심리적 운동 규칙 이상을 의미할 수는 없는 것이며, '현대인들은 정신적 가치보다는 물질적 가치를 더 추구한다'는 따위의 말은 애당초부터 무의미한 말일 수밖에 없다.

4. 인간 세계의 가치 원리로서 정신

그래서 진정한 문제는, 단순히 '정신이란 무엇인가?'보다는 '어떤 의미에서 정신인가?'이고, 정신이 과연 있느냐 없느냐보다는 '정신이 있다', '정신이 없다'가 무엇을 함축하느냐이다. 정신을 세계 주재(主宰)의 원리나 세계에 대한 인간 인식의 주체라고 주장하기 위해서는 충분한 사실적 증거들이 필요할 터이다. 그럼에도 우리는 말할 수 있다: 정신은 있으며, 적어도 인간 세계를 규제하는 가치 원리로서 있다. 그 가치 원리가 어떤 초월적 신에게서 유래한 것이냐, 인간의 자연 심성에서 발원한 것이냐, 인간의 이상에서 정립된 것이냐, 아니면 유한한 인간의 한낱 환상이냐는 물론 여전히 '사실적'으로 답해질 문제이다. 그러나 인간은 줄곧 가치 체계 속에서 살아왔으며, 살고 있고, 살 수밖에 없을 것이며, 그 가치 체계의 원리를 우리는 충분히 '정신'이라고 일컬을 수 있다. 그리고 그것은 '정신'이 결코 물리적 원리와는 다른 것임을 말하기 위해서이다.

제 4 장

인식론과 주요 문제

제 1 절 인식론의 개념

반성적으로 문제의 근원을 밝혀가는 작업인 철학의 한 분야로서 인식론(認識論, epistemologia, epistemology, theory of knowledge, Erkenntnislehre)은 인식의 가능 원리를 탐구한다. 인식론 곧 '인식에 대한 이론'은 인식에 대한 반성의 결실인데, 인식에 대해서 반성한다 함은 인식을 인식이게끔 해주는 토대, 그것도 참된 인식 즉 진리를 진리이도록 만들어주는 의심할 여지없는 확실한 기초를 추궁하고, 어떤 인식이 참이기 위한 조건들을 성찰한다는 뜻이다.

인식이 참이기 위한 조건에는 당연히 사고의 형식과 법칙들도 포함되기 때문에, 인식론은 상당 부분 논리학의 구성 요소들을 그 반성의 소재로 삼는다. 그래서 인식론은 '논리학의 철학'이라 볼 수도 있고, 관점에 따라서는 논리학을 인식론의 한 부문이라고 할 수도 있으며, 반대로 인식론이 논리학의 한 부문이라고 할 수도 있다. 칸트적 구분을 활용한다면, '일반 논리학' 또는 '형식 논리학'을 '논리학'으로, '초월 논리학' 내지 '인식 논리학'을 '인식론'으로 이해할 수도 있겠다.

그리고 여기서 '인식'이라는 말은 '지식'이라는 말과 의미상의 차이는 없으며, 다만 '인식'이라는 명사는 '인식하다'는 동사를 동족어로 가지고 있는 데 반하여, '지식'은 그렇지 못한 관계로 통상 '인식'이라는 말이 사용되는 것으로 보인다. 그러니까, '인식론' 또는 '인식이론'을 '지식론' 또는 '지식이론'이라고 일컬어도 무방하다.

1. 인식론의 형성

'인식론'이라는 말은 유럽 철학계에서는 19세기 중반에 생긴 것으로 조사되어 있고(*Historisches Wörterbuch der Philosophie*, Bd 2, Sp.683 참조), 한국 철학계에서도 20세기 초 서양 철학이 유입되면서 여타의 철학 용어와 함께 사용되기 시작하였다. 그러나 많은 사람들이 흔히 서양의 근대 철학을 '인식론 중심의 철학'이라고 일컫는 데서도 알 수 있듯이, 인식론의 탐구는 '인식론'이라는 용어가 생기기 훨씬 이전, 적어도 데카르트부터는 시작되었다고 보아야 한다.

> 나는 어릴 적부터 얼마나 많이 거짓된 것을 참인 것으로 인정해 왔으며, 그것들을 바탕으로 해서 세운 것이 얼마나 의심스러운 것인가를 이미 여러 해 전에 깨닫고, 따라서 내가 앎들에서 언제라도 확고부동한 지주점을 정립하고자 한다면, 일생에 한 번은 이제까지 내

가 받아들였던 모든 것을 근본적으로 뒤엎고, 최초의 토대에서부터 다시 시작하지 않으면 안 된다는 것을 자각하였다(Descartes, *Meditationes*, I, 1).

데카르트가 그의 저술 『제1철학에 관한 성찰』(1641)에서 서술한 이 자각에서 우리는 인식론의 발단을 본다. 이 자각으로부터 성찰을 시작한 데카르트가 얻은, 아르키메데스의 지렛점으로 비유되는, 모든 참된 인식을 위한 흔들리지 않는 최초의 토대는 다름 아닌 인식 작업을 수행하는 '나' 자신이다. 이 확실한 인식의 출발점을 발견했다고 자부한 데카르트 자신은 그러나 인식론을 본격적으로 전개시켰다기보다는 모든 인식이 기초할 만한 근거를 이용하여 고대 이래 중세를 거치면서 여전히 '철학 즉 학문'의 중심 과제였던 형이상학적인 문제들, 예컨대 신의 존재 증명, 영혼의 불멸성과 자유 그리고 세계의 실재 구조를 밝히는 데로 다시금 되돌아갔다.

이 때문에 일부 철학사가들은 로크의 『인간지성론』(1690)에 와서 비로소 인식론의 제반 문제들이 기초부터 검토되기 시작했다고 평가한다. 아닌 게 아니라 로크는 이 저술에서 인간 지성이 도달할 수 있는 참된 인식을 연구하면서 이 인식의 기원(起源), 인식의 대상(對象) 및 내용(內容), 참된 인식 곧 진리(眞理)의 의미, 인간이 가질 수 있는 인식의 한계(限界) 등을 차례대로 검토한다. 이 검토점들이 바로 오늘날까지의 인식론의 중심 주제들이다.

여기서 주목해야 할 것은, 인식론에서 문제가 되는 '인식'이란 '우리 인간에게 가능한 인식'이라는 점이다. 고대 그리스 철학이나 중세 스콜라 철학에서도 인식에 관한 많은 논의가 있었으나, 그때 참된 인식의 원본 내지 척도로 고려된 것은 신체 없는 인간에게나 가능한 순수 오성적 인식, 계시(啓示)나 신통력에 의한 직관적 인식 내지 신(神)적 인식이었다. 그러나 이제 근대 인식론에서 문젯거리가 되는 '인식'은 수학적 인식이라든지 자연과학적 인식처럼 인간에 의해서 수행된다고 간주될 수 있는 인식이다. 그래서 데카르트가 이미 이런 모든 인식의 토대는 인간인 '나'라는 점을 분명히 하였고, 로크 역시 이 점을 깨달음으로써 비로소 인식론적 작업이 착수되었던 것이다. 이런 인식론의 문제가 부상하게 된 사정을 우리는 로크가 『인간지성론』의 서두에 쓴 「독자에게 부치는 글」에서 읽을 수 있다.

> [나는, 모든 지적 작업에 앞서 무엇보다도] 먼저 우리 자신의 능력을 심사하고 우리의 지성이 어떤 대상들을 다루기에 적합하고 적합하지 않은가를 고찰할 필요가 있다는 점을 깨달았다. 이 점을 나는 동료들에게 제안하였고, 그들은 기꺼이 동의하였다. 그리고 그 자리에서 이 점이 바로 우리가 첫 번째로 연구해야 할 문제라는 데 합의를 보았다(Locke, *Essay*, vol. 1, p.9).

현대의 거의 모든 인식론적 쟁점의 출발점으로 여겨지고 있는 칸트의 『순수이성비판』(1781)도 이 로크적인 합의에 동참한 결과이다. 칸트 역시 참된 인식을 거론하기에 앞서, 도대체 "나는 무엇을 알 수 있는가?"(Kant, *KrV*, A805=B833)라는 물음이 물어지고 대답되어야 한다고 보고, 이 작업을 우선적으로 수행한다. 그의 '이성 비판'은 곧 인식하는 나 즉 이성 스스로 자신이 인식할 수 있는 인식 대상, 인식 범위, 인식 한계를 규정함이다. 이런 문제 연관에서 오늘날 인식론은 '인식 비판(Erkenntniskritik)'이라고도 일컬어진다.

2. 인식론의 쟁점들

물음을 그 뿌리까지 반성하여 묻는 학적 반성 작업인 철학의 한 영역으로서 인식론은 '인간에게서 인식이 어떻게 가능한가?'를 물으면서, 인식 일반에 대해서 ① 인식의 기원, ② 인식의 대상 및 내용, ③ 참된 인식[진리]의 의미, ④ 인간의 인식(능력)의 한계 등을 해명하고자 한다. 그러나 일반적으로 철학적 노력의 이상은 언제나 진리 자체의 획득이지만, 현재까지의 철학적 작업의 결실은 제기된 철학적 물음에 대한 영구불변적인 답이라기보다는, 오히려 그 같은 답을 얻으려는 시도들이듯이, 인식론의 문제들과 관련해서도 여러 가지 '학설'들이 있다. 동일한 문제에 관해서 대립하는 여러 '설'이 있고, 그 '설들'이 상대의 약점을 자신의 강점으로 가지고 있음으로 해서 서로 양보 없이 맞서고 있다는 것은, 그 문제가 아직도 미결인 채 탐구 중에 있음을 시사하는 것일 것이다.

주제별로 대표적인 학설들을 살펴보자.

1) 인식의 기원의 문제

인간의 무엇에 대한 인식의 단초는 바로 그 인식을 수행하는 인간 자신의 인식 능력이 구비하고 있는 선험적인 인식 원리라고 보는 이성론(理性論 또는 合理論, rationalism)과 인간에게서 모든 인식의 출발점은 감각 경험이라고 보는 경험론(經驗論, empiricism 또는 感覺主義, sensationalism), 그리고 논리학, 수학과 같은 형식적 인식에서는 이성론에 동조하면서, 자연 대상에 대한 인식에 관해서는 감각 재료가 선험적 인식 원리에 따라 규정됨으로써 인식이 생긴다고 보는 초월론(超越論, transcendentalism 또는 超越哲學, Transzendental-Philosophie, 批判哲學, Kritische Philosophie) 등이 서로 다른 이론을 세운다.

인식은 자기인식이든 대상 인식이든, 일반적으로 '아직 모르는[未知의] 것에 관하여, 그것이 무엇이며 어떻게 있는가를, 바꿔 말해 그것의 본질(本質, essentia, Wassein, Sosein)과 존재(存在, existentia, Wiesein, Dasein) 방식을 파악하는 의식의 표상작용'이다. 이 의식 내적인 표상작용의 중요 요소는 감각과 사고이고, 그리고 그것은 외적으로 언표(言表, apophansis)가 된다.

이성론자들은, 인식 형성의 기본 요소인 사고는 선험적(a priori)인, 그러니까 이성 자체에 내재하는(immanent) 원리에 따라 기능하고, 언표 역시 일정한 이성의 규칙을 따를 때만 인식을 올바르게 표현할 수 있는데, 바로 저 사고의 원리와 언표의 규칙은 표리 관계에 있다고 본다.

언표란 '무엇에 관하여 무엇을 말함(legein)'인바, 말함에서 그것에 관해서 말해지는 그 무엇, 즉 말함에서 밑바탕에 놓이는 것[基體, subjectum]이 주어(主語)이고, 그 말해진 것[내용]을 술어(述語)라 한다. 이 주어와 술어가 결합하여 말이 되게끔 해주는 것이 논리(logos)이다. 이 논리의 최상의 규칙이 모순율(矛盾律, principium contradictionis)이다. 주어와 술어는 서로 어긋나게 말해(contradicere)져서는 안 되고, 일반적으로 말하자면, '어떤 표상에도 이 표상과 어긋나는 표상은 덧붙여질 수 없다.'

어떤 언표도 이 모순의 규칙을 어기고서는 참일 수 없다. 사람은 모순적인 것을 생각할 수 없기 때문이다. 생각할 수 없는 것, 즉 논리적으로 불가능한 것은 실제로 있을 수도 없다. 그러니까 모순율은 사고와 언표, 그리고 인식이 참이기 위한 필요조건(conditio sine qua non)이자, 무엇이 존재하기 위한 최소한의 조건이다.

이성론자들은 보통 이런 사고의 최고 원리로서 이 모순율과 "근거 없이는 아무것도 없다(Nihil est sine ratione)"는 근거율(혹은 충족이유율, principium rationis sufficientis)을 든다(Leibniz, *Monadologie*, §§31~36 참조).

이에 반해 경험론자들은, 인간의 마음은 감각 경험 이전에는 한낱 "백지(白紙, tabula rasa, white paper)"라고 주장한다(Locke, *Essay*, Bk II, chp. 1, sect. 2 참조). 로크에 따르면, 사람은 "이성과 인식의 재료들"은 모두 "경험으로부터" 얻는다(*Essay*, II, 1, 2 참조). 이때 경험이란, 기본적으로 감각 경험을 뜻하며, 그래서 보통 경험주의 원칙은, "감각 중에 있지 않던 어떠한 것도 지성 중에 있지 않다(Nihil est in intellectu, quod non fuerit in sensu)"고 표현된다. 그러니까 철저한 경험론에 의하면, 인간의 사고 기능은 순전히 경험에 의존적이며, 일견 필연적인 사고의 법칙 같은 것도 습관적인 경험의 산물에 불과하다(Hume, *Enquiry*, sect. V, part II 참조).

칸트에 의해 대변되는, 이른바 비판철학의 초월론은 이성론과 경험론의 화해를 시도한다. 칸트는 "우리의 모든 인식이 경험과 함께 시작된다 할지라도, 그렇다고 해서 우리의 인식 모두가 바로 경험으로부터 생겨나는 것은 아니다"(Kant, *KrV*, B1)라고 통찰함으로써, 한편으로 경험론의 주장을 수용하면서도 기본적으로는 이성론의 입장에 선다. 칸트는 라이프니츠와 마찬가지로, 감각 경험에 있지 않던 어떠한 인식 내용도 지성[이성] 중에 있지 않음을 승인하지만, 그러나 "단, 지성 자체는 제외하고(excipe: nisi ipse intellectus)"(Leibniz, *Nouveaux Essais sur L'Entendement Humain*, II, 1, §2)라는 단서를 붙이고 있는 셈이니 말이다.

칸트에 따르면, 모든 인식은 재료[내용, Materie]와 이 재료를 정리 정돈하는 형식[틀, Form]을 요소로 해서 이루어지거니와, 인식이 사고의 산물인 한에서 인식의 형식은 사고의 형식이며, 이 사고의 형식은 이미 지성에 "예비되어 놓여 있다."(Kant, *KrV*, A66=B91) 그러니까 인간의 모든 인식의 밑바탕에는 선험적인 사고의 형식이 놓여 있다. 자연적 대상에 대한 인식은 그 재료가 감각 경험이기 때문에 경험적 인식이라고 불리고, 예컨대 수학적 인식처럼, 그것의 재료가 결코 감각 내용을 담고 있지 않은 순수한 것일 때, 이런 인식은 선험적 인식이라고 불릴 수 있다. 경험적인 재료이든 선험적인 재료이든 인식의 재료가 주어지면, 이 재료들을 종합 정리하는 기능인 사고 작용을 통해서 한 인식이 성립한다. 이 사고 작용은 그런데 일정한 형식에 따라 이루어진다. 예컨대, '∼은 ∼이다', '그러므로', '∼과 ∼은 (지금 거기에) 있다' 등등. 이러한 형식은 어떠한 감각 기관을 통하여 수용된 것도 아닌데, 사고 작용의 바탕에 있다. 그래서 칸트는 그것들을 사고 기능인 지성이 스스로 산출해 낸 개념으로 보고 '순수 지성 개념'이라 부르며, 사고 작용의 틀이라는 점에서는 '범주(範疇, catergoria)'라고 칭한다.

이런 선험적 기능 개념 가운데 근간이 되는 것을 칸트는 4종 12개로 파악한다. ① 양(量)의 규정에 쓰이는 '하나'(단위, 단일성), '여럿'(다수성), '모두'(전체성), ② 질(質)의 규정에 쓰이는 '∼(이)다' 또는 '∼하다'(실재[질]성), '∼ 아니다' 또는 '∼ 않다'(부정성), '∼은 아니다' 또는 '∼는 않다'(제한성), ③ 관계(關係)의 규정에 쓰이는 '∼은 ∼이다(하다)'(실체성과 속성), '∼ 때문에 ∼이다(하다)'(인과성), '서로 때문에 ∼이다(하다)'(상호성, 교환적 인과성), ④ 양태[存在機能]의 규정에 쓰이는 '있을 수 있다'([존재] 가능성), '실제로 있다'(현존성, 현실성), '반드시 있다'([존재] 필연성)가 바로 그것이다.

이 범주들에 의거해 주어지는 잡다한 자료를 통일하는 작용 곧 사고는 판단으로 표출되고, 그래서 판단 역시 4종 12방식으로 이루어진다. 즉 모든 판단은 ① 양의 면에서는 단칭 판단, 특칭 판단, 전칭 판단으로, ② 질의 면에서는 긍정 판단, 부정 판단, 무한 판단으로, ③ 관계의 면에서는 정언 판단, 가언 판단, 선언 판단으로, ④ 양태의 면에서는 미정 판단, 확정 판단, 명증 판단으로 나누어진다.

판단의 방식으로 인식이 이루어지고, 판단은 범주에서의 통일 작용이므로, 순수 지성 개념인 범주가 인식을 근원적으로 가능하게 하는 것이다. 이처럼 그 자신은 선험적인 표상이면서, 즉 경험에 앞서 있으면서도 경험을 비로소 가능하게 하는 것을 칸트는 알다시피 '초월적(transzendental)'이라고 부른다. 그러니까 인식은 의식의 초월성으로 말미암아 가능한 것이다. 초월적인 의식 기능에는, 칸트의 파악에 따르면, 순수 지성 개념 외에도, 순수 감성의 형식인 공간·시간 표상이 있다.

공간·시간은 무엇인가?

공간·시간의 성격에 관한 전통적인 견해는 크게 보아 세 가지가 있다. 첫째는, 공간·시간은 그 자체로서 존재하는 것이라는 견해이다. 모든 존재자들을 자신 안에 담고 있는 이를테면 '그릇'으로서 공간·시간을 이해하는 이런 생각을 우리는 뉴턴의 소위 절대공간-절대시간 이론에서 볼 수 있다. 그러나 문제는, 공간·시간이 절대적으로 즉 그 자체로서 '존재'하는 것이라고 할 때, 그때 '존재하다'가 어떤 뜻인가이다. 만약 그것이 논리적으로 생각 가능하다는 뜻이라면, 논리적 사고 가능성은 곧 존재 가능성이라는 등식을 함축함으로써 존재론적 쟁점에 빠져든다. 논리적 사고 불가능성은 존재 불가능성을 함축하지만, 그러나 논리적 가능성 즉 무모순성이 존재 가능성까지를 함축하지는 않는다. 공간·시간의 '존재'가 논리적으로 생각할 수 있다는 의미를 넘어서서 감각될 수도 있다는 것을 뜻한다면, 문제는 어떤 감각 기관을 통하여 공간 · 시간이 감각되는가이다. 공간 · 시간이 어떤 감각 기관을 통해서도 감촉되지 않는 것이라면, 그것은 '실제로 있는 것'은 아니다. 그래서 둘째로, 공간 · 시간은 그 자체가 존재자는 아니고, 존재자의 성질 내지는 존재자들 간의 질서 관계라는 견해가 있게 된다. 이 두 번째 견해는 다시금 존재자가 우리에게 인식되지 않더라도 존재자에 속하는 성질 내지는 질서 관계로 보는 편과, 존재자가 감각적으로 인식되는 한에서, 그 존재자가 가지는 성질로 보는 편이 있다. 앞서의 생각은 예컨대 물질적 실체의 본성을 '연장성'으로 파악한 데카르트나 로크에서 발견된다. 그러나 만약 공간 · 시간이 이런 것이라면, 가령 공간 표상을 전제로 하는 기하학이 연장성을 가지는 사물들에 대한 감각 경험을 토대로 한 학문으로 이해되어야만 하는데, 이것이 문제점으로 등장한다. 뒤의 생각, 즉 공간 · 시간은 존재자가 감각 지각되는 한에서 존재자의 성질이라는 생각은 라이프니츠나 칸트에서 볼 수 있다. 그러나 양자 간에도 차이가 있어서, 라이프니츠에게서 공간 · 시간은 감각 경험에 의한 표상이고, 그래서 예컨대 기하학이 경험학으로 파악될 수밖에 없다. 칸트에게서는 공간 · 시간은 그 자체로는 아무것도 아닌 것으로, 감각을 통해 존재자를 수용하는 감성적 의식이 선험적으로 가지고 있는 관념이지만, 이 관념의 질서에 따라서만 존재자가 우리에게 나타날 수 있는, 즉 현상으로서의 존재자의 틀[형식]로 이해된다. 이때 기하학은 선험적인, 말하자면 관념적인, 그러니까 형식적인 인식 체계로 파악된다.

그래서 칸트의 파악에 따르면, 선험적인 표상인 공간 · 시간의 질서 위에서 갖가지 감각 재료들이 수용되고 이 수용된 감각 질료들이 범주로 기능하는 순수 지성 개념에 따라 종합 통일됨으로써 우리에게 한 존재자가 무엇으로 있게 된다. 바꿔 말하면, 우리는 무엇인 한 존재자를 인식하게 된다. 그러므로 한 인식에서 그리고 그 인식에서 인식된 존재자는 인식하는 의식의 선험적 표상에 의해 규정되는 것이다. 그러니까 초월론에 따르면, 사고의 형식인 범주는 인식의 성립 조건일 뿐만 아니라, 또한 그 인식에서 인식되는 대상의 성립 조건이기도 하다. 인식을 가능하게 하는 조건이 바로 그 인식에서 인식된 존재자의 가능 조건인 것이다.

이로써 칸트는 진리를 "사물과 지성의 일치(adaequatio rei et intellectus)"라 규정하고(Th. Aquinas, *De veritate*, qu. 1, art. 1 참조), 인간의 참된 사물 인식은 "인식자의 인식 대상으로의 동일화(assimilatio cognoscentis ad rem cognitam)"로 해석해 오던 전통을 벗어나, 참된 인식은 "존재자의 지성에의 합치(convenientia entis ad intellectum)"로 인하여 성립한다는 사상을 표명하여, 이른바 인식자-인식 대상 사이의 "코페르니쿠스적 전환"(Kant, *KrV*, BXVI 참조)을 수행한다. 그는 "창조될 사물의 신(神)의 지성에의 합치(adaequatio rei creandae ad intellectum divinum)"를 전제로 "인식되는 사물의 형식은 인식하는 자 안에 있다"(Th. Aquinas, *Summa Theologiae*, I, qu. 16, art. 2, 2)고 생각했던 전통 형이상학을, 순수이성 비판을 통해 인간의 사물 인식에 대해서도 적용함으로써, "사물과 지성의 일치"를 "[인간] 지성과 [인간 지성에 의해 인식되는] 사물의 동일형식성(conformitas)"으로 해석하고, 사물을 인식하는 인간을 적어도 '부분적으로는 그 사물의 창조자'(Kant, AA XV, 조각글 254 참조)로 격상시켰다.

2) 인식의 대상 및 내용의 문제

인식 작용의 상관자로서 인식 내용이 있고, 이것이 바로 인식 대상이라고 보는 관념론(觀念論, idealism) 내지 현상론(現象論, phenomenalism)과, 인식 작용이란 인식 대상을 수용하는 매개의 기능으로서 인식 대상은 인식 작용에 독립해서 실재한다고 보는 실재론(實在論, realism)의 대립이 있다.

자세히 살펴보면 실재론의 형태에도 여럿이 있지만, 실재론의 주장은 근본적으로는 상식적 직관에서 출발한다. 외적 대상(external object)에 대한 인식은, 외적 대상이 우리 마음(mind)에 인상 내지 관념들(ideas)을 불러일으키고, 이 관념의 중개를 통해서 우리는 어떤 외적으로 실재하는 사물에 대한 인식에 도달한다는 것이다. 그러므로 실재론에 의하면, '실재하는 사물'은 우리가 그것을 인식하기 이전부터, 우리가 그것을 인식하든 말든, 인식하는 우리에 독립하여 그 자체로 존재한다. 그러므로 "우리 인식은 우리의 관념들과 사물들의 실재 사이에 합치가 있는 한에서만 실재적이다."(Locke, *Essay*, IV, 4, 3) 그리고 이 실재적 인식만이 참된 인식 곧 진리이다.

이런 실재론은, 인식은 실재하는 사물[대상]-인식하는 주관[마음 또는 의식] 사이에서 성립하는데 이 양자를 매개하는 것이 관념 내지는 표상임을 말함으로써, 인식 형성의 세 요소 이론이 된다. 그리고 그것은 모사설(模寫說, copy theory, Abbildtheorie)과 표상설(representative theory)을 함축한다.

이에 대해서 관념론은, 실재론이 전혀 명증적이지 못한 가정 위에 서 있다고 논박한다. '인식하는 의식에 독립적인, 인식하는 자가 인식하거나 말거나 그 자체로 실재하는 사물'이라는 개념은 순전히 허구에 불과하다는 것이다. 우리는 어느 경우에라도 '우리가 인식하는 한'에서만 무엇인가에 대하여 권리 있게 말할 수 있다는 것이다. 그래서 버클리는 "존재는 지각된 것이다(esse is percipi)"

(Berkeley, *A Treatise concerning the Principles of Human Knowledge*, I, 3)라고 확언한다.

관념론은 기본적으로, 우리의 모든 인식은 그리고 모든 주의 주장은 명증적으로 확실한 것으로부터 출발해야 한다는 데카르트의 통찰을 존중한다. "나는 존재하고, 나는 무엇인가를 의식하고 있으며, 그런 만큼 나에 의해 의식된 것(ego-cogito-cogitatum) 역시 의심할 여지없이 확실하다"는 것이다. 그래서 관념론자들은 인식의 두 요소, 곧 인식하는 자와 그에 의해서 인식된 것[내용]만을 말한다. 이른바 '실재하는 사물'이란, 우리 의식에 독립적인 것이라기보다는 우리에 의해서 '실재하는 것이라고 인식된 것', 그러니까 그렇게 인식하는 우리에게 의존되어 있는 것이라고 주장한다. 이에는 칸트뿐만 아니라, 후설(E. Husserl, 1859~1938)의 현상학(Phänomenologie)도 동조한다고 볼 수 있다.

3) 참된 인식 곧 진리의 문제

인식이 무엇에 대한 인식이냐에 따라 여러 가지 이론이 있는데, 무모순성과 체계 내 일관성을 진리의 척도로 보는 정합설(整合說, coherence theory), '인식의 사실과의 일치'를 진리로 보는 일치설(一致說, 合致說 또는 對應說, correspondence theory), 실생활에서의 유용성을 진리의 의미로 보는 실용설(實用說, pragmatism), 인식하는 자들 사이의 합의 내지는 일반적 의사소통을 진리의 기준으로 보는 상호 주관성 이론(相互主觀性理論, Intersubjektivitättheorie) 내지는 합의설(合意說, Konsensustheorie) 등이 각기 특장을 가지고서 서로 다른 의견을 내세운다.

이 가운데서도 일치설은 특별히 검토할 만하다. 왜냐하면, 그것은 인식에서 우리가 궁극적으로 파악하고자 하는 '사실' 내지 '실재'를 문제 삼고 있을 뿐만 아니라, 여타의 진리론들은 사실상 이 일치설이 안고 있는 문제점으로 인해 대안적으로 고려된 것이라고 볼 수 있기 때문이다.

인식이 '실재와 합치'하고 '사실과 일치'할 때, 그것이 참임은 자명하고, 사실 이것은 진리의 정의(定義, defintio)라 해야 할 것이다. 그러나 문제는, 우리가 그 '사실과의 일치'를 확인하기 위하여, '사실[실재]이 무엇이냐?' 하는 물음을 묻자마자 부상한다. 인식은 미지의 것을 지향하고 있고, 그 미지의 것은 인식을 통하여 비로소 우리에게 알려진다. 그러니까, 인식을 통하여 우리에게 알려지는 것이 다름 아닌 '사실'이고 '실재'이다. 다시 말해, 우리가 인식한 것[내용]이 바로 사실이고 실재인 것이다. 사정이 이러한데, 도대체 '인식과 실재의 합치' 여부를 어떻게 가려낼 수 있을까? 그것이 만약, 어젯밤 어둠 속에서의 나의 인식과 오늘 낮 밝은 데서의 나의 인식, 한 사람의 인식과 여러 사람의 인식, 상식인의 인식과 과학자의 인식을 대조해 봄으로써 드러나는 것이라 한다면, 이 대조는 단지 인식과 인식을 비교해 본 것에 불과하니, 그것으로써 '사실'과의 부합을 이야기할 수는 없게 된다.

우리는 분명 '참된 인식[진리]이란 실재와 합치하는 인식이다'라는 진리의 정의를 가지고 있지만, 그것은 단지 참된 인식의 이상을 표명할 뿐, 현실적으로 진리의 척도로 기능하는 것은, 어떤 인식의 유용성, 또는 더 많은 사람들에 대한 설득력이다. 그러나 이렇게 되고 나면, '사실' 또는 '실재'라는 말로써 상정했던 것, 곧 인식하는 자와는 무관하게 그 자체로, 불변적으로 존재하는 어떤 것이라는 개념이 그 내용을 잃을 위험에 처한다. 인간의 지식의 역사는 어떤 지식의 유용성과 사람들에 대한 설득력이 변화함을 보여주고 있으니 말이다. 그러니까, 이에 의거하면 영구불변의 진리라는 개념을 포기할 수밖에 없게 된다.

그래서 진리론은 다른 인식론의 문제들, 특히 관념론/실재론과 얽혀 있고, 또한 진리 불변 이론과 가변 이론은 인간 인식의 한계에 관한 문제와도 연관되어 있다.

4) 인식(능력)의 한계 문제

인간의 인식 능력은 구조적으로 일정불변하고 한계를 가지며 일정한 대상 영역을 넘어서면 아무런 의미 있는 인식도 갖지 못한다는 인식 형식의 한정 이론(限定理論)과 인식 내용의 유한성 이론(有限性理論 또는 不可知論, agnosticism)과 인간의 인식 능력이 현재 한계가 있는 것은 사실이지만 그러나 단계적으로 진보하기 때문에, 원리상 인식의 한계는 없다는 인식 진화론(認識進化論, evolutionäre Erkenntnistheorie) 또는 변증법(Dialektik)적 이론(辨證法的 理論)의 대립이 있다.

대상에 대한 현재의 인간의 인식이 완벽하다고는 아무도 주장하지 않는다. 다만, 불가지론자는, 인간은 원리상 그 인식 능력에 한계가 있는 만큼, 오로지 현상만을 인식할 수 있을 뿐이라고 생각한다. 이에 반해 변증법론자들은, 우리의 인식은 많은 착오를 겪으면서 종국에는 진상(眞相)에 이를 것이라고 본다.

헤겔에 의하면, 대상에 대한 인식이 근본적으로 주관이라고 하는 인식자에 의존하는 한, 그리고 이 인식자가 신과 같은 완전함을 가지고 있지 못한 한, 그 인식은 언제나 착오일 가능성을 가진다. 그러한 인식자인 인간의 대상 인식은 그래서 반복되는 착오의 길이기도 하고 “회의(懷疑)의 길”이고 “절망의 길”(Hegel, *PdG*: GW9, 56)이기도 하다. 그러나 이 착오와 회의와 절망의 길은 의식이 그에게 다가오는 존재자를 관통하는 즉 경험(經驗)하는 길이며, 그

길의 종착점은 착오를 범하면서도 자기 교정 능력이 있는 의식이 마침내 존재자와 하나가 되는 지점이다. 이런 뜻에서 의식의 경험은 진리를 향한 "의식 자신의 도야(陶冶)의 역정(歷程)"이다.

인간의 인식의 수준이 이러한 만큼, 이상에서 살펴본 것처럼, 인식의 원리에 대한 이론으로서 인식론도 논의의 도정에 있으며, 논제마다 서로 엇갈리는, 서로 얽혀 있는 숱한 학설들로 구성되어 있다.

제 2 절 인식과 진리

1. 진리에 대한 철학적 물음

사람의 의식 활동 방식을 지(知), 정(情), 의(意)로 구분해 보면서, 사람들이 추구하는 최고 가치는 진(眞), 선(善), 미(美), 이렇게 셋이 있다고들 말한다. 그런데 우리말 사용 예에서는 이 세 종류의 가치가 '참'의 가치로 통합되기도 한다. 우리는 '사각형은 네 변을 갖는다'는 명제는 '참이다'라고 말하며, 목숨 걸고 불의와 싸우는 사람의 행실은 '참되다'고 일컫고, 예쁜 아가씨더러는 '참하다'고 말한다. 이런 한글말 용례는 우리 한국 사람은, 인간은 궁극적으로 '참'의 가치를 추구한다고 이해하고 있음을 말해 주는 듯이 보이며, 그런 한에서 '참임', '참됨', '참함' 사이에는 어떤 통일 원리가 있는 것으로 보인다. 그러나 또한 이 세 종류의 '참'이 구별되는 한에서 이 세 가지는 각기 다른 영역, 다른 문제 지평을 갖는 것으로도 보인다. 보통 말하는 '진리'는 이렇게 구별되는 '참임'의 가치에 상응한다.

그렇다 하더라도 우리는 또한 '진리'라는 말 역시 매우 다양하게 사용한다. — '진리를 따라 살자', '인생의 진리를 터득하도록 노력하라', '인과응보는 만고불변의 진리이다', '사람이 더불어 사는 존재자라는 말은 진리이다' 등등. 게다가 어떤 이는 '진리[참임, 참인 것]는 전체이다'라고 주장하는가 하면, 어떤 이는 오로지 '주체만이 진리 중에 있다'고 맞선다. 수학자들은 '삼각형의 내각의 합이 2직각임은 진리이다'라고 말하고, 과학자들은 '물은 수소와 산소의 화합물이며, 지구와 달 사이의 거리가 36만km임은 진리이다'라고 주장한다. 우리는 기독교 『성서』에서도 진리에 관한 잦은 언급을 본다. 예수는 "진리가 너희를 자유롭게 할 것이다"(「요한복음」 8:33), "나는 […] 진리이다"(「요한복음」 14:6), "나는 진리를 증거하기 위해서 이 세상에 왔다"(「요한복음」 18:37)고 말한다.

도대체 '진리'란 무엇인가? — 이것은 진리임을 자칭하는 예수에게 빌라도가 답답해하면서 제기했던 물음일 뿐만 아니라 진리를 탐구한다고 자임하는 논리학자들을 자주 난처하게 만드는 물음이다. 이 답답함을 풀고, 난처해하는 까닭을 알기 위해서는 이 물음의 함축부터 생각해 보아야 한다.

낱말 '진리'는 사용되는 문맥에 따라 여러 의미를 갖는다. 그것은 경우에 따라 참인 것, 참 이치, 참 도리, 참 지혜, 언제 누구에게나 보편타당한 지식, 실재에 관한 옳은 인식 등등을 뜻한다. 그러니까 '진리란 무엇인가?'라는 물음은, '참 이치란 무엇인가?', '참 도리란 무엇인가?' 등이라고 묻는 것이다. '어떠어떠한 것이 진리이다'고 말해질 때, 이에 대해서 제기되는 '진리란 도대체 무엇인가?'라는 이 반문은, '그 어떠어떠한 것'이 그 말처럼 과연 진리인가 아닌가를 따져 묻는 것이 아니라, 도대체 '진리'가 무엇이기에 그러한 것을 진리라고 하는지를 추궁하는 것이다. 즉 이 물음은 어떤 것이 진리냐 아니냐를 묻는 것이 아니라, 그 어떤 것의 진리 여부는 나

중에 따지기로 하고, 우선 '진리'가 무엇을 의미하는지를 반성적으로 묻는 철학적 물음이다. 어떤 것이 진리인가 아닌가는 일상생활의 주 관심사 중의 하나요, 그 관심에는 과학적 탐구가 부응한다. 그래서 과학은 '진리의 학문'이라고 말해진다. 이에 반해서 '도대체 진리란 무엇인가?'는 어떤 것이 진리인가 아닌가를 검토하기 위해 미리 요구되는 진리의 의미 규정 내지는 진리의 기준을 모색하는 관심으로, 이 관심에 부응하는 것이 철학적 탐구로서의 인식론이다. 그러므로 인식론은 어떤 구체적인 진리를 발견해 내는 학문이라기보다는 '진리의 의미의 학(學)' 즉 '진리의 근본학'이다.

진리의 물음에 있어서 철학적 관심은 진리라고 주장된 어떤 내용이 그 주장된 바대로 과연 진리인가를 판정하고자 하는 것이 아니라, 이런 판정을 할 수 있기 위한 전제 조건, 즉 어떤 것의 진리 여부를 판가름할 수 있는 보편적 조건을 밝히는 데 있다. 그러니까 철학적 탐구로서 인식론의 현안 문제는, '인과응보'가 과연 인생의 참 이치인가, '삼각형의 내각의 합은 2직각이다'라는 명제가 과연 참인가, '예수'가 과연 진리인가가 아니라, 도대체 '진리', '참임', '참 이치'라는 것이 무엇인가이다. 그래서 '진리란 도대체 무엇인가?'라는 철학적 물음은 그 안에 적어도 다음의 세 물음을 포함하는 것으로 이해된다.

① 무엇이 진리일 수 있으며, 그것은 어디에서 어떻게 드러나는가?
② 진리의 기준 내지 근거는 무엇인가?
③ 어떤 의미에서 '진리'인가?

무엇이 진리일 수 있으며, 그것은 어디에서 드러날까?

우리가 진리를 묻고 생각하고 추구하는 한에서, 그리고 이것이

의미 있는 일이라면, 진리는 말해지고 생각되고 인식될 수 있는 것일 것이다. 이런 이해에서 말이나 생각[思考]이나 인식에서 진리는 그 모습을 드러낸다고 볼 수 있다. 맞는 말, 올바른 사고, 참 인식에서 진리는 드러난다. 그런데 반성해 보면 말은 사고나 인식의 표현이다. 그러므로 진리는 사고나 인식 그리고 이것들의 언표에서 드러난다. 다시 말하면 진리[참]인 것은 사고 인식 혹은 언표의 형식을 빌려서 드러난다.

그러나 "말로 표현할 수 있는 이치는 진짜 이치가 아니다(道可道非常道)"(老子, 『道德經』 一 참조) 따위의 말이 함축하는 바처럼 혹시 생각될 수도 없고 인식될 수도 없으며 말해질 수도 없는 진리 내지 진상이 있을지도 모른다. 그렇지만, 어차피 그런 것에 관해서는 우리로서는 알지도 못하고, 생각할 수도, 말할 수도 없을 터이니까 논외로 하고, 학문으로서의 철학은 우리 인간의 앎 중에서 드러나는 진리, 말로써 표현되는 인식이 담고 있는 진리의 의미와 기준 혹은 근거만을 성찰의 대상으로 삼을 수밖에 없다.

일단 진리의 의미를 이렇게 제한하고서, 우리는 모든 인식[思考]을 논리적 인식과 대상 인식, 곧 형식적 인식과 실질적 인식으로 구분하고, 그 각각에서 참인 인식 즉 진리와 얽혀 있는 문제들을 밝혀보기로 한다. 그것은 인식의 형식을 이루는 사고의 형식과 법칙을 고찰하는 일이기 때문에, 논리학의 기초 개념들을 재검토하는 작업이기도 하다.

2. 형식적 인식과 진리

1) 참된 사고를 위한 두 선험적 원리

옛날 "초나라에 방패와 창을 파는 사람이 있었다. 그는 '나의 방패는 견고하여 어떤 것도 이것을 뚫을 수 없다'고 자랑스럽게 말하고, 또 그의 창을 가리키면서 '나의 창은 예리하여 무엇이건 뚫는다'고 자랑하며 말하였다. 이에 어떤 사람이 '당신의 창으로 당신의 방패를 찌르면 어떻게 되는가?' 하고 물으니, 그 사람은 대답할 수 없었다."(『韓非子』, 亂 一)

모순 고사(矛盾故事)라고 불리는 이 이야기에서 그러면 그 초나라의 무기 상인은 왜 대답을 할 수 없었겠는가? 그것은 '내 방패는 어떤 것에 의해서도 뚫리지 않는다'는 언표와 '내 창은 무엇이건 다 뚫는다'는 언표가 서로 맞지 않기 때문이다. 이 두 언표는 문자 그대로 모순의 관계에 있고 자가당착적이기 때문이다. 서로 걸맞지 않는 말, 모순 관계에 있는 언표들 가운데에는 진리가 있을 수 없다. 자기 내에 모순을 갖는 말은 결코 어떠한 진상(眞相)도 드러낼 수가 없다.

언표에서 무엇인가 참다운 것이 드러날 수 있기 위해서는 그 드러냄[表現]의 매체인 말이 우선 말이 되어야 한다. 말이 말이 되도록 하는 것, 말함을 가능하게 하는 것이 논리(論理)라 했다. 그런데 말은 생각의 표현 매체이므로 말을 말이 되도록 하는 논리는 다름 아니라 생각을 생각이 되도록 해주는 것이기도 하다. 그래서 사람들은 비논리적인 말과 비논리적 사고가 있을 경우 그것을 판별해 낼 줄 안다. 모순 고사에서의 초나라 상인처럼 누군가가 '내 방패는 어떤 것에 의해서도 뚫리지 않는다'고 말하면서, 다른 한편 '내 창은 어떤 방패건 다 뚫을 수 있다'고 말하면, 이 두 언명이 동시에 참일 수는 없다는 것을, 즉 적어도 한 쪽 말은 거짓이라는 것을 사람들은 직각적으로 안다. 여기서 '직각적으로 안다' 함은, 어떤 실험 확인을 필요로 하지 않은 채로 안다는 뜻이다. 그 '방패'를 향해 주위에 있는 모든 날카로운 사물을 던져본다거나, 그 '창'을 가지고 주위에 있는 모든 방패들을 찔러본 후 사실의 확인을 통해 아는 것이 아니라는 뜻이다. 이 '직각적인 앎'은 어떤 경험 사실에 토대를 둔 것이 아니라, 사고의 이치로부터 나온, 곧 선험적인 것이다.

앞서도 누차 말했듯이, 어떤 언표도 '모순의 규칙'을 어기고서는 참일 수 없다. 우리는 도무지 모순적인 것은 생각할 수가 없기 때문이다. 생각할 수 없는 것, 즉 논리적으로 불가능한 것은 있을 수도 없고, 어떤 진리를 지시할 수도 없다. 논리적으로 가능하다고 해서 실제로 있을 수 있는 것은 아니지만, 그러나 논리적으로 불가능한 것은 실제로도 있을 수 없다. 모순율은 생각과 말[언표]이 참이기 위한 최소한의 필요조건이며, 생각할 수 없는 것은 인식할 수도 존재할 수도 없다. 그래서 무모순성(無矛盾性)은 존재의 최소한의 조건이기도 하다.

보통 모순율과 더불어 우리의 사고를 가능하게 하는 또 하나의 선험적인 규칙으로 꼽히는 것이 근거율인데, 이런 규칙들이 참인 근거는 선험적 자명성이다. 다시 말해 이런 규칙들은 이성 자신의 성격상 그렇다는 것 이외에 그것이 진리라는 어떤 다른 근거도 제시될 수 없는 그런 것이다. 우리의 일체의 사고가 최소한 이 두 규칙에 맞아야만 허위를 면할 수 있다는 것은 자명한 사실인 것이다. 그리고 이 두 규칙은 또한 무엇이 존재하기 위한 최소한의 조건이기도 해서, 이 두 규칙에 맞지 않는 어떤 존재도 있을 수 없다.

2) 모순율과 모순의 소재

모순율은 이미 『한비자(韓非子)』에서도 논리적 언표의 원리로서 파악되었으며, 또한 서양의 다수 철학자들도 이 규칙의 자명성을 일찍부터 납득하고 있었다. 아리스토텔레스는 "어떤 것이 동시에 존재하며 존재하지 않는다는 것은 불가능하다"(*Metaphtsica*, 996b 28 이하), "어떤 것이 동일한 것에 동일한 관계에서 동시에 속하며 속하지 않는다는 것은 불가능하다"(*Metaphysica*, 1005b 19 이하)고 지적함으로써, 논리 규칙으로서 또한 생각 가능한 존재자의 원리로서 모순율을 제시한다. 인식의 최고 원리로서의 모순율은 라이프니츠를 거쳐 칸트에 이르러 모든 형식적[분석적] 인식의 규준(規準)으로 규정된다.

말 가운데에서도 '무엇에 관해서 무엇을 말함'이 언표(言表)이다. 말함에 있어서 그것에 관해서 말해지는 그 무엇, 즉 말함에서 밑바탕에 놓여 있는 것[基體]이 주어(主語)이고, 그 말해진 것[내용]을 술어(述語)라 한다. 그러니까 언표에서의 논리란 주어와 술어가 말이 되게 결합시켜 주는 원리이다. '사각형은 둥글다'는 발언이 말이 안 되는[비논리적인] 것은 그 주어와 술어가 서로 걸맞지 않게, 바꿔 표현하면, 어긋나게 말해(contradicere, widersprechen)지고 있기 때문이다. 이때 모순율은 '어떤 표상에도 이 표상과 어긋나는[모순되는] 표상은 덧붙여질 수 없다'고 정식화될 수 있다. 또한 존재자에 관한 언표에서 주어가 존재자를 지시한다면, 술어는 바로 그 존재자의 성질[속성]을 지시할 것이다. 그래서 모순율은 '어떤 것에도 그것과 모순되는 술어[속성]는 속하지 않는다'는 정식으로 표현된다.

'사각형은 둥글다' 혹은 '둥근 사각형' 등은 말이 안 되는 말, 비논리적인 말이다. 왜냐하면, 그것은 모순율을 지키지 않은, 다시 말하면 자기 내에 모순을 포함하고 있는 말이기 때문이다. 그런데 이런 사례는 말 가운데 모순이 있음을, 모순적인 언표가 있음을 보여준다. 그리고 그 경우 그 말은 말이 안 되는 말, 거짓된 말이 된다. 그러니까 어떤 말이 진리를 담기 위해서는 그 말 안에 자기모순을 가져서는 안 된다. 그래서 우리는 '둥근 사각형'은 어떤 실재를 지시할 수 없는 말이라 생각하며, 누군가가 "나는 지금 나의 책상 위에서 둥근 사각형을 본다"고 말하면, 그 판단 내지 인식은 잘못된 것이 자명하다고 생각한다. 여기서 자명하다 함은, 우리가 그의 책상 위에 과연 둥근 사각형이 있는가 없는가를 확인할 필요 없이 즉 선험적으로 그의 인식의 허위성이 드러난다는 뜻이다. 그것은 자기 내에 자기와 모순되는 속성을 갖는 존재자란 있을 수 없다고 우리가 생각하기 때문이다. 말이나 판단, 인식은 경우에 따라 자기 내 모순을 포함할 수 있고, 그럴 경우 우리는 그것을 잘못된 말, 잘못된 판단, 잘못된 인식으로 간주한다. 그러나 이러한 의미에서 '잘못된'이라는 수식어가 부가될 수 있는 존재자란 아예 있을 수 없다. 즉 '둥근 사각형'은 어디에도 있을 수 없다. 둥근 사각형은 잘못된 사각형이 아니라 사각형이 아닌 것이고, 아니 도대체가 아무것도 아닌 것이고, 따라서 그런 사각형은 존재하지 않는다.

이런 이치는 앞서의 모순 고사의 내용에도 그대로 적용된다. '무엇이든 다 뚫을 수 있는 창'과 '무엇에 의해서도 뚫리지 않는 방패'는 공존할 수 없다. 우리는 이것을 실험적 확인을 통해서 비로소 아는 것이 아니라 선험적으로 안다. 누군가가 '내 오른손에는 무엇이든 다 뚫을 수 있는 창이 있으며, 내 왼손에는 무엇에 의해서도 뚫리지 않는 방패가 있다'고 말할 수는 있다. 그때 그의 두 말 사이에는 모순 관계가 성립하고 따라서 그 두 말은 동시에 참일 수는 없으며, 그렇기에 그의 말은 진세적으로 볼 때 거짓말이다. 이 예가 보여주듯이, 말 속에는 모순이 있을 수도 있으나 — 형식상 거짓인 말 또는 말이 안 되는 말은 얼마든지 있으니까 — 그러나 그 모순된 말이 지시하는 존재자는 없다. 그러니까 자신 안에 모순을 포함한 존재자는 없다. 바꿔 말하면, 모순은 존재자 안에는 있을 수 없는 것이다. 세상에는 엄밀한 의미에서 자기 내에 모순을 포함하는 사물은 없으며, 상호 모순 관계에 놓여 있는 두 사물 또한 함께 존재할 수가 없다.

그런 사물이 존재할 수 없다 함은, 우리는 그런 사물이 존재한다고 생각할 수 없다는 뜻이다. 우리가 생각할 수 없다는 것은 논리적으로 생각할 수 없다는 것이고, 우리가 어떤 사물이 존재한다고 논리적으로 생각할 수 없다 함은 곧, 그 사물이 존재할 수 없음을 함축한다. 그러므로 논리적 사고 불가능성은 존재 불가능성을 함축하고 이런 소극적 의미에서 사고는 존재를 함의한다. 이성론자들이 '사고는 존재이다'라고 언명할 때, 적어도 소극적인 뜻에서는, 그것은 이의 없이 받아들여질 수 있다. 비록 논리적으로 사고 가능함이 바로 존재 가능함을 함축하는 것은 아니지만 말이다.

3) 모순율과 변증법적 모순

자기 안에 혹은 현존하는 다른 것과의 모순 관계를 갖는 사물이 존재한다는 것을 우리는 논리적으로 생각할 수 없다. 따라서 우리는 그런 사물은 존재할 수 없다고 생각할 수밖에 없다. 그런데 이른바 '변증법적 사상가'들은 "모든 사물들은 그 자체로 모순적이다"(Hegel, *WL* I: GW11, 286)라고 파악한다. 더 나아가서, 사물 내의 이 모순성이야말로 "사물의 진리[진상]이자 본질"이고, "모든 운동과 생명성의 뿌리"라고 생각한다.

그러나 소위 '변증법적 모순'이란 한 사물 내의 성질들 간의, 부분적 '모순', 즉 한 사물 내의 '특정한 내용의 부정'이지, 한 사물에 속하는 어떤 성질이 그 사물 자체와 모순 관계에 있음을 말하는 것이 아니다. 가령 '전체는 부분이다'라는 명제는 모순율을 어기고 있는 명백히 거짓된 것이다. 그러나 '전체는 다수인 하나이다(혹은 하나인 다수이다)'라는 명제는 반드시 그렇지 않다. '다수인 하나'라는 술어는 주어 '전체'와 모순 관계에 있지 않을 뿐만 아니라 '다수'와 '하나'라는 상반된 성질이 '전체'와 동일한 관점에서 관계 맺는다기보다는, 전체는 보기에 따라서는 '다수'이고 보기에 따라서는 '하나'라고 이해될 수 있다. 또 다른 예로 "역사의 모든 알력들은 […] 생산 능력들과 유통 형식 사이의 모순에 그 근원을 갖는다"(Marx/Engels, *Deutsche Ideologie*: MEGA 3, 73)는 언명에서도 '생산 능력들'과 '유통 형식' 사이의 소위 '모순'이란, '생산 능력들'이 있는 곳엔 '유통 형식'이 있을 수 없고 후자가 있는 곳엔 전자가 있을 수 없다는 논리적 모순이 아니다. 또 '노동자와 자본가는 모순 관계에 있다. 그리고 노동자도 현존하고 자본가도 현존하니, 단지 잘못된 사고에서가 아니라, 현존하는 모순이 있다'고 누군가가 말한다면, 그는 결코 논리적 모순을 말하고 있는 것이 아니다. 변증법론자들이 말하는 모순은, 어떤 사물이 가지고 있는 성질들 간의 모순이므로, 만약 노동자와 자본가가 어떤 의미에서건 모순 관계에 있다면, 이 노동자와 자본가는 무엇인가의 성질 내지는 부분이다. 그리고 그것들은 다름 아닌 인간 사회의 부분[구성원]들일 것이다. 그러니까 위의 말은 '인간 사회 안에는 서로 모순 대립하는 노동자와 자본가가 있다'는 생각의 표현이고, 이때 '모순 대립하는'은 '이해가 상충하는' 정도의 의미를 갖는 말이겠다. 그렇다면 이 생각은 결코 모순율을 위배하고 있지 않다. 설령 서로 아귀가 안 맞는 노동자 집단과 자본가 집단이 그 안에 있다고 하더라도 이것이 '인간 사회'와 '모순'되는 것은 아니다. 또한 '노동자'와 '자본가' 사이에는 '무엇이든 다 뚫는 창'과 '무엇에 의해서도 뚫리지 않는 방패'의 관계에서 이해되는 그런 '모순' 관계가 있다고 보이지 않는다. 양자 사이가 만약 그런 관계라면, 일단 '노동자'가 있는 곳에는 '자본가'가 있을 리 없고, 자본가가 있는 곳에는 노동자가 있을 리 없다. 그러므로 '인간 사회는 모순 대립하는 두 계급으로 구성된 사회이다'라는 명제는 모순율에 어긋나지 않는다. 그러나 만약 누군가가 '인간 사회는 사람을 구성원으로 갖지 않는다'고 말한다면, 이 말은 모순 규칙을 벗어난 것이고 무의미하고 거짓이다.

요컨대, 형식 논리상의 모순과 '변증법적 모순'은 동일한 의미의 모순이 아니고, 따라서 상호 배척적이거나 상호 보완적인 것이 아니며, '모순'이라는 한 낱말에서 서로 다른 사태가 표현되고 있을 뿐이다. 그럼에도 불구하고, 단지 말의 논리가 아니라, '사태 자체의 진행'의 논리로서 변증법을 주장하는 변증법론자들이 '변증법적 모순'과 형식 논리학의 모순을 엄밀히 구별하지 않고 그들의 진술을 전개하는 것은, '모순된 사태는 반드시 지양된다'는 모순의 필연적 폐기를 '논리적으로' — 그래서 설득력 있게 — 설명하려는 의도에서 비롯하는 것으로 보인다. 형식 논리의 법칙에 준거하면 '모순된 사태'는 있을 수 없다. 이 말은, '모순된 사태'가 있을 경우 그 사태는 자기 내 모순을 가지고 있기 때문에 지양될 수밖에 없다는 뜻이 아니라, '모순된 사태'란 애당초부터 존재할 수 없다는 뜻이다. '모순된 사태'란 본래부터 없으니 지양되어야 할 것도 없는 것이다. 만약 변증법론자들의 생각처럼 '모순된 사태'가 있다면, 그때 '모순'은 형식 논리적 모순으로 이해될 수 없고, 그렇다면 이 사태가 '반드시[필연적으로] 지양된다'는 그 '필연성'의 논리적 근거는 없다. '필연성'이 형식 논리적으로 이해되는 한은 그렇다. 그래서 '노동자와 자본가의 모순 대립'이나 '생산 능력과 유통 형식 사이의 모순', 즉 이해 상충 내지 갈등이 반드시 지양(해소)되어야 한다면, 그것은 인간의 이상이나 당위(當爲)를 말하는 것으로, 그것이 논리적 필연성으로 이해될 수는 없다. 논리적으로 필연적인 사태에는 인간의 의식적 작업으로서의 실천이 개입할 여지가 없다. 그러나 변증법론자들이 말하는 여러 '모순 대립'은 시간(역사)의 경과에 따라 여러 가지 방식으로, 특히 인간의 의지적 노력으로 해소되고, 절충되고, 때로는 그렇게 되고 있지 않다. 즉 하나의 '모순'된 사태가 여전히 지속되는 경우도 있다. 이것은 그 '모순'이 논리적인 것이 아님을 단적으로 보여준다. 당위적 '필연성'과 논리적 '필연성'이 그렇듯이 '변증법적 모순'과 '논리적 모순'은 말만 같지 서로 다른 사태이다.

4) 근거율과 사고 규칙

어떠한 말이나 인식은 그것이 참이기 위해서 최소한 모순의 규칙은 준수해야 한다. 이 모순율은 이성의 사고 법칙이고, 따라서 모든 이성적[형식적] 인식은 경험에 문의함이 없이 모순율에 의거해서 진리일 수 있는가 없는가를 판정받는다. 그러나 무모순성은 어떤 인식이 진리이기 위한 필요조건일 뿐으로, 어느 인식이 모순을 범하지 않았으니까 따라서 진리라고 곧바로 말해질 수는 없다. 즉 어떤 인식이 진리이기 위해서는 무모순적일 뿐 아니라 충분한 근거가 있어야 한다. 이런 생각의 규칙이 근거율[충분 이유율]이다.

'근거 없이는 아무것도 없다'는 근거율도 그러나 근원적으로 생각하면 모순율적 사고의 맥을 같이하고 있다. 사람들은 어떤 것이 발생하면 필시 까닭이 있다고 생각한다. 까닭 없이 무엇인가가 발생한다는 것은 생각할 수 없기 때문이다. 이런 생각의 편린을 우리는 이미 불교 경전에서도 읽을 수 있고, 플라톤의 『대화편』 곳곳에서도 발견한다. — "이것이 있기 때문에 저것이 있고, 이것이 일어나기 때문에 저것이 일어난다. 곧 무명(無明)으로 말미암아 행(行)

이 있고 나아가서는 순전한 괴로움 덩어리가 생기며, 무명이 사라짐으로써 행이 멸하고 나아가서는 순전한 괴로움 덩어리가 멸한다."(「雜阿含經」, 卷十二, 緣起法經) "발생하는 모든 것이 원인에 의해서 발생한다는 것은 필연적이다."(Platon, *Philebos*, 26e) "발생하는 모든 것은 반드시 원인에 의거해서 발생한다."(Platon, *Timaios*, 28a) 왜 그런가?

원인 없이 발생하는 것을 우리는 본 적이 없기 때문인가? 우리가 보는 한에서, 즉 경험하는 한에서, 발생하는 모든 것의 원인을 우리는 알지 못하고 있다. 아직도 우리가 발생의 원인을 찾는 작업을 하고 있다는 것은 그 원인을 미처 알고 있지 못한 발생한 것들을 많이 알고 있음을 뜻한다. 그렇기 때문에 경험에 의거해서만 이야기한다면, '모든 발생하는 것은 원인을 갖는다'거나, '원인 없이 발생하는 것을 우리는 본 적이 없다'고 단정할 수 없다. 그렇다면 어떤 발생하는 것의 원인이 있음을 확실하게 알지도 못하면서, 그것의 원인이 있을 것이라고 생각하는 까닭은 무엇일까? 지금까지의 경험으로 미루어보아, 발생하는 것은 원인이 있었다는 통계적 귀납적 인식에 의한 것인가? 그러니까 원인을 찾는 과학적 사고는, 지금까지의 우리의 탐구 결과가 보여주듯이, 으레 발생에는 원인이 있었으니까 이번의 발생에도 원인이 있을 것이라고 예상하는 것인가? 그러나 이제까지의 우리의 탐구 결과로 얻은, 발생들이 원인을 가지고 있었다는 경험적 사실이 이제부터 탐구하려 하는 혹은 수천 년 동안 탐구해 왔지만 아직도 그 원인을 찾지 못한 발생에 대해서도 그 원인이 있을 것이라는 생각의 바탕이 될 수 있는가? 인류에게 과학적 탐구가 시작된 이래 여전히 탐구의 대상이 되고 있는 것 가운데, 예컨대 생명의 원인이 있다. 우리는 왜 생명의 원인이 있을 것이라고 생각하는가?

이른바 경험론자들은, 이런 탐구의 경향은 경험의 축적 즉 관습에 의한 연상에 따른 것이라고 생각한다. 흄은 "존재하기 시작하는 것은 무엇이나 그 존재의 원인을 가져야만 한다"는 것은 "직관적으로도 논증적으로도 확실하지 않다"(Hume, *Treatise*, Bk. I, Pt. III, Sect. III)고 주장한다. 이 말은, 생명의 원인이 있다는 것이 직관적으로도 논증적으로도 확실하지 않지만 우리는 오랜 경험의 습관이라는 "위대한 안내자"를 따라 이것을 탐구한다고 응용될 수 있다. 이에 반해서 어떤 사람들은, 생명의 원인이 반드시 있으며, 우리는 어떤 것의 원인을 '모른다' 해서 그것이 '없다'고는 생각할 수 없다고 말한다. 왜냐하면, 존재하기 시작하는 것의 원인이 없다고는 도저히 생각할 수 없으니 말이다. 데카르트는 "무에서는 아무것도 되지 않는다(Ex nihilo nihil fit)"는 것은 "자연의 빛"(Descartes, *Meditationes*, III, 14)이요, 자명하다고 생각한다. 무는 유의 충분한 이유[근거]일 수가 없기 때문이다.

이런 근거율의 타당성의 근거도, 모순율이 그러하듯이, 이성 자체에 있다. 근거율은 모순율과 마찬가지로 사고의 규칙인 것이다. 라이프니츠는 이 충분한 근거의 규칙을 "그것에 대한 충분한 이유 없이는, 어떤 사실도 참이라고, 존재한다고, 그리고 어떤 진술도 옳다고 증명될 수 없다"(Leibniz, *Monadologie*, §32)고 일반화함으로써, 존재뿐만 아니라 인식과 진술이 참이기 위한 원리로 납득한다.

5) 선험적 인식 원리의 문제

이성이 어떤 감각적 경험에도 의존함이 없이, 즉 선험적으로 갖는 자명한 원리들, 예컨대 모순율이나 근거율과 같은 것이 있으며, 여타의 많은 이성 인식들이 이로부터 연역될 뿐만 아니라, 어떤 경험적인 인식이나 존재의 발생도 이 규칙을 벗어나서는 성립할 수 없다. 이것이 이른바 이성론의 기본 주장이다. 이에 반해서 다른 생각을 가진 사람들은 이성이니 지성이니 하는 기능들도 모두 인간의 유전적 소질이며, 이것은 인간의 축적된 감각 경험에 그 바탕을 둔 것이라고 본다. 이런 견해에 따르면 "감각에 있지 않은 것은, 그 무엇도 이성[지성] 중에 있지 않다(Nihil est in intellectu, quod non fuerit in sensu)." 이것이 이른바 경험론의 기본 주장이다.

이런 상반된 주장에 대해서 제 3의 입장을 취하는 철학자들도 있다. 이미 경험론자들이 지적했듯이 모순율이나 근거율이나 경험에 비추어보는 한 그것의 필연적 타당성을 설명할 수가 없다. 경험은 우리에게 기껏해야 '사실이 그러하다'는 것을 알려줄 뿐, '그 사실은 필연적으로 그래야만 한다'는 것을 일러줄 수는 없다. 제아무리 동일한 사실에 대한 경험이 반복된다 해도 이 사실의 반복이 그 사실의 필연성을 말해 주지는 않기 때문이다. 그럼에도 우리는 모순율을 어긴 말은 필연적으로 진리를 담지하지 못한다는 것은 납득한다. 이때 '필연적'이라는 말은 이제까지의 우리의 경험에 비추어 보아 사실상 그렇다는 것이 아니라 원리상 그럴 수밖에 없다는 뜻이다. 그러므로 우리의 생각하는 능력 즉 이성은 무엇이 원리적으로 필연적임을 사실 경험에 문의해 보지 않고서도 안다. 예컨대, 같은 것에서 같은 것을 제하면 반드시 남는 것이 없다(1 – 1 = 0)는 것을 우리는 어떤 사실적 경험에 앞서서 안다. 그런 한에서 이성은 선험적인 능력을 가진 것이다. 그러나 이 선험적 이성 능력을 통해서 인식할 수 있는 것은 단지 형식적인 것뿐이다. 수학적 인식의 체계는 어떤 사실의 관찰이나 실험에 의거함이 없이 이성 능력만으로 구성되지만, 그 인식들은 단지 형식적이다. 그래서 우리는, 자연과학이나 사회과학에서 보는 바와 같은 실질적인 인식들은 인간의 선험적 인식 능력만으로는 얻을 수 없는 것이지만, 논리학이나 수학과 같은 형식적인 인식들은 인간의 선험적 이성 능력만으로도 얻을 수 있다고 말할 수 있다.

그러니까, 형식적 인식들의 진리는, 그 인식이 순수한 사고의 형식으로서의 '지성(이성)의 보편적 법칙과 합치'하는 데에 있다. 그러나 인식이 그 형식에 맞음을 넘어서서 어떤 실질적인 내용을 포함할 경우에는, 이 조건만의 충족으로는 여전히 그 인식이 진리인지 어떤지를 알 수 없다. 예컨대, 누군가가 '2에서 2를 빼면 1이다'라고 말하면, 이 언표는 형식상 맞지 않고 따라서 거짓임이 직관적으로 드러난다. 그러나 누군가가 '지금 백 아무개의 집 정원에는 장미 두 그루가 있다'고 말하면, 이 언표 안에 형식상으로 잘못된 점이 없지만, 즉 이 언표 자체는 무모순적이지만, 그러나 이 언표가 참인지 거짓인지는 이 언표만으로는 알 수가 없다. 그래서 사람들은 어떤 실재적인 인식이 진리이기 위해서는 형식적인 정당성이나 형식 논리적인 근거를 가져야 할 뿐만 아니라, 실재적인 근거를 가져야 한다는 의미에서 '사실과 합치'해야 한다고 생각한다.

3. 실질적인 인식과 진리

1) 인식의 이상으로서의 '실재와의 합치'

언표가 무엇인가에 관한 언표인 한, 그 언표의 참 거짓은 그 언표가 그 언표되는 것을 제대로 언표하고 있는가, 즉 그 언표되는 것에 상응하는가에 달려 있다고 생각된다. 인식이 무엇인가에 관한 인식인 한, 그 인식이 잘된 것인지 잘못된 것인지는 그 인식이 그 인식된 대상과 합치하는가에 달려 있다고 생각된다. 그래서 어떤 사람들은, 진리란 '언표의 사실과의 부합'이나 '인식의 실재와의 합치'에 있다고 생각한다. 이때 '부합'이니 '합치'니 하는 것은 언표나 인식을 참이도록 해주는 근거가 된다. 사실에 부합하는 언표는 참이고, 실재와 합치하는 인식은 참이다. 보통 '대응설(對應說)' 혹은 '합치설(合致說, 一致說)'이라고 일컬어지는 진리에 관한 이와 같은 견해는 많은 철학자들의 오래된 생각이다. 아리스토텔레스에 따르면 "없는 것을 없다고 말하고, 있는 것을 있다고 말하는 것은 참"(*Metaphysica*, 1011b 26f.)이며, 분리되어 있는 것에 관해 분리되어 있다고 판단하고, 복합적인 것에 관하여 복합적이라고 언표하면 그 판단과 언표는 참이다. 이런 견해는 최근까지도 필요한 만큼 변형되어 반복되고 있다. 예컨대 타르스키는 "눈이 흴 때 바로 그 때 '눈이 희다'는 명제는 참이다"라고 말한다.

눈이 흴 때 그때 누군가가 '눈이 희다'고 판단하고 인식하고 언표하면 그것은 의심할 여지없이 참이다. 있는 것을 있다고 말하면 그 말 역시 참이다. 그래서 참임의 근거가 '부합' 혹은 '합치'라고 생각하는 것은 당연하다. 그러나 문제는, 과연 그 '부합' 내지 '합치'를 우리는 어떻게 확인할 수 있는가에 있다. 누군가가 '눈이 희다'고 인식할 때 이 인식이 실재와 합치하는가를 확인하기 위해서 우리가 묻게 되는 것은 '눈은 과연 실제로 흰가?' 하는 것이다. 누군가가 '신은 존재한다'고 언표할 때 이 언표가 사실과 부합하는가를 확인하기 위해서는, 우리는 '신은 실제로 존재한다' 혹은 '존재하지 않는다'는 사실을 알고 있어야만 한다. 그래서 언표의 사실과의 부합 여부는 사실 인식을 전제로 해서만 결정될 수 있으며, 하나의 사실 인식이 주장되면 다시금 그것이 사실 인식인가가 확인되어야만 한다. 이런 (무한하게 소급될) 확인이 어떻게 가능할까?

인식이란, 일반적으로 아직 모르는[未知의] 것에 관해서, 그것이 무엇이며 어떻게 있는지를, 즉 본질과 존재 방식을 파악하는 의식의 표상 작용이다. 존재하는 것을 존재한다고 인식하면 그 인식은 참이다. 그러나 이제 누군가가 미지의 것, 그래서 지금 인식해야 할 대상인 것에 관해서 '그것은 존재한다'고 언표하고, 이렇게 언표한 까닭은 자기는 그것을 존재한다고 인식했기 때문이라고 한다면, 그의 인식이 실재와 합치하는지 않는지를 우리는 어떻게 확인할 수 있겠는가? '그것'은 미지의 것이니, 우리 역시 그것은 무엇인가, 어떠한가 인식해 봄으로써만 확인이 가능할 것이다. 그래서 우리의 인식의 결과가 '그것은 존재한다'가 되면, 그의 인식이 참되다는 것이 인정될 것이다. 그러나 만약에 우리의 인식의 결과가 '그것은 존재하지 않는다'가 되거나 '그것이 존재하는지 어떤지 모르겠다'가 되면 그의 인식의 참임, 즉 실재와의 합치는 어떻게 가려지겠는가? 우리 모두의 인식 내용과 그의 인식 내용이 다르니, 그의 인식이 잘못된 것 즉 실재와 불일치하는 것이 되는가? 아니 반대로, 그를 포함해서 우리 모두의 인식 내용이 일치하면, 이때 우리 모두의 이 '인식'은 '실재'와 합치하는 것이 되는가? 이렇다면, 참된 인식 즉 진리란 인식하는 자들의 동의 내지 합의를 뜻하게 된다. 즉 인식과 실재의 합치는 인식자들 상호간의 인식 내용의 합치, 의견의 일치를 뜻하게 된다. 그리고 우리 모두의 인식 내용과 그의 인식 내용이 다를 경우에 그는 수적 열세로 인하여 '그래도 그것은 존재한다'고, 또는 갈릴레오처럼 '그래도 지구는 돈다'고 혼잣말을 하는 수밖에 없을 것이다.

다른 인식자들의 동의나 합의가 없음에도 만약 한 인식자의 인식 내용인 '그래도 그것은 존재한다'라는 언표가 의미가 있다면, 그리고 이러한 언표도 '사실과 부합'한다는 기준에 근거하여 참일 수 있다면, 이것은 인식자들의 합의에 인식의 진리임이 의존하지는 않는다는 것을 뜻한다. 이것은, 어떤 인식은 사람들의 동의를 얻지 못하더라도 진리일 수 있고, 더 나아가서는 '사실'이나 '실재'는 인식자들에게 각기 다르게 인식되더라도 혹은 도대체 누구에 의해서 인식되지 않더라도 '사실'이나 '실재'일 수 있음을 뜻한다. 그러나 누구에 의해서도 인식된 바 없는 '사실'이나 '실재'라는 의미에서 그 사실이나 실재와의 부합이니 합치니 하는 진리의 규정이 실제로 무슨 의의를 가지겠는가? 그것은 단지, 진리의 개념 내지는 참된 인식의 이상(理想)을 말해 줄 따름이다. 왜냐하면, 그것은 "참된 인식이란 실재와 합치하는 인식인데, 그러나 우리는 '실재'가 무엇인지는 모른다"고 말하는 셈이기 때문이다.

단지 사고의 법칙과의 합치 여부로 그 진위가 판별되는 형식적인 인식과는 달리, 사실과 관련한 실질적인[내용 있는] 인식에서, 참된 인식의 규정으로서 '인식과 실재와의 합치'가 이런 내용 없는 형식성을 가지고 있음에도 불구하고, 우리 인간은 '참된 인식[진리]은 실재와의 합치에 있다'는 진리의 이념을 예로부터 가지고 있다. 그러나 이 '합치' 여부의 판별은 실제에서는 인식자들의 공통된 인식 내지는 합의에 의하거나 이것마저 이루어지지 않을 때는 생활에서의 유용성의 정도에 의거하는 방도 외에는 없다. 그래서 어떤 사람들은 진리는 상호 주관성이라거나 통교성(通交性) 혹은 유용성이라고 생각하며, 진리에 관한 이런 생각은 통칭 '합의설(合意說)', '의사 소통설', 혹은 '실용주의 진리관'으로 발전한다.

그러나 사람들이 진리의 본질을 '합의'나 '유용성'에서 보는 한, 진리는 '영원불변하며 보편타당한' 무엇이라는 이념이 유지되기가 어렵다. 사람들이 한때 합의 보았고, 또 한때 사람들에게 대단히 큰 유용성이 있어서 '진리'로 통용되던 인식들이, 학문의 역사 특히 자연과학의 역사가 말해 주듯이, 잘못된 것으로 판정되는 경우를 우리는 드물지 않게 보기 때문이다. 그리고 이때, 그 '잘못됨'의 판정 기준이 기왕의 합의에 대항하는 '새로운 합의'이거나 기왕의 유용성보다 '더 높은 유용성'에 있을 경우도 있지만, 기존의 인식이 '사실과 맞지 않다'는 경우도 있다. 그래서 다시금 '사실과의 부합'이라는 이념이 되살아나곤 한다. 그렇게 되면, '사실이란 무엇인가?'라는 어려운 문제가 되풀이될 수밖에 없다. 그래서 어떤 사람들은 사실이나 실재에 관한 우리의 인식은 발달하며 따라서 진리도 변화한다고 생각한다. 형식(논리)적 인식의 진리임의 근거가 형식상은 '사고의 법칙과의 합치'이되 인간 지성의 진전에 따라 내용상 새로운 형식적 인식들이 발견되고 전개되듯이, 실질적인[내용 있는] 인식들은 '실재와의 합치'라는 진리의 이념 밑에서 학문의 진보와 더불어 발달하며, 우리 인간의 지성 발달은 그 지성에 의한 인식이 실재에 합치할 때에 완성된다고 본다. 그러니까 '합의'나 '유용성'이라는 기준은 지성 발달의 도중에서 불가피하게 채택되는 잠정적인 것이며, 엄밀한 의미에서 진리는 인식의 실재와의 합치에 있다는 것이다. 그러나 어떤 인식이 내용상 사실과 합치할 때 그 인식은 진리라는 이 규정은, 그 '사실'에 대한 우리의 인식이 전개되는 한 즉 사실 과학이 지속적으로 발달하는 한 이상적인 규정으로 남을 뿐, 최종적인 합치 여부는 인간 역사의 종점까지 유보될 것이다.

2) '인식과 실재의 합치'를 가능하게 하는 근거

우리는 이제까지 형식적 인식의 진리임은 그 인식이 사고의 보편적 법칙에 합치하는가 어떤가에 따라 판정될 수 있으며, 실질적인[내용 있는] 인식은 이 조건의 충족과 더불어 '실재'와도 합치해야만 참일 수 있다고 말해 왔다. 이런 구분의 의미가 분명해지려면, '실질적' 인식, '실재', '합치' 등의 개념부터 그 의미가 분명하게 드러나야 한다.

'어떤 것에서 같은 것을 제하면 그 어떤 것의 두 배가 남는다'(1

−1 = 2), 혹은 '수녀는 수도하는 여자이다'라는 언표의 진위는 어떤 감각 경험[관찰이나 실험]도 필요 없이 우리는 판정할 수 있다. 또 '이쪽의 둥근 사각형이 저쪽의 둥근 사각형에 비하여 넓이가 두 배이다'라는 언표의 무의미함도 순수한 사고만을 통해서 알 수 있다. 언표 내지 진술이 앎의 표현이라는 뜻에서 이런 언표들도 인식을 담고 있고, 이와 같이 순전히 (논리적) 사고만을 통해서 그 언표의 유무의미함 혹은 진위가 원리상 판정될 수 있는 인식을 우리는 '형식적' 인식이라고 부를 수 있다. 반면에 '지금 백 아무개의 집 뜰에 장미 두 그루가 있다', '수녀는 결혼하지 않은 여자이다', 혹은 '이쪽의 인어가 저쪽의 인어보다 두 배나 크다' 등등의 언표의 진위나 유무의미함은 감각 경험을 빌리지 않고서는 판정할 수가 없다. 이와 같은 성격을 가진 인식을 우리는 '실질적' 인식이라고 부를 수 있다. 이때 '실질적'이라는 말은 '실재하는 내용[質]을 갖는' 이라는 뜻이다.

실재하는 내용을 갖는 인식의 유무의미함 혹은 진위의 판정에는, 그런데 반드시 감각 경험이 필요하다. 이것은 실재하는 내용은 감각 경험을 통해서만 확인할 수 있음을 뜻한다. 이것은 또한 감각 경험만이 실재하는 내용을 포착할 수 있음을 뜻한다. 여기에서 우리는 '실재'의 의미를 밝힐 수 있는 실마리를 발견한다.

'실재(實在)'라는 말로 우리는 '실제로 존재함[있음]' 혹은 '실제로 존재하는[있는] 것'을 뜻한다. 그렇다면 어떻게 존재하는 것이 '실제로 존재'하는 것인가?

'모순율과 같은 사고의 법칙이 있다', '공간과 시간이 있다', '수 3과 삼각형이 있다', '홍길동이 있다', '교정에 느티나무들이 있다', '3 · 1 운동이 있었다', '중동에서 전쟁이 일어나고 있다', '존재하는 것은 무엇이나 그 존재의 원인을 가지며, 이 원인 역시 존재하는 것이어야 하며, 게다가 그 내용은 그 원인에 의해 생겨난 존재자의 내용만큼은 커야 하고 그 원인이 존재하는 것인 한에서 그 원인의 원인이 있어야 하고, […] 마침내 궁극의 원인이 있음에 틀림이 없고, 이 궁극의 원인은 그것이 궁극적인 것이니까 더 이상 자기 존재의 원인을 자기 밖에서 갖지 않는 것이다. 따라서 자기 원인(自己原因)적 존재자 혹은 자기로부터의 존재자, 그리고 이런 의미에서 무한하고 절대적인 존재자가 있다', '신이 존재한다.' — 이처럼 많은 것에 관해서 우리는 '있다[존재한다]'고 언표한다. 또한 '모순율이라는 것이 어디에 있는 것은 아니고, 그것은 단지 사고의 법칙 중의 하나이다', '홍길동은 실제로 있지는 않고, 소설 속에 있다', '엄밀한 의미에서 삼각형은 사고 속에만 있다' 등등도 의미 있게 말해진다. 이런 여러 '있음' 가운데 '실제로 있음'은 어떤 의미로 이해되어야 하는가?

칸트에 의하면, 우리의 사고는, 경험적으로 포착될 수 있는 대상에 관한 것인 한, 그 대상이 어떻게 있는가[존재 양태]를 생각하며, 일정한 규정 규칙에 따라 그것의 존재 방식에 대한 태도를 취한다. 그에 따르면 어떤 것이 경험적으로 포착 가능하기 위해서는 첫째, 공간・시간상에 나타날 수 있는 것이어야 하고, 둘째, 감각 가능한 것이어야 한다. 이 두 조건의 충족 여부에 따라, 우리는 어떤 것이 '가능하게 있다 (혹은 있을 수 없다)', '실제로 있다 (혹은 없다)', '필연적으로[반드시] (혹은 우연적으로) 있다'고 규정한다. 곧, 어떤 것이 공간・시간상에 나타나고 양(量)적으로 질(質)적으로 규정될 수 있으면 그것은 '있을 수 있다.' 그리고, 어떤 것이 원리상 감각될 수 있으면 그것은 '실제로 있다.' 또, 어떤 것이 실제로 있는 것과 실체와 속성, 원인과 결과, 상호 공존의 법칙에 따라 관계 맺어 있으면 그것은 '반드시 있다.'(Kant, *KrV*, A218=B265f. 참조)

이 규준(規準)은 경험적인 사고 작용이 그 사고의 대상의 존재 방식을 규정함에서 사고 작용을 규제하는 원리이다. 그렇다면 이 원리의 출처는 어디인가? 이 원리는 우리 지성[이성]이 존재하는 것의 방식에 대한 태도를 정할 때 사용하기 위해 스스로 마련해 가진 것, 즉 선험적으로 산출해 낸 것이다.

이제 '실재' 즉 실제로 있음의 여부가 감각되느냐 안 되느냐에 따라 판정된다 함은 무엇을 함축하는가? 그것은 실재하는 내용을 갖는 실질적 인식은 그 인식의 대상이 주어지는 것임을 말해 준다. 실질적 인식이란 주어지는 대상에 대한 인식이다. 실질적 인식에서 인식되는 것은 우리 스스로 만들어낸 한낱 관념들이나 그 관념들의 관계가 아니라 우리에게 주어지는 것에 대한 인식이다. 우리가 스스로 만들어낸 관념들의 인식에는 감각 경험이 필요하지 않다. 감각 경험은 우리가 스스로 만들어낸 관념이 아닌 어떤 것에 우리가 이를 수 있고 혹은 그런 것을 받아들일 수 있는 통로인 것이다. '실재적' 곧 '감각 경험(가능)적'이라는 이 생각은 우리 인간은 우리에게 감각적으로 주어지지 않는 것에 관해서는 '실재적'이라고 말할 수도 없고 그런 것에 관해서는 '실질적인 인식'도 할 수 없다는 것을 말한다. 우리는 주어지는 것에 관해서만 실질적인 인식을 할 수 있고 그러므로 실질적인 인식은 수용(受容)적인 혹은 수동(受動)적인 인식이다.

무엇인가 주어지는 것을 받아들이는 즉 감각하는 우리의 의식 기능을 통괄해서 감성(感性)이라고 부른다. 그리고 이 감성적 기능을 수행하는 것이 감각 기관이다. 그런데 우리의 감각 기관은 공간 · 시간상에 주어지는 것만을 수용할 수 있다. 가령, 우리는 영혼을 생각할 수는 있는데 보거나 만지거나 맛보거나 듣거나 냄새 맡을 수는 없다. 그것은 영혼이 공간 · 시간상에 감각질을 가지고 나타나지 않기 때문이다. 그렇다면 공간 · 시간이란 무엇인가? 그것은 실재하는 것인가? 앞서 우리는 '실재'하는 것은 '감각되는' 것이라는 규정을 보았다. 그런데 공간 · 시간은 보이지도 만져지지도 들리지도 냄새나지도 않고 맛볼 수도 없는 것, 즉 어떤 방식으로도 감각되지 않는 것이다.

즉 공간 · 시간은 실재하는 것이라고 말할 수 없다. 그렇다면 그것은 무엇인가? 감각 기관은 어떤 것을 수용할 때, 그것은 무엇의 '곁에' 있고, 무엇에 '잇따라' 있다는 질서 표상 위에서 수용하는데, 공간 · 시간은 바로 이런 감성적 의식의 질서 표상이다. 그러니까, 공간 · 시간은 그 자신은 실재하는 것이 아니지만 어떤 실재하는 것을 수용하는 우리 감성에 감각적으로 수용된 바 없는, 그러므로 감각 경험에 앞서 즉, 선험적으로 준비되어 있는, 수용하는 것을 정리 정돈하는 질서의 틀이다. 이런 의미에서 공간 · 시간은 감각적 수용 즉 감성의 형식이라고 일컬을 수 있다. 우리는 이 공간 · 시간이라는 형식에 준거해서 나타나는 것만을 감각(수용)할 수 있고 따라서 공간 · 시간은 우리에게 감각적으로 나타나는 것의 틀, 즉 감성적 '현상(現象)의 형식'이라고 부르고, 이 감각에서 수용된 내용을 우리에게 나타난 것의 실질이라는 의미에서 '현상의 질료(質料)'라고 부른다(Kant, *KrV*, A20=B34 참조).

지금까지 우리는 '인식의 실재와의 합치'의 함축을 드러내기 위해서 '실질적' 인식과 '실재'의 의미를 어느 정도 규정해 보았다. 이제 '합치'란 무엇을 말할까?

앞서 인식이란 어떤 것이 무엇이며 어떻게 있는가를 파악함이라고 말했다. 그러니까 실질적 인식이란 우리에게 감각적으로 나타나는 어떤 것 즉 실제로 있는 것이 무엇인가를 파악함이겠다. 그런데 '인식'이란 '인식함[작용]'을 뜻하기도 하고 '인식된 것[내용]'을 뜻하기도 하며, 이미 지적했듯이 '실재' 역시 '실재함[실제로 그러그러하게 있음]'을 뜻하기도 하고, '실재하는 것'을 뜻하기도 한다. 그래서 어의상으로만 보면, '인식과 실재의 합치'에서 네 가지 경우의 '합치'가 생각될 수 있겠으나, 사람들에 의해서 많이 고려되는 경우는 두 가지다. 즉 '인식된 것[인식 내용]과 실재하는 것의 합치'와 '인식함[인식 작용]과 실재함[실재하는 것이 그러그러하게 있음]의 합치'의 경우이다. 첫 번째 '합치'는 이미 앞서 인식의 이상을 설명하면서 염두에 두었던 경우이다. 가령, 우리가 어떤 것을 보고서 '그것은 장미이고, 그 장미는 빨갛다'고 인식했다면 이 인식 내용의 진리임의 여부는 '실제로 그것이 빨간 장미'인가 여부에 따라 밝혀진다. 그리고 인식 내용은 인식 작용의 결과인 의식상의 표상이고 실재는 의식에 나타나는 것이니, 이때 '합치'란 '상응' 내지 '대응(對應, correspondentia)' 혹은 내용상 '같음(convenientia)'을 뜻하며, 이 합치의 의의는 앞서 살펴본 그대로이다.

그러면 두 번째의 경우 즉 '인식함(작용)과 실재함의 합치'는 어떤 의미로 이해될 수 있겠는가? 도대체 어떻게 그리고 어떤 점에서 우리의 '인식 작용이 실재와 합치'할 수 있는가?

토마스 아퀴나스는 "진리는 사물과 지성의 일치이다(Veritas est adaequatio rei et intellectus)"(*De veritate*, qu. 1, art. 1; *ST*, I, qu. 16, art. 2, 2)라고 정의하였다. 참 인식은 그 '인식의 실재와의 합치'에 있다는 생각도 토마스 아퀴나스의 이 진리 규정에 소급한다고 볼 수 있다. 토마스 아퀴나스는 이 진리 규정의 해설에서 '지성'을 신의 창조적 지성과 인간의 파생적 지성으로 나누어 고찰하고 있지만 어떤 경우에서나 그것은 인식 작용(자) 내지는 인식 능력으로 생각되고 있다. 우리는 여기서 바로 이 점을 원용하여 '인식과 실재의 합치'의 형식상의 함축을 드러내보기로 한다.

근대 이래의 자연과학을 수학적 자연과학이라고 부른다. 그것은 자연 즉 물질적 실재에 관한 학적 탐구가 수학적 원리에 따라 수행되고 있기 때문이다. 그런데 수학은 인간 지성[이성]의 사고 법칙에 준거한 지식의 체계이다. 이런 수학의 분야에서 해석기하학이라는 새로운 경지를 개척한 데카르트는 "내 견해로는 자연 안에서 모든 일은 수학적으로 일어난다"고 말한다. 이 견해는 우리가 자연 안의 사태들을 수학적으로 인식할 수 있는 것은 그것들이 수학적으로 일어나기 때문이라는 생각을 담고 있다. 말하자면 우리의 지성이 인식함에서 자기 사고의 법칙인 수학적 원리에 따라서 작용하면 이 작용은 자연의 실재 방식과 합치한다. 이때 합치란 '일치' 혹은 '동일함'을 의미한다. 사고의 법칙이 바로 실재의 방식, 실재의 형식이다. 그래서 데카르트는 사고의 법칙을 "자연의 빛"이라고 부른다. 인간의 인식 작용이 그에 따라 수행되는 그 원리가 만약 실재의 존재 원리이기도 하다면, 바로 이 원리에서 '인식함과 실재함은 동일'하다, 즉 합치한다.

데카르트의 '일치' 이론은, 신의 창조물인 자연 세계는 우리의 인식 작용과는 무관하게 그 자체로 실재하는 것이되, 같은 원리에 따라서 인간 역시 창조되었기 때문에 인간의 자연 세계 인식의 원리와 자연 세계의 존재 원리가 동일하다는 일종의 신이성론(神理性論)으로 해석된다. 즉 신은 세계를 수학적 원리에 따라 창조·운행하면서 그의 창조물 가운데 하나인 우리 인간을 그의 다른 창조물들을 그의 세계 운행 원리인 바로 그 수학적 원리에 따라 인식하도록 창조했기 때문에 우리 인식 작용의 원리와 자연 실재의 방식이 일치한다는 생각이다. 우리가 신의 위격(位格, personalitas)을 납득한다면 이런 생각도 가능하겠다.

그러나 데카르트와 달리 칸트는 신의 역할을 전제함이 없이 어떤 것의 '실제로 있음' 즉 존재의 방식이 인식 작용하는 의식에 의해서 규정되듯이, 어떤 것의 '그러그러함[본질]'도 인식 작용에 의한 규정이므로 인식을 가능하게 한 바로 그 사고의 원리가 그 인식에서 '실재'라고 인식된 것 즉 실재하는 것의 실재함의 틀이고, 이런 한에서 인식함과 실재함은 동일하다고 파악한다.

실재하는 것의 실재함[실제로 그러그러하게 있음]이 인식하는 사고 작용의 원리에 의해 규정된다 함은 무슨 뜻인가? 인식 작용 중에서 예컨대 '그것은 한 송이의 장미꽃이다. 그런데 그것은 어제까지도 봉오리였는데, 오늘 아침 활짝 피었다'는 인식이 성립한다. '그것'이라고 지칭된 하나의 장미꽃이라는 '실재'는 감각을 통하여 수용된 일정한 모양, 색깔, 냄새 등등의 잡다한 재료[질료]가 '하나'라는 양(量)의 개념과 그것이 봉오리일 때나 활짝 피어 있을 때에나 마찬가지로 어떤 고정 불변적인 '그것'이라는 실체(實體) 개념과 '~이다'는 내용 규정[實質性] 개념을 바탕으로 해서 통일되기 때문이다. 이런 통일 작용이 다름 아닌 사고(思考)이다. 저 잡다한 감각 재료들은 사고가 만들어낸 것이 아니라 사고에 주어져 있는 것이지만, 그러나 지성의 사고 작용이 저 잡다하게 수용된 감각 자료들을 '하나의 어떤 것이다'라는 틀[형식]에서 통일하지 않는다면 '그것은 한 송이의 장미꽃이다'는 인식이 성립하지 않을 뿐만 아니라, 이 인식이 없으면 '그 한 송이의 장미꽃'이라는 실재도 우리에게는 나타나지 않는다. 이런 뜻에서 사고의 형식은 우리 인식을 가능하게 하는 토대[원리]이자, 이 인식에서 인식되는 실재 즉 우리에게 현상하는 존재자의 존재를 가능하게 하는 토대[원리]이기도 하다.

인식된 실재는 그것이 인식되는 것인 한에서 인식하는 자에 의해서 규정(determinatio)된다는 뜻에서, 토마스 아퀴나스는 "인식되는 사물의 형식은 인식하는 자 안에 있다"(*ST*, I, qu. 16, art. 2, 2) 고 말한다. 인식과 실재의 합치란 인식 작용 즉 "지성과 (인식되는 실재인) 사물의 동일 형식성(conformitas)"(*ST*, I, qu. 15, art. 1, 3)으로 인하여 가능한 것이다. 그러나 보기에 따라서 그 '합치'는 인식 작용이 실재하는 것에로 다가가 동화(assimilatio)됨으로써 가능하다고도 생각할 수 있다. 이런 생각의 편린을 우리는 파르메니데스(Parmenides, 540/515～480 BC)의 「조각글」(Frag. 3) "사고와 존재는 곧 같은 것이다"에서도 이미 발견한다. 후자의 입장에서 '합치'를 설명하려는 사상을 실재론(實在論)이라고 부르고, 전자의 입장에서 '일치'를 설명하려는 사상을 관념론(觀念論)이라고 통칭한다. 그러나 '관념론'을 우리가 표상하는 사물은 모두 우리 인간의 의식에 어떤 의미에서든 의존되어 있다는 이론으로 이해한다면, 토마스 아퀴나스와 데카르트처럼 '인식하는 자' 혹은 '지성' 아래서 신을 염두에 둔 사상은 오히려 '실재론'이라고 보아야 하고, 인식하는 자를 오로지 인간 의식으로 보는 칸트의 초월철학(超越哲學) 같은 것만을 관념론이라고 볼 수 있다.

제 3 절 인식과 비진리

1. '비진리'의 문제

인간은 누구나 착오를 범하기 마련이다. 인간이니까 실수한다. Errare est humanum.

착오, 실수, 환상, 가상, 거짓, 허위 등은 어느 면에서 인간에게는 불가피하고, 경우에 따라서는 인간의 부족함을 보완해 주는 성격의 것으로 인정되지만, 그러나 대개는 이상적인 인간이라면 마땅히 빠지지 말아야 할, 지니지 말아야 할, 멀리해야 할 부정적인 인간적 요소로 치부된다. 그리고 그 대신에 인간이라면 모름지기 추구해야 할 것으로 권장되는 것이 참(임), 진리, 진상, 진실과 같은 것이다.

우리가 '인식'을 말할 때, 그것은 보통 사태 자체를 파악하는 의식 작용 내지는 의식 작용의 결과를 뜻한다. 이 '사태 자체'를 우리는 진상(眞相)이라고 부르고, 진상을 제대로 파악한 인식을 진리라고 부른다. 이럴 경우 진상이 아닌 가짜, 즉 가상(假象, Schein)을 진상으로 혼동하는 것을 착오(錯誤, Irrtum)라 부르고, 이 착오로 인해 이른 잘못된 인식을 허위(虛僞, Falschheit)라 일컫는다. 그러므로 이런 경우 어떤 인식이 참[진리]인지 거짓[허위]인지는 그 인식이 사태 자체 곧 진상을 드러내고 있는가에 달려 있다. 그러니까 문제는 진상이 무엇이냐, 그것은 어떻게 우리에게 드러나느냐로 귀착된다.

진상은 무엇인가? 그것은 우리에게 어떻게 드러나는가? 이 문제는 인식이 어떤 종류의 것이냐에 따라 달리 답해질 것으로 보인다. 어떤 인식에서는 형식적 · 논리적 요소만으로, 어떤 인식에서는 경험적 · 실질적 요소를 더해 고려함으로써만 '진상'을 논할 수 있을 것이기 때문이다. 가령, '2 + 3 = 5'라는 인식에서 이 인식이 참된 것은 산수의 규칙에 맞는 까닭일 터이다. 그러므로 이 경우 진상은 수리 논리적 요소만으로써 해명할 수 있다. 그러나 '지구와 달 사이의 거리는 36만km이다'라는 인식이 참인지 거짓인지, 다시 말하면 진상을 드러내고 있는지 어떤지는 경험 관찰적 요소를 고려함 없이는 답해질 수 없다. 더 나아가 '신이 존재한다'와 같은 언표도 인식이라 주장된다면, 그 경우에 진상의 문제는 단지 논리적이거나 경험 관찰적인 요소만으로써는 처리할 수가 없다.

이런 점으로 인해 인식은 형식적 인식과 경험[실질]적 인식으로 구분될 수 있고, 인간 이성이 경험의 한계 너머에서까지 무엇인가를 인식하고자 지향할 때는 '초험적 인식'도 거론될 수 있을 것이므로, 우리는 이 각각에 대해서 비진리를 생각해 볼 수 있겠다.

2. 형식적 인식과 허위

1) 지성의 성격과 형식적 인식

인식은 의식 작용이고, 의식은 어떤 사태에 대해서 그것이 어떠하다는 견해(Fürwahrhalten)를 가짐으로써, 곧 판단함으로써 인식을 얻는다. 이때 그 인식이 객관적으로 타당하면 참이고, 그렇지 못하면 거짓이다. 이런 인식 작용에서 판단하는 기능을 우리는 '지성(知性, intellectus, understanding, Verstand)'이라 부른다. 그러니 지성이 판단하지 않는 곳에서는 어떤 경우에든 진리나 허위를 이야기할 수 없다.

그러면 지성은 어떻게 활동하는가? 지성의 기본적인 활동은 문자 그대로 '앎의 기능'이다. 앎, 지식, 인식은 지성이 개념들을 결합·종합하거나 분해·분석함으로써 생긴다. 그러므로 인식을 구성하는 요소들은 개념이다. 그래서 지성은 인식의 요소들인 개념들을 만드는 작업을 한다. 개념을 만드는 데 필요한 자료들은 감성, 감각적 경험을 통해 주어지기도 하고 상상력에 의해 제공되기도 한다. 다양한 자료들이 주어지면 지성은 이것들을 비교하고 추상하여 개념을 얻는다. 이런 점에서 지성은 '개념의 능력'이라고 불릴 수도 있다. 그러나 지성은 또한 '판단의 능력'이기도 하다. 판단은 어떤 개념으로부터 다른 어떤 개념을 분해해 내거나 어떤 개념에다가 다른 어떤 개념을 결합시키는 방식으로 수행된다. 그런데 이때 이 분석적 판단이나 종합적 판단은 각기 지성의 일정한 규칙에 따라 수행된다. 예컨대, 동일률, 모순율, 배중률과 같은 규칙은 분석적 판단을 가능하게 하는 지성의 원리이고, '~은 ~하다'는 '실체-속성의 관계' 규칙이라든지, '~이면, ~이다'라는 '원인-결과(전제-결론)의 관계' 규칙은 종합적 판단을 위한 지성의 원리이다. 이런 지성의 기본적 규칙들은 지성에 내재적이다. 이때 '내재적'이란, 지성이 구체적인 사고 활동, 판단 작용에 앞서 이미 이 규칙들을 구비하고 있다는 것을 뜻한다. 다시 말하면, 이 규칙들은 지성의 구체적인 사고 수행, 판단 작용에 선행한다는 뜻이다. 언제 어디로부터 어떻게 인간의 지성이 이런 사고의 내재적 규칙을 갖추어 갖게 되었는가라는 문제가 거론될 수 있겠으나, 적어도 우리가 확실하게 말할 수 있는 것은, 우리의 의식 활동에서 '지성'의 기능을 이야기할 수 있는 한, 동시에 지성의 법칙을 이야기하지 않을 수 없다는 점이다.

법칙이 없는 곳에서는 올바른 일도 그른 일도 없으므로, 지성 작용의 결과인 인식에 대해서 참·거짓을 이야기할 수 있다면, 지성 작용의 규준으로서의 법칙이 있어야 한다. 그리고 이 법칙은 지성에 내재적이어야 한다. 지성이 고유한 성격을 가진 기능인 한, 그 기능의 고유성은 그 기능의 작동 방식에 있는 것이고, 지성의 법칙이란 지성의 작동 방식의 일정성(一定性)이겠다. 어떤 기능의 작동 방식에 일정성이 없다면, 사실상 '그 기능'이라고 칭할 수도 없을 것이다. 그러므로 지성의 법칙이 내재적이라는 말은, 지성이 지성으로서의 고유한 기능을 가지고 있는 한 내재적인 법칙을 가질 수밖에 없다는 뜻이다. 그러니까 지성의 일정한 기능 방식인 지성의 법칙과 지성은 그 성립에 있어서 동시적이다. 지성은 당초에는 '백지'였는데, 언젠가부터 어떤 경로를 통해 고유한 기능 방식이 형성되었다는 것은 이치에 맞지 않는 생각으로, 이른바 '백지(白紙)'인

지성은 '지성이 아닌 것'이라고 말함이 옳다. 지성이 있다면, 그것은 언제나 일정한 법칙이나 기능과 함께 그리고 일정한 법칙이나 기능으로 말미암아 있는 것이며, 그렇기에 이미 그것은 '무엇인가가 새겨진 판(板)'이다.

어떤 사람들은 인간의 지성을 '백지'로부터 진화된 것으로 이해하려 한다. 그러나 일반적으로 인간 지성의 진화나 퇴화를 이야기하기 위해서는 '표준적 지성'이 가정되어야 할 것인데, 대체 '표준적' 지성 그리고 이 표준적 지성의 '보편성'은 무엇에 근거할까? 그것은 현재의 지성 상태나 혹은 현재의 지성 상태를 염두에 둔 '이상적 지성' 상(像)일 것이다. 그렇지 않다면, 가령 우리가 인간이란 종(種)의 생물학적 변화를 납득하고, 지성을 두뇌 활동의 한 가지로 환원시킬 수 있다는 전제 아래에서, 일정 시점과 일정 시점 사이에 인간의 '지성' 양상이 상당히 다르고, 또는 일정 집단의 '인간'과 또 다른 일정 집단의 '인간'의 지성 양상이 다름을 판별한다고 하더라도, 그것으로써 우리가 인간 지성의 진화나 퇴화를 말할 수는 없고, 기껏 '차이'를 이야기할 수 있을 따름이다. 그럴 경우 우리는 '더 발달된 지성' 또는 '덜 발달된 지성' 따위는 도무지 말할 수가 없고, 단지 '서로 다른 여러 양상의 지성'을 이야기할 수 있을 따름이다. 아니, 이렇게 말하는 것조차 어려울 것이다. 무엇을 근거로 해서, '서로 다른 양상의 것들'에 대해 하나의 공동의 이름 '지성'을 줄 수 있겠는가? 서로 다른 복수(複數)의 지성이 있다면 그리고 있다 하더라도, 그것들이 지성인 한에서 어떤 점에서는 동일함의 성격을 가지고 있기 때문일 것이다. 이때 지성의 동일한 성격이란 신체적으로(시간 · 공간적으로, 물리 · 심리학적으로) 또는 인격적으로(도덕적으로, 종교적으로) 구별되는 여러 사람의 각각의 두뇌 활동과 더불어 지성의 기능이 작동한다 하더라도, 그 방식이 보편성을 가짐을 말한다. 그러니까 이 점에서 지성은 언제 어디서 누구에게 있어서나 동일한 기능 방식을 가지며, 따라서 우리는 그것을 지성의 형식[形相] 또는 지성의 작용 법칙이라 부를 수 있다. 다시 말하면 지성은 지성인 한 적어도 형식적으로 동일하다. 지성은 형식상 하나이다.

형식적 인식의 보편성은 바로 이 지성의 동일함에 근거한다. 'A = A'나 '1 − 1 = 0'이라는 인식은 언제 어디서 누구에게나 타당하다. 이 말은, 이런 인식은 지성의 형식, 지성의 작용[표상, 사고, 인식, 판단, 추론] 법칙에 부합한다는 뜻이다. 반면에 'A = − A'라거나 '1 − 1 = 2'라는 판단은 틀린 것이다. 다시 말하면 지성의 법칙에 어긋난다. 그런데 지성의 법칙에 어긋나는 판단도 지성이 하는 일이다. 문제는 바로 이 점에서 생긴다. 지성은 어찌하여 자신의 작동 법칙에 어긋나게도 기능하는가? 무엇인가가 대체 자신의 기능 규칙에 맞지 않게 작동할 수 있는가?

2) 형식적 인식에서의 착오 가능성

그러하지 않은 것을 그러하다고 잘못 판단하는 것은 착오이며, 이 착오에 의한 잘못된 인식은 허위이다. 그런데 판단은 지성이 하는 일이다. 그러므로 지성은 진리를 인식하기도 하지만, 착오를 범하거나 착오에 빠지기도 한다. 어떤 형식적 인식에서 그러니까 지성은 자신의 규칙에서 벗어남으로써 착오에 빠지는 것이다. 이때 지성 스스로 자신의 규칙을 어길 수 있는가, 아니면 무엇인가가 지성으로 하여금 자신의 규칙을 벗어나도록 강요, 유혹하는가? 만약 '지성이 스스로 자신의 규칙을 어긴다'면, 그런 '지성'은 사실 지성일 수 없다. 앞서 생각해 보았듯이, 지성이란 일정한 규칙에 따르는 사고 기능을 일컫는 것이고, 그런 한에서 지성의 규칙은 지성에 내재적일 것이니 말이다. 이런 사태 파악이 옳다면, 지성이 착오에 빠지는 것은 지성 이외의 힘이 지성의 작용에 영향을 미친 탓이라 보아야 한다. 그렇다면 그런 일이 어떤 경우에 일어날까?

인식은 어떤 경우에나 판단에 의해 이루어지고, 판단의 주체는 지성이다. 지성이 판단하지 않으면, 그러므로 인식이란 없고, 또한 착오도 없으며 따라서 허위 인식도 없다. 허위 인식은 사태를 잘못 안 것이니 근본적으로는 앎이라 할 수 없겠으나, 그것은 일단 인식 작용의 결과이니 앎은 앎이되 잘못된 앎으로서 단적인 '모름'과는 구별할 수 있다. '모름'은 지성이 판단을 내리지 않은 경우이나, '잘못 앎'은 지성이 일단 판단을 내린 결과이다. 그런데 형식적 인식에서 허위는 지성의 자기 작동 규칙의 위반, 곧 자가당착의 산물이니, 지성이 자가당착에 빠지게 된 것은 지성 활동에 장애를 일으킬 정도의 어떤 큰 힘이 지성 활동을 방해한 것으로 볼 수 있다. 그런 외부의 힘으로서 우리가 우선 꼽을 수 있는 것이 상상력, 의지, 경향성, 습성, 관심 따위이다. 우리 의식에는 지성 이외에도 다른 활동하는 힘들이 많이 있는 셈이다.

"착오는 지성의 한계나 박약으로 인해 생기는 것이 아니다. 그로부터는 단지 무지(無知)가 생길 뿐이다."(Kant, AA XXIV, 1, 402) 물체를 움직이는 어떤 힘이 감소하면, 그 때문에 그 물체가 가던 방향에서 벗어나는 것이 아니라, 단지 속도가 줄거나 멈출 따름이듯이, 지성의 힘이 약할 경우 우리는 단지 조금 알거나 판단을 중지한다. 판단하지 않는 곳에는 허위가 없으며, 조금 알아도 그것을 우리는 충분히 잘 알 수 있다. 그러므로 만약 착오가 일어난다면, 그것은 지성의 결여로부터가 아니라 어떤 적극적인 힘이 지성의 활동에 끼어듦으로써 생긴 것이다. 그런 뜻에서 착오는 일종의 사생아이다(Kant, AA XXIV, 1, 402 참조). 상상력은 한계를 모를 만큼 활동 영역을 넓혀 지성을 무디게 만든다. 예컨대, 상상은 6과 9는 반회전하면 같다 하여 '6 – 9 = 0'이라 볼 수도 있고, 신의 관념에 하얀 수염의 노인을 연상하기도 하며, 지성은 상상과 더불어 유희에 빠진다. 지성은 판단하는 힘이 제한되어 있건만, 의식의 경향성은 우리가 한계에 부딪치는 곳에서조차 무엇인가를 결정하고자 하여 착오를 유발한다. "우리의 제한된 능력으로 말미암아 판단하고 결정할 수 없는 데에서도 판단하고 결정하려 하는 우리의 성향이 우리를 착오로 이끈다."(Kant, AA IX, 54)

의식은 "인식의 능력(facultas cognoscendi)과 의사의 자유(arbitrii libertas)인 선택의 능력(facultas eligendi), 다시 말하면 지성(intellectus)과 동시에 의지(voluntas)"를 가진다(Descartes, *Meditationes*, IV, 8). 우리는 "지성만으로는 다만 관념들을 파악할 따름이고, 이 관념들에 관해 판단을 내릴 수 있다. 지성 그 자체만을 엄밀히 고찰하면, 지성 안에는 본래 착오란 없다." "우리가 그것에 관한 관념을 갖지 못하는 많은 사물들이 있겠지만, 그렇다고 그것을 지성의 결함이라고 말할 수는 없을 것이다."(같은 곳) 내가 범하는 착오는 "오로지 의지의 활동 영역은 지성보다 훨씬 멀리까지 열려 있는데, 내가 의지를 지성의 한계 내에 가두어 두지 않고, 내가 알지 못하는 사물들에까지 활동이 미치도록 하는 데에서 생긴다. 이런 것에 관해 의지는 아무래도 상관없으므로 쉽사리 진리에서 [□□□] 떨어져 나와 오류를 범하는 것이다."(*Meditationes*, IV, 9) 우리는 "그 진리가 분명치 않은 모든 것에 대해서는 판단 내리는 것을 유보해야 함을 상기함으로써"(*Meditationes*, IV, 16) 착오를 방지할 수가 있다. "내가 내 의지를 제한시켜" 지성으로 하여금 명료하고 분명한 관념들에 관해서만 판단하도록 한다면, "내가 착오를 범한다는 것은 있을 수 없다."(*Meditationes*, IV, 17) 예컨대 '2 ÷ 0 = 2'라고 판단하는 자는 착오에 빠진 것인데, 그에게 만약 '2 ÷ 0'의 개념이 명료하고 분명하지 않았다면 판단을 내리지 말았어야 했고, 그 경우 그는 단지 '모름'을 드러냈을 터이다. 이런 유의 오류를 범하는 사람에게 데카르트는 "내가 완전하게 아는 것에 관해 충분히 주목하고, 이것을 내가 애매모호하게밖에는 파악하지 못하는 다른 것들과 분리하기만 하면, 나는 틀림없이 진리에 도달할 것이다"고까지 말한다(*Meditationes*, IV, 17 참조).

사람은 욕구나 상상이나 성향에 이끌려 때로 착오에 빠질 수 있지만, 그러나 지성이 충분한 주의를 기울이는 한 형식적인 인식에서 착오는 생기지 않는다. 형식적 인식에서의 착오는 보편적인 것도 아니고, 어쩔 수 없는 것도 아니다. 형식적 인식에서 착오란 문자 그대로 지성이 명확한 것과 불명확한 것을 '뒤섞어 그릇됨'에 빠진 것이지만, 그러나 그것은 피해질 수 있다. 형식적 인식이란 당초부터 관념을 지성의 사고 규칙에 따라 결합하고 분리함으로써 얻는 것이기 때문이다.

3. 경험적 인식과 착오

경험적 진리는 일반적으로 '인식[사고]과 실재[사실]의 합치'라고 말해질 수 있다. 그러므로 경험적으로 잘못된 인식은 앎이 사실과 부합하지 않은 것이다. 경험적 사태에 부합하지 않는 판단 내용을 갖는 인식은 허위이다. 그때 그 판단 작용은 착오에 빠진 것이다. 이런 경험적 인식에서 착오는, 지성이 판단함에서 자신의 기능 규칙을 제대로 준수했다 하더라도, 진상이 아닌 무엇인가를 진상으로 잘못 판단하는 데서 일어나므로, 문제는 어떻게 이런 착오가 발생하는가, 그리고 과연 인간의 인식 작용은 근본적으로 이런 착오에서 벗어날 수 있는가 하는 것이다.

1) 경험적 인식의 착오 가능성

경험적 인식은 형식적 인식에서의 지성 활동을 그대로 밑바탕에 두고 이에 감성적 인식 소재가 더해짐으로써 생긴다. 그러므로 경험적으로 대상을 인식함에 있어서 착오 가능성은 형식적 인식에서와 마찬가지로 무제한적인 상상력이나 의욕 또는 성향이 지성으로 하여금 자신의 궤도를 벗어나게 함에도 물론 있지만, 지성과 더불어 경험적 대상 인식의 또 다른 근간을 이루는 감성의 활동이 지성의 활동과 뒤섞이는 데에 있다고 볼 수 있다. "우리의 이성은 감각 없이는 아무것도 배우지 못하고 이해하지 못할 터이다."(Aristoteles, *De anima*, 432a 6~7) 감성은 경험적 대상 인식에서 인식 소재를 직접 접하는 통로라는 점에서 인식의 실질적 원천이다. 그것은 다시 말하면 경험적인 진리 내용의 근원이다. 그러나 그것은 바로 그만큼, 만약 그것이 인식 소재를 잘못 제공하여 지성으로 하여금 오판하도록 한다면, 또한 "착오의 근거"이기도 하다(Kant, *KrV*, A295=B351 주 참조). 물론 감성 그 자체는 아무런 판단도 하지 않으므로, 감성 그 자체의 활동 작용이 착오의 근원이라고 말할 수는 없다. 어쩌면 감성의 잘못된 소재 제공을 충분히 검토하지 않고 선부르게 판단을 내린 지성에 착오의 근원을 돌릴 수도 있을지 모르겠다.

경험적 대상 인식에서 허위란 한낱 주관적인 표상 즉 가상을 객관적인 것, 즉 진상으로 혼동하는 데서, 곧 착오를 일으키는 데서 생긴다. 이런 일은 보기에 따라서는 대상을 접하여 인식 소재를 수용하는 감성이 대상을 판단하는 지성에 영향을 잘못 미친 탓이라고 할 수도 있지만(Kant, AA IX, 54 참조), 달리 생각하면 "지성이 감성의 저 영향에 대해 기울여야 할 만큼의 주의를 결여함으로써 그로부터 생겨난 가상, 즉 한낱 주관적인 판단의 규정 근거를 객관적인 것으로 여기고, 혹은 감성의 규칙에서 볼 때 참인 것을 지성의 법칙에 따라서도 참인 것으로 타당하도록 허용하는 가상에 지성이 자신을 내맡겨 오도하게 하는 데서 착오가 일어난다고도 볼 수 있다."(Kant, AA IX, 54) 그러나 어느 관점에서 보든 분명한 것은, 감성은 자신의 기능 규칙에 따라 대상에 대한 표상을 얻을 뿐 판단하지 않으며, 지성은 만약 감성으로부터 아무런 자료 제공이 없으면, 역시 대상에 대해 아무런 판단도 내리지 않을 터이고, 판단이 없는 곳에서는 진리도 없지만 마찬가지로 허위도 있을 수 없는 것이니까, 진리이든 허위이든 경험적 인식은 "지성과 감성이 뒤섞인 결과"(Kant, AA XXIV, 1, 395)라는 점이다. "지성과 감성이 결합함으로써만 인식이 생길 수 있는"(Kant, *KrV*, A51=B75) 만큼, 만약 착오가 있다면 그것도 지성과 감성이 결합하는 데서 생긴다(Kant, AA XVI, 288: 조각글 2259 참조).

그렇다면 경험적 인식에서 생기는 착오는 인간에게 어떤 의미가 있는가? 이런 착오를 인간은 과연 피할 수 있는가?

2) 대상 의식의 착오와 자기 교정 능력

허위를 진리로 여김, 주관적 가상을 객관적 진상으로 혼동함을 언필칭 착오라 한다. 그러나 우리 인간은 이 착오를 언제 이야기할 수 있는가? 누군가가 인시 활동에서 '허위'를 '진리'로 혼동했고, 단지 '주관적인 가상'을 '객관적인 진상'으로 잘못 알았음이 드러난 연후일 것이다. 어떤 인식은 언제 어떤 조건 아래서 '허위'로 판명되고, '진리'로 분명해지는가? '주관적인 가상'이란 무엇을 뜻하고, '객관적인 진상'이란 무엇을 함의하는가?

우리가 허위를 말하고 착오를 말하고, 가상을 말하고 진상을 말하며, 진리를 말하는 관점은 '인식'이고, 그것도 우리 인간의 인식이다. 이 말은 우리가 착오를 말할 수 있는 관점은, 전지전능한 신의 관점도 아니요, 이른바 '존재자 자체'의 관점일 수도 없다는 뜻이다. 신의 인식은 곧 진리요, 진상이요, 존재라 하니, 어디 허위, 착오, 가상이 끼어들 여지가 있겠는가! '존재자 자체'란 단지 이상적 · 이념적 존재자일 뿐, 바로 그것이 무엇인지를 모르기 때문에, 그것을 알고자 하는 의식의 지향 활동이 인식이 아닌가! 그러니 우리가 제아무리 '존재자 자체'의 관점에서 이야기하려 함을 강조하고 싶어도, 그것은 결국 " '존재자 자체'라고 생각하는" 관점 이상이 아니다. '진리 자체', '진상 자체'야 우리 인간의 인식에 독립적인 것이겠고, 착오란 인식 활동의 도중에서 발생하는 것이겠지만, 우리가 진리, 허위를 말하고 착오를 말할 수 있는 것은 인식의 결과를 본 연후이다.

사람은 설령 그가 착오에 빠져 있다 하더라도 착오에 빠져 있는 동안은 자신이 착오를 범하고 있다는 사실을 모른다. 누구나 자신이 인식에서 착오에 빠질 수 있고 현재 착오에 빠져 있을지도 모른다는 것은 인정하지만, 그러나 어떤 것을 참이라고 주장하는 한, 그동안은 적어도 그 참에 대한 자신의 주장의 착오 가능성은 배제하고 있는 것이다. 어떤 경우에는 자신이 착오에 빠졌다고 생각하는 것 자체가 도리어 착오일 수도 있다. 허위란 틀린 인식을 일컫는 것이고, 틀린 인식은 맞는 인식의 기준을 전제로 해서만 애기할 수 있는 것이니, 양자를 혼동한다는 착오도 틀린 인식, 맞는 인식이 구별된다는 전제 아래서만 애기할 수 있는 것이다.

'1 − 1 = 0'은 맞는 인식이고 '1 − 1 = 1'은 틀린 인식이다. 이런 인식의 맞고 틀림은 이성의 규칙에 따른다. 그렇기 때문에 이와 같은 형식적 인식에서 진위의 규준은 이성의 사고 규칙이다. 물론 '이성'이 무엇인가에 대해서는 서로 다른 견해가 있겠으나, 일단 우리가 공동으로 '이성'을 얘기할 수 있는 한, 앞서도 이미 논의했듯이, 우리는 이성의 기본적인 기능과 규칙을 납득하는 것이고, 그런 한에서 형식적 인식에서의 허위와 진리의 판별 준거를 우리는 이성 내에서 찾을 수 있다. 그런 뜻에서 누군가가 '1 – 1 = 1'이라고 인식한다면, 그는 착오에 빠진 것이다. 우리는 이성의 이름으로 이렇게 단정할 수가 있다. 그러나 경험적 인식의 진위의 판정에는 이성의 사고 규칙이라는 규준 이상의 것이 필요하다. 그것은 경험적 인식의 내용은 이성의 앎의 기능, 즉 지성 밖에서 얻어지는 것이기 때문이다.

'지구와 달 사이의 거리는 36만km이다'라는 판단이 맞는지 틀리는지는 이성의 사고 규칙만으로는 판정할 수 없다. 따라서 누군가가 '지구와 달 사이의 거리는 50만km이다'라고 판단할 때, 그가 착오에 빠졌는지 어땠는지를 우리는 사고 규칙만을 가지고서는 판정할 수 없고, 그러니까 그의 인식이 틀리는지 어떤지에 대한 충분한 판정 기준을 이성 내에서는 발견할 수가 없다. 그의 인식이 허위라는 것은 가령 '지구와 달 사이의 거리는 36만km이다'가 진리라는 전제 아래에서만 가능하다. '눈이 검다'는 인식이 허위임은 예컨대 '눈이 희다'가 진리라는 전제 아래에서만 그러하다. 그렇다면, '지구와 달 사이의 거리는 36만km이다'나 '눈이 희다'가 진리임은 무엇에 근거하는가? 이런 판단의 내용이 참인 것은, 그것이 사실[실재]을 말하고 있기 때문이라면, 우리는 어떤 근거에서 '사실'을 말할 수 있는가?

'사실은 자신이 사실임을 말한다', '진실은 드러나기 마련이다', '존재는 자신을 개시(開示)한다'는 견해를 피력하는 사람이 있지만,

이런 견해가 옳다면 궁극적으로 인간이 착오에 빠지는 일은 없을 터이다. 실제로는 존재는 자신을 감추고, 그렇기에 인간은 그것을 들춰내려 하는 것이고, 그것을 이름하여 인식이라 하지 않는가? 아니, 여기서 우리가 '존재는 자신을 드러낸다', 혹은 '존재는 자신을 감춘다'고 말하지만, 사실은 그 '존재'라는 것 자체가 무엇인지를 모르니, 정확히 말하자면 우리는 존재가 자신을 드러내는지 숨기는지도 알지 못하는 것이 아닌가? 이런 물음들은 우리를 다시금 경험적 인식의 근본 성격에 대한 반성에로 이끈다.

대상에 대한 경험적 인식의 구조는 보통 의식이라고 하는 '인식자' — 그것이 '나' 혹은 '이성'이라고 통칭되든 때때로처럼 이성, 지성, 감성이라는 세분된 이름으로 불리든 — 와 이 인식자의 지향 대상인 '존재자 자체' 그리고 이 양자의 연결 끈인 '인식(작용, 내용)'의 상관 관계 곧 '인식자[의식]-인식(작용, 내용)-인식 대상[존재자 자체]'으로 이해된다. 이런 이해에서 존재자를 그 자체대로 파악하려는 대상 의식에서는 한편에서는 인식자인 '나[우리]'와 이 인식자의 활동(작용)으로서의 '인식'이 구별되며 다른 한편에서는 이 인식 활동의 작용 결과인 '인식'과 이 인식 활동의 지향 표적인 '존재자 자체'가 구별된다. 그러면서도 의식은 그의 인식이 존재자에 혹은 존재자가 그의 인식에 합치할 때까지는 자기의 대상 인식에 만족하지 않는다. "그의 개념이 대상에, 대상이 그의 개념에 합치함"(Hegel, *PdG*: GW9, 57)을 목표로 운동하는 대상 의식은 이 목표에 도달하기까지는 자신의 인식에 만족하지 못하며 끊임없이 자신의 인식을 부정한다. 의식은 "안주(安住)하고 있는 것이 아니라, 오히려 절대적으로 불안정한 것이며, 순수한 활동성이고 부정 작용이다."(Hegel, *Enzy*, §378, 추기) 대상 의식은 대상을 겪어 나가며 자신의 인식을 고쳐 나가는 운동인바, 이것이 다름 아닌 경험

(經驗) 즉 '지나면서 실지를 알아봄'이다. 경험이라는 의식의 운동은 대상에 대한 직접적인 의식과 이 의식에 대한 반성적 의식 사이의 조정 운동, 즉 자기 대화, 바꿔 말해 자기를 자기에 '비춰본다(speculari)'는 뜻에서 변증법적 사변(思辨, speculatio)이다. 이 대상 의식의 사변적 자기 대화는 결국 직접적 의식과 반성적 의식의 일치, 인식 작용과 인식 내용의 합치, 이를 통한 인식자와 인식 대상, 인식과 존재자 자체의 하나됨, 말하자면 진상, 사실, 실재를 찾기 위한 의식의 자기 지양 노력이다.

대상 의식의 경험으로서 자기 대화는 자신의 인식에 대한 검사이다. 참된 인식이란 앞서 말했듯이 인식과 대상의 합치에서 성립하는 것이다. 그러므로 의식은 자기의 인식과 대상이 합치하는가를 끊임없이 검사한다. 이 검사의 척도(mensura)는 대상이다. "인식될 수 있는 것이 인식보다 선행하며 인식의 척도인 것이다."(Aristoteles, *Metaphysica*, 1053a 3) 그래서 만약에 이 합치 검사에서 양자가 합치하지 않고 서로 어긋나면, 모순되면, 의식은 자기의 인식을 변경한다. 대상 의식은 예컨대 물체의 공간 운동에 대한 뉴턴적 인식을 아인슈타인적 인식으로 변경한다. 그러나 의식이 대상에 대한 자기 인식을 변경시키면, 그것은 바로 의식에 있어서 또한 대상 자체도 변화한다는 것을 의미한다. 왜냐하면, 인식은 다름 아닌 그 대상에 대한 인식이었고, 그런 한에서 그 대상은 그 인식에 속하는 것이었으니, 인식의 변화에 따라서 그 인식의 대상도 달라지기 마련이기 때문이다. 의식에게는 존재자란 단적으로 그 자체로 있는 것이 아니라 의식에 대해서만 그 자체로 있는 것이다. "그러므로 의식이 대상에 자기의 인식이 합치하지 않음을 발견할 때에, 대상 자신도 유지되지 못한다."(Hegel, *PdG*: GW9, 60) 다시 말하면 인식의 대상과의 합치 여부를 가리는 검사에서 인식이 합격하지 못하면, 그 검사의 척도여야 할 대상도 변경된다. 의식의 자기 검사는 인식의 검사일 뿐만 아니라 그 검사의 척도의 검사이기도 한 것이다.

인식이 변경되면 그에 상응해서 처음의 대상을 부정하는 새로운 대상이 나타난다. 새로운 대상이 나타나면 이에 대한 대상 의식은 새로운 인식 활동을 하며, 의식의 자기 검사를 통하여 또다시 인식이 변경된다. 이렇게 의식의 자기 자신의 인식에 대한 검사를 통하여, 다시 말하면 의식의 자기에 대한 회의적인 반성을 통하여 일련의 새로운 대상은 모습을 드러내며, 새로운 대상이 나타나면 이에 대해 새로운 인식이 수행되고, 새로운 인식이 수행되면 또다시 새로운 대상이 나타날 수밖에 없는 의식의 '변증법'적인 운동은 "존재와 인식이 완전히 하나"가 될 때(Hegel, *PdG*: GW9, 39)까지 계속된다. 그러니까 대상 의식의 변증법적인, 자기 대화적인 운동이 그치는 그곳에서 인식과 존재자 자체는 완전히 합치하고 인식은 자신의 이상에 도달한다. 그때 비로소 진짜 사실이, 진상이 무엇인지 드러난다. 그러나 대상 의식의 변증법적 운동은 언제 어디서 끝나는 것인가? 형식적인 답은 이미 주어졌다. ― 인식과 대상이 완전히 합치하는 때, 바로 그곳이라고. 그런데 인식과 대상이 완전히 합치하는 곳은 다름 아닌 대상 의식의 변증법적 운동이 종료되는 바로 그곳이다. 우리는 무슨 답을 얻었는가?

"없는 것을 없다고 말하고, 있는 것을 있다고 말하는 것은 참"이며, "눈이 흴 때 바로 그때 '눈이 희다'는 판단은 참이다." ― 누가 이것을 부인하겠는가! 그러나 이런 언명들이 경험적 진리의 형식적 규정인 '인식의 대상과의 합치'보다 무엇을 더 말해 주는가? 아무것도 없을 때, 오로지 그때 '아무것도 없다'고 말하고, 무엇인가가 있을 때, 오로지 그때 '무엇인가가 있다'고 말하며, 눈이 흴 때, 오로지 그때 '눈이 희다'는 판단은 사태에 부합하기 때문에 참이다.

그러나 저 말은 누가하고, 저 판단은 누가 내리는가? 또 이 '말'과 '판단'이 '참이다'라는 판정은 누가 하는가? 저 말과 판단도 '나[우리, 인식자, 인간 의식]'가 하고, 저런 판정도 '나'가 할 수밖에 없는 것 아니겠는가? 그러니까 저런 언명들은 직접적 의식과 반성적 의식 사이의 대화 혹은 한 직접적인 의식과 또 다른 직접적인 의식과의 대화와 이를 조정하는 반성적인 의식 사이의 대화를 통한 합의 이상을 말하는 것이 아니다. 이 말은 우리의 대상 인식 곧 경험적 인식이, 표준적인 말로 바꿔 표현해서, 과학적 지식이 전개 발전되는 한, 진리란 언제나 의식들 사이의 잠정적 합의에 근거하는 것이고, 그 '진리'라는 것이 언제든지 '착오'로 반전될 수 있음을 뜻한다. '과학'이라는 것이 발전하는 한, 그 발전하는 과학에 부응해서 일련의 새로운 사태가 나타나고, 그러면 다시 새로운 과학적 지식이 생긴다.

과학의 발전은 새로운 과학적 지식의 전개와 때로는 과학적 사고방식의 전환을 포함하며, 이것은 단지 지식의 양의 증가뿐만 아니라 종래 지식의 수정도 뜻한다. 그렇기에 그것은 이미 '사태에 맞게' 수정된 지식이 앞으로 다시 수정될 수도 있음을 함축한다. 경험적 인식 체계로서의 과학은 인간 지성 활동의 산물이고, 인간의 지성은 앞서 살펴보았듯이 대상 인식 능력이자 또한 자신을 부정하는 힘 곧 자기 교정 능력을 가진 것이다. 그래서 우리에게는 여전히 최초의 문제가 고스란히 남는다. — '사태'란, '사실'이란, '존재'란, '실재'란, '진상'이란 무엇인가? 그리고 경험적으로 참된 인식이란, 따라서 경험적 인식에서 착오란 무엇인가?

3) 경험적 인식의 한계와 착오의 의미

경험적 인식에서도 형식적 인식에서와 마찬가지로 인식을 수행하는 기능인 지성은 상상이나 의욕이나 어떤 성향에 이끌려 자신의 작동 규칙, '정도(正道)를 일탈(errare, irren)'할 때 착오에 빠질 수 있다. 그러나 형식적 인식에서 지성의 착오는 방지될 수도 있는 것이고, 또 '보편적 지성'의 권위로써 허위 인식에 대해서 그 인식이 허위임을 최종적으로 단정할 수도 있다. 물론 지성 능력의 한계로 말미암아 이 영역에서도 아직 모르는 것이 많이 있겠지만, 그런 것에 관한 지성의 판단에 대해서는 그 진위가 미정(未定)으로 남을 터이니, 착오 여부의 판정도 미루어질 수밖에 없을 것이다. 그리고 형식적 인식에 관해서는 단정이든, 판정이든, 미정이든 이 모든 결정이 이성의 이름으로 이성 능력의 범위 내에서 이루어진다. 반면에 경험적 인식에 관련해서는 그렇게 할 수가 없다. 그것은 경험적 인식의 진리 규정, '인식의 대상과의 합치'에서 진리의 척도는 이성의 밖, 곧 '대상'에 있기 때문이고, 게다가 그 인식을 수행하는 지성이라는 것도 고유한 방식의 작용 형식을 가지고, 그 틀에 따라 대상을 인식하는 것이어서, 설령 하나의 '보편적' 인식이 있다 하더라도, 그 인식이 과연 '대상을 그 자체대로' 파악한 것인지는 알 수 없기 때문이다. 이것은 사태를 그것인바 그대로, 있는바 그대로 인식한 것이라는 경험적 진리가 어디까지나 인식자에 의존적이라는, 바꿔 말해 주관적이라는 것을 말한다. 단순화시켜 말하면, '객관적'이라는 것도 근본적으로는 주관적이라는 것이다. 이것은 착오를 '주관적인 것을 객관적인 것으로 혼동함'이라고 규정할 때, 그 규정의 의미를 모호하게 만든다.

"인식이란 일종의 작용이며, 작용이란 작용자로부터 나온 활동을 말한다."(Th. Aquinas, *ST*, I, qu. 14, art. 4) 이 인식하는 활동을 통해 무엇인가가 인식되는 것이며, "인식된 것의 상(像, species)은 인식하는 자 안에 있다." "왜냐하면, 인식되는 것은 인식하는 자의 존재 방식대로 인식하는 자 안에 있기 때문이다.”(Th. Aquinas, *ST*, I, qu. 14, art. 1) 인식이라는 것이 본디 어떤 것이 인식자에게 수용되는 것인 만큼, 그것은 인식자의 인식 방식, 수용 방식에 의존하기 마련이다. 인식자가 체용(體用) 개념을 가지고 있음으로써 사물은 실체와 활용의 틀로 파악이 되고, 인식자가 수량(數量) 개념을 가지고 있음으로써 사물은 측량된다. 그러므로 인식자가 제아무리 자신의 인식이 존재자 자체와 합치하는가를 검사한다 해도, 그것을 자기의 능력과 자기가 가지고 있는 수단을 가지고서 할 수밖에 없다. 바로 이 점에서 인간의 경험적 인식은 그것이 ‘진리’라고, 곧 대상과 합치한다고 보편적 이성에 의해 확인되는 순간에도 착오일 가능성을 포함한다.

인간의 경험적 인식은 예술가의 창작 활동도 아니며, 신의 존재 창조도 아니다. 경험적 인식에서 인식되는 것이 인식자의 인식 방식에 따라 수용되고 규정된다 해도, 그렇다고 인식 대상이 인식자의 창작물은 아니다. 예술품의 창작이나 신의 세계 창조에서는 허위가 있을 수 없다. 경험적 인식에서 허위가 이야기되는 것은 합치 여부의 검사의 척도가 인식자 밖에 있다고 생각되기 때문이다. 경험적 인식은 어디까지나 인식자 밖에 있는 것에 접근·동화(assimilatio cognoscentis ad rem cognitam)함이다. 이것이 경험적 인식이 창작이 아니고 ‘인식’인 의미이다.

인간의 경험적 인식은 존재하는 것의 본질과 존재 방식을 파악함이다. 그렇기 때문에 경험적 인식에서 진리는 그 인식이 존재하는 것 자체에 합치하는 데에 있다. 그리고 그런 인식을 우리는 객관적 인식이라 한다. 이때 ‘객관적’이란 그러니까 ‘존재자 자체(객관)에 타당한’이라는 뜻이겠다. 그러나 우리는 앞서 이른바 ‘경험적 진리’라는 것도 인식이 인식자 곧 ‘주관에 의존적’이라는 의미에서

‘주관적’일 수밖에 없다고 말하였다. 이 말은 ‘존재자 자체[객관]에 타당한’ 것도 ‘주관에 의존적’임을 뜻한다. 즉 객관도 궁극적으로는 주관적 표상이라 할 수 있다. 그러므로 이제 우리가 주관적 표상을 객관적으로 혼동함을 착오라 규정할 때, 이 ‘주관적’과 ‘객관적’의 의미를 잘 새겨야 한다. 만약 여기서 ‘주관적’은 ‘인식 활동하는 경험적인 그 개인에게만 타당한’의 뜻으로, ‘객관적’은 ‘언제 어디서 누구에게나 타당한’, 그러니까 결국 ‘상호 주관적으로 합의된’이라는 의미에서 ‘보편타당한’의 뜻으로 쓰인다면, 이때 착오란 사(私)적 인식의 수준에서 일어날 수 있는 것만을 말하는 것이겠고, 참된 인식이란 학(學)적 인식을 지시하는 것이겠다. 이런 제한된 의미에서 사적인 경험적인 착오는 이성이 충분히 주의를 기울인다면 방지될 수 있다. 그러나 앞서 살펴보았듯이 우리 인간은 학적 인식에서도 많은 착오를 범한다. 그것은 과학사가 입증해 주는 바이다. 이런 의미에서의 착오는 인간의 경험적 인식에게는 불가피하다. 경험적 진리, 존재자 자체에 타당한 인식, 객관적으로 타당한 인식이라는 것이 근본적으로 주관이라고 하는 인식자에 의존하는 한, 그리고 이 인식자가 신과 같은 완전함을 가지고 있지 못한 인간의 경험의식을 지칭하는 한, 경험적 진리는 언제나 착오일 가능성을 가진다. 인간의 대상의식의 경험적 진리 추구의 길은 반복되는 착오의 길이기도 하고, 헤겔의 말처럼 “회의(懷疑)의 길”이고 “절망의 길”이다. 그러나 착오와 회의와 절망의 길은 의식이 그에게 등장하는 존재자를 관통하는 즉 경험(經驗)하는 길이며, 그 길의 종착점은 의식이 마침내 존재자와 하나가 되는 지점이다. 희망적으로 말하자면, 이런 뜻에서 의식의 경험은 진리를 향한 “의식 자신의 도야(陶冶)의 역정(歷程)”이다.

4. 초험적 인식과 가상

1) 선험적 인식과 초월적 진리

경험적 인식에서 진리를 '인식의 존재와의 합치'라고 규정할 때, '인식'이란 인식의 내용 곧 인식된 것을, '존재'란 존재하는 것 곧 존재자를 의미한다. 그러니까 경험적 진리란 경험 의식에 의해 인식된 내용이 존재하는 것 그대로와 똑같음이다. 과연 인간의 경험적 인식에서 그런 경우가 있겠는가, 있다면 무슨 의미에서 그러하겠는가에 관해서는 앞에서 이미 살펴보았다. 앞에서 해명된 것을 받아서 말한다면, 우리는 적어도 잠정적으로나마 저런 의미에서의 경험적 진리를 얘기할 수 있다. 그렇다면 일단 경험적 진리가 있음을 납득하기로 하고, 이제 진리인 경험적 인식이 어떻게 가능한가를 생각해 보자.

경험적 인식도 언제나 판단으로 표현된다. 그런데 판단은 내용뿐만 아니라 일정한 형식을 갖는다. 예컨대, '지금 저기에 두 사람이 서 있다', '한 사람은 황인이고, 또 한 사람은 백인이다', '저 장미꽃은 붉다', '햇빛이 저 장미를 붉게 물들게 했다' 등등에서 보는 것처럼, 인식을 표현하고 있는 판단들은 '(언제) (어디서) 무엇이 (어떻게) (얼마만큼) (어째서) 있다' 혹은 '무엇이 (왜) 어떠하다' 등의 틀로 짜여져 있다. 그러니까 판단들은 따라서 인식들은 이런 형식에 근거한다고 볼 수 있다. 그런데 이런 형식들이 어디로부터 유래하는가를 반성해 보면, 그것이 인식하는 이성 자체에 원천을 둠을 알 수 있다. 경험적 인식은 바로 저런 형식에 근거하는데, 이 형식이 거꾸로 경험으로부터 유래한다고 볼 수는 없기 때문이다. 그래서 칸트는 이런 형식을 '선험적'이라고 불렀다. 우리 이성은 이와 같은 선험적인 표상을 가지고 있고, 이 선험적 표상들의 사용 규칙 또한 가지고 있다. 예를 들자면, "모든 직관들은 연장적 크기들이다"(Kant, *KrV*, B202), "발생(존재하기 시작)하는 모든 것은, 그것이 규칙상 바로 그에 뒤따르는 어떤 것을 전제한다"(Kant, *KrV*, A189) 등과 같은 순수 지성 개념의 객관적 사용의 원칙들이 그런 것이다. 이처럼 순전히 이성으로부터 유래한 표상들로 이루어진 인식을 우리는 선험적 인식이라 부를 수 있다.

그런데 이와 같은 선험적 인식은 인식하는 의식의 작용 규칙들로서, 이 규칙 아래에서 의식이 작동되는 것이므로 그것들은 인식하는 의식을 가능하게 하는 조건이자 의식의 틀[형식]이다. 이런 틀을 바탕으로 해서 무엇인가 대상을 경험적으로 인식하는 의식이 활동할 수 있다. 그리고 의식이 활동해야 비로소 무엇인가가 인식된다. 그러니까 이런 경험 의식을 가능하게 하는 근거 · 조건이 바로 경험 의식에서 인식되는 것 일반을 가능하게 하는 근거 · 조건이라고 말할 수 있다(Kant, *KrV*, A158=B197; AA X, 130; AA XVIII, 347: 조각글 5761; AA XXVIII, 239, 550 참조).

저런 선험적 인식이 경험적으로 인식되는 것 일반을 가능하게 하는 근거이자 조건이라 함은, 선험적 인식을 기초로 해서 경험적 인식이 성립하고, 그래야 비로소 인식되는 것도 있을 수 있다는 의미도 있지만, 더 나아가서 선험적 인식이 인식되는 것의 존재 형식을 이룬다는 것도 의미한다.

우리에게 경험적으로 인식되는 것은 반드시 '무엇'(실체)이고, '어떠하며'(속성), '언제'(시간), '어디에'(공간), '어떻게'(양태) 있다. 경험적 인식의 틀을 이루는 이와 같은 '실체', '속성', '시간', '공간', '양태' 등의 선험적 표상과 이 선험적 표상들의 사용 규칙인 선험적 인식들이 인식되는 것, 따라서 경험적으로 존재하는 것의 존재 틀을 이룬다. 이것은 인식 기능의 선험적인 기본 틀이 인식 대상의 기본 틀임을 말한다. "인식하는 수단은 그것의 소질상 그의 대상과 같아야 한다."(Aristoteles, *De anima*, 430b 23 이하) 다시 말하면 인식하는 의식 작용과 인식되는 존재자는 기본적으로 동형성(同形性, conformitas)을 가지며, 이 점에서 양자는 일치한다(Th. Aquinas, *ST*, I, qu. 16, art. 2. 2 참조). 다름 아닌 이 형식의 일치에 근거해서 인식의 내용과 존재하는 것의 합치, 곧 경험적 진리가 가능하다. 그래서 칸트는 저 틀[형식]의 일치를 "모든 경험적 진리에 선행하면서 바로 이 경험적 진리를 가능하게 하는" 것이라는 의미에서 "초월적 진리"(Kant, *KrV*, A146=B185)라고 부른다.

우리가 여기서 칸트의 용어법을 그대로 따른다면, '초월적 진리'란 의식의 경험적 인식 작용을 가능하게 하는 의식의 본래적인, 그러므로 경험 활동에 선행하는 기능 구조와 의식의 경험적 인식에서 인식되는 존재자의 존재 구조가 일치함을 말한다. 그것이 '진리'인 것은 어떤 의미에서든 인식자[의식]와 인식 대상[존재자]이, 그러니까 의식의 의식임[본질]과 존재자의 존재임[본질]이 일치함을 뜻하기 때문이고, 그것이 '초월적'임은 그 인식하는 의식의 작용 형식이자 존재하는 것의 존재 형식인 표상들이 그 자신은 선험적이면서도 그러나 경험적인 의식 활동과 경험적으로 인식되는 대상들을 가능하게 함을 뜻하기 때문이다.

이제 우리가 '초월적 진리'를 이런 의미로 사용할 때 주의해야 할 바는, 앞서 형식적 진리란 형식적 인식의 참임을, 경험적 진리란 경험적 인식의 참임을 뜻한 반면에 초월적 진리는 같은 의미에서의 초월적 인식의 참임을 뜻하는 것이 아니라는 점이다. 형식적 인식은 그것이 이성의 규칙에 어긋나면 허위가 되고, 경험적 인식 역시 사실과 맞지 않으면 허위가 된다. 그러나 초월적 인식에는 허위가 없다. 초월적 인식이란 경험적 인식을 가능하게 하는 선험적 인식을 일컫는 것이니, 만약 하나의 선험적 인식이 경험적 인식을 가능하도록 기능하며, 그것은 초월적 인식인 것이며, 어떠한 경험적 인식을 가능하게 하는 기능도 수행하지 않는 경우에는 한낱 주관적인 표상에 머무는 것뿐이다. 또한 초월적 인식으로 기능하는 선험적 인식은 그것에 기초하여 경험적 진리가 가능하다는 점에서는 초월적 진리성을 갖는다. 그렇지만, 선험적 인식에 허위란 있을 수 없다. 선험적 인식은 초월적 기능을 하거나 말거나 하기는 하지만, 허위인 경우는 없고, 또한 마찬가지로 초월적 인식도 허위인 경우는 없다. 그것은 신이 하는 인식에 허위가 없는 것에 비견될 수 있다. 신의 인식은 다름 아닌 신의 존재 창조로서, 신은 인식하거나 말거나, 즉 존재를 창조하거나 말거나이지, 잘못하는 일은 결코 있을 수 없다. 그러나 이것이, 인간 이성의 선험적 인식이 신의 인식처럼 완전함을 뜻하는 것은 아니고, 단지 선험적 인식의 성격이 그러하다는 것이다.

2) 초월적 가상과 초험적 인식

선험적 인식은 대상을 형상화(形相化)한다는 의미에서 초월적으로 진리일 수는 있으나 결코 허위일 수는 없다. 선험적 인식은 경험적 의식 작용을 가능하게 하고 따라서 경험적으로 인식되는 대상을 대상으로 규정함으로써 그 대상과 합치한다는 점에서 참된 인식이다. 이제 우리가 이것을 초월적 진리라고 부른다고 해서, 이에 반대되는 것 곧 초월적 허위라는 것이 있는 것은 아니다. 초월적 허위란 이를테면 선험적 인식이 자기의 작동에 의해 형상화된 대상의 대상성과 합치하지 않음이겠는데, 이런 경우는 있을 수 없기 때문이다. 선험적 인식이 초월적으로 기능하지 않으면 아무런 대상도 형상화되지 않겠지만, 그러나 일단 기능하면 그것은 그것에 의해 형상화된 대상의 순수 형상일 수밖에 없으니 말이다. 그러나 사태가 이렇다 해서, 선험적 인식이 잘못 사용되는 경우가 없는 것은 아니다. 선험적 인식도 종종 월권적으로 사용되는 경우가 있는데, 그로써 종종 '초월적 가상'이라고 불려야 할 것이 나타난다.

형식적 인식은 표상들을 오로지 지성의 순수한 사고 규칙에 따라 결합하고 분리하는 데서 성립한다. 그러므로 형식적 인식은 그것만으로는 결코 적극적으로 어떤 실재성도 함의하지 않는다. '2 + 3 = 5'라는 판단이 맞다 하여, '2'나 '3'이나 '5'가 존재하는 것은 아니다. '푸른 하늘은 푸르고, 검은 하늘은 검다'는 판단이 참이라 하여, 이로부터 '푸른 하늘'이 존재하고 '검은 하늘'이 존재하는 것은 아니다. 우리가 '존재하다'라는 개념을 '이 책상이 존재한다', '물이 존재한다'는 언표에서의 '존재하다'라는 개념의 뜻과 똑같이 사용한다면 말이다. 또한 '완전한 것은 완전함이라는 성질을 갖는다. 그런데 완전함에는 당연히 존재함도 포함된다. 그렇지 않다면 그것은 존재함을 결여할 터이고 따라서 완전함일 수 없으니까, 따라서 완전한 것은 존재한다'는 추론도, 우리가 '존재함'을 감각 지각에 기초한 사물에 대한 의식의 태도로 납득하는 한, 올바르다고 할 수 없다. 형식적 인식은 어느 경우나 의식 내 표상들의 연관 관계를 표현할 뿐, 의식 밖의 세계와 관련이 없다. 의식 밖의 세계, 통칭 존재하는 세계에 관계하는 것은 경험 의식이다. 경험이란 다름 아닌 존재하는 세계를 관통하여 증험하는 의식 작용을 일컬으니 말이다.

경험이 의식 밖의 세계를 인식하는 의식 활동이고, 의식 활동 중에서도 의식 밖의 세계와 접하는 유일한 통로가 감각인 한, 존재하는 사물은 감각 재료를 바탕으로 해서만 인식될 수 있다. 그런 만큼 경험적 인식에서 대상을 대상으로 형상화하는 선험적 인식의 초월적 기능도 그 활동 범위가 감각적 대상으로 제한된다. 다시 말하면 어떤 선험적 인식도 감각 경험의 세계 너머에서는 아무런 대상도 규정할 수가 없다. 규정될 소재가 없기 때문이다. 하나이냐, 둘이냐, 모두이냐 하는 양(量)의 개념도, 순도(純度)가 몇 %라고 하는 질(質)의 개념도, 무엇 때문에 그것이 발생했다는 인과의 관계(關係) 개념도, 실제로 있다 · 없다는 존재 양태(存在樣態) 개념도, 언제 · 어디에라는 시간 · 공간 표상도 모두 감각적으로 경험되는 재료를 틀 지우는 선험적 표상이다. 그러나 인간의 이성은 경험적으로 대상을 인식하는 데에만 관심이 있지 않고, 이념을 세우고 그를 실천하는 데에도 관심이 많고, 현실에서는 도저히 달성될 수 없는 곳에는 희망의 나래를 펴 닿으려 한다. 그래서 이성은 마땅히 경험적 인식 영역에 그 사용을 국한시켜야 할 선험적 도구들을, 경험 영역을 넘어가는, 즉 초험적인 영역을 설계하는 도구로도 곧잘 사용한다.

인식이 한계에 부딪쳐도 이성은 생각을 멈추지 않는다. 그것이 사변(思辨)이다. 이때 사변을 의미 있게 주도하는 것은 진리의 이념이 아니라 이성의 관심이다. 무엇이 지식의 체계를 위해서, 자연의 전 질서 체계를 위해서, 인간의 도덕성의 완성을 위해서 필요한가에 이성은 관심을 기울인다. 그 때문에 그의 생각에 필요한 자료가 감각으로부터 주어지지 않을 때 이성은 상상력을 통해서라도 사변의 자료를 얻는다.

경험적으로 인식되는 '자연 세계에서 발생하는 모든 것은 원인을 가진다'는 것은 경험적 사고의 일반 규칙이다. 이에 이성은 이 원인 계열의 최초의 것을 상정하고, 그것을 우주의 시초라 생각한다. 또한 결과 계열의 최종의 것을 생각하고 우주의 종말을 생각한다. 그러나 우주의 '시초'란 더 이상 무엇에로 소급시킬 수 없는 것을 뜻할 터이니 '발생하는 모든 것은 원인을 갖는다'는 사고 원칙에 어긋날 뿐만 아니라, 만약 그것이 '무(無)'를 지시한다면 없음으로부터 있음이 유래한다는 모순을 표현하는 것이다. '종말' 역시 그것이 존재로부터 완전한 무로의 이행을 뜻한다면 모순된 생각이긴 마찬가지이다. 인간 이성은 스스로 능력의 한계, 지혜의 한계를 자각한다. 그리고 이런 불완전함에 대한 자각은 자기 내에 완전함의 표상이 있기에 가능할 것이라 생각하고, 이런 완전함의 표상을 일으키는 자, 곧 완전한 자가 어디엔가 있을 것이라 생각한다. 그러나 이러한 생각에 대응하는 존재자는 언제 · 어디에도 없다. 그것은 우리의 지성 능력이 아직 덜 발달되어 미처 알지 못하는 것이 아니라, 당초부터 지성의 한계 밖의 것이어서 지성으로는 도저히 알 수 없는 것들이다. 왜냐하면 이런 생각이 표현하고자 하는 것들은 원리상 시간 · 공간적으로, 감각적으로 표상될 수 없는 것이고, 따라서 경험적 인식의 대상이 될 수 없는 것이기 때문이다. 이런 생각들에는 따라서 아무런 실질적 존재자도 대응하지 않으므로 그런 것들은 이를테면 초월적 가상이다.

이런 초월적 가상에 이끌려 이성은 마치 무엇인가를 인식한 것처럼 말한다: '우주의 종말이 오면, 전지전능하고 전선(全善)한 자가 착한 사람은 구제해 준다.' 이런 언표도 인식의 형태를 취하고 있다고 보아 일종의 인식, 이를테면 '초험적 인식'이라고 부를 수 있을지도 모르겠으나, 정확히 표현하면 이런 것은 인식이라기보다는 인간 이성의 상상이거나 희망이다.

5. 인간적 인식의 한계와 의미

인간에게서 인식은 형식적인 인식에서처럼 관념들의 논리적 연결이거나, 경험적 인식에서처럼 대상에 대한 감각적 파악이다. 형식적 인식은 그것이 참이라 하더라도 실질성을 갖지 못하며, 감각을 통해 실질성을 얻는 경험적 인식은 언제나 불확실하다.

인간에게는 고유한 인식의 틀이 있고, 인식 능력에 한계가 있음으로써, 인간의 인식은 언제든 착오일 수 있다. 그러나 인간의 경험 의식은 착오의 도정에서 성장한다. 인간은 노력하는 한 착오에 빠진다지만, 그렇다고 착오가 두려워 노력하지 않는다면 어찌될까?

착오를 피하는 방법은 아주 간단하다. 착오란 판단하는 데 있으므로, 결코 판단하지 말지어다, 그러면 결코 착오에 빠지는 일이 없으리라. 그러나 지식도 판단을 통해 얻어지는 것이니, 판단하지 않는 자는 아는 것도 없을 터이다.

"인간이 판단할 때 전적으로 착오에 빠진다는 것은 있을 수 없는 일이다." "착오적인 판단에서조차 지성은 언제나 무엇인가를 한 것이므로, 그 안의 모든 것이 허위일 수는 없고, 언제나 무엇인가 진리적인 것이 들어 있다."(Kant, AA XXIV, 1, 84) 어떤 판단이든 지성으로부터 생겨나며, 따라서 그것은 항상 어느 정도 지성의 성질을 반영한다. 그러므로 일견 일관되게 허위인 것으로 여겨진 인식도 언제나 부분적으로 허위인 것이며, 언제나 일정 부분 진리를 담고 있다. 심지어 미치광이의 판단에서도 이를 잘 조사해 보면 적어도 부분적인 진리를 발견할 수 있다(Kant, AA XXIV, 1, S.94 참조). 인간 의식은 착오를 통해서 진리에 이르고, 착오 속에서도 무엇인가를 배울 수 있다.

인간의 의식이 오로지 지성적이라면 그는 판단함에서 언제나 충분히 주의할 것이고, 조금이라도 불확실한 요소가 있을 때는 판단을 중지할 것이다. 그로써 그는 결코 착오에 빠지지 않는 대신에 아주 조금 아는 좁은 세계 속에 머무를 것이다. 그러나 인간 의식에는 지성과 더불어 상상력, 정념도 심어져 있어서, 인간은 잘 모르지만 그리고 때로는 틀리게 알지만, 그러나 훨씬 더 넓은 세계 속에서 산다. 어느 편이 인간적인가?

제 5 장

윤리학과 주요 문제

제 1 절 윤리학과 윤리의 의미

1. 윤리학의 개념

윤리학은 윤리적 가치, 곧 선(善, 착함)의 의미와 원천을 밝히고, 선이 표현된 윤리적 규범들, 곧 도덕 법칙들을 찾아내고, 그것들 위에 서 있는 '도덕의 나라'를 추구하는 철학의 한 분야이다. '도덕철학(philosophia moralis)'이라고 일컬어지는 데서도 알 수 있듯이, 윤리학이 철학의 한 분야인 것은, 밝히고자 하는 '선'의 가치가 인간 행위 규범들의 뿌리라고 생각되면서도, 윤리적 가치와 규범들은 여전히 이른바 '과학적'인 방법으로는 해명될 수 없는 성질의 것이기 때문이다. 윤리학은 또한 '덕이론(德理論, Tugendlehre)'이라고 일컬어지는데, 그 바탕에는 윤리란 실천하는 힘(virtus), 곧 실천하는 덕(德)으로 인해 현실 세계에서 비로소 실현될 수 있는 것이라는 이해가 놓여 있다.

윤리학의 소재인 도덕 이론은 사람들 사이의 이해 다툼을 조정하는 이론도 아니고, 행복이나 쾌락에 대한 이론이 아니라, 사람들의 인격적 가치에 대한 이론이다.

윤리는 다름 아닌 인간의 삶의 질서(ordo vivendi)이고, 윤리학은 "인간적인 것에 관한 철학(he peri ta anthropeia philosophia)" (Aristotels, *Ethica Nicomachea*, 1181b 15)이다.

윤리적 규범이라는 것이 물리적 법칙의 테두리 안에 있는 인간의 자연적 성향에 토대를 둔 것이라면, 이른바 윤리학이라는 것도 물리학[자연학]의 한 분야라 해야 할 것이다. 사실 그렇게 생각하는 사람들이 적지 않다. 현대의 대다수 물리주의자들은 말할 것도 없고, 인간에게서 단지 물체가 아니라 '정신'을 본 근대인 데카르트조차도 도덕은 의학, 역학과 더불어 형이상학을 뿌리로 하는 물리학[자연학]이라는 줄기에서 나온 가지들 가운데 하나로 보았다(Descartes, *Principes de la philosophie*: Oeuvres IX-2, 14 참조). 그러나 물리학이 사실과학을 뜻하는 한에서, 이런 견해는 분명 잘못된 것이다.

물리학이 "자연의 법칙들"을 대상으로 삼는다면, 윤리학은 "자유의 법칙들"을 다룬다(Kant, *GMS*: AA IV, 387 참조). 자유의 법칙이란 자연적 인과 연관을 끊고 스스로 행위를 시작할 수 있는 인간의 힘, 곧 자유 의지의 행위 규칙, 다시 말해 자율(自律)을 말한다. 만약 인간의 행위가 순전히 심리적 성향이나 사회적·자연적 사실 관계 속에서 일어나기만 한다면, 사회 규범에 대한 심리학이나 사회학 또는 물리학은 있을지 몰라도 더 이상 윤리학은 없다. 윤리학을 사실의 학이 아닌 '당위의 학'으로 이해하는 한에서 말이다. 어떠한 경험적 사실(Sein)로부터도 당위(Sollen)는 도출되지 않는다. 그러니 '당위'는 인간의 선험적 이념에서 근거를 찾을 수밖에 없다.

2. 윤리의 의미와 보편성

1) 윤리와 도덕

그렇다면, '윤리(倫理)'란 무엇인가?

'윤리'는 본래 일반적으로 "동류(同類)의 사물적(事物的) 조리(條理)"(『禮記』, 曲禮: "擬人必于其倫"; 『漢書』, 甘延壽傳: "絶於等倫")를 뜻했다. 그러다가 '동류의 사물'이 차츰 '인간' 또는 '인류'로 국한되어 쓰이게 되면서 오늘날 '윤리'는 '사람이 사람과 함께 살면서 마땅히 행하여야 할 도리' 곧 '도덕(道德)'과 동일한 의미로 사용되고 있다.

사람이 사람과 함께 사는 마당을 보통 '사회(社會)'라고 일컬으니, 윤리란 바꿔 말해 사람이 사회생활하는 데 마땅히 행해야 할 도리라 하겠다. 그런데 사회란 동류의 사람들, 곧 동등한 존엄성을 가진 사람들의 집합체이다. 그러니까 윤리 도덕이란 똑같은 존엄성을 갖는 사람들이 더불어 사는 곳에서 사람들의 사람으로서의 도리이다. 이때 그 사람의 사람으로서의 도리를 '도리(道理)'이게끔 해주는 것을 선(善)이라 일컬으니, 윤리 도덕은 곧 선의 표현이다. 그러므로 윤리 도덕이 무엇인가를 묻는 것은, 선이란 무엇이며 혹은 선이란 무엇을 뜻하는가를 묻는 것과 다르지 않다.

도덕이 '마땅히 행해야 할 도리'라는 것은 그것이 당위(當爲, Sollen) 규범임을 뜻한다. 누구나 이미 하고 있는 행실[事實, Sein]에 대해서는 '마땅히 행해야 한다'는 규제가 덧붙여질 필요가 없다. 그러니까 윤리 도덕은 사람들의 어떤 자연스런 행동에 대한 규제이다. 하고 싶어하는 어떤 행위는 '하지 말라'고 금지시키는 반면에, 하기 싫어하는 어떤 행위는 '하라'고 명령한다. 그래서 도덕규범은 언제나 '명령'형으로 나타난다. 그런데 이 같은 자연을 거스르는 명령이 유효하려면, 이 명령을 받은 자, 곧 인간이 그 명령을 수행할 수 있는 능력을 가지고 있음이 전제되어야 한다. 자연적 경향성을 제압하고 당위적 명령을 준행할 수 있는 힘을 '자유(自由)'라고 일컫는바, 이로써 도덕 법칙의 근거를 밝히는 도덕철학의 문제는 그 근본에 있어서 곧 인간 의지의 '자유 문제'가 된다.

2) 윤리 도덕과 예의범절

윤리 도덕은 일정한 표현 형식을 갖는 것이 보통이고, 일반적으로 그런 형식은 예의범절(禮儀凡節)이 된다. '윤리성' 내지 '도덕성'이 윤리 도덕의 속 또는 본(本)이라면, 예의범절은 그것의 겉 또는 말(末)인 셈이다.

도덕성이 높은 사람은 대개 예의범절이 바르고, 또 바른 예의범절 교육을 통해 도덕성 자체를 높일 수 있는 일이기는 하다. 그러나 무슨 일에서나 속과 겉, 안과 밖, 본과 말이 언제나 일치하고 일관된 것은 아니듯이, 도덕성과 예의범절이 부합해 있는 것만은 아니다. 다시 말해 예의범절이 반듯하다 하여 그 행위에 반드시 도덕성이 깃들어 있는 것은 아니다. 또한 예의범절은 풍속성이 강하기 때문에, 같은 수준의 도덕성도 시대와 지역 또는 족속에 따라 전혀 다른 표현 방식, 곧 판이한 예의범절을 가질 수가 있다. 예를 들어, 공경의 마음을 표시해야 할 국면에서 도덕성은 '진실한 공경의 마음'에 있는 것이며, 머리를 숙여 인사하느냐, 무릎을 꿇고 인사하느냐, 악수를 하느냐, 단지 목례만을 하느냐는 예의범절에 속한다. 무릎을 꿇고 인사하는 자가 목례하는 자보다 반드시 도덕성이 뛰어나다고는 말할 수 없다. 그러니까 남이 나와 다른 예의범절을 가지고 있다 하여, 그것만을 보고서 나보다 도덕성이 높다 혹은 낮다고 평가할 수 없는 일이다.

3) 윤리의 보편성

예의범절의 차이뿐만 아니라, '과학적'이고 '민주적'이라 일컬어지는 생활 방식은 사람들의 윤리 의식에 적지 않은 혼란을 야기하고, 그것은 곧잘 윤리의 보편성에 회의를 일으킨다. 이른바 '과학적' 생활 태도에서, '과학적'이란 한편으로는 수리(數理) 계량적이지만 다른 한편으로는 실험 관찰적이고, 대상을 실험 관찰적으로 탐구하는 한 그 결과는 제한적이고 상대적일 수밖에 없는 탓에, 도덕에 대해서도 '개방적'이고 '관용적'이라는 이름 아래 상대적인 견해를 취하는 사람들이 생겨나는 것이다. 더구나 확실성이 없어 보이는 문제에 관해서는 견해 차이가 있더라도 상호 존중하고, 꼭 필요한 경우에는 다수결로 의견을 모으는 것이 '민주적'이며, 가능한 경우에는 현재하는 혹은 예견되는 결과의 실용성을 기준으로 견해 차이를 조정하는 것이 '합리적'이라는 생각이 호소력을 가지면서, 도덕 상대주의가 부상하는 것이다.

그러나 진리의 가치, 미의 가치에서도 그러하듯이, 만약 '도덕적 가치가 상대적'이라면, 그것은 결국 도덕적 몰가치를 뜻한다. '상대적 도덕'이 함축하는바, 누구에게는 도덕적 가치를 지니는 것이, 다른 누구에게는 도덕적 가치를 지니지 못한다면, 그때에 과연 '그 도덕'이라는 것이 행위 규범으로서 기능할 수 있을까? 그런 경우에 '그 도덕'이라는 것은 어느 누구에게나 내적 규범이 되지 못할 것이다. 따라서 그곳에는 어떤 외적 강제는 있을지 몰라도, 궁극적으로 내적 강제 명령으로서 도덕은 없다고 보아야 한다. '상대적 도덕'이란 정확히 말하면 도덕이 아닌 것이며, 만약 도덕이 있다면 그것은 절대적이고 보편적인 것일 수밖에 없다. 당위 규범으로서 도덕은 있거나 없거나이며, 만약 있다면 절대적 · 보편적인 것이고, 그러니까 이른바 '상대적 도덕'이란 '둥근 사각형'처럼 자가당착적인 것이다.

제 2 절 윤리학의 근본 문제

철학의 여느 분야와 마찬가지로 오늘날 윤리학의 현안 문제도 많이 있다.

윤리적 규범이 만약 자연스런 규칙 또는 자연 법칙이라 한다면, 윤리학은 더 이상 철학이 아니라, 자연과학의 한 가지일 터이다. 그러나 만약 윤리가 당위적 규범이고, 그러면서도 그것이 인간에 의해 인간이 살고 있는 자연 세계 안에서 실천되어야 하는 것이라면, 그것은 자연적 인과 법칙에 따라 발생하는 사건들의 연쇄인 자연 안에 전혀 다른 '원인'이 상존함을 뜻하고, 이것이 의미하는 바는 철학적 사변을 통해서나 밝혀질 수 있을 것이다. 곧, 자연의 인과성과 자유의 원인성의 양립 문제는 철학적 윤리학의 근본 문제 중의 근본 문제이다. 바로 이 문제에 대한 해명 여하에 따라 윤리학의 학문으로서의 지위가 걸려 있기 때문이다. 인간의 일체 행위가 자연적 법칙 아래서 일어난다면, 그것은 인간의 모든 행위를 물리 — 이 경우 '심리'라는 것도 일종의 물리다 — 적으로 설명할 수 있을 것이고, 그때 인간은 물리적 존재자 이상도 이하도 아님이 밝혀지고, 그러니까 '윤리'라는 것도 물리 — 그것이 '심리'라고 일컬어지든 말든 — 의 일종으로 드러나기 때문이다.

자연의 필연성과 자유 원인성의 양립 가능성

'자유(自由)'는 흔히 어떤 것으로부터의 해방이나 독립을 뜻한다. 그러나 '스스로 말미암음'이라는 그것의 근원적 의미를 새길 때, 자유는 어떤 사태를 최초로 야기함, "제일의 운동자"(Kant, *KrV*, A450=B478)를 뜻한다. 그러므로 우리가 사람들과 함께 행위하며 더불어 사는 자연 세계 안에서 '자유'를 문제 삼을 경우, 그것은 자연적 사태 발생의 최초의 원인을 지시한다.

자연을 경험 과학적으로 관찰할 때, 발생하는 모든 것은 원인을 갖는다. 자연 세계에 대한 경험 과학적 관찰 자체가 '원인 없이는 아무것도 없다' 또는 '무에서는 아무것도 생기지 않는다'는 생성의 충분 근거율에 준거해서 이루어진다. 경험 과학적 사건들이 상호 연관되어 있다고 고찰되는 한, 그 사건들의 계열에서 한 경험 과학적 사태 내지 존재자의 원인은 또 다른 경험 과학적 사태 내지 존재자로 간주된다. 그러므로 자연 내의 사건에서 그것의 원인은 반드시 경험 과학적 의미에서 있었던 것을 지시하며, 그 원인이 있었던 것, 즉 존재자인 한 그 원인 역시 그것의 원인을 가져야만 한다. 그래서 우리가 생성과 존재의 충분 근거율에 충실히 따르는 한, 원인 계열은 무한히 계속될 뿐 문자 그대로의 '최초의 원인' 즉 자유란 자연 가운데서 찾아질 수가 없다. 이런 이해에서 도덕 법칙의 존립 근거를 자유에서 찾은 칸트도 자유를 "문제성 있는 개념"(Kant, *KrV*, A339=B397)이라 말한다.

철학자 내지 과학자들이 세계[우주]의 운동 변화에 관심을 가진 이래, 이 운동 변화를 설명하기 위해 최초의 운동자, 부동의 원동자를 생각하기에 이르렀지만, 그 생각은 — 비록 '자기로부터 생겨나는(a se)'이라고 표현되기도 하나 — 무엇으로부터도 생겨나지 않은 즉 원인이 없는 존재자가 적어도 하나 있다는 것을 함축하며, 따라서 그것은 초논리적일 뿐만 아니라, 자연 가운데서 만나지지 않는 따라서 초경험적인 것, 요컨대 '초월적'인 어떤 것을 상정하는 것이다. 그러므로 칸트도, 만약 어떤 현상 계열의 절대적 자발성으로서 자유가 생각될 수 있다면, 그것은 이를테면 "초월적 이념(transzendentale Idee)"(Kant, *KrV*, A448=B476)이라고 본다.

세계가 오로지 자연으로 즉 존재자의 총체로만 이해된다면, 그 세계 안에 자유가 있을 자리는 없다. 그렇기에 자유는 이 자연 세계를 초월해 있는 이념이라고 말해진 것이다. 그럼에도 인간의 실천적 행위는 이 자유의 바탕 위에서만 가능하다. 실천이란 마땅히 있어야만 할 것을, 그러니까 아직 있지 않은 것을 자신으로부터 있게끔 하는 것을 말하기 때문이다.

인격자이고 인격자일 수 있는 인간은 누구나 존엄하고 그 점에서 평등하므로, 가령 불평등한 현실 사회는 마땅히 평등한 사회로 바뀌어야만 하고, 그래서 많은 사람들은 그런 사회를 지향하며 실천한다. 구성원들이 완전히 평등한 사회, 그것은 이상이며, 우리의 실천 행위는 이 이상의 실현을 지향한다. 그것은 아직 현실이 아니지만, 마땅히 현실이 되어야 할 것을 현실화하는 작업이다. 그러므로 실천은 인간의 가치 지향적인 행위이다.

누군가는, 날씨가 차가워지면 은행나무 잎이 떨어지는데, 이것은 이전에 있지 않던 것이 있게 된 것이므로, 이 현상도 차가운 날씨의 '실천'에 의해 이루어진 것이라고 말하고 싶어할지 모르겠다. 그렇게 해서 인간의 소위 가치 지향적 행위나 자연에서의 발생 사건은 '실천'이라는 점에서 똑같다고 말하고 싶어할지도 모르겠다. 누군가가 만약 그렇게 말하고 싶어한다면, 그것은 사태의 차이를 잘못 보고 있기 때문이라고 지적해 주어야 한다. 자연의 발생 사건에 대해서도 굳이 '실천'이라고 말하는 것을 허용한다 하더라도, 그런 경우엔 자연의 발생이라는 실천과 인간 행위라는 실천 사이에는, 붙여진 말이 같음에도 불구하고, 차이가 있고, 이 차이에 자유 개념의 단초가 있음이 주목되어야 한다. 차가운 날씨가 자신의 뜻[의지]에 따라 은행나무 잎을 떨어뜨릴 수도 있고 떨어뜨리지 않을 수도 있는 것은 아니지만, 인간은 자신의 뜻[의지]에 따라 평등한 사회를 (비교적 근사하게나마) 구현할 수도 있고 구현하지 않을 수도 있는 것이다.

이런 구별에 대해서 또 누군가는, 평등한 사회를 지향하는 행위를 수행하는 자는 시간·공간상에서 생명을 유지해 가고 있는 개개인들이며, 사람을 개인들의 면에서 관찰할 때, 어떤 사람은 평등사회를 위해서, 반면에 어떤 사람은 그렇지 않은 사회 형성을 위해서 행위하는데, 그런 행위들의 이유를 살펴보면 그럴 수밖에 없는 정황이 있고, 이 정황이 어떤 이로 하여금 그런 행위를 야기하게 하므로 소위 자유에 의한 행위란 있지 않다고 생각할지도 모르겠다. 이런 생각에 대해서 우리가 할 수 있는 일은, 가치 지향적 행위에 대해서는 가치 평가가 가능하며, 따라서 평등한 사회를 구현하는 방향으로 나아가는 행위는 올바른, 선한 행위라 하고, 그렇지 않을 경우의 행위에 대해서는 올바르지 않다고 평가하는 것이 의미가 없는가 하고 묻는 일이다.

만약 이런 가치 평가적 발언이 의미가 있을 수 있다면, 목적 지향적 행위가 있음을 함축하고, 목적 지향적 행위가 있음은 자유에 의한 행위가 있음을 함축한다. 인간의 의지가 자유롭다고 보아져야 한다는 것은 이런 맥락에서이다. 그러므로 자유로운 인간의 의지는 '사실[존재]'이라기보다는 '이념[이상]'이다.

자연 세계의 인과 법칙에 지배받지 않는 이런 자유의 원인성의 이념에서 인간의 인격성, 인간 생활에서의 도덕성은 그 의미를 얻을 수 있다. 인간이 도덕적 주체로서 감각 세계를 초월해 있을 수 있다면, 그것은 그의 의지가 감성의 충동에 의한 강요로부터 독립할 수 있음으로써이다. 인간의 의지도 감성에 영향을 받고, 그런 한에서 감수(感受)적 의사(arbitrium sensitivum)이기는 하지만, 그러나 오로지 감성의 동인(動因)에 의해서만 촉발되는 동물적 의사(arbitrium brutum)와는 달리 인간의 의지는, 감성이 그것의 행위를 결정하지는 않는, 즉 감성적 충동에서 독립해서 스스로 결정할 수 있는 자유로운 것이다.

이 자유는 자연의 필연적 인과 계열을 벗어나 있는, 따라서 시간·공간상의 존재자의 술어는 아닌 이념이며, 이런 뜻에서 그것도 초월적 이념이다. 초월적 이념으로서의 자유는 그러나 아직 있지 않은, 있어야 할 것을 지향하는 의지, 곧 실천 이성의 행위에서 이상(idea)을 제시한다. 이 이상은 행위가 준거해야 할 본(本)이다. 우리가 가치 지향적 행위에서 본받아야 할 본이다. 그러나 이 본은 자연 중에 있는 존재자가 아니다. 그것은 이성의 이념일 따름이기 때문이다. 그러나 그것은 시공적 존재자가 아니라는 점에서는 초월적 이념이지만, 행위에 법규를 준다는 점에서 실천적 이념이다.

우리의 행위가 이 실천적 이념으로부터 유래하는 법규에 따라 수행될 때, 그 행위 자체는 자연 안에서 일어난다. 그러나 자연 안에서 일어나는 것은 예외 없이 모두 자연의 법칙에 규정받는다. 그러니까 우리의 행위는 반드시 자연의 법칙에 따라 일어난다. 그러므로 문제는 자연의 법칙에 따라 규정받는 인간의 행위가 어떻게 또한 동시에 자유의 원인으로부터도 비롯한 것일 수 있는가 하는 점이다. 아니, 자연의 법칙은 불가침의 규칙이므로 자유의 원인성이란 완전히 배제되어야만 할 것인가?

자유의 원인성은 자연에 나타난 것 즉 현상이 아니다. 그것은 예지적으로 표상되는 원인이다. 그럼에도 이런 원인으로부터 자연 가운데 한 현상이 나타난다. 그 현상은 자연 현상인 만큼 물론 자연의 제약들의 계열 가운데에 있다. 그러니까 그것은 자연의 필연성에 따라 일어난 결과라고 관찰된다. 그런데 이것이 동시에 예지적 원인에 의한 결과라고 간주될 수도 있다.

한 예로 붐비는 전철에 탄 어떤 청년이 서 있는 노인에게 앉아 있던 좌석을 양보한 경우를 생각해 보자. 그 청년도 그 자리에 막 앉았던 참이며 그 전에 반 시간이나 서 있었기 때문에 몹시 다리가 아프던 차라, 마음의 경향대로라면 그냥 눌러앉아 있고 싶었다. 그런데 그의 이성이 그에게 '너는 사람이고, 게다가 젊은 사람이며, 젊은 사람으로서 너는 마땅히 노약자에게 좌석을 양보해야 한다'고 말했고, 그의 '이성의 말'에 따라 그는 행동하였다. 그의 행동은 자연 안에서 일어난 한 사태이다. 그는 전철의 좌석에서 몸을 일으켜 세웠고 넘어지지 않기 위해 손잡이를 잡으면서 "할아버지, 여기 앉으십시오!"라고 혀 놀림을 통해 말하였다. 몸을 일으켜 세우고 좌석을 양보하는 행동거지는 모두 자연물인 신체에 의해 수행되며, 두 다리가 균형을 이루어야 서게 되고, 혀가 공기를 쳐야 발음이 된다. 그러나 그의 '이성의 말'은 결코 어떤 혀 놀림이나 시간·공간상에 존재하는 것이 아니다. 그것은 귀로 들을 수 있는 소리가 아니다. 그럼에도 그것은 그 양보 행위를 일으킨 원인이다. 이 '이성의 말'은 감각적으로 표상되고 포착될 수 있는 것이 아니며, 오로지 지성을 통해서만 표상될 수 있는 예지적인 것이다.

누군가는 이른바 예지적 원인으로서의 '이성의 말'이라는 것도 두뇌 세포의 인과 연관적 운동으로 설명할 수 있으며, 그렇게 설명되어야 한다고 말할는지 모르겠다. 가령 그 청년은 전철 안에 서 있는 노인을 육안을 통해 보았고, 이 감각 내용이 두뇌에 전달되었으며, 그런 정보를 입수한 두뇌가 그에 대한 조처로서 이전부터 축적되어 있던 사회 예절이라는 정보 기제(機制)에 따라 몸을 일으켜 세우고 양보의 말을 하게 한 것이라고. 이런 반론이 있을 수 있겠으나, 이때 '사회의 예절'이라는 정보 내용이 근원적으로 어떻게 마련된 것인가는 따져보아야 한다. 도덕 원천이 궁극적으로 자연 현상에서 유래하는 것이라야만, 저런 반론은 근거를 가질 것이다.

그러나 도대체 도덕은 어떤 성격의 것인가? 도덕은 당위(Sollen)의 성격을 갖는다. 그렇다면 우리는 어디에서 당위의 개념을 얻어 가지고 있는가?

인간이 이제까지 이러저러하게 행위해 왔다는 사실로부터, 따라서 인간은 이러저러하게 행위해야만 한다는 당위가 추론될 수는 없다. 인류의 역사나 심리학 혹은 윤리 현상에 관한 사회학의 연구 결과에서 어떤 도덕이 도출되지는 않는다. 인간의 자연적 본성은, '나는 무엇을 행해야만 하는가'라는 물음에 대하여 명료한 답을 주지 못하기 때문이다.

우리의 지성은, 자연 안에 무엇이 있으며, 무엇이 있었으며, 무엇이 있을 것인가를 인식한다. 그러나 무엇이 마땅히 있어야만 하는가는 인식의 대상이 아니다. 10층 건물의 옥상에서 내던진 돌은 어제도 아래로 떨어졌고, 지금도 떨어지고 있으며, 내일도 떨어질 것이다. 그 낙하는 자연 법칙상 필연적인 사실이다. 그러나 그 낙하 운동이 당위는 아니다. 자연에서의 발생은 기계적으로 필연적인 것이다. 그것은 발생하지 않을 수가 없는 것이다. 반면에 당위는 마땅히 실행되어야 하는 것이라는 의미에서 '필연적'이기는 하지만, 그러나 실행되지 않을 수도 있다. 아니 더 흔히는 실행되지 않는다. 그 경우 다만 도덕적인 귀책(歸責)이 있을 뿐이다. 사람들로 붐비는 전철 안에서 건장한 청년이 허약한 노인에게 좌석을 양보하는 것은 자연의 필연적 규칙에 따른 것이 아니다. 만약 그렇다면, 그 양보 행위는, 그렇게 하지 않으려 해도 않을 수 없는, 물체로서의 신체의 운동에 지나지 않는다. 그러나 많은 청년들이 실제로 그러하듯이 그 청년 역시 좌석을 양보하지 않을 수도 있다. 그럴 경우 다른 많은 청년들의 행위와 더불어 그 청년의 행위도 도덕적 관점에서 올바르다고 평가받지 못할 뿐이다.

'요즈음엔 대부분의, 아니 다른 모든 청년들이 노약자에게 좌석을 양보하지 않는다. 따라서 그 청년도 그 경우 마땅히 좌석을 양보해서는 안 된다'는 추론이 정당할 수 없듯이 '대부분의, 아니 다른 모든 청년들이 노약자에게 좌석을 양보한다. 따라서 그 청년도 그 경우 마땅히 좌석을 양보해야 한다'는 추론은 타당하지 않다. 다른 많은 사람들이 잘못 생각한다 해서 나의 잘못된 생각이 정당화되지도 않고, 다른 많은 사람들이 의롭지 않게 행위한다 해서 나의 의롭지 않은 행위가 정당화되지도 않으며, 다른 사람들이 진리를 인식하고 선을 행하니까 나도 그렇게 해야만 하는 것이 아니다. 진리의 개념이 그러하듯이 선의 개념도 사실로부터 도출되지 않고 사실들에 선행한다. 선은, 이 세상의 어느 누가 그것을 행한 적이 없다 해도 선이다. 우리는 '역사상 진정으로 선한 사람은 한 사람도 없다'고 의미 있게 말할 수가 있다.

당위는 어떤 자연적 근거로부터도 설명될 수 없다. 제아무리 많은 자연적 근거나 감각적 자극들이 나로 하여금 무엇을 의욕하게 한다고 하더라도 이런 것들은 결코 당위를 산출할 수 없다. 오히려 이성이 말하는 당위가 의욕의 척도와 목표, 그뿐만 아니라 금지와 권위를 세운다. 즉 당위는 선험적인 것이다. 그리고 도덕은 당위를 말하는 이성의 질서에 기초하는 것이지 경험의 축적이나 대다수 사람들의 행태 혹은 관행으로부터 얻어진 정보 내용이 아니다.

도덕의 문제에서 "이성은 경험적으로 주어진 근거에 굴복하지 않고, 현상에서 자신을 드러내는 사물들의 질서를 따르지 않으며, 완전한 자발성을 가지고 이념들에 따라 고유한 질서를 만든다. 이성은 이 질서에 경험적인 조건들을 들어 맞추고, 이 이념들에 따라 심지어는 아직 일어나지 않았고, 어쩌면 일어나지 않을 행위작용까지도 필연적이라고 천명한다. 그러나 그럼에도 모든 행위작용들에 대해서, 이성이 그것들과 관련해 원인성을 가질 수 있음은 전제되어 있다. 무릇, 그렇지 않고서는, 이성은 그의 이념들에서 경험에서의 작용결과를 기대하지 않을 것이니 말이다."(Kant, *KrV*, A548=B576)

자연 중에서 다른 존재자들과 교섭하며 행위하는 인간은 물리적으로도 생리적으로도 심리적으로도 관찰될 수 있다. 그리고 그런 관찰을 통해서 경험된 인간의 행위들은 자연의 인과 고리를 이어가는 사건들이다. 그러나 그 가운데 실천적 행위들은 — 우리가 화제로 삼고 있는 도덕적 행위들뿐만 아니라 창조적 노동 행위들도 — 인간 이성의 영향을 동시에 입고 있는 것이며, 이 이념이 이성의 순전한 자발성의 산물인 한 자연 현상으로 나타나는 실천적 행위들의 한 원인은 순수한 실천 이성 곧 순수 의지의 자유성이다.

제 3 절 윤리적 가치로서 선(善)

1. 선의 개념

'선'이란 무엇인가?

어떤 사람은 선이란 "단순하고 정의할 수 없는 성질"(G. E. Moore, *Principia Ethica*, 1959, p.10)의 것이며, '선'과 '선한 것'은

구별돼야 한다는 딴은 일리 있는 주장을 편다. 이 말은 '선한 것'은 그 예를 들어 지시할 수도 있으나, '선'은 단순한 관념이므로 그것을 구체적으로 지시한다거나 그것을 논리적으로 정의하는 것이 불가능함을 함축하는 것이겠지만, 그러나 우리가 '선한 것'을 이야기할 수 있으려면, 최소한 '선'의 의미는 이해하고 있어야 할 것이고 어떤 식으로든 선을 규정할 수 있어야만 할 것이다.

'선'이란 무엇을 의미하는가?

'선(善)'이라는 말은 일상적 사용에서뿐만 아니라, 이것에 관련한 문제들을 학문적으로 추궁하는 철학이나 사회학에서도 매우 다의적이다. 더구나 이 말이 사용된 역사를 살펴본다거나, 이 말에 상응하는 여러 나라 말들을 비교해 본다면, 우리는 선의 어의(語義)와 용례에 관하여 한 권의 사전을 만들 수도 있을 것이다. 그러나 '선(善)'을 문제 삼으면서 고대 그리스 사상에서의 'τὸ ἀγαθόν', 기독교 신학에서의 'bonum', 영미 사상계에서의 'the good'의 전 의미 영역을 시야에 둔다면, 이것은 자칫 문제의 초점을 흐리게 할 수 있다. 왜냐하면, '선'의 문제는 '좋음' 일반이 아니라, 단지 '도덕적인 좋음' 곧 '착함'에 국한되는 것이니 말이다.

우리가 선을, 윤리 도덕을 바로 윤리 도덕이게끔 해주는 것이라고 규정하는 한에서, 선은 윤리 도덕의 본질을 이루는 가치로 이해되어야 한다. 그러니까 선이란 우리가 보통, 인간의 의식 작용을 그 성격에 따라 지(知), 정(情), 의(意)로 분별하여 그것들이 궁극적으로 지향하는 가치를 진(眞), 선(善), 미(美)라고 말할 때의 바로 그 가치 중의 하나이다. 이에 반하여 '악'은 '선'의 반(反)가치로서 '진'에 대한 '위(僞)'나 '미'에 대한 '추(醜)'와 마찬가지의 것이다.

가치란 우리가 추구하는 것이고, 반가치란 우리가 회피하거나 제거하고자 하는 것이다. 그러니까 선은 행위를 통해 실현하고자 하고, 실현해야만 하는 가치이고, 악은 우리의 행위에 들어 있어서는 안 되고, 오히려 행위를 통해 제거해야만 하는 반가치이다. 그러니까 '선'은 당위(當爲)적 가치이고, 인간 행위의 당위적 규범을 '윤리' 또는 '도덕'이라고 일컫는 한에서, '선'은 윤리 규범의 가치인 것이다.

진리가 인식의 참 가치라면, 선은 실천 행위의 참 가치이다. 인식을 참 인식이게 해주는 진리를 우리는 논리적 사고나 파악하고자 한 사태를 제대로 드러내는 알맞은 언표(言表)에서 볼 수 있다. 그래서 우리는 인식을, 그것을 구성하는 사고의 형식성만으로도 그것의 유무의미함과 진위를 판별할 수 있는 '형식적 인식'과, 사고의 형식성에 알맞음과 동시에 실재와의 부합 여부를 살핀 연후에야 진위를 가릴 수 있는 '실질적 인식'으로 나누어짐을 염두에 두어, ① 진리는 정합적인 사고에만 있을 수 있다, ② 진리는 인식과 실재와의 합치에 있다고 진리를 규정한다. 이런 정도의 규정으로써 진리의 의미를 얼마만큼 드러낼 수 있다면, 선의 의미에 관해서도 이런 수준의 규정은 가능하지 않을까?

대상을 지향하는 경우에도 인식은 대상을 단지 표상할 뿐 그 인식 작용 자체가 대상에 어떠한 변화를 초래하지는 않는다. 반면에 행위는 대상에 관계할 때 어떤 방식으로든 그것에 영향을 미친다. 또한 내용을 가진 인식은 반드시 존재하는 어떤 것을 있는 그대로 파악하려고 꾀하는 반면에, 행위는 현재하는 것을 극복하거나 아직 현재하지 않는 것을 현존하도록 하려는 작용이다. 그래서 우리는 인식이나 행위나 모두 우리 인간 의식의 활동이지만, 앞의 것을 좁은 의미에서의 의식(意識) 작용, 뒤의 것을 의지(意志) 작용이라고 구별하는 것이다.

무엇을 아는 것과 무엇을 행하는 것은 다르다. 무엇인가의 행함에는 대개의 경우 앎이 바탕을 이루고 있지만, 반드시 그러한 것도 아니고, 또한 앎 그것이 바로 행함은 아니기 때문이다. 있었던 것을 있었던 것 그대로, 있는 것을 있는 것 그대로, 있을 것을 있을 것 그대로, 그것이 무엇인가 그리고 그것이 어떻게 있는가를 관조하는 인식과는 달리 현재 있지 않은 것을 있도록 하는 행위는 의지적으로 무엇인가의 변화를 지향하는 것이며, 그렇기 때문에 그것은 실행(實行) 내지는 실천(實踐)이다. 이런 실천적 행위로서 대표적인 것이 노동(勞動) 행위와 도덕 행위이다.

노동 행위나 도덕 행위나 우리 인간의 실천적 행위로서 무엇인가의 실현[현실화]을 지향한다는 점에서는 같다. 그러나 앞의 것이 사물과 관계하면서 사물 내지 물품의 가치[品格]를 높이려 하는 것이라면, 뒤의 것은 사람과 관계해서 사람의 가치[人格]를 높이려는 것이라고 구분해 볼 수 있다.

도덕 행위는 사람과 사람 사이에서 일어나는 실천 행위이다. 물론 사람과 사람 사이의 실천 행위 중에는 교육 행위 같은 것도 있으니까 인간 간의 실천 행위가 모두 도덕 행위는 아니다. 도덕 행위는 인간 사이의 실천 행위 가운데서도 선이라는 가치를 실현하려는 것이다. 그러니까, 윤리 도덕이 사람과 사람이 함께 어울려 사는 사회에서 사람의 행위를 사람답게 해주는 원리라고 한다면, 도덕이 도덕이도록 해주는 것이 선이다. 그래서 우리는, 진리가 인식작용에서 드러나듯이, 선은 도덕 행위에서 드러난다고 말할 수 있다. 선은 인간의 인간에 대한 인간다운 행위 중에 있다. 그리고 우리는 선을 담지하고 있는 행위를 윤리적 또는 도덕적이라 일컫는다.

그렇다면 인간의 인간에 대한 인간다운 행위는 어떤 모습을 갖는가? 이 물음은 필경 '인간이란 무엇인가?', '인간답다는 무엇인가?' 하는 더 근본적인 물음에 대한 답을 요구할 것이다. 그리고 그것은 다각도의 연구, 적어도 철학적인, 사회학적인, 생물학적인, 의학적인 또는 종교적인 연구를 요구할 것이다. 그렇긴 하더라도 우리는 '인간의 역사'를 되돌아보면서 이에 대한 어느 정도 만족스러운 답은 얻을 수 있다.

우리가 사용하는 대부분의 개념들은 모두 긴 형성 과정과 의미 변천사를 가지고 있다. '인간'이라는 개념도 그런 것 중의 하나임에 틀림없다. 어쩌면 인간의 역사는 '인간'이라는 개념의 의미 변천사라고 말해도 무방할 것이다. 주인-노예, 귀족-천민, 양반-상놈의 사회에서 후자가 전자를 죽이면 살인죄가 되지만 그 반대의 경우는 그렇지 않았으며, 후자가 전자를 모독하면 엄한 벌을 받았으나 전자는 후자를 능멸해도 무탈했다. 후자는 '인간'으로 인정받지 못했던 것이다. 오랫동안 여러 지역에서 '아녀자'는 인간으로 인정받지 못했으며, 아직도 '태아'는 인간으로 인정받지 못하는 경우가 허다하다. 그래서 우리는 인간의 역사를 인간 개념의 외연이 확대되어 가는 과정이라고 이해한다.

'인간'의 개념과 마찬가지로 '인간답다' 또는 '인간답게 살고 있다'의 의미도 변천해 왔다. 어느 곳 어느 때에는 치부를 가리고 두 끼 죽만 끓여 먹고 비바람을 피할 정도의 거처만 있어도 '사람답게 사는' 것으로 부러움을 사기도 하고, 또 어느 때 어느 곳에서는 세 식구가 사철 옷 바꿔 입으며 하루 세 끼 배불리 먹고 $100m^2$ 크기의 주택에서 살아도 거의 '짐승처럼 살고 있다'고 한탄하기도 한다.

이 같은 사정을 '똑같은 존엄성을 갖는 사람들이 함께 사는 곳에서 사람들의 사람으로서의 도리'라는 윤리의 규정에 적용하면, '윤리적 사회'란 어떤 사회를 말하는가의 윤곽이 드러난다. 윤리적인 사회란 사회 구성원 모두가 똑같은 존엄성을 갖는 사회, 사회 구성원 모두가 서로서로 사람을 사람으로 대하는 사회라 할 수 있을 것이니 말이다. 그리고 여기에 정도의 차이가 있을 때 우리는 '더 윤리적인 사회', '덜 윤리적인 사회', 곧 '더 선한 사회', '더 악한 사회'를 구분할 수 있을 것이고, 인류의 역사가 점점 더 선한 사회로 변모해 왔다면 우리는 인류 역사는 '발전한다'고 말할 수 있을 것이며, 점점 악한 사회로 변해 왔다면 인류 역사는 퇴보를 거듭했다고 말할 수 있을 것이다. 그리고 그도 저도 아닐 때는 인류 역사는 제자리걸음을 하고 있다고 말할 수 있을 것이다.

이런 기준에서 볼 때 짧은 시기에 인간의 역사가 퇴보한 적이 없는 것은 아니지만, 긴 시간으로 보아서 인간의 역사는 꾸준히 발전해 왔다고 말할 수 있다. 다시 말해 문화가 진전하면서 인간의 외연은 점점 더 넓어졌다. 사람이 '자유, 평등, 우애'를 인간 사회의 기본 원리로 파악한 이래 점점 더 많은 사람들이 자유롭고, 서로 평등하며 이웃 사랑을 나누는, 곧 선한 방향으로 인류 사회는 진전해 가고 있다.

2. 선의 원천에 대한 물음과 반성

그런데 우리는 이 같은 선의 개념을 어떻게 갖게 되었으며, 어떻게 해서 우리 인간은 도덕적으로 행위할 수 있는가?

도덕적인 즉 선을 지향하는 행위의 예로서 우리는 이웃 사랑[友愛]이라든지 의(義)로운 행위를 들 수 있다. 사람들 모두가 그렇지는 않다 하더라도, 세상에는 이웃을 널리 사랑하는 사람이 있고, 남을 속여 이익을 얻는 편보다는 손해 보더라도 정직하게 사는 편을 택하는 사람이 있다. 그리고 이러한 사람은 많은 사람들로부터 도덕적으로 훌륭하다고 존경받고 칭송받는다. 이러한 사실은 우리 인간이 누구나 그리고 항상 그러한 것은 아니지만 어쨌든 도덕적 행위를 하고 있다는 충분한 증거가 된다. 인간의 이러한 행위는 무엇에서 비롯할까? 인간의 도덕 행위를 가능하게 하는 것은 무엇일까?

먼저 생각해 볼 만한 것은, 인간이 자연 본성상 과연 도덕 행위를 할 수 있는가 하는 점이다.

많은 사람들이 사실 인간의 도덕 행위의 가능 근거를 인간의 자연 본성과 관련지어 탐색해 왔다. 이제까지 윤리 사상사에 등장한 사례로 볼 때도 그렇고 논리적으로 가능한 경우의 수로 볼 때도 인간 본성의 선악에 관한 견해는 대개 네 가지로 나뉜다. 즉 어떤 사람은 인간의 본성이 ① 선하다(性善) 하고, 어떤 사람은 ② 악하다(性惡) 변론하고, 또 어떤 사람은 ③ 선하지도 악하지도 않다(性無善無不善)고 파악하고, 어떤 사람은 ④ 선하기도 하고 악하기도 하다(性善性惡)고 본다. (이 문제를 둘러싼 쟁론의 한 예로서 흔히 거론되는 것이 고대 중국의 사상사에 등장한 이른바 孟子의 性善說, 荀子의 性惡說, 告子의 性無善無不善說, 世碩 · 公孫尼子의 性善性惡說이다. 그러나 세심하게 판별해 보면 이 네 견해는 동일한 차원 위에 세워진 것이 아니기 때문에 우리가 이 자리에서 구분하는 네 가지 경우에 딱 맞는 실례는 아니다.) 그러나 첫째 파악처럼 만약 우리 인간의 자연 본성이 선하기만 하다면, 그리고 — '본성'이란 문자 그대로 사물이 가진 본래의 성질이니까 — 우리 인간이 자연스럽게[저절로] 본성에 따라서만 행위하는 존재자라고 한다면, 우리는 본성에 따라 선만을 행할 터이고, 그러므로 도무지 악행은 할 수 없을 터이다. 사정이 진실로 이러하다면, 도덕이니 윤리니 하는 따위는 문젯거리가 될 일이 없을 것이다. 우리 모두가 자연스레 윤리에 알맞게 행위할 것이니 말이다.

그런데도 현실적으로 우리에게 윤리 문제가 제기된다면, 그것은 우리 인간이 반드시 도덕적으로만 행위하는 것이 아님을 함의하고, 이때 우리가 부딪치는 문제는 인간은 본성상 선한데 도대체 선하지 못한 행실은 어디에서 기인하는가 하는 물음의 해결이다.

이와는 달리 만약 둘째 파악처럼 인간이 본성적으로 악하다 하면, 스스로 악함을 어떻게 깨우쳤으며, 즉 본성과 상반되는 선의 개념을 어디서 얻어 가졌으며, 본성상 악하니 인간은 결코 악에서 벗어날 수가 없는가 하는 문제가 뒤따른다. 그리고 만약 우리 인간이 본성상 결코 악에서 벗어날 수 없다면, 선의 개념이 우리 인간에게 어떤 의미를 갖는가도 문젯거리가 될 것이다.

셋째 견해처럼 만약 인간이 자연 본성(nature)에서는 선하지도 악하지도 않다면, 그것은 우리가 현실에서 보는 선과 악은 모두 생활환경(nurture)에서 비롯한다는 것을 뜻할 것이고, 그렇다면 이때 선악의 형성 조건은 무엇이며, 그것이 과연 보편성을 가지는가가 물어져야 할 것이다.

만약 넷째 견해대로 인간의 본성이 선하기도 하고 악하기도 하다면, 그리고 인간의 본성이 인간의 행위를 규정하는 것이라면, 이것은 우리 인간은 어떤 부분에서는 선하게 행할 수밖에 없고, 어떤 부분에서는 악하게밖에는 행위할 수 없다는 것을 뜻할 것이다. 그렇다면, 인간이 그 본래 선한 부분에서는 결코 타락할 수 없고, 그 악한 부분에서는 결코 개과천선할 수 없는 것인가, 그리고 이 두 부분은 어떤 것이며, 그 양자 사이에는 어떤 관계가 있는가 따위의 물음이 제기될 것이다.

이제, 적당한 이유를 끌어대 이 네 가지 견해 중에 어느 하나를 취하고 그 견해에 포함되어 있는 문제점들을 해명하기에 앞서 우리가 해야 할 것은, 과연 우리는 '인간이 본성상 선한가, 악한가?' 하는 물음에 대해서 명확한 답을 할 수 있는가를 생각해 보는 일이다.

우리에게 우리 자신의 자연 본성을 직접적으로 인식할 수 있는 방도가 있는가? 유감스럽게도 없다. 인간에게 자연 본성이라는 것이 있는가, 자연 본성이 있다고 하더라도 그것이 선의 질(質)을 가지고 있는가, 악의 질을 가지고 있는가를 우리는 결코 직관적으로 알 수가 없다. 기껏해야 우리는 인간의 여러 행태들을 자료 삼아, 이러한 행태들이 나타나는 것으로 볼 때, 이러저러한 본성을 인간은 가지고 있음에 틀림없다고 추정할 수 있을 뿐이다. 이러한 추정은 그러므로 인간의 행태들을 자료로 한 인간 본성에 대한 해석이다. 그리고 인간이라는 종(種)의 본성을 동서고금에 나타나는 사람들의 행적을 토대로 해석할 때, 그것은 인간의 '본성'이라는 것이 불변적임을 암암리에 전제하는 것이며, 한 인간의 본성을 그 사람의 이제까지의 행동을 바탕으로 해서 판정한다면, 그 역시 개개인의 '본성'이라는 것이 불변적이라고 인정하는 셈이 된다. 그러니까 인간의 본성에 관한 견해는 이런 정도의 추정으로 납득해야 하고, 이런 전제가 마땅치 않으면, 본성이라는 것이 대체적인 인간의 기질 내지는 경향성을 지칭하는 것으로 이해해야 할 것이다.

그렇다면 도덕은 인간의 본성 내지 인간의 실천적 행위의 대체적인 양상에 대하여 어떤 성격 또는 관계를 갖는가?

도덕은 인간의 실천적 행위의 경향에 대해 일반적으로 당위의 규범으로 나타난다. 도덕은 인간에게 '모름지기 이러저러하게 행위하라'고 명령하는 것이며, 이 명령의 내용이 선의 표본이고, 그것은 선한 것이기 때문에, 바로 그 때문에 그것의 준수가 인간의 인간으로서의 의무임을 일깨워준다.

도덕규범이 인간에게 명령으로서 주어지는 당위적인 것이라는 것은, 어떤 의미에서든, 성향에 따르는 인간의 모든 행위가 도덕적이지는 않다는 것을 함축한다. 말하자면, 도덕규범은 어떤 행위는 금지시키고 어떤 행위는 강제로 부과시키는 것이다. 이렇듯 도덕규범이 당위적임은 인간의 자연스런 성향이 선을 향해 있지 않거나, 단지 부분적으로만 선한 요소를 가지고 있음을 함축한다. 그러므로 이제 도덕의 원천에 관한 물음이 묻는 것은, 인간에게 선의 표본이 되는 도덕적 명령이 어떻게 주어지고, 인간이 그것을 어떻게 수용할 수 있으며, 어떤 힘에 의해서 그것을 수행할 수 있는가이다.

인간의 본성이 오로지 선할 경우엔 인간이 천성적 기질대로만 행위한다면, 인간의 모든 행위는 선할 것이다. 그럼에도 우리가 인간에게서 악행을 본다면, 그것은 인간의 본성적 기질을 능가하는 어떤 외적 힘에 의해서 인간이 유혹되거나 압박받음으로써 저질러진 것일 터이다. 인간에게 악행을 유발하는 그런 외적 힘은 무엇일까? 물이 위에서 아래로 흐르듯 선행으로 향해 있는 인간 본성의 흐름을 역류시키는 저수 둑(『孟子』, 告子上 二 참조)은 무엇일까? 그것을 사회 제도나 구조 혹은 사회 환경이라고 말할 수는 없을 것이다. 이것들은, 적어도 부분적으로는, 사람들 자신에 의해서 형성되었다고 보아야 하기 때문이다. 그렇다면, 그것은 자연 환경일까, 혹은 초자연적인 어떤 것, 가령 악마일까?

인간의 본성이 온전히 선하다 할 경우 그것으로써 선의 원천은 바로 제시되지만, 반면에 악의 원천을 해명해야 하는 어려움을 떠맡아야 하고, 그 반대일 경우에는 역시 그 반대되는 어려움을 떠맡아야 한다. 이런 이론상의 난점으로 인해 사람들은 인간의 자연 본성에서 선의 원천을 찾을 경우에도 부분적인 악의 소질을 동시에 보거나, 아예 선의 원천은 인간 자연 본성을 초월해 있는 것으로 보거나, 인간을 형성하고 있는 것이긴 하지만 그 성격이 서로 다른 두 본성, 곧 이성과 감성에서 각기 '선'의 원천을 본다.

이런 시각 차이는 결국 윤리적 가치관의 차이라 하겠다. 서로 상충하면서도 오늘날 한국 사회 윤리의 저류를 형성하고 있는 주요한 가치관을 넷 꼽을 수 있는데, 그것을 우리는 자연주의적 · 초자연주의적, 이성주의적 · 감성주의적이라 이름 붙일 수 있다. 유교적 선악관과 기독교적 선악관은 각각 앞의 두 가지를 대변하는 것으로 이것들을 종교적 가치관이라고 일컫는다면, 뒤의 두 가지를 각각 대변하는 것은 (이성) 법칙주의와 공리주의 윤리관으로서 이를 인간학적 가치관이라 일컬을 수 있겠다.

3. 선에 관한 가치관들

1) 종교적 가치관의 대립

가치관이 신념(신앙)에 기초할 때 그것은 이론적 다툼에 앞서 외경의 대상이 되며, 그것이 삶의 '기둥을 이루는 가르침'이 될 때 그것은 종교가 된다. 여전히 우리의 삶에 지대한 영향을 미치고 있는 두 종교, 곧 유교와 기독교는 선악의 유래에 대해서도 뚜렷한 시각 차이를 보이고 있는데, 유교가 자연주의적이라면 기독교는 초자연주의적이다.

(1) 유교적 선 개념과 윤리

유교는 사람됨의 공부가 " '밝은 덕'을 밝히는(明明德) 데"서 시작된다고 가르친다. 그것은 이미 사람이 본래적으로 그러한 능력을 구비하고 있음을 전제로 하는 것이다. 그러니까 사람의 자연 본성 자체가 선의 씨앗(『孟子』, 告子上 六: "可以爲善" 참조)을 가지고 있는바, 공부란 그것을 따르고 가꾸고 키워가는 것일 따름이며,

이것이 바로 덕행의 출발점이라는 것이다.

> 하늘이 명한 바가 본성이니, 본성에 따르는 것이 법도이다(天命之謂性 率性之謂道). (『中庸』, 첫 구)

사물마다 구별이 있고, 한 사물이 바로 그 사물인 까닭은 그 사물의 고유한 성격이 있기 때문인데, 그 고유한 성격인즉슨 그 사물의 자연 본성이다. 이런 이치로 사람이 갈대나 돌멩이가 아니고, 개나 돼지가 아닌 것은 사람으로서의 본성이 있기 때문이며, 이 본성이란 자연적인 것이다. 그리고 이 자연 본성을 따르고 지켜나가는 것이 순리로서 올바른 길이다. 그렇다면 대체 사람의 본성은 어떠한 것인가? 맹자는 그것이 선의 맹아(萌芽)임을 역설하고 있다.

> 사람은 누구나 차마하지 못하는 마음(不忍之心)을 가지고 있다. […] 지금 사람이 어린아이가 막 우물에 빠지려는 것을 별안간 보면, 놀라고 측은한 마음이 있어 가서 붙든다. 이렇게 하는 것은 어린아이의 부모와 교제를 하기 위함도 아니요, 마을 사람들과 벗들에게 칭찬을 받기 위함도 아니요, 또 그냥 내버려두었다고 원성하는 것을 듣기 싫어서도 아니다. 이런 것을 미뤄볼 때, 사람 치고 측은해 하는 마음(惻隱之心)이 없으면 사람이 아니요, 부끄러워하는 마음(羞惡之心)이 없으면 사람이 아니요, 양보하는 마음(辭讓之心)이 없으면 사람이 아니요, 옳고 그름을 가리는 마음(是非之心)이 없으면 사람이 아니다. 측은해 하는 마음은 인(仁)의 단서요, 부끄러워하는 마음은 의(義)의 단서요, 양보하는 마음은 예(禮)의 단서요, 옳고 그름을 가리는 마음은 지(智)의 단서다. 사람이 이 네 가지 단서(四端)를 가지고 있는 것은 마치 몸에 사지(四肢)가 있는 것과 같다. […] 무릇 사람이 자기에게 있는 네 단서를 모두 확충할 줄만 알면, 불이 타서 번져나가고, 샘물이 솟아서 흘러가는 것과 같다(『孟子』, 公孫丑上

六; 또 告子上 六 참조).

사람의 본성에 어찌 양심(良心)이 없겠는가(『孟子』, 告子上 八).

사람이 배우지 않고서도 할 수 있는 바는 양능(良能)이요, 생각하지 않고서도 아는 바는 양지(良知)이다. 어린아이라도 그 어버이와 친할 줄 모르는 자가 없고, 자라서는 그 형을 공경할 줄 모르는 자가 없다. 어버이와 친한 것은 인(仁)이요, 어른을 공경하는 것은 의(義)이다. 이것은 다름 아니라 온 세상 사람들에게 공통된 것이다(『孟子』, 盡心上 十五).

사람은 누구나 다 요순(堯舜)이 될 수 있다(『孟子』, 告子下 二).

유교는 사람은 본성적으로 선량하기 때문에 그 본성을 확충하여 행실로 옮기기(『孟子』, 公孫丑上 六 참조)만 한다면, 사람다운 사람이 된다고 통찰한다. 유교의 이른바 이 '성선(性善)'론의 출발점에 대하여 '성악(性惡)'을 논한 순자를 끌어대 이의를 제기하는 사람이 있으나, 그것은 순자를 뜯어 읽지 못한 탓이다. 순자가 한 관점에서 '성악'을 논하고는 있지만, 그러한 순자의 '성악설'이 근본적으로 인간 본성의 '선함'을 배제하는 것은 아니다. 순자 논설의 진의를 살펴보자.

사람의 본성은 악하고 그 선함은 꾸밈(僞)이다. 지금 사람의 본성은 태어나면서부터 이익을 좋아하는 것이다. 이런 본성에 따르기 때문에 쟁탈이 생기고 사양은 없어진다. 태어나면서부터 남을 질투하고 미워하는 마음이 있는데, 이런 본성에 따르기 때문에 남을 해치는 일이 생기고 성실과 신의가 없어진다. 태어나면서부터 눈과 귀는 미색(美色)과 미성(美聲)을 좋아하는 본성이 있는데, 이러한 본성에 따르기 때문에 무절제가 생기고 예의와 문리(文理)가 없어진다. 그러하니 사람의 본성에 따르고 본래의 감정에 따르면 반드시 쟁탈하는 데로 나아가 직분을 무시하고 도리를 어지럽혀 폭력으로 귀결되게 된다. 그러므로 반드시 스승에 의한 법도의 감화와 예의에 의한 교도가 있은 연후에야 사양하는 데로 나아가서 문리에 합치하고 사회적 질서에 귀착하게 된다. 이로써 보건대, 그러한즉 사람의 본성이 악한 것은 분명하고, 그 선함은 꾸밈이다(『荀子』, 性惡).

순자는 분명히 사람의 자연 본성이 "악하다"고 말하고 있다. 그러나 순자가 말하는 지평은 맹자가 사람의 본성이 선함을 논할 때의 그것과는 다르다. 맹자는 사람의 본성을 거론하면서 광주리를 만들기에 적당한 성질을 가진 "시내 버들(杞柳)"의 성질을 염두에 두고 있다(『孟子』, 告子上 一 참조). 사람의 도덕적일 수 있는 성격은, 비유해 말하자면, 시내 버들은 꺾어서 광주리를 만들기에 적합한 특성을 가지고 있고, 참나무는 태워서 숯을 만들기에 좋은 특성을 가진다는 차원에서, 사람을 여느 동물들과 구별 짓는 사람만의 특성임을 맹자는 말하고 있는 것이다. 그러나 순자가 말하는 '사람의 본성', 예컨대 배고프면 먹을 것을 찾고 추우면 따뜻한 곳을 찾는 것은 사람만의 본성이 아니라, 차라리 동물 일반의 본성이라 해야 할 것이다. (물론 사람도 동물 가운데 하나인 만큼 그런 한에서 그것은 사람의 본성이기도 하겠지만 말이다.) 그렇기 때문에 순자의 논변 가운데서 진실로 사람(만)의 본성, 그러니까 여느 짐승과는 다른 사람의 자연적 성질을 찾는다면, 그것은 "스승에 의한 법도의 감화와 예의에 의한 교도가 있은 연후에 사양하는 데로 나아가서 문리에 합치하고 사회적 질서에 귀착"할 수 있는 바로 그러한 성질이다. 개나 소나 돼지는 이런 성질을 갖고 있지 않은데, 유독 사람만은 이러한 성질을 가지고 있으니 말이다. 이미 순자도 뭇 짐승들과 사람의 차이점을 여러 모로 보고 있다.

> 사람이 사람이 되는 까닭은 단지 발이 둘이며 [몸에] 털이 없기 때문이 아니라, 변(辨)별 능력이 있기 때문이다. […] 무릇 동물들은 부자(父子)는 있어도 부자 사이의 사랑과 존경은 없으며, 암수는 있으되 남녀의 구별은 없다. 그러므로 사람의 도리는 변별함이 있는 데 있다. 변별함에는 [사회적] 분별보다 더 중요한 것이 없고, [사회적] 분별에는 예보다 더 중요한 것이 없으며, 예라면 성왕(聖王)의 [법도]보다 더 큰 것이 없다(『荀子』, 非相).

'예'란 "일신을 바로 잡는 척도"(『荀子』, 修身)이자 "절제의 표준"(『荀子』, 致士)으로서 "군자(君子)"가 바로 그 "모범을 보인다"(『荀子』, 君道) 하고, 그것이 "성인(聖人)의 꾸밈(僞)에서 나온 것이지 사람(人)의 본성에서 나온 것이 아니다"(『荀子』, 性惡)고 하더라도, '성왕'이나 '성인'이나 '군자'가 '보통 사람'이야 아니겠지만 그래도 사람인 이상, 바로 이런 수준의 사람에게서 '사람의 본성'이 제대로 나타난다고도 볼 수 있는 일이다. 그러므로 성악 논변에도 불구하고 순자에게서도 사람의 고유한 본성은 예의를 아는 품성이라 해야 할 것이다. 다만 이 품성은 저절로가 아니라 부단한 수양과 교육을 통하여 비로소 선으로 발양되는 것이다. 그러니 실상 순자가 말하는 '꾸밈(僞)'이란 거짓이라기보다는 '사람이 하는 일(人爲)', 사람만이 할 수 있는 일을 함축하고 있다고 볼 수 있겠다.

이 같은 유교의 성선설, 군자와 소인, 곧 본성을 충실히 드러내는 자와 본성이 가려져 있거나 본성에 역행하는 자의 구분은 주자에 이르러 다음과 같이 정리된다.

> 봄이 되면 만물이 소생하고, 여름이 되면 발육하고, 가을이 되면 성숙하며, 겨울이 되면 거두어 쌓는 것은 하늘의 불변의 이치고, 어질고(仁), 옳고(義), 예의바르고(禮), 지혜로운 것(智)은 사람의 본성이다.
>
> 사람의 본성은 선하지 않음이 없어서, 그 인의예지 네 성품의 실마리가 외물(外物)에 접하여 느낌이 있음에 따라 나타나곤 한다.
>
> 어버이를 사랑하고 형을 공경하며, 임금에게 충성하고 어른에게 공손하게 하는 것을 사람의 도리라고 하는데, 이는 본성에 따를 뿐 억지로 행하는 것은 아니다. 오로지 성인만이 본성을 보존하여 저 무한한 하늘의 이치와 하나(一體)가 되어서, 털끝만큼도 보태지 아니하여도 모든 행동이 모두 지극히 선하다.
>
> 그러나 뭇사람들은 몽매하여서 마음이 물욕에 가려져 그 본성을 무너뜨리고 이를 포기하는 일에 마음 편해 한다. [⋯] 선의 본성은 본래 부족함도 지나침도 없는 것이다. 오직 물욕이 이를 가렸을 뿐이다(朱子, 小學題辭).

그러니까 사람 마음의 "대체(大體)"(『孟子』, 告子上 十五)는 누구에게 있어서나 선량하지만, 그렇다고 그것이 저절로 발양되는 것은 아니고, 자기의 대체 본성을 있는 그대로 드러낼 수 있는 힘을 길러야 하며, 그렇지 않으면, 계곡의 물이 아래로 흐르는 것이 자연의 성질임에도 둑이 가로놓이면 역류도 하듯이, 얼마든지 왜곡될 수도 있는 것이다. 이러한 파악이, 만약 사람의 본성 발양을 방해하는 어떤 사악한 외적인 힘 — 가령 '악마'와 같은 것 — 을 인정하는 것이 아니라면, 이러한 파악은 사람은 누구나 선한 본성과 함께 그 본성 발양을 가로막는 다른 요인, '소체(小體)' 이를테면 '물욕'도 함께 가지고 있다는 주장을 동반한다. 그러니까 공부란 '물욕' 곧 감성적 욕구를 제어하는 힘을 기르는 수련이다.

여기서 물욕 또한 사람이면서 동시에 동물인 자가 가지고 있는 자연스런 성질이라 해야 할 것이니, 왜 어떤 본성(곧, 인의예지로 나가는 마음)은 북돋워야 하고, 어떤 본성은 제어해야 하느냐의 당위 물음이 생기기는 한다. 그러나 이 물음에 대해서는 다시 맹자의 입론 취지로 돌아가, 후자는 한낱 일반적인 동물적 기질이고, 전자만이 인간 고유의 기질인 만큼, 인간 고유의 기질을 제대로 발양하는 것만이 '인간답기' 때문이라 답할 수 있을 것이다. 그래서 교육이 필요하다는 것이다. 사람의 본성이 선하고, 그러니까 내버려두어도 저절로 착한 일만 하는 것이라면, 교육이 무엇에 따로 필요하겠는가.

> 공자가 말하기를, '[사람들은] 본성적으로 서로 가까우나, 습관에 의해서 서로 멀어진다'고 했다(『論語』, 陽貨 二).

사람들이 선한 본성에 있어서는 서로 근사해도, — 그렇기 때문에 사람'들'이 여럿임에도 한결같이 '사람'인 것이다 — 습관들이기에 따라서 본성이 제대로 발양될 수도 있고 왜곡될 수도 있으니, — 그렇기 때문에 사람'들'은 한 가지가 아니고 여러 가지인 것이다 — 교육을 통하여 올바른 습관이 생기도록 해야 선을 실현할 수 있는 힘, 곧 덕(德)을 갖출 수 있다.

> 사람이 살아가는 데 아무리 배불리 먹고 따뜻하게 입고 편히 거처할지라도 교육이 없다면, 마치 새나 짐승과 다를 바 없는 것이다. 성인이 이 점을 걱정하여 계(契)에게 사도의 직책을 주어서 인륜을 가르치게 했다. 부자 간에는 친함이 있어야 하고, 군신 간에는 의리가 있어야 하고, 부부 간에는 분별이 있어야 하며, 나이 많은 사람과 나이 적은 사람 사이에게는 차례가 있어야 하고, 벗들 사이에는 믿음이 있어야 하느니라(父子有親 君臣有義 夫婦有別 長幼有序 朋友

有信). (『孟子』, 滕文公上 四)

신유가 학자들의 사단(四端) 칠정(七情)에 관한 상당히 치밀한 논변에서도 그 결론이, 선한 마음씨는 '이(理)'에서, 악한 마음씨는 '기(氣)'에서 나온다[理氣互發說]가 되든, 으레 '기'에는 '이'가 담겨 있기(氣包理) 마련이니 선하든 악하든 모든 마음씨는 '기'로부터 나온다[氣發理乘說]가 되든, '이'니 '기'니 하는 두 가지 모두가 사람의 구성 원리이므로, 결국 인간 자신에게서 선악의 인자(因子)를 함께 본다는 점에서는 차이가 없다. 사람이 능히 천지자연의 조화로운 질서를 깨닫고 그에 따라 행위할 수 있는 충분한 사람다운 소질[道心]을 가지고 있으면서도, 눈앞의 것에 대한 욕구에 사로잡혀 자연의 이치를 벗어나 행위할 수 있는 소질[人心]도 또한 가지고 있다(이이, 『栗谷全書』, 卷十 答成浩原 壬甲 참조)는 말 역시 마찬가지의 뜻이다.

이런 유가의 여러 방식의 설명은, 자연의 이치[天地之道]와 인간의 도리를 한 가지로 보면서도, 선과 악의 근원이 모두 인간의 자연 본성에 있다 — 이를 나누어, 선은 인간으로서의 인간의 본성에서, 악은 동물로서의 인간의 본성에서 유래한다고 말해도 결론은 마찬가지이므로 — 는 것을 말한다. 그러므로 유교는 선악 개념의 원천에 관하여 자연주의적 견해를 취하고 있다고 볼 수 있다.

(2) 기독교적 선 개념과 윤리

유교에서 보이는 자연주의적 이설은, 그 취지로 볼 때, 사람은 짐승처럼 망동(妄動)해서는 안 되고 사람답게 행위해야 한다는 것을 역설하고는 있으나, 자연물 가운데 하나인 인간이 어떻게 해서 자연의 법도[天理]를 일탈할 수 있는가, 즉 자연으로부터 인간으로 태어난 자가 어떻게 인간에 머무르지 않고 짐승으로, 때로는 짐승보다도 못한 것으로 추락할 수 있는가, 바꿔 표현하면, 역시 자연적 품성 가운데 하나인 인욕(人欲)이 어떻게 자연의 대도(大道)를 파기할 수 있는가를 분명하게 해명하고 있지 않다.

그것이 의지력의 부족에 기인하든, 악마의 유혹에 넘어가는 데에서 말미암든, 혹은 자신의 본성을 스스로 깨우치지 못하는 지력(知力)의 결핍에서 비롯하든, 인간이 선행으로 나아가지 못하고, 오히려 빈번히 혹은 번번이 악한 행위를 한다면, 어쨌든 인간은 악에로의 성향 내지는 기질을, 적어도 부분적으로나마, 가진 것으로 해석할 수 있다. 이런 전제하에서 '선'이라는 이념의 원천을 반성할 때, 우리가 생각해 볼 수 있는 것은, 초자연적인 즉 인간의 성향을 제압하는 어떤 자에 의한 선 개념의 제시이다. 그런 예로서 우리는 기독교의 윤리설을 들 수 있을 것이다.

기독교에서 윤리는 율법(律法) 가운데 하나이다. 그것은 예외 없이 지켜져야 할 초자연적인 위격(位格)으로부터의 지시 사항으로, 원죄(原罪)에 빠져 있는 즉 본성상 악[根本惡]에 물들어 있는 인간에게 계명(戒命)으로 나타난다.

> 너희는 부모를 공경하여라. […] 살인하지 못한다. 도둑질하지 못한다. 이웃에게 불리한 거짓 증언을 못한다. 네 이웃의 집을 탐내지 못한다(「출애굽기」 20:12~17).

이것은 신의 명령으로서 사람들이 마땅히 지켜야 할 도리이다. 그러나 기질상 악에 빠지기 쉬운 인간이 순순히 이 명령을 따를 리 없으므로, 신은 초자연적 힘[奇蹟]을 가끔 내보임[啓示]으로써 자신의 위력과 권능을 사람들로 하여금 받아들이지 않을 수 없게 한 연후에, 자신의 명령을 제대로 지키지 않은 자에게는 그 죄 값을 "후손 삼대에까지" 치르도록 할 것임을 경고하고, 제대로 지킨 자에게는 "그 후손 수천 대에 이르기까지" 은혜를 내릴 것을 약속한다.

> 나를 싫어하는 자에게는 아비의 죄를 그 후손 삼대에까지 갚는다. 그러나 나를 사랑하여 나의 명령을 지키는 사람에게는 그 후손 수천 대에 이르기까지 한결같은 사랑을 베푼다(「출애굽기」 20:5~6).

사람의 행위에 대한 상벌이 후손에까지 미친다는 것은 일종의 연좌제(連坐制)이고, 또 조상 중에 선행을 한 자와 악행을 한 자가 섞여 있을 경우—조상들 모두가 선행만을 한 가문은 아마도 전무할 터인데—실제로 후손에 대한 상벌이 어떻게 정해질지 몹시 궁금한 일지만, 자식을 걸어 사람들의 행실을 바로잡는 것은 분명 효과적인 방법이기는 하다.

이러한 윤리 교육은 어쨌든 사람이 도덕적으로 개선될 능력을 가지고 있음을 전제하는 것이다. 원죄에도 불구하고 사람에게는 도덕적으로 될 수 있는 '잔여 능력'이 있다고 기독교는 보는 것이다. 그렇기에 하느님께서 계명을 내려 훈육에 나서는 것일 것이다. 도덕적으로 완전히 무능한 자에게 율법 하명과 상벌 제시가 무슨 소용이 있겠는가.

> 내가 오늘 너희에게 내리는 이 법은 너희로서 엄두도 내지 못할 일이거나 미치지 못할 일은 아니다. […] 그것은 너희와 아주 가까운 곳에 있다. 너희 입에 있고 너희 마음에 있어서 하려고만 하면 언제든지 할 수 있는 것이다(「신명기」 30:11~14).

> 한 처음에 주님께서 인간을 만드셨을 때 인간은 자유 의지를 갖도록 하셨다. 네가 마음만 먹으면 계명을 지킬 수 있으며 주님께 충실하고 않고는 너에게 달려 있다. 주님께서는 네 앞에 불과 물을 놓아 주셨으니 손을 뻗쳐 네 마음대로 택하여라. 사람 앞에는 생명과 죽음이 놓여 있다. 어느 쪽이든 원하는 대로 받을 것이다(「집회서」 16: 14~17).

사람들에게 도덕적으로 개선될 여지가 없는 것은 아니지만, 그러나 사람의 내심, 자연 본성은 악에 흠뻑 젖어 있어서 또는 근본적으로 '악으로의 경향성'을 가지고 있어서 그로부터 쉽게 벗어나지를 못한다.

> 참으로 사람을 더럽히는 것은 사람에게서 나오는 것이다. 안에서 나오는 것은 곧 마음에서 나오는 것인데 음행, 도둑질, 살인, 간음, 탐욕, 악의, 사기, 방탕, 시기, 중상, 교만, 어리석음 같은 여러 가지 악한 생각들이다. 이런 악한 것들은 모두 안에서 나와 사람을 더럽힌다(「마르코」 7:21~23).

그래서 기독교 윤리 강령은 어디까지나 하느님이나 그의 대행자가 발하는 '명령'이고, 사람은 그것을 수행함으로써 물론 충분한 보상이야 받겠지만, 어쨌든 그 명령의 준수를 의무로 갖는 자이다. 기독교 윤리는 이런 의미에서 '의무의 윤리'라 할 수 있다. 기독교의 가르침대로라면, 윤리가 윤리인 것은 그것이 사람의 양심의 소리이기 때문도 아니요, 대개의 사람들이 그렇게 행하기 때문도 아니요, 사람이 스스로 세운 이상이기 때문도 아니요, 오로지 하느님이 명령한 바이기 때문이며, 그 명령에 복종해야 하는 것은 피조물인 사람이 창조주의 뜻에 알맞게 되기 위한 책무이다.

기독교에서 보는 이 같은 초자연주의적 윤리 교설이 설파하는바, 신의 음성을 통해 나온 도덕 법칙은 반드시 지켜져야 하는 것이지만, 어떤 사람이 그것을 준수할 때 그 이유가 그 도덕 법칙 자체의 권위 때문이 아니고 자신의 행위 다음에 뒤따라올 상벌 때문일 수 있으므로, 이렇게 되면 도덕은 그 자체가 가치 있는 것이 아니라 단지 상을 받기 위한 수단으로서 가치가 있는 것이 된다. 이럴 경우에는, 만약 누군가가 신의 위력은커녕 신이라는 초자연적 위격 자체를 납득하지 않고 따라서 그의 경고에도 전혀 "두려워 떨지"(「출애굽기」 20:19 참조) 않을 뿐만 아니라, 그 약속에도 아무런 기대를 걸지 않을 때, 그가 제시한 도덕은 인간으로서의 인간의 율법으로서는 아무런 기능을 할 수 없을 것이다.

2) 인간학적 가치관의 대립

종교적 권위를 바탕으로 한 윤리 정립과 윤리적 가치로서 선 개념은 종교적 신앙 위에서만 유효하다. 그래서 이른바 '계몽된' 이성은 인간 이성의 한계 내에서 설명하고 설득할 수 있는 지식의 차원에서 윤리도 말하고 선악의 개념도 세우려 한다. 그로 인해 인간성의 두 요소, 곧 '이성'과 '감성'에서 각각 '선'의 출발점을 보는 (이성) 법칙주의와 감성주의가 성립하는데, 전자의 대표적인 예가 칸트의 인격주의 이론이고, 후자의 대표적인 예가 공리주의 이론이다.

(1) 법칙주의의 선 개념과 윤리

그 자체로 선한 것은 무엇인가?

이 세계에서 또는 도대체가 이 세계 밖에서까지라도 아무런 제한 없이 선하다고 생각될 수 있는 것은 오로지 선의지뿐이다(Kant,

GMS: AA IV, 393).

칸트는 이렇게 단언한다. 여기서 '선의지'는 옳은 행위를 오로지 그것이 옳다는 이유에서 택하는 의지를 말한다. 그것은 행위의 결과를 고려하는 마음이나 또는 자연스런 마음의 경향성에 따라 옳은 행위를 지향하는 의지가 아니라, 단적으로 어떤 행위가 옳다는 바로 그 이유만으로 그 행위를 택하는 의지이다. 그러므로 이 의지 작용에는 어떤 것이 '옳다', 무엇이 '선하다'는 판단이 선행해야 하고, '옳음'과 '선함'은 결코 경험으로부터는 얻을 수 없는 순수 이성의 이념이므로, 선의지는 오직 이성적 존재자만이 가질 수 있는 것으로서 다름 아닌 순수한 이성적 존재자의 실천을 지향하는 이성 곧 '순수 실천 이성'이다(Kant, AA IV, 412 참조).

그러나 선의지는 이성적 존재자로서 인간에게 자연적[선천적] 소질로 있는 것은 아니다. 선의지가 인간의 자연적 소질이라면, 인간은 자연적으로 선하도록 정해져 있다는 뜻이고, 이러하다면 우리 인간에게 더 이상 악행이라든지 '당위'의 문제는 없다. 도덕의 문제는, 인간은 스스로 자신을 선하게도 만들고 악하게도 만들기 때문에 생기는 것이다. 인간이 "선하게 혹은 더 선하게 되기 위해서는 초자연적 자기 작용이 필요하다"(Kant, *RGV*: AA VI, 44)고 전제되어야 한다. 자연의 사물들은, 그리고 자연의 사물들 가운데 하나인 인간은 한편으로는 자연의 법칙에 따라 운동 변화한다. 그러나 인격으로서의 인간은, 다른 한편으로는, 자기 자신의 자발성의 표상인 선의 표상에 따라 행위한다. 그래서 칸트는 자연사(自然史)가 "신의 작품"이라면, 인간사(人間史)는 "자유의 역사"로서 "인간의 작품"(Kant, *MAM*: AA VIII, 115)이라고 말할 수 있다.

선의지는 그러니까 자연 발생적으로 생겨나는 것이 아니다. 그것은 도덕적 이념의 실천이 이성적 존재자의 '의무'라고 납득하는 데서 생긴다. 도덕은 당위이므로 '~하라!'는 '명령'으로 나타나며, 그것도 무조건적으로 복종하지 않을 수 없는, 그것에 준거해서 행위해야만 하는 필연적 실천 명령으로 다가온다. 그렇기 때문에 이 명령은 이성적 존재자에게는 '실천 법칙'이다. '법칙' — 즉 따르지 않으면 안 되는 규범이다.

선의지만이 그 자체로 선한 것이라 함은, 결국 '의무로부터'의 행위만이 '진정한 도덕적 가치'를 가지며(Kant, *GMS*: AA IV, 399 참조), 의무로부터의 행위란 도덕적 실천 법칙을 그 행위의 표준으로, 준칙(準則)으로, 다시 말하면 "의욕의 원리"(Kant, AA IV, 400)로 삼는 행위를 말한다. "의무는 법칙에 대한 존경으로부터 말미암은 행위의 필연성"(같은 곳)이며, 도덕의 가치는 곧 이런 "의지의 원리" 안에 있다. "최고의 무조건적인 선", "우리가 윤리적이라고 부르는 그러한 탁월한 선"을 이루는 것은 다름 아닌 "법칙의 표상 자체"이며, 이 법칙의 표상은, "예상되는 결과가 아니라 법칙의 표상 자신이 의지의 동인인 한에서, 두말할 것도 없이 오로지 이성적 존재자에서만" 생긴다. 그러므로 "탁월한 선은, 법칙의 표상에 따라 행위하는 인격 자체 안에 이미 현전하는 것으로, 비로소 그 행위결과로부터 기대될 필요가 없다."(Kant, AA IV, 401) 선은 이미 그리고 오로지 행위의 동기 가운데 있는 것으로 행위의 결과에서 비로소 나타나는 것이 아니다.

"우리가 순수한 이론적 원칙들을 [자명한 것으로] 의식하는 것과 꼭 마찬가지로, 우리는 순수한 실천 법칙들을 의식할 수 있다." (Kant, *KpV*: AA V, 30) 선의 이념을 가진 이성적 존재자는 선험적으로 도덕 법칙을 의식하며, 이런 도덕 법칙들의 최고 원칙은 다음과 같이 정식화된다.

> 너의 의지의 준칙이 항상 동시에 보편적 법칙 수립의 원리로서 타당할 수 있도록, 그렇게 행위하라(Kant, *KpV*, §7: AA V, 30).

> 그 준칙이 보편적 법칙이 될 것을, 그 준칙을 통해 네가 동시에 의욕할 수 있는, 오직 그런 준칙에 따라서만 행위하라(Kant, *GMS*: AA IV, 421).

동일한 도덕 이념을 담고 있는 이 명령들이야말로, 이성이 선을 지향하는 의지에게 부여하는 모든 도덕 법칙들이 기초해야 할 원칙이다.

도덕적 명령이 실천 법칙이 될 수 있기 위해서는 보편성과 필연성을 가져야만 한다. 어떤 것이 보편적이려면 언제 누구에게나 타당해야 하며, 필연적이려면 무조건적으로 타당해야만 한다. 이 명령은 실천 행위로 나아가려는 이성이 자신에게 선험적으로 무조건적으로 부과하는 규범이며, 그러므로 그것은 이성의 "자율"로서 단정적인 "정언적 명령"(Kant, AA IV, 421)이다. 이 명령 내용이 선을 지향하는 모든 실천 행위들이 준수해야 할 도덕 법칙의 '형식'으로 보편성과 필연성을 가짐은 자명하다는 뜻에서 칸트는 이것을 "순수 실천 이성의 원칙"이라고 부르고, 또한 "순수 이성의 유일한 사실"(Kant, *KpV*: AA V, 31)이라고도 부른다.

순수 실천 이성의 원칙을 '사실'이라고 부를 수 있는 것은, 이론 이성에게 모순율과 같은 형식 논리의 원칙 — 칸트 용어대로 표현하면, 순수 이론 이성의 분석적 원칙 — 이 자명하듯이, 그것이 실천 이성에게는 자명한 것이기 때문이다. '자명한 사실'이란 보편타당하고 필수적인 것이긴 하지만, 그렇다고 그것이 누구에게나 항상 인지된다거나, 모든 사람이 언제나 — 인식에서든 행위에서든 — 그것을 준수함을 함의하고 있는 것은 아니다. 모든 형식적 인식에서 그것의 '참[眞]'의 원리로서 모순율이 기능하고 있지만 모순율을 인지하지 못하는 사람이 많듯이, 모든 실천 행위에서 그것의 '참[善]'됨의 원리로서 저 원칙이 기능하지만 이것을 인지하지 못하는 사람도 많이 있을 수 있다. 또한 논리적 원칙을 잘 인지하고 있는 사람, 예컨대 논리학자라고 해서 항상 논리적으로 사고하는 것은 아니듯이 실천 이성의 원칙을 '사실'로서 납득하고 있는 사람, 예컨대 윤리학자가 항상 도덕적으로 행위하는 것은 아니다. '이성의 사실'은 사람들의 그것에 대한 인지나 준수와 상관없이 자신의 자명성으로 인하여 자명한 것이다.

그 자신 다른 어떤 것으로부터 증명되지 않는 이성의 사실로서의 모순율에 모든 형식적 인식들이 기초함으로써 그것의 진리성을 보증받듯이, 모든 실천 행위는 이성의 사실로서의 이 '실천 이성의 원칙'에 준거해서만 그것의 '선함'을 평가받을 수 있다. 이 실천 이성의 원칙은 바로 '선'이라는 개념의 근거점이다. 선의 개념은 "도덕 법칙에 앞서" 있는 것이 아니라, 바로 "도덕 법칙에[의] 따라서[뒤에] 그리고 도덕 법칙에 의해서"(Kant, AA V, 63) 있는 것이다.

그러므로 선의 개념 자체이기도 한 이 실천 이성의 원칙은 모든 도덕 법칙이 갖추어야 할 보편적 형식이다. 그것이 '형식'이기 때문에 실질적으로는 아무런 도덕적 규정이 되지 못하는 것이 아니라, 바로 '형식'이기 때문에 모든 도덕의 '내용[실질]'을 규정한다. 형식이란 다름 아닌 내용의 틀이다.

구체적인 행위를 예로 들어 이 실천 원칙이 선의 형식으로, 즉 척도로 어떻게 기능하는가 살펴보자.

칸트 자신이 들고 있는 한 예로, 어떤 사람이 재판에서 위증을 하면 옆 사람이 죽고 위증을 안 하면 그 자신이 죽도록 되어 있을 때, 그 사람이 '사형을 당하더라도 위증하지는 않겠다'고 의욕하고 그것을 실천하면, 우리는 그를 의(義)롭다고 하고 선하다고 평한다 (Kant, AA V, 30 참조). 무슨 근거에서인가?

또 다른 예로, 가령 열 명의 서로 낯선 사람들이 함께 조난당해 열흘을 굶주렸는데, 그 중 한 사람이 밥 한 그릇을 발견했고 나머지 사람들이 눈치 채지 못하게 그것을 혼자서 먹을 수도 있는 여건을 가졌으며 다시 언제 먹을 만한 것을 발견하게 될지 전혀 예측할 수 없는 상황에서, 그 밥을 발견한 사람은 그 자신도 이미 죽을 것 같이 배고팠고 그래서 생리적 욕구대로라면 그 밥을 남모르게 혼자서 조금씩 먹고 싶었음에도 불구하고, '내가 마침내 굶어죽게 된다고 하더라도 이 음식은 저 아홉 사람들과 나눠 먹는 것이 인간의 도리이다'라고 생각해서 그렇게 실천했을 경우를 생각해 보자. 이성적 존재자만이 할 수 있는 이 선행의 원인은 무엇일까?

이런 예들에서, 위증은 하지 않았으되 그 까닭이, 어차피 위증해봐야 언젠가는 발각될 것이라는 우려에서 위증하지 않았다거나, 독식(獨食)하지 않은 심리적 배경에, 만약 그 상황에서 다른 사람들에게 밥을 나눠 주지 않는다면 다른 모든 사람들은 필시 굶어 죽을 것이고 그렇게 되면 혼자 남게 되는 것이 몹시 겁이 나서거나, 혹은 만약 다른 사람이 먹을 것을 발견했을 때, 자기가 그렇게 했을 것처럼, 자기에게 나눠 주지 않을 경우엔 낭패라는 역지사지(易地思之)의 '현명한' 사려가 있어서 밥을 나눠 먹은 것이라면, 이런 행위들은, 칸트에 따르면, 선행은 아니다. 선행은 어떤 결과를 고려하는 마음이나 자연적인 마음의 쏠림 혹은 결과적인 이해(利害)의 타산에서 나온 행위가 아니라, 도덕의 이념 그 자체에 대한 존경에서 나온 행위이다.

칸트에 따르면, 선행은 이타(利他)나 대의(大義) 혹은 공존공영을 '위해서' 하는 행위라기보다는 어떤 행위를 그렇게 하는 것이

옳기 때문이라는 오직 그 이유 때문에 하는 행위이다. 윤리 도덕은 우리 모두에게 혹은 다수의 사람들에게 이(利)롭기 때문에 가치가 있는 것이 아니라, 그 자체가 가치 있는 것이다. 많은 경우에 이로움이나 유용함은 한갓 감성적인 욕구 충족에 대응하는 것이다. 감성적 욕구 충족에 상응하는 명령은, 모든 경험으로부터의 교훈이 그러하듯이, 능한 처세의 훈(訓)은 될지 모르나 보편적 도덕 법칙이 되지는 못한다. 도덕은 처세의 기술이 아니라 인격의 표현이다. 선은 감성적 욕구를 충족시켜 주기 때문에 좋은 것이 아니라, 그 자체가 좋은 것이다. 이 '선'의 관념으로부터 비로소 '좋음', '가치' 등의 개념이 유래한다. 그렇기 때문에 도덕 법칙은 정언적 즉 단정적 명령으로 이성적 존재자에게 다가온다. 가언적인, 즉 어떤 전제하에서 발해지는 명령은 필연성이 없다. 명령을 받은 자가 그 전제를 납득하지 않으면 그 명령은 명령으로서 효력이 없기 때문이다. '언젠가 이웃에 도움을 청하게 될 때를 생각해서 항상 이웃에 친절하거라!' 따위의 가언적 처세훈들은 도덕적 선의 표현이 될 수 없다. 선은 인격적 주체의 가치이고, 그렇기 때문에 그 자체가 목적이지 무엇을 위한 수단이 아니다. 또한 사람으로서 사람은 인격적 주체이고, 주체란 문자 그대로 무엇을 위한 수단으로 취급될 수 없는 그 자체가 목적인 것이다.

어떤 행위가 진정으로 도덕적이기 위해서는 도덕 법칙에 대한 존경이 유일하고도 의심할 여지없이 그 행위의 동기여야 한다. 그리고 이와 같은 도덕적 동기는 의지의 자유로움에서만 가능하다. 인격적 주체는 "무엇을 해야 한다고 의식하기 때문에 자기는 무엇을 할 수 있다고 판단하며, 도덕 법칙이 아니었더라면 그에게 알려지지 않은 채로 있었을 자유를 자신 안에서 인식한다."(Kant, *KpV*: AA V, 30) 인간은 무엇을 하고 있고 할 수 있기 때문에 그것을 해야만 하는 것이 아니라, 그것은 인간으로서 마땅히 해야 하는 것이기 때문에 그것을 할 수 있다.

"의지의 법칙에 대한 자유로운 복종의 의식은, 모든 경향성들에게, 오로지 자기의 이성에 의해 가해지는, 불가피한 강제와 결합돼 있는 것으로서, 무릇 법칙에 대한 존경이다."(Kant, *KpV*: AA V, 80) 이 도덕 "법칙에 따르는, 일체의 규정 근거에서 경향성을 배제하는, 객관적으로 실천적인 행위를 일컬어 의무"(같은 곳)라 한다. 그렇기 때문에 의무는 개념상 '실천적 강제'를 포함한다. 즉 싫어도 행위하도록 시킨다. 자연적 존재자로서의 인간이 선 아닌 다른 것을 욕구하기 때문에, 바로 그 때문에 그는 선을 행해야만 한다(Kant, *GMS*: AA IV, 444 참조). 자기 마음이 자연히 그렇게 내켜서 하는 행위라면 그것을 우리는 당위라고 하지 않는다. 당위는 강요된 행위를 말함이고 그런 뜻에서 필연적이되, 그러나 이 강제는 밖으로부터의 것이 아니라, 자신에 대한 자신의 강제 즉 "자기강제"(Kant, *KpV*: AA V, 83)이다. 그렇기 때문에 도덕은 밖으로부터 강제된 규칙 즉 자연 법칙이 아니라, 자신으로부터의 즉 자유로운 자기강제의 규칙, 이를테면 자율(自律)이다. 이 자율의 힘에 인격성은 기반한다.

> 도덕은 자유로운, 바로 그렇기 때문에 스스로 자신의 이성에 의해 자신을 무조건적인 법칙에 묶는 존재자인 인간의 개념에 기초되어 있다. 그런 한에서 도덕은, 인간의 의무를 인식하기 위해서 인간 위에 있는 어떤 다른 존재자를 필요로 하지 않으며, 그 의무를 지키기 위해 법칙 이외의 어떤 다른 동기를 필요로 하지도 않는다. 만약 인간이 그러한 것의 필요를 느낀다면, 적어도 그것은 그 자신의 탓이다. 그러한 필요는 그 자신 외의 무엇에 의해서도 채워질 수 없는 것이다. 인간 자신과 그의 자유에서 솟아난 것이 아닌 어떤 것도 인

간의 도덕성의 결핍을 메워줄 수는 없기 때문이다(Kant, *RGV*: AA VI, 3).

인간으로 하여금 감성계의 일부로서의 자신을 넘어서게 하고, 지성만이 생각해 낼 수 있는 질서에 인간을 결합시키는 것은 인간의 인격성이다. 그러니까 인격성이란 "전 자연의 기계성으로부터의 독립성으로, 그러면서도 동시에 고유한, 곧 자기 자신의 이성에 의해 주어진 순수한 실천 법칙들에 복종하고 있는 존재자의 한 능력" (Kant, AA V, 87)이다.

그래서 인간의 의지가 자유롭다는 것은 실천 이성이 인격적이라는 말과 같다. 의지가 자유롭다는 것은 다름 아니라 "도덕 법칙이 의지를 직접적으로 규정한다"(Kant, AA V, 71)는 뜻이기 때문이다. 하나의 법칙이 어떻게 의지를 직접적으로 규정할 수 있는가, 바꿔 말하면 인간에게 어떻게 자유 의지가 가능한가는, 인간에게 손가락이 왜 하필 열 개인가와 마찬가지로, "인간 이성으로서는 풀 수 없는 문제"(Kant, AA V, 72)이지만, 도덕 법칙이 직접적으로 의지를 규정한다는 것은 명백한 '사실'이고, 그리고 "이것이야말로 모든 도덕성의 본질"(같은 곳)이다.

의지가 도덕 법칙에 의해 규정받는다 함은, 바꿔 말해 의지가 자유롭다 함은 두 의미에서 이해될 수 있다.

첫째로 그것은, 소극적인 의미에서 도덕적 가치를 지향하는 의지는 어떤 감성적 충동에도 영향받음이 없으며, 도덕 법칙에 어긋나는 어떠한 자연적 경향성도 배제하고, 오로지 법칙에만 규정받는다는 것을 뜻한다. 사람은 누구나 배고프면 배불리 먹고 싶고, 추우면 따뜻함을 찾고 싶고, 피로하면 쉬고 싶어한다. 그러나 '사람'은 옆에 누군가가 자신보다 더 배고파하면 먹을 것 앞에서도 자신의 배고픔을 참고, 옆에 누군가가 추워하면 난로 앞에서도 자신의 추위를 참을 수 있다. 모든 자연적인 경향성은—이것의 충족에서 사람들은 행복을 느끼거니와—이기적이고 자기추구적이다. 이기적 마음은 자기사랑으로서, 무엇에도 우선하는 자기 자신에 대한 호의(好意)이거나 자기만족이다. 순수한 실천 이성은 이런 자연적이고도 도덕 법칙에 앞서서 우리 안에서 생겨나는 자기사랑이나 자기만족을 단절시키고, 이런 경향성을 도덕 법칙과 합치하도록 제한한다.

둘째로, 도덕 법칙에 의한 의지 규정은 적극적 의미를 또한 갖는다. 자유의 형식으로서의 도덕 법칙은 우리 마음 안에 있는 경향성에 대항하여 이기적인 자기사랑이나 자기만족을 제어하며, 그럼으로써 '존경의 대상'이 된다. 도덕 법칙의 의지 규정, 그것은 도덕 법칙에 대한 순수한 존경심 곧 선의지이다.

의지가 자유롭기 때문에 인간은 이성적 생명체로서 살아갈 수 있도록 자연이 배려해 준 여러 소질들을, 풍운(風雲)이나 화초(花草)나 금수(禽獸)에서는 볼 수 없는, 악(惡)의 방향으로 사용할 수도 있지만,—칸트는 심지어 사람들이 도덕 법칙을 의식하면서도 빈번히 이 도덕 법칙에 어긋나게 행위함을 염두에 두고서 인간은 "본성상 악하다[악질이다]"(Kant, *RGV*: AA IV, 32; AA XIX, 202, 조각글 6906 참조)고 말한 것이다—동시에 이 의지의 자유는 "도덕 법칙의 존재 근거"(Kant, *KpV*: AA V, 4)이다.

인간으로 하여금 자연적 사물의 질서를 넘어서게 하는 이 도덕 법칙은 그 자체로 '신성하다.' 그러니까 "인간은 비록 충분히 신성하지는 못하지만, 그러나 그의 인격에서 인간성은 그에게 신성하지 않을 수 없다." 도덕 법칙이 자유로부터의 법칙 즉 자율성인 한 이 도덕 법칙의 주체인 인간 즉 인격도 신성하다. 그래서 이 자율성이야말로 "인간과 이성적 자연 존재자의 존엄성의 근거"(Kant, *GMS*:

AA IV, 436)라고 칸트는 말한다.

그 자체로 존엄한 인간은, 그리고 이성적 존재자는 "목적 그 자체"이다(Kant, *KpV*: AA V, 87). 인간은 이런저런 용도에 따라 그 가치가 인정되기도 하고 안 되기도 하는 '물건' 즉 무엇을 위한 '수단'이 아니라, 그 자체로서 가치를 갖는 '인격' 즉 '목적'으로서 생각되어야 한다(Kant, *GMS*: AA IV, 428 참조). 칸트에 따르면, 그러므로, '순수 실천 이성의 원칙'으로부터 다음과 같은 객관적으로 타당한 실천 명령이 나온다.

> 너 자신의 인격에서나 다른 모든 사람의 인격에서 인간(성)을 목적으로서 [대하고], 결코 한낱 수단으로서 사용하지 않도록 행위하라 (Kant, *GMS*: AA IV, 429).

자연 사물을 규정하는 존재 범주들 가운데 가장 기초적인 것이 '실체'이듯이, 인간의 실천 행위를 규정하는 '자유의 범주들' 가운데 가장 기초적인 것은 '인격'이다. 인간의 실천적 행위 즉 도덕적 행위는 기본적으로 인격으로서의 인간의 인격으로서의 인간에 대한 행위이다. 그리고 '우리' 인간이 인간으로서 존엄한 한, '나'의 '너'에 대한 행위는 언제나 인격적이어야 한다.

인격적 행위만이 도덕적 즉 당위적이기 때문에, 그것은 인간이 도달해야만 할 이성의 필연적 요구[要請]이다. 어떤 사람이 행위할 때 '마음 내키는 바대로 따라도 법도에 어긋나지 않는다(從心所慾不踰矩)'면, 그를 우리는 성인(聖人)이라 부를 것이다. 마찬가지로 실천 행위 '의지의 도덕 법칙과의 완전한 부합은 신성성(神聖性)'이라고 불려야 할 것이고, 감성계에 살고 있는 인간이 이런 신성성에 '현실적으로' 도달한다고 볼 수는 없겠지만, 그렇다 하더라도,

아니 바로 그러하기 때문에 그런 '완전한 부합을 향한 무한한 전진' 가운데에서 우리는 인격성을 본다.

인간이 현실적으로 신적 존재자라면, 그의 행위는 항상 의지의 자율에 따를 터이다. 그렇다면 거기에는 당위가, 따라서 도덕도 없을 것이다. 인간은 감성적 욕구를 동시에 가지고 살아가는 시공상의 존재자이기 때문에, 바로 그 때문에 그에게는 당위가, 자신이 스스로에게 강제적으로라도 부과하는 정언적 명령이, 도덕 법칙이 있는 것이다(Kant, *GMS*: AA IV, 454 참조). 이것이 도덕 법칙이 그리고 자율의 원인성이 인간의 행위에서 가능한 이유이고, '인간'에게서 갖는 의의이다. 인간은 항상 '도덕 법칙을 따르는' 존재자는 아니지만, 스스로를 '도덕 법칙 아래에' 세움으로써 인간이 되고 인격적 존재자가 된다(Kant, *KU*: AA V, 448 이하 참조).

행위란 책임성의 규칙 아래에서 수행되는 행동을 말하며, 그러므로 행위의 주체는 의지의 자유에 따라 행동하는 자이다. 행위자는 그러한 행동을 통하여 그 행동의 결과를 '일으킨 자'로 간주되며, 그 결과는 그 행위자가 책임져야 한다. 아무런 책임 능력이 없는 사물을 물건이라고 한다면, 자기 행위에 대해서 책임질 수 있는 주체가 인격이다. 그러므로 도덕적 인격성은 다름 아닌 도덕 법칙들 아래에 있는 이성적 존재자의 자유(성)이며, 인격(자)는 다름 아닌 자기 자신이 자신에게 제시한 그 법칙들에 복종하는 자이다.

이성적 존재자로서의 인간은 자율적으로 도덕 법칙을 준수함으로써 그러니까 인격이 된다. 인격으로서의 인간은 그러므로 도덕 법칙의 명령 내용을 그의 의무로 가지며, 그의 의무를 수행하고자 하는 인간의 의지는 선하다.

(2) 공리주의의 선 개념과 윤리

감각 경험주의자인 흄은 "도덕은 이성에서 도출되는가 아니면 감정에서 도출되는가, 우리는 도덕에 관한 지식을 일련의 논변과 귀납을 통해 얻는가, 아니면 직접적인 느낌이나 섬세한 내감(內感)에 의해서 얻는가, 진위(眞僞)에 대한 모든 건전한 판단처럼 도덕은 모든 이성적 지성적 존재자에게 있어서 동일한 것이어야만 하는가, 아니면 미추(美醜)에 대한 지각처럼 도덕은 전적으로 인간의 특수한 구조와 체질에 의존되어 있는가"(Hume, *Enquiry*, p.73 이하)를 물었다. 이 물음에 대한 흄 자신의 답변에 따르면, 이성은 사실의 내용과 관련하여 어떤 확실한 지식을 제공하지 못하는 것처럼, 역시 인간 행위의 문제에 있어서도 어떤 결정적인 역할을 하지 못한다. 이성은 어떤 목적에 대한 수단을 우리에게 가르쳐줄 수는 있다. 가령 폭넓은 친교가 미래의 인생 활동에 도움이 된다는 것을 일러주며, 이런 유의 유용성을 발견하는 데 우리를 도와준다. 그러나 이성은 무엇이 그 자체로 선한가, 선 자체가 무엇인가에 관해서는 자기 자신으로부터는 아무것도 우리에게 가르쳐주지 못한다. 바꿔 말해, 이성이 제시해 주는 영원 불변적인 도덕 법칙은 없다.

도덕의 바탕은 이성적 도덕 법칙이 아니라 사람들의 도덕적 감정이다. 실천 생활에 있어서는 정감적 성질이 이성에 대하여 우위를 갖는다. 흄은 심지어 "이성은 정념의 노예이며, 오로지 노예여야 하며, 정념에 종사하고 복종하는 것 이외에 다른 어떤 직분도 결코 가질 수 없다"(Hume, *Treatise*, II, 3, 3[p.415])고까지 말한다. 사람들의 정념이 물론 언제나 옳은 행위의 안내자는 아니며, 정념에 따르는 사람들의 행위가 언제나 서로 일치하는 것도 아니다. 그러나 우리가 "덕은 보는 이에게 기쁘게 시인하는 감정을 주는 심리적 행위 내지 성질이며, 악은 그 반대이다"(Hume, *Enquiry*, p.160)

라고 정의할 수 있을 때, 이기심은 언제나 보는 이를 불쾌하게 만들고, 사회 일반에 대한 자발적인 사랑은 어디서나 폭넓은 시인을 얻는다는 사실로부터, 사람들의 도덕 감정은 공통적임을 확인할 수 있다는 것이 흄의 생각이다. 일련의 감정들은 "우리의 공감을 불러일으킨다"(Hume, *Treatise*, III, 3, 1[p.576])는 것이다.

흄은 사람들의 자연스런 마음씨만 가지고서도 도덕의 원리를 설명해 내는 데는 충분하다고 생각한 듯하다. "인류의 일반적인 견해는 모든 경우에 있어서 얼마간의 권위를 갖는다. 그러나 이 도덕의 경우에는 전적으로 의심할 여지가 없다. 사람들이 그것이 기초하고 있는 원리들을 명료하게 설명할 수 없음에도 불구하고, 그것은 결코 의심할 여지가 없다"(Hume, *Treatise*, III, 2, 9[p.552])고 강조하고 있으니 말이다.

선의 관념과 척도를 사람의 정서에서 찾는다는 점에서 공리주의는 흄 사상의 맥락을 잇는다. 벤담(J. Bentham, 1748～1832)과 밀(J. S. Mill, 1806～1873)의 생각에서 발원하는 오늘날 여러 형태의 공리주의는 모두 '선＝좋음＝쾌락＝이익'의 등식을 받아들이는 것이니 말이다.

> 자연은 인류를 고통과 쾌락이라는 두 주권자의 지배 아래에 두어 왔다. 우리가 무엇을 해야만 하는가를 지시하고, 우리가 무엇을 할 것인가를 결정하는 것은 오로지 고통과 쾌락일 뿐이다. 한편으로는 옳고 그름의 기준이, 다른 한편으로는 원인과 결과의 연쇄가 이 왕좌에 결부되어 있다. 고통과 쾌락은 우리가 하는 모든 일, 우리가 말하는 모든 일, 우리가 생각하는 모든 일에 있어서 우리를 지배하고 있다. 우리가 이와 같은 종속을 떨쳐버리려고 제아무리 애써 봐도, 그것은 이와 같은 종속을 증명하고 확인하는 데 도움이 될 뿐일 것이다. 어떤 사람은 말로는 이와 같은 제국을 내던져버린 체하지만,

실제로는 그는 이 제국에 여전히 종속되어 있다. 공리성의 원리는 이와 같은 종속을 승인한다(Bentham, *Principles of Morals and Legislation*, I, I).

여기서 이 '공리성의 원리'란 다름 아니라 "최대 행복의 원리 또는 지복(至福)의 원리"(Bentham, *Principles*, I, I, 주)를 말한다.

공리성의 원리란 그 이익이 문제되어 있는 사람들의 행복을 증대시키는 것처럼 보이는가, 또는 감소시키는 것처럼 보이는가 하는 경향에 따라서, 혹은 똑같은 얘기를 바꿔 표현하면, 행복을 촉진하는 것처럼 보이는가, 또는 행복에 반하는 것처럼 보이는가에 따라서 모든 행위를 시인하거나 부인하는 원리를 의미한다(Bentham, *Principles*, I, II).

공리성 또는 최대 행복의 원리를 도덕의 기초로 받아들이는 신조는, 행위들은 행복을 증진시키는 정도에 비례하여 옳으며 행복의 반대를 산출하는 정도에 비례하여 그르다고 주장한다. 행복이란 쾌락을, 그리고 고통의 부재를 의미하는 것이며, 불행이란 고통을, 그리고 쾌락의 결여를 의미한다(J. S. Mill, *Utilitarianism*, ch. 2).

공리성이란 어떤 대상의 성질로서, 이에 의해서 그 대상이, 그의 이익이 고려되는 당사자에게 유익, 유리, 쾌락, 선(good) 또는 행복을—이것들은 현재의 경우 모두 동일한 것이 되는데—낳으며, 또는—이 역시 동일한 것인데—해악, 고통, 사악 또는 불행이 일어나는 것을 방지하는 경향을 갖는 것을 의미한다. 여기에서 말하는 행복이란 당사자가 공동체 전체인 경우에는 공동체의 행복인 것이며, 특정 개인인 경우에는 그 개인의 행복을 말한다(Bentham, *Principles*, I, III).

한편에서는 모든 쾌락을 다른 편에서는 모든 고통을 합산한다. 대조해 보아 만약 그 차량(差量)이 쾌락 쪽이 많으면, 그 개인의 이익의 관점에서 그 행위에 전체로 좋은[선한, good] 경향을 줄 것이며, 그 차량이 고통 쪽이 많으면, 그것은 전체로 나쁜[악한, bad] 경향을 줄 것이다.

그 이익에 관련돼 있는 것으로 보이는 사람들의 수효를 계산하여 각자에 대하여 위의 과정을 반복한다. 그 행위가 전체로 좋은 경향인 각 개인에 대하여, 그 행위가 갖는 좋은 경향의 정도를 나타내는 수효를 합산한다. 그 행위가 전체로 좋은 경향인 각 개인에 대하여 이를 반복한다. 또 그 행위가 전체로 나쁜 경향인 각 개인에 대하여 동일한 방법을 다시금 반복한다. 그리고 대조해 보아 만약 그 차량이 쾌락 쪽이 많으면 그 행위는 관련된 개인들의 전체 내지는 공동체에 대하여 일반적으로 좋은 경향을 가지며, 고통 쪽이 많으면 그 행위는 같은 공동체에 대하여 일반적으로 나쁜 경향을 가질 것이다 (Bentham, *Principles*, IV, V, 5~6).

동일한 과정이, 어떠한 형태로 나타나든 어떠한 명칭으로 구별되든, 모든 쾌락과 고통에 동일하게 적용된다. 쾌락에 관해서는 그것이 선[좋음]—이것은 적절하게 말해 쾌락의 원인 내지 도구이다—또는 이윤—이것은 먼 장래의 쾌락이거나 혹은 먼 장래의 쾌락의 원인 내지 도구이다—또는 편리 또는 유리, 유익, 이득[보수], 행복 등등 무엇이라고 불리든, 또 고통에 관해서는 그것이 사악—이것은 선에 대응한다—또는 해악 또는 불편 또는 불리 또는 손해[손실] 또는 불행 등등이라고 불리든 동일한 과정이 적용되는 것이다(Bentham, *Principles*, IV, VII).

물론 공리주의자들이 쾌락을 단순히 양적으로 계산해 낼 수 있다거나 쾌락의 양에 따라서만 사람들이 행위한다고 보는 것은 아니다. 쾌락 또는 행복에도 이른바 질적 차이가 있다고 생각하니 말이다.

짐승의 쾌락을 듬뿍 허용한다는 약속이 있다고 해서 어떤 하등 동물로 변하는 것에 동의할 사람은 거의 없을 것이다. 비록 바보들이나 천치들, 또는 악한 자들이 그들보다 자신의 운명에 더 만족하고 있다손 치더라도 지성을 가진 사람이 바보가 되는 것에 동의하지는 않을 것이며, 교육을 받은 사람이 무지렁이가 되고, 감정과 양심을 가진 사람이 이기적이고 비천한 사람이 되려고 하지는 않을 것이다(Mill, *Utilitarianism*, ch. 2).

고상한 성격은 그 고상함으로 인해 언제나 [다른 사람]보다 더 행복한가 여부는 의문의 여지가 있다고 하더라도, 그것은 다른 사람을 더 행복하게 만들며 세상 일반은 그것으로부터 많은 도움을 받는다는 것은 의심의 여지가 없다. 그러므로 공리주의는 고상한 성격을 널리 개발함으로써 비로소 그 목적을 달성할 수 있음을 알게 된다. 비록 각 개인은 다른 사람의 고상함에서 유익함을 얻을 뿐이고, 자기 자신은 ― 행복에 관한 한 ― 그 유익함으로부터 얻는 것이 거의 없다고 하더라도 말이다(Mill, *Utilitarianism*, ch. 2).

그럼에도 공리주의는 사람의 행위는 무엇이나 근본에서는 양적으로든 질적으로든 쾌락을 추구하고 고통을 회피하려는 것으로, 얼핏 그렇게 보이지 않는 것조차도 마침내는 쾌락 추구나 고통 회피로 환원된다는 전형적인 쾌락주의이다. 이런 공리성의 원리에 항상 반대되는 것은 "금욕주의(asceticism)의 원리"(Bentham, *Principles*, II, II)이다. 그런데 공리주의자들은 '금욕주의'조차도 쾌락주의의 일종으로 본다.

금욕주의 원리를 받아들여온 것으로 여겨지는 전혀 다른 두 부류의 사람들이 있다. 한 부류는 도덕가들이고 또 다른 부류는 종교가들이다. […] 희망, 즉 쾌락의 예상이 전자를 북돋은 것으로 보인다. 그 희망은 철학적 자부심의 양식이고, 사람들로부터 영예와 명성이 주어지는 것에 대한 기대이다. 공포, 즉 고통의 예상이 후자를 북돋은 것으로 보인다. 그 공포는 미신적인 환상의 기원이자, 까다롭고 복수심 가득 찬 신의 손에 의한 미래의 처벌에 대한 두려움이다 (Bentham, *Principles*, II, V).

금욕주의는 원래 일을 조급하게 생각하는 사람들의 공론(空論)인 듯하다. 그들은 어떤 종류의 쾌락이 어떤 상황에서 생기는 경우에 길게 보면 그것을 상회하는 고통을 수반하는 것을 인지하고, 또 그렇게 생각하여 쾌락이라는 이름으로 나타나는 모든 것을 비난하는 입장에 빠진 것이다. 그들은 이렇게 해서 더 멀리까지 나아가 탈출할 지점을 잊어버리고 계속 돌진하여, 고통을 사랑하는 것을 훌륭한 것처럼 생각하기에 이른 것이다. 우리는 이와 같은 것조차 그 근저에서는 잘못 적용된 공리성의 원리임을 안다(Bentham, *Principles*, II, IX).

실제로 욕구되고 있는 것은 행복 이외에는 아무것도 없다. 그 자체를 넘어서는 어떤 목적에 대한, 즉 궁극적으로 행복에 대한 수단 이외에 욕구되는 것이 있다면 그것은 그 자체가 행복의 일부로서 욕구되는 것이며, 그것이 행복의 일부가 되지 않는 한 그 자체를 위해 욕구되지는 않는다(Mill, *Utilitarianism*, ch. 4).

사람들은 금욕을 추구할 때조차도 실은 일시적 고통을 감내함으로써 더 큰 쾌락을 얻으려 하는 것이다. 결국 어느 경우에나 사람은 쾌락과 고통에 이끌려 행위하며, 공리주의자에게서 이것은 선악에 이끌려 행위한다는 말과 똑같은 말이다. 또 같은 말이지만 공리주의자들이 보기에는 이익만이 선이고 손해만이 악이다.

쾌락은 그 자체로 선이다. 그것은 고통을 면하는 것을 제외하고는 유일한 선이다. 그리고 고통은 그 자체로 사악이며, 정말이지 예외 없이 유일한 사악이다. 선과 사악이라는 낱말은 이밖에는 아무런 의미도 갖지 않는다. 그리고 이것은 모든 종류의 고통, 모든 종류의 쾌락에 대해서 똑같이 진리이다. 그러므로 이상 말한 바로부터 직접적으로 이의 없이 다음의 결론이 나온다: 그 자체가 악한 것으로 생각되는 어떤 종류의 동기도 없다(Bentham, *Principles*, X, §2, X).

> 동기가 선 또는 악이라 하는 것은 오로지 그 결과에 따른 것이다. 그것은 쾌락을 낳거나 고통을 막아주는 경향이 있기 때문에 선인 것이고, 고통을 낳거나 쾌락을 막는 경향이 있기 때문에 악인 것이다(Bentham, *Principles*, X, §2, XII).

> 어떤 동기도 그 자체로 나쁜 것이란 없으며, 따라서 동기 치고 그 자체 절대적으로 좋은 그런 것도 없다. 그래서 그 동기의 결과와 관련해서 그것은 어떤 때는 나쁘게, 어떤 때는 나쁘지도 좋지도 않게, 또 어떤 때는 좋은 것으로 나타난다. 이런 사정은 모든 종류의 동기에 해당되는 것으로 보인다. 그래서 어떤 동기가 그 결과에서 선 또는 악이라는 것은 개개의 경우와 개개의 동기에 대해서만 말할 수 있다. 이런 사정은 모든 종류의 동기에 해당된다. 그래서 어떤 종류의 동기가 그 결과를 고려할 때 나쁜 동기라고 적절하게 단정할 수 있으려면, 그것은 오로지 일정 기간 동안 그 동기가 선악 두 종류에 대해 가짐직한 모든 결과, 곧 그것의 가장 보편적인 경향을 비교 계산해 낸 차량(差量)을 제시함으로써만 가능한 일이다(Bentham, *Principles*, X, §3, XXIX).

공리주의는 공리성의 원리에 최대한의 공공 이익, 곧 사회적 공리성, 곧 '정의'의 원칙이 당연히 포섭되며, 사람들은 이 원칙에 따라 행위할 것으로 본다.

> 사회적 연대가 강해지고 사회가 건강하게 성장하게 되면, 각 개인

> 은 누구나 타인의 복지를 실천적으로 고려하는 데에 점점 더 강렬한 개인적 관심을 가지게 된다. 그뿐만 아니라 각 개인은 갈수록 자신의 감정을 다른 사람의 선[이익]과 동일시하게 되거나 또는 최소한 그것에 대해 [이전보다] 훨씬 더 실제적으로 고려하게 된다(Mill, *Utilitarianism*, ch. 3).

이와 같은 주의 주장을 골자로 하는 공리주의는 '양적' 행복이니 '질적' 행복이니, '최대 다수의 최대 행복'이니 '최소수의 최소 불리(不利)'를 따지면서 여러 가지 옷을 갈아입고 나타나 현대인들의 가치관을 가장 잘 설명해 주는 이론인 것처럼 세계 곳곳에서 각광을 받고 있고, 오늘날 한국 사람들의 윤리 의식 형성에도 심대한 영향을 미치고 있다. 그러나 어떤 색깔의 옷으로 바꿔 입든지 간에 공리주의는 결국 행복과 이익을 한 가지로 본다거나 '이익'과 '선함'을 혼동하고 동일시함으로써 도덕적 가치인 '선(善)'을 상대화하고, 이것은 마침내 인간 사회 문화에서 윤리 질서 자체를 무효로 만든다.

공리주의의 확산과 더불어 사람들은 '이익'과 '선함'을 교환 가능한 가치로 간주한다. 가령 세계적으로 통용되는 영어 개념 'good'은 '선'이자 '좋음', '이익'이며, 'public[common] good'은 공익(公益)이자 공공선(公共善)이다. 그래서 '좋음' 내지 '이익' 일반은 '선' 일반과 동일시되고, '선'은 한낱 '좋음'이나 '이익'과 같은 것으로 여기는 현상이 광범위하게 나타났다.

4. '선'과 '좋음'의 구별 필요성

공리주의의 입론에서 보듯이 윤리학의 논의에서 '선'과 '좋음'

일반의 혼용 내지 혼동은 빈번하게 일어나고 있고, 이러한 사정은 윤리적 가치 탐구에 적지 않은 장애 요인이 되고 있다. 이런 혼용은 불교적 전통에서 '선(善: kusala)'이 '적선(積善)'의 예에서 보듯 '좋은 일', '바른 일', '착한 일' 등을 두루 아우르는 데서도 연유한다고 볼 수 있겠으나, 무엇보다도 한국어 '도덕'에 상응하는 서양어 '모랄(moral)' 개념이 폭넓게 사용되면서 그 혼란이 가중되었다고 볼 수 있다.

서양 문화사에서 '모랄'의 의미와 용법은 키케로(Cicero)가 그리스어 '에티코스(ethikos)'를 '도덕적(moralis)'으로, '에티케(ethike)'를 '도덕철학(philosophia moralis)'으로 번역하고(*De fato*, 1, 1 참조), 아우구스티누스(Augustinus)가 그것을 따른 데서(*De civitate dei*, VIII, 8 참조) 연유한다. 중세 초에는 그 대용으로 한국어 윤리에 상응하는 '에티쿠스(ethicus)'도 통용되었다 하니, 그 이후 사실상 '윤리'와 '도덕'은 같은 의미로 쓰였다. — 헤겔에서 보듯 때때로 양자를 구별한 이가 없었던 것은 아니지만.

아리스토텔레스는 '윤리(ethike)'라는 말 자체가 '관습(ethos)'이라는 말의 변형임을 이미 지적하였고(*Ethica Nicomachea*, 1103a 17～18), 키케로는 '도덕적(moralis)'을 "그리스인들이 '에테(ethe)'라고 일컬었던 '모레스(mores)'"에 관련지음으로써 일찍이 도덕은 '관습'적인 것, 바꿔 말해 '전통을 통해 수용되고 굳어진 사회의 태도 규범들의 총체'로 이해하였다. 사실 많은 경우 사회 윤리는 공동생활과 과거에 대한 앎과 미래에 대한 선취로부터 형성된다. 그러나 저 같은 관습이 어떻게 형성되었는가를 헤아려보면, 그 연유를 캐기란 쉽지 않다. 윤리 도덕의 규범들은 그 시원이야 알 수 없지만 선조들 때부터의 습성에 기인한다고 문제를 비켜갈 수도 있고, 그 시원을 따져 초월자의 계시로부터 연유한다거나, 인간의 정서적 경향성이나 '인간다움'에 대한 이성적 통찰로부터 기인한다고 볼 수도 있으니 말이다.

그런데 문제를 더욱 난삽하게 만든 것은, 이 윤리 도덕의 윤리성, 도덕성의 내용을 이루는 '선' 개념 형성의 다기(多岐)함이다.

한국어로는 때때로 각각 '선한' 또는 '선'이라고 해야 할 고대 그리스 철학 개념 '아가토스(agathos)'와 '아가톤(to agathon)', 그리고 이에 대응하는 라틴어 '보누스(bonus)'와 '보눔(bonum)'은 더 일반적으로는 '좋은' 또는 '좋음'을 뜻한다.

이미 플라톤에서 이데아 중의 이데아라고 할 '아가톤'의 이데아는 도덕적 선의 이데아라기보다는, '좋음' 일반의 이데아로서 만물의 원형이고 만상의 원인이라 해야 할 것이다.

> 태양은 보이는 것들에 '보임'의 '힘'을 제공해 줄 뿐만 아니라, 또한 그것들에 생성과 성장 그리고 영양을 제공해 준다고 자네가 말할 것으로 나는 생각하네. 그것 자체는 생성(생성되는 것, genesis)이 아니면서 말일세. [□□□] 그러므로 인식되는 것들의 '인식됨'이 가능하게 되는 것도 '좋음(to agathon)'으로 인해서일 뿐만 아니라, 그것들이 '존재하게(einai)' 되고 그 '본질(ousia)'을 갖게 되는 것도 그것에 의해서요, '좋음'은 [단순한] '존재(ousia)'가 아니라, 지위와 힘에 있어서 '존재'를 초월하여 있는 것이라고 말하게나(Platon, *Politeia*, 509b).

그래서 '좋음'의 이데아는 장차 통치자가 될 수 있는 가장 뛰어난 자들이 마침내 보아야 할 것으로 제시된다.

> '좋음의 이데아'가 '가장 큰(중요한) 배움'이라는 것을, 그리고 바로 이 이데아 덕분에 정의로운 것들도 그밖의 다른 것들도 유용하고

유익한 것들로 된다는 것을 자네는 여러 차례 들었을 테니까 말일세. 자네는 방금도 이걸 내가 말하려 하고 있었다는 걸 익히 알고 있었으며, 게다가 우리가 이 이데아를 충분히는 알고 있지 못하다는 것도 알고 있네. 그러나 만약에 우리가 이걸 모른다면, 이것을 제외한 채 다른 것들을 우리가 아무리 많이 안다고 할지라도 그건 우리에게 아무런 덕도 되지 않는다는 걸 자네는 알고 있네. 마치 우리가 어떤 것의 '좋음'을 빠뜨린 채 그걸 소유한들 아무 소용이 없듯이 말일세. 혹시 자네는 소유가 정작 좋은 것이 아닐지라도 모두 이득이 되는 것이라 생각하는가? 혹은 좋음을 제외한 다른 모든 것을 이해하면서도 정작 아름답고 좋은 것은 아무것도 이해하지 못한다고 할지라도 그렇겠는가?(Platon, *Politeia*, 505a~b)

플라톤에서와는 다른 문맥에서 사용되고는 있지만 아리스토텔레스에게서도 '아가톤'은 '좋음' 일반을 뜻한다고 보는 것이 합당하겠다.

모든 기예와 모든 탐색, 그리고 그와 같이 모든 실천과 선택은 어떤 좋음(agathon)을 지향하고 있는 것으로 보인다. 그렇기 때문에 사람들은 적합하게도 좋은 것을 모든 것이 추구하는 것이라고 규정해왔다(Aristoteles, *Ethica Nicomachea*, 1094a 1~3).

모든 것이 추구하는 것으로서 '좋은 것' 중에서도 "대부분의 사람들이 거의 일치해서" '최고로 좋은 것'으로 인정하는 것은 그런데 아리스토텔레스의 식견에 따르면 '행복(eudaimonia)'이다. 이때 행복이란 '잘 사는 것' 또는 '잘 행하는 것'을 말한다(*Ethica Nicomachea*, 1095a 19). 여기서 행복 곧 '잘 행하는 것'이란, 가령 몸이 아픈 사람은 자기의 병을 잘 치료하기에 알맞은 병원을 찾아갈 것이고, 그때 그는 결국 행복을 위해서 병원에 간다고 할 수 있다는 의미에서다. “행복은 그런 의미에서 인간의 목적이 지향하는 최상의 좋음”이다.[1] 그러니까 아리스토텔레스에게서 ‘좋음’이란 결코 도덕적 ‘선(善)’과 동의어가 아니며, ‘최상의 좋음’ 역시 도덕적인 ‘최고선(最高善)’과 동의어라 볼 수 없다.

행복은 “일반적으로 다른 어떤 것 때문에 선택되는 것이 아니라”(*Ethica Nicomachea*, 1097b 6), 그 자체로 선택되는 것이라는 점에서 “단적으로 완전한 것”(*Ethica Nicomachea*, 1097a 33)이라고 말해지고, 그래서 “가장 완전한 것이고, 자족적인 것이고, 모든 실행의 궁극 목적이다”(*Ethica Nicomachea*, 1097b 20~21)라고 말해진다.

그런데 행복, 곧 ‘잘 산다’는 것은 자기가 가지고 있는 능력을 가장 잘 발휘함을 말한다. 그러니까 행복이란 다름 아니라 탁월하게 곧 ‘덕(arete) 있게 사는 것’을 말한다. 물론 여기서도 ‘덕’이라는 것이 도덕적 힘셈(fortitudo moralis)보다는 ‘유능함’ 일반을 뜻한다. 그러므로 아리스토텔레스가 “인간의 좋음이란 덕에 따르는 영혼의 활동”(*Ethica Nicomachea*, 1098a 22)이라고 규정할 때도, 그것이 반드시 도덕적으로 탁월한 활동을 의미한다고 볼 수 없다.

에피쿠로스(Epicuros)가 “쾌락(hedone)은 행복한 삶의 시작이요 끝인바, 그것은 우리가 알다시피 우리의 첫째의, 본유적인 ‘좋은 것(to agathon)’으로, 모든 선택과 회피의 출발점이다”(Diogenes Laertios, *X*, 128~129)라 말했을 때도, ‘좋은 것’이 인간의 도덕적 선만을 뜻하는 것은 아니다. 왜냐하면, 그것은 ‘자연의’ 궁극 목적이기도 해서, 모든 “생명체는 태어나면서부터” “자연[천성]적으로” 고통에서는 도망치고, 쾌락은 좇기 때문이다(Diogenes Laertios, *X*,

---

1) 김남두 · 강상진 외, 『아리스토텔레스 <니코마코스 윤리학>』, 서울대학교 철학사상연구소, 2004, 59면.

137).

스토아 학도가 덕(virtus: 남자다움)과 의무(officium)를 문제 삼으면서, '인간에게 어떤 상태가 가장 좋은 것이냐'를 묻고, '부동심(apatheia)'이라 대답했을 때도 '좋음'이 반드시 도덕적 선을 뜻한다고 볼 수는 없다.

세네카(Seneca, 4 BC～AD 65)에서 '좋은 사람[남자](vir bonus)'이란 "완전한, 독립적인, 어떠한 폭력도 어떠한 필요도 그를 나쁘게 만들 수 없는 사람"(*Ad Lucilium Epistulae morales*, 34, 3)이다. 그런 사람은 "언제나 흔들림이 없고, 굴복하지 않으며, 모든 언행이 일치하고 부합하며, 수미일관한다. 그의 영혼은 흩어짐이 없고, 그의 행동은 상충함이 없다."(*Epistulae*, 34, 4) 그런 사람은 어떤 정감에도, 그러니까 '좋은' 정감에도 영향받지 않으며, 오로지 양심만이 척도가 되는(*Epistulae*, 81, 20 참조) 의무를 다하는 것만을 유일한 목표로 갖는다.

아우구스티누스가 신을 "최고의, 최고로 완전한 분할되지 않는 선"(*De trinitate*, 8, 3, 4)이라고 규정했을 때의 '선(bonum)' 역시 차라리 플라톤적 의미에서의 '좋은 것'에 가깝다. 그것은 모든 개별적인 좋은 것의 기초에 있어서 그것들을 가능하게 하고 창조하는 것이다(*De civitate dei*, 12, 1 참조). 모든 피조물은 신에 의해 창조된 것인 한에서 모두 좋은 것이기는 하지만, 그러나 그 좋음에는 정도의 차이가 있어서, 그것이 존재자의 위계를 이룬다(*De vera religione*, 18, 35 참조).

근대에 이르러서 예컨대 홉스가 "행위들의 좋음은 그것들이 평화로 이끄는 데 있고, 나쁨은 불화로 이끄는 데에 있다"(*De cive* c. 3, 31. 32)고 말했을 때도 '좋음'과 '나쁨'이 꼭 도덕적 선악을 의미하지 않았다. 국가 내에서 평화는 법률에 의해 보장될 수 있다고 생각한 그가, "좋은 행위와 나쁜 행위의 척도는 국법"(*Liviathan*, 29, 6)이라고 보고 있는 한에서 말이다.

스피노자가 '좋음(bonum)'이란 "우리에게 유용하다(utile)고 우리가 확실히 알고 있는 것"(*Ethica*, IV, Def. 1)이고, '나쁨(malum)'이란 "우리가 어떤 좋은 것을 소유하는 데 방해가 된다고 우리가 확실히 알고 있는 것"(*Ethica*, IV, Def. 2)이라고 규정했을 때도 '좋음'과 '나쁨'이 반드시 선악을 의미하지는 않는다. '덕(virtus)'이라는 것도 '능력(potentia)' 내지 역량과 똑같은 것으로 일반적으로 "인간이 자기의 본성의 법칙에 의해서만 이해할 수 있는 어떤 일을 하는 힘(potestas)"(*Ethica*, IV, Def. 8)을 뜻한다. 이에 따라 "정신의 최고로 좋음(summum bonum)은 신에 대한 인식이고, 정신의 최고의 덕(summa virtus)은 신을 인식하는 것이다"(*Ethica*, IV, Prop. 28)라고 말할 때의 '최고로 좋음'도 반드시 도덕적 최고선을 의미하지는 않는다.

'선'과 '좋음'의 광범위한 혼용 속에서도 윤리적 가치로서 선을 구명하기 위해서는 사람들이 또한 최고의 가치로 추구하는 진(眞), 선(善), 미(美)의 구별을 시야에서 놓치지 않는 일이다.

'최고의 가치'란 문자 그대로 그 이상의 가치는 없는, 그러니까 궁극의 가치를 말한다. 우리는 진리를 왜 추구하는가? 그 이유는, 오로지 그것이 진리이기 때문이다. 우리는 왜 선을 추구하는가? 그 이유는, 오로지 그것이 선이기 때문이다. — 그런데 이제, 우리가 진리를 추구하는 것은 진리가 인간 생활을 윤택하게 해주기 때문이라거나, 우리가 선을 추구하는 것은 선이 인간 생활에 질서를 주어 다수의 행복을 보장해 주기 때문이라고 한다면, 진리와 선의 가치는 더 이상 최고의 가치가 아니라 '윤택한 생활'이나 '다수의 행복'에 종속하는, 그것들을 위한 수단이 되는 가치일 따름이다. 이렇게 되면 선의 상위에 '이(利)'라는 가치가 있는 셈이 되고, 그래서 이 '이'가 최상의 가치가 된다. 그러면 본디 선악의 가치 문제여야 할 윤리 도덕의 문제는 결국은 이해(利害) 관계의 문제로 환원되고 만다. 오늘날 많은 사람들이 사회 윤리의 문제를 사회 정의의 문제로 바꿔 생각하고, '사회 정의'는 이익의 공정한 배분에 있는 것처럼 여기며, 심지어 '윤리적 경영이 장기적으로는 기업에 더 큰 이익을 가져다준다'면서 이른바 '윤리적 경영'을 권고하는데 이것은 은연중에 공리주의적 성향이 얼마나 일반화되어 있는가를 여실히 보여주는 증좌이다. 윤리는 어디까지나 '인간다움[人格]'의 표상인 선 자체의 가치 실현에 있는 것이지 한낱 공정한 이익 분배나 다수의 '행복' 증진 또는 장기적 안목에서의 이익에 있는 것이 아니다.

사람들이 모여 사는 곳에는 어디서나 이해의 충돌이 있기 마련인데, 이를 가능한 한 많은 사람들이 동의할 수 있는 방식으로 해결한다면, 그 방식은 많은 사람들에게 의당 '합리적'인 것으로 받아들여진다. 이런 관점에서 보면, "최대 다수의 최대 이익(최대 다수에게 최대로 좋은 것 또는 최대 다수의 최대 행복)"(Bentham, *Principles*, I, XIII, 주)의 원리를 내세우는 공리주의는 가장 많은 사람들을 만족시키고 그래서 가장 많은 사람들로부터 지지를 받을 수 있다는 점에서 분명 '합리적'으로 보일 수 있다.

그러나 물론 이때 '최대 다수'와 '최대 이익'을 어떻게 어떤 항목을 가지고 누구를 중심으로 측량할 것이며, 그 측량의 시점을 언제로 잡을 것이냐는 사실 난제 중의 난제다. 오늘 우리 가족 모두에게 좋은 것이 후손 10대 모두에게는 나쁜 것일 수 있고, 지금 다수의 서울 사람에게 좋은 것이 같은 시각 여타 지방 사람들에게는 해를 끼칠 수 있고, 오늘날 다수 한국 사람에게 좋은 것이 내일의 다수 일본 사람에게는 나쁜 것일 수 있고, 오늘의 미국 사람들에게

나쁜 것이 10년 후의 남미 사람들에게는 좋은 것일 수도 있으니 말이다. ― 한 예로, 전통적 경제학(economy)과 최근 자주 거론되는 생태학(ecology)의 주의 주장의 차이도 일견 본질적인 것으로 보이지만, 실상 양자는 똑같이 공리주의를 그 정당화의 근거로 삼고 있는 것으로, 그 차이는 이익 계산의 범위와 시점에서 비롯한 것일 따름이다. ― 이런 문제점을 자체 내에 가지고 있음에도 불구하고, 어쨌든 공리주의가 사람들의 이해 갈등을 조정하는 데 상당히 효과적인 방식을 제공하고 있는 것처럼 보이는 것은 사실이다.

그러나 공리주의는 사회 윤리를 정립하는 데에 적지 않은 장애가 되고 있는바, 그것은 다름이 아니라, 공리주의가 종국적으로는 선의 가치를 이익의 가치에 종속시켜 도덕의 문제를 이익 분배의 문제로 전환시키고, 게다가 가치 상대주의를 일반화시켜 도덕 상대주의를 조장하기 때문이다. 이 점이야말로 공리주의 풍조가 물리주의와 더불어 오늘날 도덕의 문제를 유야무야로 만드는 주요인이라 하지 않을 수 없다. 이를 경계하기 위해서 일찍이 공자는 "이를 보면서 의를 생각한다(見利思義)"(『論語』, 憲問 十三)든지 "군자는 의로움에서 깨닫고, 소인은 이익에서 깨닫는다(君子喩於義 小人喩於利)"(『論語』, 里仁 十六)고 지적하면서 이익과는 다른 의로움을 말했고, 맹자 역시 양(梁)나라 혜왕을 만났을 때 "왕은 하필 이익을 말합니까? 오로지 인의(仁義)가 있을 뿐입니다"(『孟子』, 梁惠王上 一)라고 말하면서 이익 대신에 선의 가치를 추구할 것을 촉구하고, "의로움이란 곧 이익이다(義利也)"(『墨子』, 經編 上)라는 묵가류의 가치관을 배격했던 것이다. 윤리적 가치 탐구에서는 '선'과 '좋음' 일반의 구별이 요구된다.

5. 행위의 절대적 가치로서 선

언제 어디서나 자신과 타인을 목적 곧 그 자체 가치 있는 것으로 대하는 행위 중에 선은 있다. 언제 어디서나 자신이나 타인을 수단 곧 무엇인가에 대한 쓸모에 따라 대하는 행위는 사악하다. 설령 그 행위를 통해 그 자신이나 타인이 쾌락을 얻고 행복하게 되었다 하더라도 말이다. 선악은 행위의 결과에 있는 것이 아니라 이미 행위의 지향 중에 있다. — 이런 생각에 많은 사람들이 동의하지 않는 것은 행위자의 지향 내용은 가시적인 것이 아니라서 대개의 경우 선악의 판정이 불가능하다는 사실과, 설혹 행위 지향이 '선하다' 하더라도, 그 행위의 결과는 수많은 사람에게 고통 또는 불행을 야기할 수 있다는 가능성 때문이다.

그렇다. 선악은 기본적으로는 내적인 가치로서 그 여부는 '양심'의 법정에서만 가려질 수 있는 것이다. 바로 이 점 때문에 갖가지 위선(僞善)이 횡행하는 것이다. 또한 현실 세계에서의 선함과 행복의 불일치는 왕왕 발견되는 일이기는 하지만, 그 내막을 유한한 인간의 지력으로 어찌 모두 알겠는가. 분명한 것은 '선함'이 반드시 행복을 동반하지는 않는다 해서, 그러니까 '행복을 가져다주는 것만이 선하다'고 말할 수는 없다는 점이다. 선의 가치를 밝히는 윤리학은 행복론이 아니다.

또한, 선악은 행위 가치이지 이론 가치가 아니다. 다시 말해 선악은 행위 중에 있으며 생각 속에 있는 것이 아니다. 선한 생각을 가진 것만으로 '착하다'고 할 수는 없으며, 실제로 선행을 하는 사람만이 진정으로 착한 사람이다. 누가 논리적 규칙을 승인한다 해서 그것만으로는 그를 논리적인 사람이라고 할 수는 없으며, 실제로 논리적으로 사고하는 사람만이 진정으로 논리적인 사람이라고 말해야 하는 이치와 같다.

'실재와 일치하는 인식'이라는 진리 규정에 맞는 진리를 우리가 하나라도 가지고 있는가 하는 물음에 우리가 답할 수 없다고 해서, 저 진리 규정이 무의미한 것이 아니듯이, '사람을 목적으로 대하는 행위는 선하다'는 규정에 딱 맞는 행위를 우리가 발견하지 못한다 해서 이 선의 규정이 무의미한 것이 아니다. '진리'나 '선'은 인간의 지식이나 행위가 마침내 실현해야 할 절대적 가치 이념이지 사실 설명어가 아니니 말이다.

제 4 절 의무의 윤리와 인간의 이상

1. 의무 개념의 형성

'의무(義務)'라는 한자어가 '정도(正道)에 합당한 일'의 의미로 쓰이기 시작한 것은 이미 한(漢)대(書幹, 『中論貴驗』)부터라고 조사돼 있지만(『辭源』, 商務印書館 香港分館, 1987 참조), 우리의 철학 고전에서 이 개념이 사용된 예를 찾아보기란 쉽지 않다. 물론 '의(義)'와 '무(務)'가 각개로 쓰인 경우는 허다하지만 말이다. 오히려 이 의무라는 개념보다는 같은 문제 영역에 속하면서도 함축은 사뭇 다른 본분(本分), 분한(分限), 직분(職分), 명분(命分)이라든지, 천명(天命), 도리(道理), 책임(責任), 임무(任務)라는 개념은 드물지 않게 사용되었다. 아마도 '의무'라는 말이 오늘날과 같은 뜻의 개념으로 쓰이게 된 것은 그렇게 오래된 것 같지는 않고, 의무의 문제가 철학적인 문제의 하나로 주목되게 된 것도 서양 사상의 유입과 때를 같이하는 것으로 봄이 옳을 듯하다.

서양어에서 '의무'는 어의상으로는 대개 '묶여 있음(obligatio)',

'빚져 있음(devoir)'을 뜻한다. 자연 안에서 태어나서 자연 안에서 먹을 것을 얻고 거처를 구하는 존재자는 자연에 묶여 있으며, 자연에 빚지고 있는 만큼 자연의 이치에 맞게 사는 것이 요구된다. 그래서 고대에서 '의무'는 '자연 이치에 따르는 삶에 합당한 행위' 혹은 '자연 본성을 보존하고 발전시키는 데에 기여하는 행위'를 뜻했다. 그런데 자연 이치라는 것이 식물이면 식물에게, 동물이면 동물에게 합당한 것이 있을 터이므로, 식물은 식물대로 동물은 동물대로 그 나름의 의무(?)가 있을 수 있겠다. 그러나 과연 식물이나 짐승 따위에 있어서도 '의무'를 얘기할 수 있는지는 문제이며, 그 때문에 '의무'론은 인간 삶의 영역을 대상으로 삼는 것이 보통이다.

이런 문제 연관에서 인간의 의무를 논함에 있어서 먼저 생각하게 된 것이 인간의 자연스런 삶의 방식이 무엇인가이고, 이것을 사회적 · 관습적 · 윤리적 삶으로 파악한 키케로는 이에 상응하는 행위들을 의무(officium)라고 생각했다(Cicero, *De officiis*, I, 4 참조). 이 키케로 이래로 '의무'는 특히 스토아학파의 윤리 사상에서 핵심 개념이 되었고, 의무의 문제는 또한 기독교 윤리론과 칸트 도덕철학에서 중심 문제가 되었다. 이제 '인간의 의무'는 무엇인가?

2. 인간의 의무

인간의 의무란 인간이면 누구나 그것을 하도록 구속되어 있는 행위를 말한다. 그런데 무엇인가를 보편적으로 구속할 수 있는 것을 법칙이라 하므로, 우리는 인간의 행위에의 의향(意向)을 보편적으로 강제하는 것을 실천 법칙이라 부른다.

실천 법칙은 어떤 행위를 지시하거나 금지하는 명령을 포함하는데, 법칙을 통해서 명령하는 자(imperans)를 일반적으로 법칙 수립자[立法者, legislator]라고 칭한다. 자유의 존재자로서의 인간에게 있어서 그가 마땅히 행하여야 할 바를, 즉 의무를 규정하는 자는 다름 아닌 인간 자신이다. 그러니까 인간 행위의 법칙 수립자는 곧 인간의 실천적 이성이라고 할 수 있다. 실천 이성이 의무를 규정하는 법칙을 외적으로 수립할 때, 즉 그 의무가 그 수행의 반대급부로서 정당하게 누군가를 강제할 권리(facultas iuridica)를 상정한 것일 때, 그것을 우리는 법(法)이라 하고, 반면에 실천 이성이 법칙을 내적으로 수립할 때, 즉 그 의무 자체가 동시에 목적으로서 법칙 수립자의 자기강제일 때, 그것을 우리는 윤리 도덕이라 한다. 그래서 인간의 의무 중에는 법 의무(법적 의무, officia iuris)와 덕 의무(윤리적 의무, officia virtutis sive ethica)가 있다고들 말한다.

법 의무는 인간에게 무엇이 옳은가, 정당한(recht)가를 말해 주므로 그것은 인간임의 정당성, 곧 인간의 권리(Recht)에 관련되어 있고, 덕 의무는 인간에게서 그 자체로서 가치 있는 것, 곧 인격성, 인간의 목적(目的)에 관련되어 있다. 이 두 종류의 의무 모두가 그것을 규정하는 법칙 수립자인 실천 이성의 자율에 기반하고 있다는 점에서는 같으나, 그럼에도 양자 사이에는 현격한 차이점들이 있다고 지적된다.

법 의무는 일단 법칙을 통해 규정되면 외적 강제가 가능한 반면에, 덕 의무에 대해서는 오로지 자유로운 자기강제만이 가능하다. 그래서 법적 의무의 이행 여부에 대한 심판은 외부 재판소에서 가능하지만, 도덕적 의무의 이행 여부에 관한 심판은 궁극적으로는 내적 재판소 곧 양심에서만 가능하다고 말할 수 있다. 또 이 두 종류의 그 강제의 구속력의 정도의 면에서도 차이가 있는데, 전자를 엄격하고 완전한 의무라 한다면, 후자는 선택적인 느슨한 불완전한 의무라고 할 수 있다. 법 의무는 법에 의해 직접적으로 규정되는 것으로서 그 의무 행위는 그 자체가 절대적인 필연성을 요구하는 법에 종속되어 있어 엄격한 구속성(obligatio stricta)을 갖는다. 덕 의무는 실천 법칙[道德律]에서 행위 자체가 아니라 단지 행위의 준칙(準則)이 규정되는 의무이기 때문에, 명령을 받은 자가 어떤 방식으로 어느 정도까지 그를 수행할 것인가는 그에게 일임되어 있으므로, 그것은 느슨한 구속력(obligatio lata)만을 갖는다.

의무가 구속력을 갖는 법칙의 대상과의 관계에서 고찰될 때는, 그것은 신(神)에 대한 의무, 자연에 대한 의무, 생명체에 대한 의무, 인간에 대한 의무 등으로 나뉘고, 마지막 것은 다시 자기 자신에 대한 의무와 타인에 대한 의무로 구분되는 것이 보통이다.

법 의무와 덕 의무가 결과적으로 구별되기는 하지만, 그러나 원천적으로는 법 의무가 '의무'인 것도 그것이 '윤리적'인 데에 있다고 볼 수 있다.

외적인 법칙 수립이 가능한 구속력 있는 법칙 일반을 '외면의 법(lex externa)'이라 한다. 그런 것 가운데에서도 그것을 준수해야 할 의무가 외적인 법칙 수립이 없더라도 이성을 통해 인식될 수 있는 그런 법칙을 외적이기는 하지만 자연적 법칙, 줄여서 자연법(自然法)이라고 한다. 반면에 현존하는 외적인 법칙 수립이 없었더라면 법칙이 될 수 없었을, 즉 아무런 구속력을 가질 수 없었을 그런 법칙을 정립적인 법칙, 줄여서 실정법(實定法)이라 부른다. 그러니까 순전히 실정법만을 통해서도 의무가 규정될 수 있다고 생각할 수는 있다. 그러나 그런 경우에도 그 실정법의 실천 법칙으로서의 보편적 권위는 자연법에 부합하는 데서만 확보될 수 있을 것이다. 그리고 자연법이 보편적인 실천 법칙으로 납득될 수 있는 것은 그것이 인격성의 이념에 합치할 때뿐이다. 다시 말하면 인간의 권리, 곧 인간임의 정당성은 어느 경우에나 궁극적으로는 인간의 존엄성, 곧 인간의 도덕성에서 보증된다.

법적인 곧 정당한(rectum) 행위란 법이 규정하는 의무에 맞는 행위(factum licitum)이고, 불법적인 곧 부당한(minus rectum) 행위는 의무에 어긋나는 행위(factum illicitum)로서 위반(reatus)이라 한다. 위반은 그것이 고의성이 없는 과실(culpa)이든 고의성이 있는 범죄(非行, dolus)이든, 그 행위자에게는 그에 상응하는 정당한 법적인 효과인 벌(poena)이 부과된다. 그러니까 법은 행위자에게 최소한 '의무에 맞게' 행위하라고 요구하는 것이다. 그런데 법이 행위자에게 이 최소한의 요구라도 할 수 있는 것은 그것이 법이기 때문이다. 그렇다면, 이 법의 정당성은 무엇에 근거하는가? 다시 말해, 법이 법일 수 있는 근거는 무엇인가? 가령, 우리는 어떤 현존하는 법이 법답지 않다는 이유로 개정하는데, 이때 법의 법다움과 법답지 않음의 기준은 어디서 제시되는가?

인간의 인간으로서의 의무를 부여하는 법의 법다움은, 그 법이 관습이나 계약에서 기인하든 인간의 자연 본성에 바탕을 두고 있든 간에, 결국 그 법이 인간의 인간다움, 즉 인격을 표현하고 있는가, 없는가에 따라 판정될 것이다. 그러므로 어떤 현존하는 법의 정당성은 그 법의 도덕성에 근거한다. 그럼에도 법과 도덕의 근본적인 차이점은, 법이 최소한 행위가 의무 법칙과 합치할 것, 곧 합법칙성(legalitas)을 요구하는 반면에, 도덕은 행위가 한갓 결과에 있어서, 바꿔 말하면 외면적으로 의무에 맞는 것이 아니라, 동기에 있어서, 바꿔 말하면 내면적으로 의무에 맞을 것을 요구한다. 행위의 도덕성(moralitas)은 행위의 준칙, 곧 행위하는 주관이 스스로 정한 행위 규칙이 법칙과 합치함에 있기 때문이다. 그래서 덕은 단지 의무에 맞는 행위가 아니라, '의무로부터' 나온 행위에 있다고 한다.

이런 사태 연관에서 우리는 인간의 의무, 곧 인간이 인간답기 위해 해야만 할 행위의 해명은 궁극적으로는 법학이 아니라 윤리학을 통해서 이루어진다고 말할 수 있다.

3. 의무와 윤리적 행위

'의무로부터'의 행위만이 도덕적 가치를 갖는다고 주장하는 대표적인 철학자가 칸트이다. 칸트가 말하는 '의무로부터'의 행위란 어떤 것이며, 그것은 단지 '의무에 맞는' 행위와 어떻게 다른가?

가령 상인이 물품을 잘 아는 사람에게나 전혀 모르는 사람에게나, 어른에게나 어린아이에게나 제값만 받고 파는 경우에, 그 행위는 정직해야 한다는 원칙과 의무에 맞지만, 그것이 사람들로부터 신용을 얻어 장기적으로 이익을 도모하기 위한 것일 때에는 의무로부터 나온 행위라고 볼 수 없다. 또 자기 생명의 보존은 인간의 자기 자신에 대한 의무 가운데 하나이고, 그래서 사람들의 자기 생명 보존을 위한 행동은 언제나 의무에 맞지만, 그것이 생명에 대한 자연적 경향성이나 애착, 혹은 죽음의 공포로부터 연유한 것일 때는, 그것을 의무로부터의 행위라고는 볼 수 없다. 이런 예에서 볼 수 있듯이 그러니까 의무로부터의 행위는 행위가 단지 객관적으로 실천 법칙과 합치할 뿐만 아니라, 주관적으로 법칙에 대한 존경으로부터 말미암은 것이어야 한다. 의무에 맞는 행위, 곧 합법칙적인 행위는 경향성들이 의지의 규정 근거일 때도 가능하지만, 의무로부터의 행위, 곧 도덕적인 행위는 행위가 법칙으로 인해서 일어난 경우에만 성립한다.

의무로부터의 행위는 그 도덕적 가치를 그 행위를 통해 달성돼야 할 의도에서 갖는 것이 아니라, 그것에 따라 행동이 결정되는 준칙에서 갖는다. 그러므로 도덕적 가치는 행동의 대상의 실재에 달려 있는 것이 아니라, 욕구의 일체 대상을 고려함이 없이 행위가 그에 따라 발생하는 '의지의 원리'에 달려 있는 것이다. 의지가 행위로 나아갈 때 그것은 어떤 경향성이나 충동에 규정받든지, 의무로부터 규정받든지 할 터인데, 이때 의무로부터 규정받는다 함은 어떤 질료적인 동기에서가 아니라, 의무를 규정하는 보편적인 형식에 규제받음을 뜻한다. 경향성의 영향이나 의지의 일체의 대상을 떼어내고 나면, '의지를 규정하기 위해 남는 것은 객관적으로는 법칙, 그리고 주관적으로는 이 실천 법칙에 대한 순수한 존경심'뿐이기 때문이다. 이 실천 법칙에 대한 순수한 존경에서 생기는 내 행위의 필연성, 즉 실천적 강제가 바로 의무이며, 이 의무는 다른 모든 가치를 능가하는 그 자체로서 선한 의지의 조건이기 때문에, 다른 어떠한 동인도 의무에게는 양보해야만 한다. 이런 의무를 규정하는 보편적 형식이 "너의 의지의 [주관적] 준칙이 항상 동시에 보편적 [객관적] 법칙 수립의 원리로서 타당할 수 있도록, 그렇게 행동하라"(Kant, *KpV*, §7)는 실천 법칙의 원칙이다.

의지란 어떤 '법칙의 표상에 따라' 자신을 행위하도록 규정하는 능력이다. 자연의 사물들은 모두 '법칙에 따라' 작동하는 반면, 이성적 존재자만이 이 '법칙의 표상에 따라' 행위하는 능력인 의지를 갖는다. 자연의 사물들이 법칙에 따라 작동한다 함은 그것들은 주어져 있는 법칙대로, 즉 타율적으로 의지 없이 운동함을 말하는 것이고, 이성적 존재자가 법칙의 표상에 따라서 행위한다 함은 스스로 법칙을 세우고 그에 따라서, 즉 의지가 자율적으로 행동함을 뜻한다. 이때 의지로 하여금 스스로 자신을 규정하도록 하는 객관적 근거가 목적이며, 이 목적이 순전히 이성에 의해서 주어질 때, 그것은 모든 이성적 존재자에게 똑같이 타당한 것으로 납득될 수 있다.

진정으로 선한 의지는 이성이 스스로 세운 법칙에 따라 예외 없이 실천할 것이다. 그래서 만약 이성이 의지를 규정하는 유일한 근거라면, 그러한 이성적 존재자의 객관적으로 필연적인 것으로 인식되는 행위들은 주관적으로도 필연적이다. 그러나 이성이 그 자신만으로 의지를 충분히 결정하지 못한다면, 즉 의지가 반드시 객관적인 조건과 일치하는 것이 아니라, 충동과 같은 어떤 주관적인 조건에 종속하기도 한다면, 바꿔 말해, 인간의 경우에서 보듯, 의지가 그 자체 이성과 완전히 일치하지 않는다면, 객관적으로 필연적이라고 인지된 행위도 주관적으로는 우연적이다. 그러므로 그러한 의지를 객관적인 법칙에 맞게 결정하는 것은 강제이다. 그러니까 완벽하게 선하지 않은 의지에 대해 객관적인 실천 법칙이 갖는 관계는 강제적 관계이다.

행위에 대해 어떤 객관적인 실천 원리를 수립함을, 그 원리가 의지에 대해 강제적인 한에서 지시(指示)라 하고, 이러한 지시의 정식(定式)을 명령(Imperativ)이라고 일컫는다. 명령은 어떤 것은 하는 것이 선하고 어떤 것은 하지 않는 것이 선하다고 지시한다. 이성이 그러한 명령을 내리는 상대, 즉 실천적인 강제를 가하는 상대는 바로 어떤 것을 선하다고 제시해도 반드시 그것을 행하지 않는 그런 의지이다.

완전히 선한 의지는 언제나 선의 객관적 법칙 아래 서 있는 의지를 일컫는 것으로, 이런 의지는 객관적인 법칙에 의해 객관적인 법칙에 따라 행위하도록 강제되는 것이라고 말할 수 없다. 왜냐하면 완전히 선한 의지라면, 그것은 그것의 주체적인 성격상 스스로의 선의 표상에 의해서만 규정되는 것일 것이기 때문이다. 그러므로 신(神)의 의지 혹은 신성한 의지에 대해서는 어떠한 명령도 타당하지가 않다. 의욕함이 아예 없는 무의향의 사물에게나 의욕함이 이미 그 자체로 객관적인 법칙과 필연적으로 일치해 있는 그런 의지에 있어 당위(當爲)란 가당치 않다. 그러므로 명령이라는 것은 오로지 인간의 의지처럼 주관적으로 불완전하면서도 객관적인 완전한 선을 표상하는 실천 이성에 대해서만 타당한 것이다.

이렇게 해서, 명령은 인간으로서 내가 할 수 있는 가능한 그 어떤 행위가 선한가를 나에게 말해 주며, 의지에 대해 실천 규칙을 제공한다. 왜냐하면, 인간적 의지는 한 행위가 선하다 해서 곧바로 행하는 것이 아니기 때문이다. 왜냐하면, 불완전한 주관은 한 행위가 선함을 언제나 아는 것도 아니고, 또 설령 그것을 안다 하더라도 주관의 준칙이 실천 이성의 객관적인 원리에 어긋나는 일도 흔히 있기 때문이다. 그래서 보편적인 도덕 명령은 인간에게는 언제나 실천적 강제, 즉 의무의 표현이다.

요컨대, 도덕 법칙에 의한 강요에 의해 수행된 행위가 덕 의무이다. 덕(德, virtus)이란, 낱말 뜻 그대로, 큰 힘, 능력, 나아가서 도덕적으로 굳셈, 힘셈, 완강함(fortitudo moralis)을 뜻한다. 그것은, 인간이 감성적 경향성으로 말미암아 자주 도덕 법칙에 어긋나게 행동하도록 촉발되기 때문에, 인간이 도덕 법칙에 부합하게 행동하는 것은 그가 그 안에 자리 잡고 있는 경향성들을 제압하거나 멀리하거나, 어쨌든 이런 것들이 도덕 법칙에 의해 극복될 때에만 가능함을 함축한다. 그러니까 경향성의 도덕 법칙과의 투쟁에서 경향성을 물리치고, 그의 의무를 준수하려는 지속적인 지향성(intentio constans)이 덕의 내용을 구성한다. 인간이 의무를 갖는다는 것은 그가 부분적으로 동물적 자연 본성을 가지고 있기 때문이다. 그가 만약 순전히 신성한 존재자라면, 그는 도덕 법칙을 위반할 아무런 강요도 받지 않을 터이니 의무도 없을 것이고, 오로지 이성에 의해 인지된 행위의 객관적 필연성에 의해 이끌어질 터이다. 그러나 인간이 오로지 동물적 자연 본성만 가지고 있다면, 그는 아무런 자기강제를 하지 않을 터이니, 역시 그에게는 아무런 의무의 감정이 없을 것이다. 의무는 그러므로 불완전한 인간이 인격의 완전함을 지향하는 인간 존엄의 이념을 갖는 데에 근거한다.

4. 주요한 의무들

인간의 의무의 구체적인 항목들을 체계적으로 도출해 낼 원리를 찾기란 쉽지 않다. 그러나 우리는 실용적인 관점에서 중요한 몇 개를 열거해 볼 수는 있다.

인간의 자기 자신에 대한 의무는 '너 자신의 완전함을 촉진하라'는 명령에 기반하고, 타인에 대한 의무는 '타인의 행복을 촉진하라'는 명령에 근거한다.

동물적 존재자로서의 인간의 자기 자신에 대한 제일의 의무는 자연대로의 자기를 보존하고 자신의 자연적 능력을 개발하고 증진시키는 일이다. 갖가지 가능한 목적들의 수단인 인간의 자연 능력[精神力, 心力, 體力]의 육성은 인간의 자기 자신에 대한 의무이다. 인간은 이성적인 존재자이기도 한 자기 자신에 대해 그의 이성이 사용할 수 있는 자연 소질과 능력을 녹슬도록 방치해 두어서는 안 될 책무가 있다. 인간이 그의 능력을 육성하고 실생활에서 그의 현존의 목적에 알맞은 인간이도록 하는 것은 자신에 내한 외무이다. 그렇게 해서 세상에 쓸모 있는 일원이 된다는 것은 그가 그 존엄성을 내려 깎아서는 안 될 그 자신의 인격에서 인간성의 가치에 속하는 일이기 때문이다.

도덕적인 존재자로서 인간의 자신에 대한 의무의 요상은, 인간은 누구나 자신을 존중해야 한다는 것이다. 그를 위해 인간은 첫째로 거짓말을 해서는 안 된다. 거짓말은 정직성의 결여, 즉 비양심의 대표적인 표징으로서 그것은 자신의 인격에 대한 존경을 해치는 것이다. 둘째로 구걸해서는 안 된다. 구걸은 자신을 타인의 기분에 매달리게 하는 것으로서, 그것은 자신에 대한 경멸을 내보이는 짓이다. 셋째로 인간은 의기소침하거나 자신(自信) 없어 해서는 안 된다. 넷째로 비굴해서는 안 된다. 다섯째로 인간은 자신을 모욕받도록 내버려두어서는 안 된다. 적절한 대응 없이 모욕받기만 하는 것은 자기 자신의 가치를 깎는 일이다.

인간의 타인에 대한 의무를 이끄는 두 원리는 사랑과 존경심이다. 타인에 대한 사랑의 의무는, 타인의 목적들을 그것이 비도덕적이지 않은 한에서 나의 목적들로 만들 의무이며, 타인에 대한 존경의 의무는 다른 사람을 한낱 나의 목적을 위한 수단으로 격하시킬 수 없다는 준칙에 포함된다. 누군가에 대해 사랑의 의무를 실행함으로써 나는 타인을 위해 공헌하는 것이며, 존경의 의무를 준수함으로써 나는 자신 안에 인간성을 정립할 권한이 있는 타인의 가치를 손상시키지 않는다.

사랑과 존경의 마음은 서로 떼어서 생각될 수도 있고, 또한 각각 독자적으로 존립하기도 한다. 이웃에 대한 사랑은 존경이 없을 때도 가능하고, 사랑 없이도 어떤 사람을 존경할 수는 있다. 그러나 이 양자의 결합이 인간 상호간의 최고의 덕이며, 그 모습을 우리는 우애(友愛)에서 볼 수 있다.

"우애는, 그것이 완전하다면, 두 인격이 평등한 상호간의 사랑과 존경에 의해 하나됨을 뜻한다."(Kant, *MS*, II, §46) 이 우애야말로 도덕적 선의지에 의해 화합되어 있는 모든 사람들이 상호간의 복리에 동참하는 이상적 모습이다. 그러므로 우애는 실제로는 도달하기 어려운 경지이지만, 그것에 도달할 것을 이성이 요구하는 인간의 명예 가득한 의무이다. 우애는 상호 이익을 의도하는 결합 이상의 것이다. 어려움에 처해 있을 때 한 쪽이 다른 한 쪽에 기대할 만한 도움은 우애의 목적이나 동기이어서는 안 된다. 그럴 경우 양자 사이에는 어쩌면 사랑은 유지될지 모르겠지만, 상호 존경은 일실될 것이다. 우애는 상대방을 내적으로 진심으로 생각하는 호의의 외적 표현이다. 다른 사람을 친구로서 좋게 대해야 할 이 의무는, 타인에게 의존하려는 사람에게는 자존심을 보존하게 하고, 남에게 혜택을 베풀 수 있는 운이 좋은 사람에게는 흔히 있기 쉬운 자만심을 방지하도록 해준다. 자신의 도덕적 완전성을 가지고 사람들과 교유하고 자신을 격리시키지 않음은 자신과 타인에 대한 인간으로서의 최대의 의무이다. 사람들 각자 이 우애와 교제의 의무를 충실히 이행할 때 우리는 진정한 공동체 생활을 유지할 수 있을 것이다.

5. 윤리 도덕과 인간의 이상

인간이 인간답기 위해 도덕적이어야 한다는 데에는 다른 견해가 있을 수 없다. 그리고 인간이 도덕적임은 실천을 통해서 드러난다. 인간이 도덕적인 실천을 할 수 있기 위해서는 그가 덕을 갖추어야 한다. 그런데 인간의 도덕적인 능력으로서의 덕이란 한갓 이론이나 훈계를 통해서 가르쳐지고 배워질 수 있는 것이라기보다는, 인간 내부에 있는 경향성이라는 적을 무찔러내려는 시도를 통해서, 즉 수행(修行)적으로 개발되고 훈련될 수 있는 것이다. 오로지 독행(篤行)을 통해서 우리는 덕에 이를 수 있다. 이때 덕의 훈련에서의 척도는 현존하는 다른 사람들의 행실이 아니라 인간성의 이념과 이에 따라 인간이 마땅히 준수해야만 할 도덕 법칙이어야 한다. 그런 까닭에 인간의 의무의 완수를 우리는 이생에서는 다 이룰 수 없을지도 모르지만, 그러나 바로 그렇기 때문에 덕의 도야는 무한히 계속되어야 한다.

제 6 장

사회철학과 주요 문제

제 1 절 사회철학과 그 과제

대표적 '사회철학자'로 우리는 공자, 맹자, 순자, 한비자, 정약용, 플라톤, 아리스토텔레스, 홉스, 로크, 루소, 칸트, 몽테스키외, 헤겔, 밀, 마르크스, 롤즈 등을 손쉽게 꼽을 수 있다. 그러니까 '사회철학'은 사람들의 공동체 생활에 대한 철학적 반성이 싹튼 철학사의 초기부터 시작되어 현금까시도 가장 활발하게 논의되고 있는 철학 주제로 보아야 할 것이다. 그러나 오늘날 우리가 사용하고 있는 말 '사회철학'은 비로소 19세기 중반 이후 신칸트학파에 의해 사용된 독일어 '조치알필로소피(Sozialphilosophie)'에서 유래한다. 이 말을 처음 사용한 헤스(M. Hess, 1812∼1875. *21 Bogen aus der Schweiz*, 1843 참조)와 사회철학을 도덕학의 부속 분야로 간주한 짐멜(G. Simmel, 1858∼1918. *Einleitung in die Moralwissenschaft*

— *Eine Kritik der ethischen Grundbegriffe*, 1892/3 참조)을 거쳐 스탐러(R. Stammler, 1856~1938)는 '사회철학'을 "사회과학이 소홀히 해서는 안 되는" "사회생활의 철학"(*Wirtschaft und Recht nach der materialistischen Geschichtsauffassung — Eine sozialphilosophische Untersuchung*, 1896), 곧 '사회생활의 보편타당한 합법칙성'을 탐구함으로써 분과적·개별적인 문제를 경험적 방법으로 연구하는 사회과학을 이끌어가야 할 철학이라고 규정함으로써 오늘날의 사회철학의 위상을 정립하였다.

사회철학은 사실 서술과 규범 제시라는 두 측면을 가지고 있는바, '인간의 사회생활이 어떤 기초적인 규칙 아래서 운영되고 있으며, 운영되어야만 하는가'를 학문적으로 탐구한다. 그럼으로써 사회학과 함께 사회과학의 토대 해명에 기여하고, 윤리학과 함께 타인과 함께 살아가는 인간의 가치를 논구하며, '사회'가 '국가사회'로 이해되는 한에서는 정치철학 내지 법철학과 공통의 과제를 갖는다. 헤겔의 법철학이 자주 정치철학 또는 사회철학으로 일컬어지는 것은 후자의 좋은 예이다.

사회철학은 사회의 상태, 형태, 형성 과정 및 요소들에 대한 과학적 탐구 결과를 바탕으로 현실 사회를 비판하면서 '사회의 본질과 의미 그리고 의의'를 밝히고, 사회가 마땅히 걸어가야 할 정도(正道)와 지향해야 할 궁극적 목표를 제시한다.

궁극적으로 '이상국가'의 상을 제시하고자 하는 사회철학은 오늘날 인간 사회 구성의 주요 요소들인 법, 정치, 경제, 문화, 종교, 역사 등과 함께 인간의 심리 현상을 시야에 두고서, '이상사회'를 영위하는 데 필수적인 사회 운영 원리로 간주되고 있는 자유, 평등, 정의, 우애 등의 이념의 의의와 이 이념들 간의 충돌과 화해 방안의 모색을 주 과제로 삼고 있다.

제 2 절　사회의 개념

우리는 보통 '한국', '한국 사회' 또는 '우리나라', '우리 사회'라는 말을 거의 차별 없이 사용하고 있는데, 이것은 우리가 자주 '사회'를 '국가' 또는 '국가사회'와 거의 동의어로 쓰고 있음을 말한다. 이 개념들이 분명 서로 다르게 쓰이는 경우가 적지 않음에도 불구하고 그러나 이렇게 쓸 수도 있는 까닭은 바로 이 개념의 형성 연원에서 찾을 수 있다. 그리고 그 연원의 추적을 통해 우리는 '사회'의 의미 내용 파악과 함께 좋은 사회를 실현하기 위한 적절한 운영 원리를 발견할 수도 있을 것이다. 이것들은 모두 역사적 이념적 형성물일 것이니 말이다.

우리가 '사회(社會)'라는 말을 서양 말 '소시에타스(societas, society, société)'의 번역어로 납득하고 그 개념의 뿌리를 찾다 보면, 인간을 "정치적 동물(zoon politikon)"이라고 규정한 아리스토텔레스의 『정치학(*Politica*)』에 이르게 된다. 이 말이 라틴어 번역 과정에서 '사회적 동물(animal sociale)'로도 옮겨지면서 '사회'와 '정치 공동체' 또는 '국가'는 그 개념 형성의 뿌리를 함께하게 되었다. 아리스토텔레스에게서 '정치적'이란 국가(polis) 내지는 정치 공동체(koinonia politike)의 서술어이니, '사회적'이 '국가사회'를 지시하는 경우 저 두 말이 교환적으로 쓰이는 것은 자연스러운 일이라 하겠다. 그렇다면 아리스토텔레스에게서 이 말이 본디 무엇을 뜻했던가를 상기해 봄으로써 '사회'의 성격도 어느 정도는 그 윤곽을 잡을 수 있겠다.

아리스토텔레스가 인간을 "자연 본성상 정치적 동물"(Aristoteles, *Politica*, 1253a 2)이라고 본 것은 적어도 두 가지 이유에서이다. 첫째는, 인간은 성별(性別) 없이 살 수 없듯이 무리를 떠나서도 살

수 없다는 점이다. 그러나 둘째로, 인간이 여느 동물들보다 훨씬 고도의 군집 생활을 할 수 있는 것은 인간이 언어를 가지고 있다는 점에 있다는 것이 아리스토텔레스의 생각이다. 여느 동물도 낼 수 있는 소리를 통해서는 고통이나 기쁨과 같은 어느 정도의 느낌은 표현할 수 있다. 그러나 언어는 인간으로 하여금 이로운 것과 해로운 것, 더 나아가 정당한 것과 부당한 것에 대한 의견 교환을 가능하게 해준다. 인간만이 선악에 대한 지각을 가지고 있고 언어를 통하여 그 개념을 공유할 수 있음으로써 국가라는 공동체를 가질 수 있게 되었다는 것이다.

그러니까 정치적 공동체는 하나의 선 개념을 중심으로, 그리고 합의된 그 선을 실천하기 위하여 존립하는 것이다. 이로부터 '누가 정치 공동체, 곧 국가의 구성원이 될 수 있는가?'라는 물음에 대한 답도 나온다. 곧, 정의와 불의, 선과 악을 의식하고 식별할 줄 아는 사람만이(*Politica*, 1253a 17 참조), 더 정확히 말하자면 선과 정의를 실천할 수 있는 사람, 즉 "자유로운 자"(*Politica*, 1279a 21)만이 국가 공동체의 구성원, 즉 시민이 될 수 있다. 이런 사태 연관에서 '부자유로운 자[노예]'나 '아직 자유롭지 못한 자[미성년자]'는 엄밀한 의미에서는 시민이라 볼 수 없다. 오늘날 '민주주의' 한국 사회에서 여전히 미성년자에게는 참정권이 제한되는 것도 이런 맥락에서라 할 것이다.

아리스토텔레스의 이런 의미의 '정치 공동체'가 키케로에 와서 '화의체(conciliatio)', '공동체(communitas)', '시민사회(societas civilis)'로 이해되었고(Cicero, *De natura deorum*, II, 78; *De finibus bonorum et malorum*, III, 66; *De oratore*, II, 68; *De legibus*, I, 62 참조), 그것은 곧 '사람들의 사회 내지 결합체(societas hominum coniunctioque)'(Cicero, *De officiis*, I, 17), '인간 사회(societas humana)'(*De officiis*, I, 53), 다시 말해 '사람들 사이의 자연적인 사회(naturalis societas inter homines)'를 지칭했다(Cicero, *De fin*. III, 66; *De leg*. I, 7 참조). 이것은 후에 기독교 세계에서 '지상의 나라(civitas terrena)'로서 인간 사회를 '신의 나라(civitas dei)'와 분간할 수 있는 단초를 제공했다.

세네카에게서 우리는 "자선을 베푸는 것은 사회적인 일이다(Beneficium dare socialis res est)"(Seneca, *De beneficiis*, V, 11, 5)라는 구절을 발견할 수 있는데, 여기서 '사회적'이라는 말은 '동지애 있는' 정도의 의미로서 그것은 오늘날에도 사용되는바, '사회적'이라는 개념에 중요한 요소를 한 가지 추가한 것이다. 오늘날 사회 유지에 있어서 구성원 사이의 우애[이웃 사랑]는 필수적인 것이니 말이다. 그런가 하면 아우구스티누스의 『신국론』에는 '사회생활(vita socialis)'이라는 말이 여러 번 등장하는데, 그것은 때로 집 안에서의 생활, 곧 배우자나 자녀들 또는 노예와 관계 맺는 생활을 지칭하거나, 집이 있는 곳, 예컨대 도시에서의 생활, 곧 시민이나 국민으로서 다른 시민이나 국민들과의 생활을 지칭하며, 때로는 천지간에 또는 심지어 신들과 교제하는 생활을 지칭한다(Augustinus, *De civitate dei*, XIX, 3 참조). 이로써 사회생활, 곧 사람들 사이의 교제의 대표적인 형태로 가정, 시민사회, 국가 등이 부각되었다.

토마스 아퀴나스는 아리스토텔레스의 『정치학』에서의 인간 규정을 '정치적 동물(animal politicum)' 또는 '사회적 동물(animal sociale)'로 차별 없이 옮김으로써 정치 공동체와 사회를 동일시하였다. 그런 뜻에서만 "인간은 태생적으로 사회적 동물이다(homo naturaliter est animal sociale)."(Th. Aquinas, *Summa Theologiae*, I, q.96, a.4, 3) 토마스 아퀴나스는 "그러나 다수의 사회생활은 누군가 공동선을 지향하는 장(長)이 없이는 가능하지 않다(Socialis autem vita multorum esse non posset, nisi aliquis praesideret, qui ad bonum commune intenderet)"(같은 곳)고 하면서 공동체는 통치 체제를 갖추어야 함을 갈파했고, 또한 공적 사회(societas publica)와 사적 사회(societas privata)를 구분함으로써 정치 공동체는 다름 아닌 공적 사회임을 말하였다.

정치 공동체로서 국가 개념은 근대에 와서 중요한 변화를 겪게 되었는데, 그것은 국가가 '시민사회'로 이해된 데에 따른 것이다. 홉스는 '만인의 만인에 대한 투쟁(bellum omnium contra omnes)'의 자연 상태를 종식시킨 '시민 연합체(unio civilis)'를 "국가(civitas) 또는 시민사회(societas civilis)라고 부른다."(Hobbes, *De cive*, cap. 5, §9) 로크는 만인이 자유롭고 평등한 자연 상태에서 전쟁 상태로의 추락을 방지하기 위해 시민들의 자유로운 계약에 의해 시민정부가 수립되고 그로써 국가가 성립하게 된 과정을 서술한 그의 『통치론』에서 '국가사회(political society)'와 '시민사회(civil society)'를 같은 의미의 개념으로 사용하였다(Locke, 「시민정부론」, ch.7 참조). 이 같은 용어법에 따라, 국가를 성립시킨 시민 계약은 루소에서 보듯 '사회계약(contrat social)'으로 일컬어졌다. 같은 맥락에서 칸트도 그의 『윤리형이상학』의 「법이론」에서 시민 계약에 기초한 '시민사회(societas civilis)'를 국가(Staat, civitas)와 동일시하면서, 자유와 평등 그리고 독립성을 시민으로서 국민의 고유한 권리라고 규정하였다.

> 시민사회(societas civilis), 곧 국가(Staat)의 구성원들은 시민(Staatsbürger, cives)이라고 일컬어진다. (시민으로서) 자신의 본질과 결코 분리될 수 없는 권리[법]적인 속성들은 [첫째로] 자기가 동의하지 않은 어떤 법률에도 따르지 않을 법적 자유(gesetzliche Freiheit)

와, [둘째로] 국민(Volk) 가운데서 어느 누구에게도 다른 사람을 권리적으로 구속할 수 있는 […] 우위성을 인정하지 않는 시민적 평등(bürgerliche Gleiheit), 그리고 셋째로 시민적 자립(bürgerliche Selbständigkeit)의 속성이다. 시민적 자립성이란 국민 가운데 어떤 사람의 실존과 생존이 다른 사람의 자의에 덕 입고 있는 것이 아니라, 공동체의 일원으로서 그에게 고유한 권리와 힘에 덕 입고 있는 속성을 말한다. 따라서 그것은 권리의 문제에 있어서 다른 누구에 의해서도 결코 대리되어서는 안 되는 시민적 인격성이다(Kant, *MS*, Rechtslehre, §46).

이에 반해 몽테스키외(Ch.-L. Montesquieu, 1689～1755)는 '시민사회(l'état civil)'와 '국가(l'état politique)'를 구분했고(Montesquieu, *De l'esprit des lois*, I, 3 참조), 여기에서 다 같이 '폴리스(polis)'라는 말로부터 유래해 왕왕 상호 교환적으로 사용되던 두 말 '시민적(civilis, [도시]국가적)'과 '정치적(politicus)'은 각기 다른 의미를 얻게 되었다. 이로써 '비정치적' 또는 '비국가적' 내지 '비정부적'이라는 뜻으로 쓰이는 '시민적'이라는 말의 용법이 생겼다. 더 나아가 이른바 사회계약설이 국가 성립의 토대로 내세우는 시민들의 '근원적 계약'을 칸트는 "이성의 한낱 이념[관념]"(Kant, *TP*: AA VIII, 297)이라고 평가한 바 있는데, 이에서 더 나아가 헤겔은 국가가 계약에 의해 성립됐다는 생각은 국가를 개인들의 사적 자의성에 종속적으로 보는 짓이라고 비판하면서, '시민사회'가 개개인의 자유에 의거한 것이라면, '국가'는 "개별적인 의지의 자유와 보편적이고 객관적인 자유"가 합치된 '윤리적 실체'라고 구별하여, 국가를 시민사회 이상의 것으로 규정하였다(Hegel, *Grundlinien der Philosophie des Rechts*[*GPR*], §33: TW7, 87 이하 참조). 마르크스(K. Marx, 1818～1883) 또한 '자연 상태'니 '사회계약'이니 하는 개념들은

'자유 경쟁 사회'의 산물로서, 그런 사회에서 인간이 자유롭고 평등하다는 명제는 순전한 환상으로, 실제로 그런 시민사회에서 사람들은 부자유하고, 곧 자본에 매여 있고, 불평등하다고 반론을 폈다(Marx, *Grundrisse der Kritik der politischen Ökonomie* 참조). 이들은 국가는 사회계약에 근거한다기보다는 오히려 자연스럽게 생겨난 근원적 질서에 근거한다고 보는 것이다.

이러한 이견에도 불구하고 그러나 사회계약에 기초한 '시민사회'로서 국가 개념은 미국의 독립선언문(1776)과 프랑스 대혁명의 정신을 담은 「인간과 시민의 권리 선언(Déclaration des droits de l'homme et du citoyen)」(1789)을 통해서 폭넓은 지지를 확보하였다. 이로써 '시민사회'란 '자율적인 주권 아래 통합된 자유롭고 평등한 시민들(citoyens)의 결사체'를 일컫는 것으로, 이 개념은 오늘날의 자유민주주의 국가 이론의 기틀이 되었다.

그리고 '사회'의 이 같은 핵심적인 의미에 1820년대 이후 다양한 의미가 추가되었다. 푸리에(Ch. Fourier, 1772~1837)는 그의 저작(*Le nouveau monde industriel et sociétaire*, 1829 참조)에서 이미 '사회 문제', '사회 운동', '사회 복지', '사회 기제(méchanisme)', '사회 이념', '사회 활동' 등의 어휘들을 썼고, 헤겔 법철학을 거치면서 독일에서는 '사회 문화', '사회 기능', '사회 권력', '사회적 유기체', '사회 조직', '사회적 자유', '사회 윤리' 등등의 새로운 조합어들이 쓰이기 시작했다(L. H. A. Geck, *Über das Eindringen des Wortes <sozial> in die deutsche Sprache*, 1963, S.33 이하 참조). 마르크스가 '사회 혁명(soziale Revolution)'을 얘기했을 때, 그것은 영국에서의 경제 혁명[산업혁명]이나 프랑스에서의 정치 혁명[프랑스 혁명], 또는 독일에서의 철학 혁명[독일 이상주의]과 같은 일면적인 인간 문화 형성 요소의 혁명이 아니라, 전면적인 인간 생활 방식의 혁명을 지칭했다(Marx, *Der König von Preußen und die Sozialreform. Von einem Preußen*, 1844, MEW 1, S.392～412 참조). 이로써 '사회적'이라는 말은 좁게는 인간의 문화생활에서 정치·경제적 영역을 제외한 영역에 대해서 쓰지만, 넓게는 인간의 공동생활에서 비롯하는 모든 관계들에 사용할 수 있는 말이 되었다.

이같이 '사회' 또는 '시민사회'가 언제나 '국가' 개념과 일치하는 것은 아니지만, 그럼에도 '국가'는 병렬하는 여러 형태의 '사회' 중의 하나라고 간주되기보다는 '기본적 사회'로 이해된다. 20세기의 대표적 사회철학자로 꼽히는 롤즈(J. Rawls, 1921～2002)도 "국가(state)는 […] 평등한 시민들로 구성된 연합체(association)"(Rawls, *A Theory of Justice*[*TJ*], revised edition, Oxford, 1999, p.186)이고, "사회란 그 성원 상호간에 구속력을 갖는 어떤 행동 규칙을 인정하고 대부분 그에 따라서 행동하는 사람들로 이루어진, 어느 정도 자족적인 연합체"(*TJ*, 4)라고 규정하면서, 그의 사회 정의론에서 "정치 체제의 선택과 경제적 사회적 제도의 중심 요소들을 규제"(*TJ*, 7)할 정의의 원칙들을 헌법 국가 수립의 원칙들과 동일시하고 있다.

제 3 절 국가 이론과 문제점

사회를 '공동의 목적을 가진 다수인의 결합체'라고 이해한다면, 국가사회는 '다수 구성원들의 공동의 목적과 그 실현 방안을 법률로써 규정하여 운영하는 매우 견고한 공동체'라고 하겠다. 그런데 여기서 개인으로서 인간을 자발적인 활동의 주체로서 받아들이고, 동시에 복수(複數)의 개인들이 있음이 사실로 인정되는 사회에서는 개인과 사회 전체의 관계, 그리고 개인들 상호 관계가 문제가 되지 않을 수 없다. 개인-사회 전체 관계 문제의 핵심은 사회를 개인들의 구성체(compositum)로 보느냐, 아니면 반대로 개인들을 전체(totum) 사회의 부분들로 보느냐에 있으며, 이 문제에 대한 의견 차이에서 보통 개인주의-전체주의, 자유주의-사회주의 사이의 이견이 나오며, 서로 장단점을 바꿔 가지고 있는 이 두 이념은 이론적 작업에서뿐만 아니라 현실 정치 체제의 형성에서 현재도 작동하고 있다.

1. '시민사회 국가' 이론

1) 사회계약설

오늘날 민주 사회에서 널리 받아들여지고 있는 '시민사회 국가' 이론은 영국의 명예혁명(1688)을 체험한 로크에서 그 전범을 볼 수 있다. 그것은 자연법 사상에 기초한 이른바 사회계약설이다.

국가 공동체(commonwealth)의 성립 이전에 사람들은 자연 상태(state of nature)에 있었으며, 여기에서 모든 사람들은 자연적인 권리로서 생명(life), 자유(liberty), 재산(estate)의 권리를 가지고 있었으니, 그것은 불가양도의 천부인권이다(Locke, 「시민정부론」, §§3∼5 참조).

그 자연 상태는 사람들에게 완전한 자유의 상태이자 평등의 상태이다. 거기에서 "사람들은 타인의 허락을 구하거나 타인의 의지에 구애받지 않고, 자연법의 테두리 안에서 스스로 적당하다고 생각하는 바에 따라서 자신의 행동을 규제하고 자신의 소유물과 일신(一身)을 처분할 수 있는 완전한 자유의 상태"(「시민정부론」, §4)에 있다. 이 자연 상태는 "또한 그 안에서 모든 권력과 권한이 호혜적이며, 어느 누구도 다른 사람보다 더 많이 갖지 않는 평등의 상태"(「시민정부론」, §4)이다. 자연 상태의 사람들은 소유(property) 상에서 평등하며, 어떤 종류의 지배-종속 관계도 없이 만인은 그 권리에 있어서 평등하다. 자유의 상태인 자연 상태는 그러나 무질서와 '방종의 상태(state of licence)'가 아니다. 거기에는 자연의 법이 있으며, "바로 이 법인 이성은 의논을 바라는 모든 인류에게, 인간은 평등하고 독립적인 존재자이므로 어느 누구도 다른 사람의 생명, 건강, 자유 또는 소유물에 해를 끼쳐서는 안 된다고 가르친다."(「시민정부론」, §6)

자연 안에서 태어나 자연에서 먹고 마실 것, 입을 것과 쉴 곳을 구하는 신체적 존재자로서 인간에게 자연은 삶의 공동의 터전이다. "자연적 이성은 인간이 일단 태어나면 자신의 보존을 위한 권리, 그러니까 고기를 먹고 음료를 마시고, 여타 자연이 그들의 생존을 위해서 제공하는 것들을 취할 권리를 가진다고 일러준다."(「시민정부론」, §25) 이런 의미에서 최초 자연 상태에서 자연은 — 토지는 말할 것도 없고, 일체의 산물(産物)이 — 만인의 공동 소유물이었다. 따라서 자연적으로 산출되는 모든 과실과 저절로 자라는 짐승들, "그러한 것들에 대해서는 그것들이 자연적인 상태에 남아 있는 한, 어느 누구도 처음부터 다른 사람을 배제하는 사적인 지배권을 가지지 않았다."(「시민정부론」, §26) "그러나 모든 사람들은 자신의 일신에 대해서는 [배타적인] 소유권을 가지고 있는바, 이에 관해서는 그 사람 자신을 제외한 어느 누구도 권리를 가지고 있지 않다. 여기에서 우리는, 그의 신체의 노동과 그의 손의 작업은 정당하게 그의 것이라고 말할 수 있을 것이다. 그렇다면 그가 자연이 제공하고 자연 안에 남겨둔 것을 그 상태에서 옮기어 거기에 자신의 노동을 섞고 무엇인가 그 자신의 것을 합하면, 그로써 그는 그 것을 자신의 소유[재산]로 만드는 것이다. 그것은 그에 의해서 자연이 놓아둔 공유의 상태에서 옮겨져, 그의 노동이 부가한 무엇인가를 가지게 되며, 그 부가된 것으로 인해 그것에 대한 타인의 공동 권리가 배제된다. 왜냐하면 그 노동은 그 노동을 한 자의 의심할 바 없는 소유물이므로, 어느 누구도 아닌 그 자신만이, 적어도 그것 이외에도 다른 사람들의 공유물이 충분히 남아 있는 한, 그의 노동이 합하여진 그것에 대한 권리를 가질 수 있기 때문이다."(「시민정부론」, §27)

세계를 인류에게 공유물로 준 신은 사람들에게 또한 "그것을 삶에 최대한 이득이 되고 편익이 되도록 이용할 이성"(「시민정부론」, §26)도 주었고, 따라서 사람들이 노동을 통하여 자연으로부터 최대의 부가가치를 창출하는 것은 자연을 더 풍요롭게 만드는 것으로 그것은 자연적 이성에 부합하는 일이다. 그러므로 "자신의 노동에 의해 토지를 그의 것으로 만드는 사람은 인류의 공동 자산을 감소시키는 것이 아니라 오히려 증대시키는 것이다."(「시민정부론」, §37) "신은 사람들이 세계를 공유하도록 준 것이지만, 그러나 신은 세계를 사람들이 그것으로부터 취할 수 있는 이익과 최대한의 편익을 위해서 주었으므로, 그것이 항상 공유로 개간되지 않은 채로 남아 있어야 하는 것이 신의 의도라고 상정할 수는 없다. 신은 세계를 근면하고 합리적인 자들이 사용하도록 준 것이다."(「시민정부론」, §34) 근면한 자들의 노동에 의해서 개간된 토지는 자연 그대로였던 때보다 수십 배, 수백 배의 식품과 옷감을 제공하고 그것은 인류에게 유용한 생활필수품을 충당한다. 그런 만큼 노동을 통하여 자연의 가치를 높인 사람이 그 이득을 더 많이 차지하는 것은 정당한 일이다.

"그 자신의 주인으로서, 곧 그의 일신과 행위와 노동의 소유주로서 인간은 그 자신 안에 소유권의 주된 원천을 가지고 있다. 따라서 발명과 기술을 통하여 삶의 편익을 개선했을 때, 그가 자신을 부양하고 편리하게 하기 위해서 사용한 것의 대부분을 이루는 것은 전적으로 그의 것이며, 다른 사람과의 공유물이 아니다."(「시민정부론」, §44) 이렇게 해서 사유 재산은 형성되는 것이며, "근면함의 상이한 정도에 따라 사람들은 상이한 비율의 재산을 가지게 되고, 화폐의 발명은 사람들에게 재산을 지속적으로 [제한 없이] 확장할 수 있는 기회를 제공하였다."(「시민정부론」, §48) 이로써 소유의 "자격에 대한 쟁론을 벌려야 할 이유도, 노동이 부여한 소유의 크기에 대해서 의심해야 할 것도 없음"(「시민정부론」, §51)이 밝혀진다.

그러나 어떤 사람들이 자연 상태와 자연의 법칙이 허용하는 자연스럽고 정당한 권리를 향유하고 있는 다른 사람들을 침해하고, 그들을 부당하게 자신의 지배하에 두려 함으로써, 사람들은 이내 전쟁 상태(state of war)에 빠지게 된다(「시민정부론」, §§16~21). 그래서 사람들은 이 전쟁 상태를 해소하기 위하여 상호 협약을 맺어 공동체를 세우고, 그 협약에 스스로 종속하며, 그 협약의 원만한 준수와 새 협약의 제정을 일궈낼 공동체 관리자를 선임하고, 부분적으로 그들이 가진 자유와 재산 등의 "자연권을 포기하고, 공동체의 수중에 양도하여, 모든 사건에서 공동체가 제정한 법에 따라 보호를 호소할 수 있도록 한다."(「시민정부론」, §87) 그렇지만 이 공동체의 주체는 여전히 자발적인 상호 협약을 통해 그 공동체를 세운 당사자들이다. 사람들은 상호 협약을 통해 국가 공동체를 형성하고, 스스로 그 공동체의 일원 곧 시민이 되며, 그러니까 이 시민들이 바로 국가 공동체의 주인이다. 주권재민(主權在民: 'Sovereignity rests with the people.')의 원리는 이 사실에 근거한다.

일반 시민들이 평안히 생업에 종사할 수 있도록 보호 보장하고 국가 공동체를 적절히 운영할 주권 대리자를 선임하여 사람들은 정부를 수립하는 것이므로, 통치자는 공공선[公益, public good]을 지키기 위해 위임받은 범위 내에서만 그 권한을 행사해야 하는데, 그러나 자연인은 이성 자체가 아니어서 월권하려는 경향이 있으므로 이를 사전에 방지하기 위해 입법권(legislative power)과 집행권(executive power)을 분립시켜 그 권한 행사를 상호 견제하도록 해야 한다(「시민정부론」, §88 참조). 이런 조처에도 불구하고 통치자가 국가 공동체의 목적을 일탈하여 월권을 하고, 시민들의 권리를 제대로 보호하지 못하거나 오히려 침해할 경우 시민들은 통치자 내지 통치 형태를 자기들의 의사에 맞게 바꾸는 저항권을 행사할 수 있다. 그것은 정부 내지는 통치를 해체함으로써 국가 공동체의 해체 곧 소멸을 막는 길이다.

2) 대의 정치제와 다수결 원칙

인식론의 문제와 관련하여, 인간의 무엇인가에 대한 인식(knowledge)은 감각 경험(experience)으로부터 출발하며 따라서 감각(sensation)은 인간의 의식(mind)과 인식 대상(real object) 사이의 매체(medium)라고 하는 경험론(empiricism)과 표상설(representative theory)의 주창자인 로크가 세운 정치 이론의 중추는 대의 정치제(representative system)이다. 감각을 통해 실재 사물의 모습이 드러나고 그런 만큼 감각이 실재 사물을 대신하고 대표할 수 있듯이, 일반 시민들의 정치적 의사가 대의원들을 통해 표현된다는 것이다. 그러니까 “국민들에 의해 선출되어 일정 기간 동안 국민들의 의사를 대변하는 대의원들”(「시민정부론」, §154)이 합의하여 제정한 법규는 일반 시민 모두의 합의와 같은 것이고, 따라서 그것은 일반 시민들 모두의 자기 약속으로서 보편적 구속력을 갖는다는 것이다.

그러나 한낱 물체들의 집합체가 아니라 각기 독자성을 가지고 있다고 납득해야 하는 인격체들의 모임인 인간 사회에서 대의원이 과연 그를 선출해 준 시민들의 의사를 그대로 반영할 수 있고, 반영하는지는 의문이 아닐 수 없다. 10만 개의 산소 분자들 묶음에서 산소 분자 1개를 골라내면, 그 1개가 여타 것들의 특성을 그대로 반영하고 그런 수준에서 여타의 것들을 대표할 수 있다고 볼 수 있다. 그러나 이런 수준에서의 대표성을 10만 명이 선출한 한 사람의 대의원에게서 기대할 수 있을까? 이것을 거의 기대할 수 없다면, 대의원을 전 시민의 대신(代身, representative)으로 볼 수도 없으며, 대의제를 시민 자치의 축도(縮圖, microcosm)로 볼 수도 없다. 그렇기에 직접 민주 정치의 실시가 여러 면에서 어려운 현실에서 대의 정치가 불가피하다고는 하더라도, 대의 정치제의 정당성의 문제는 남는다. 그래서 이른바 '간접 민주 정치'는 대의 정치라기보다는 적절한 대표자를 선출하여 그의 양식(良識)과 양심(良心)에 공동체의 공사(res publica)를 위탁하는 정치 형태로 이해해야 한다는 견해가 대두한다.

게다가 대의원의 선출에서나 대의원들의 모임인 의회에서의 의사 결정이 다수결로 이루어질 때, 이 제도가 민주주의의 출발점인 개인 주체 사상과 어떻게 화해할 수 있는가는 숙고를 요하는 문제이다.

사람들 사이에는 현명함의 정도에 차이가 있고, 복잡한 일일수록 전문가만이 제대로 처리할 수 있다는 것은 경험이 충분히 증언하는 바이며, 따라서 가장 좋은 공동체를 영위하기 위해서는 가장 현명한 통치 전문가를 찾아 공동체를 그의 지도 아래에 두는 것이 가장 좋다는 현자주의 철인 정치의 이상을 접어두고 사람들이 민주주의를 선택하는 것은, 사람들은 누구나 동등한 권리를 가지고서 사회를 구성하며, 누구나 자기에게 가장 좋은 것을 정할 수 있을 만큼의 충분한 이성을 갖추고 있다고 보기 때문이다. 이 말은 사회 구성원은 권리와 자질에 있어서 누구나 평등하고 자신의 것에 대한 자유로운 행사의 권한을 가지며, 공공의 일에 똑같은 수준의 주체로서의 발언권을 가짐을 뜻한다. 그런 공공의 일에는 정체(政體)를 정하는 일, 통치자를 선출하는 일, 대의원을 선출하는 일도 포함된다. 그런데 그런 일들에서 다행히 구성원 전원의 의견 일치가 이루어지면 그로써 사안은 종결되겠지만, 갑론을박 의견의 대립만 있을 뿐 만장일치가 이루어지지 않으면, 사람들은 차선책으로 다수결의 원칙을 세워 의사를 결정하고, 또 그렇게 할 수밖에 없다. 이 다수결 원칙의 정당성은 어디서 오는가?

다수의 의견이 전체의 의견을 대변하는 것으로 인정되고, 그것은 명백히 그 의견에 반대한 소수에게도 강제력을 갖는다. 로크도 "다수는 여타 사람들을 결정하고 구속할 권리를 갖는다."(「시민정부론」, §95)고 말한다. 당초에 사람들이 의견을 모아 공동체를 결성하였을 때, 공동체는 한 인격, 한 몸(one body)이 된 것이고, 그러므로 이제 한 공동체는 구성원 사이에 만장일치가 불가능하면 "다수의 동의가 그것을 이끄는 방향으로 움직이지 않을 수 없는 것이다."(「시민정부론」, §96) "그러니까 사람은 누구나 다른 사람들과 하나의 정부 아래 하나의 정치체를 만들 것에 동의함으로써, 다수의 결정에 승복하고 구속될 의무를 그 사회의 모든 구성원에 대하여 부담하게 된다."(「시민정부론」, §97) "만약 다수의 동의가 전체의 결정으로서 이치에 맞는 것으로 받아들여지지 않고 모든 개인을 구속하지 않는다면, 오직 개개인 전원의 동의만이 어떤 것을 전체의 결정으로 만들 것이다."(「시민정부론」, §98) 그러나 건강상의 문제 또는 업무상의 문제 등으로 인해 사회 구성원 전원이 어떤 사안에 관한 논의의 모임에 참석한다는 것도 거의 불가능한 일인데다가, "모든 인간 집단에는 불가불 의견의 다양성과 이해의 대립이 있기 마련"(「시민정부론」, §98)이어서, 설령 하나의 공동체가 구성되었다 하더라도, "다수가 여타 사람들을 구속할 수 없는 곳에서는 그들은 한 몸으로 행동할 수가 없으며, 그 결과 즉각적으로 다시금 해체되어 버리고 말 것이다."(「시민정부론」, §98) 이 때문에 사람들이 공동체 생활을 하는 한, 공동체의 일이 다수결로 결정되는 것은 불가피하다.

그런데 공동체의 의사가 다수결로 결정되고, 그것이 다른 의견을 가진 소수에게도 구속력을 갖는다는 것은 공동체를 한 몸으로 유지할 수 있는 길일지는 몰라도, 그것은 명백히 소수의 주체적 권리를 무시 침해하는 일이다. "모든 사람은 본래 자유로우며, 그 자신의 동의를 제외하고는 그 어떤 것도 그를 어떤 지상의 권력에 복종시킬 수 없다"(「시민정부론」, §119)는 것이 자유주의의 원칙이다. 그러니까 다수결의 원칙이 이 자유주의 원칙에 우선할 정당성을 갖는다면, 그것은, 개개인은 이미 공동체 결성에 참여할 때, 공동체의 유지가 무엇에도 우선한다는 것에 포괄적으로 동의했다고 간주하는 것이거나, 이 두 원칙의 충돌의 중재에서 다수결 원칙의 편을 들어주는 제 3의 원칙, 가령 '최대 다수의 최대 행복'을 내세우는 공리주의 원칙이 작동하고 있는 셈이다.

이미 긴 역사를 가지고 있는 인간 사회는 때때로 어떤 사안에 대한 다수의 결정 내용이 다수의 우매함의 탓일 수도 있고, 다수의 이익만을 염두에 둔 것일 수도 있음을 경험을 통하여 알고 있다. 이런 경우 우리는 '다수의 횡포'를 말하게 되고, 그것이 횡포인 한 다수의 결정은 부당하다는 것을 의미하는 것이다. 이런 상황을 고려하고서도 만약 '다수의 결정'이 '오직 다수가 결정한 것이기 때문에 정당하다'고 그 정당성을 내세운다면, 사회 구성원들이 자신들의 일신과 재산을 가장 합리적으로 보존하기 위해서 자신들의 자유로운 결정에 의하여 국가 공동체를 수립했다는 로크의 '사회계약설'은 국가 공동체란 실력자의 통치권 행사에 근거한다는 '실력설'과 그 근본적 차이를 찾기가 어렵게 된다. 여타의 사람들을 압도하는 한 사람의 힘만이 패권(覇權)적일 수 있는 것이 아니라, 소수의 의사와 상관없이 소수 위에 군림하는 다수의 힘도 패권적일 수 있는 것이다.

공동체라는 것이 진실로 공동체 구성원들 사이의 자유로운 협약에 기초하는 것이라면, 공동체의 일체성(一體性)은 매우 가변적일 수밖에 없다. 어떤 협약이 참여자들의 자유로운 의사에 의해 맺어진 것일 경우, 그 협약에는 유효 기간이 있거나 아니면 참여자들에겐 언제든 협약을 취소하거나 그로부터 탈퇴할 가능성이 열려 있어야 하기 때문이다. 그러나 국가 공동체와 국민들 사이에는 자유로운 협약에 의한 여느 공동체와 그 구성원 사이의 관계에서는 볼 수 없는 견고성이 있다. 국민은 임의대로 국가로부터 탈퇴할 수도 없고, — 세계의 현 국가 체제에서는 어떤 사람이 까다로운 절차를 거쳐 한 국가에서 탈퇴했다 하더라도, 그는 더 까다로운 절차를 거쳐 다른 국가에 귀속할 수밖에 없는 처지에 놓인다 — 한 국가는 일부의 국민들이 자신들의 자유로운 의사에 따라 그 국가를 떠나 그들이 이미 소유하고 있는 토지 위에 새로운 국가를 세우는 것도 허용하려 하지 않는다. 국가 공동체가 자연인들의 자유로운 협약에 기초하고 있다는 것은 역사적 사실과도 부합하지 않고, 현대 국가에서 국가 공동체와 국민 사이의 법적 관계와도 부합하지 않는다.

국가 공동체가 국민들의 복리 증진을 위해 자유롭게 결성되었다는 것은 국가 공동체의 이상적 목표를 설득하기 위한 한 방식으로서 의미가 있다는 것은 인정되어야 하지만, 그러나 국가는 국민 개개인들의 이익을 위한 협약 이상의 토대를 갖는 것으로 이해되어야 한다. 국가 공동체의 운영에 있어서 의사 결정이 다수결에 의하는 것이 불가피함은 인정한다 하더라도, 다수결이 구성원 전체의 결정으로서 정당성을 얻기 위해서는, 다수의 힘 이상의 어떤 것, 곧 인류의 이상이라든지 절대적 도덕성 같은 것을 동시에 수반하여야 한다.

3) 저항권 이론

자유민주주의 정신의 압축적인 표현의 하나로 손꼽히는 미국 독립선언문의 한 대목은 인간의 불가침의 자연권을 다음과 같이 천명하고 있다.

> 우리는 다음의 진리들을 자명한 것으로 생각한다.－모든 인간은 평등하게 창조되었고, 그들은 창조주로부터 불가양도의 권리들을 부여받았으며, 여기에는 생명과 자유 그리고 행복 추구의 권리가 포함된다. 또한 이 권리들을 확보하기 위하여 사람들 사이에 정부가 수립되었고, 정부의 정당한 권력은 통치받는 사람들의 동의로부터 유래하는 것이다. 그러므로 어떤 정부 형태가 이 목적에 부합하지 않는 것으로 드러나면, 언제든 인민들은 그것을 변경하거나 폐지하여, 새로운 정부를 수립하고, 이 원칙들 위에서 정부를 구성하고, 그들에게 안전과 행복을 가져다줄 수 있는 형태로 정부의 권한들을 조직할 권리를 가지고 있다("The Declaration of Independence [of the thirteen united States of America], in Congress, July 4, 1776" 참조).

이 선언문의 작성자들이 로크의 통치론으로부터 직접적으로 영향을 받았는가 여부와는 상관없이, 미합중국 독립선언문의 이 대목에는 로크 정치사상의 골자가 모두 망라되어 있다. 그 가운데서도 국민들은, 기존의 정부가 그들의 기본적인 인권을 보호 보장하지 못할 때, 그 정부를 개폐하고 언제든 새로운 정부를 구성할 권리를 갖는다는 이른바 '저항권(right of resistance)' 곧 시민혁명의 사상은, 그 위에서 세계 민주주의 역사상 획기적인 사건들인 영국의 명예혁명(1688), 미국의 독립운동(1776), 프랑스 대혁명(1789)의 정당성이 설명될 수 있는 토대 사상이다. 이론적인 면에서도 로크의 시민 통치 이론은 18세기 프랑스 계몽주의 정치사상에 적지 않은 영향을 미쳤고, 그로부터 큰 파급 효과를 거두었다.

물론 '저항권' 이론이 로크의 창안은 아니다. 이와 관련된 사상은 이미 고대 인도나 이집트의 문헌(A. Gross, *Der Streit um das Widerstandsrecht — Beitrag zur Geschichte der englischen Revolution*, Berlin, 1929, S.1 이하 참조)에서도, 『孟子』의 여러 구절(특히 『孟子』, 梁惠王章句下 八, 萬章章句下 九 참조)에서도 찾을 수 있으며, 알투시우스(J. Althusius, 1557~1638)나 홉스에서는 충분히 길게 논의되었다. 그러나 로크의 혁명 이론은 직간접적으로 명예혁명과 관련되어 있었을 뿐만 아니라, 그것이 역사적인 근대적 시민혁명의 효시로 간주되고, 이것을 계기로 자유민주 사회가 현실적으로 열렸다는 점에서 특별한 의미를 지닌다고 보아야 할 것이다.

그러면 이 '저항권'은 진실로 어떤 의미에서 시민들의 본래적인 권리이며, 오늘날의 헌법 국가 내에서도 유지될 수 있는 국민들의 권리일까? 이 물음에 대해 로크의 저항권 이론은 어떤 해답을 제시할 수 있을까?

로크의 저항권 이론은, 국가 공동체란 인민들이 전쟁 상태로부터 벗어나 자신들의 평화를 유지할 목적으로 상호 협약을 맺어 자발적으로 수립한 사회라고 하는 그의 계약 이론에 바탕을 둔 것이다. 그러므로 인민들이 일정한 경우에 현존하는 정부를 해체하고, "그들의 원래의 자유를 회복할 권리와, 그들이 적합하다고 생각하는 대로, 새로운 입법부(곧, 정부)를 수립함으로써, 그들이 바로 그 때문에 사회 안에 있는 그 궁극 목적인 그들 자신의 안전과 안녕을 강구할 수 있는 권리를 가짐"(「시민정부론」, §222)은 당연하다는 것이다. 그러면 어떠한 경우에 인민들은 저항권을 행사, 기존의 정부를 해체할 수 있는가?

정부는 외부로부터도 해체될 수 있고, 내부로부터도 해체될 수 있다. 국가사회가 외부 세력에 침략을 받아 그에 종속하게 되면, 그 국가 자체가 해체되는 것이고, 그때 기존의 정부가 해체되는 것은 피할 수 없는 일이다.(「시민정부론」, §221 참조) 그러나 국가사회의 해체 없이도 국민들의 저항에 의해 정부는 해체될 수 있으니, 다음과 같은 경우들이다.

첫째는, 입법부가 변질되는 경우이다.

"입법부를 세우는 일이야말로 사회의 최초의 기본적인 행위이다."(「시민정부론」, §212) "국민들의 동의와 임명을 통해"(같은 곳) 입법부만이 모든 사회 구성원이 준수해야 할 법률을 제정할 권위를 갖는다. 이로써 입법부는 "국가사회에 그 형태, 생명 그리고 통일성을 부여하는 영혼"(같은 곳)이다. 그 때문에 입법부의 훼손이나 파괴는 곧 정부의 해체를 낳는다.

그런데 입법부의 변질은, ① 통치자가 "입법부가 선언한, 사회의 의지인 법률을 그의 자의적인 의지로 대체할 경우"(「시민정부론」, §214), 또는 ② 군림하는 자가 "제때에 입법부가 집회하는 것을 방해하거나, 입법부가 설립된 목적에 의거해 활동하는 것을 방해할 경우"(「시민정부론」, §215), 또는 ③ 통치자의 자의적인 권력에 의해 "국민들의 동의 없이 국민들의 공동 이익에 반해 선거인단이나 선거 방법이 변경될 경우"(「시민정부론」, §216), 또는 통치자나 입법부가 "국민들을 외국 세력의 예속에로 넘기기"(「시민정부론」, §217)로 결정할 경우에 일어난다. 입법부가 이런 경우처럼 그 본질에서 변경될 경우에, 인민들은 "자신들을 위해 그들이 최선이라고 생각하는 바에 따라 새로운 입법부를 구성할 수 있다. 인민들은 권한 없이 그들에게 무엇이든 강요하는 자들에게 저항할 충분한 자유가 있기 때문이다."(「시민정부론」, §212) 그리고 이때 새로운 입법부를 설립한다는 것은 곧 새로운 정부를 수립한다는 것을 의미한다.

둘째로, "최고 집행권을 가진 자가 자신의 임무를 게을리하고 방기함으로써 이미 제정된 법률이 더 이상 집행될 수 없을 때"(「시민정부론」, §219) 그 정부는 해체될 수 있다. 왜냐하면 "법률이 집행될 수 없는 곳은 법률이 없는 곳과 똑같기"(같은 곳) 때문이다. 이렇게 되면 사회는 다시금 전쟁 상태에 빠질 터이므로, 이 경우 인민들은 사회 설립 이전의 본래의 권리를 되찾아 "새로운 입법부를 창립하여 자신들을 위한 대비를 할 자유로운 처지에 놓인다."(「시민정부론」, §220) "왜냐하면 사회라는 것은 다른 사람의 과오로 인해서는 결코 그것이 자신의 보존을 위해서 가지고 있는 원래의 권리를 상실할 수 없기 때문이다."(같은 곳)

셋째로, 입법부나 통치자가 "그들에 대한 신탁(信託)에 반하여"(「시민정부론」, §221) 행동할 때, 정부는 해체될 수 있다. 만약 입법부가 "국민들의 생명, 자유, 재산에 대한 절대적 권력을 자신의 수중에 장악하거나 아니면 제3자의 손에 넘기기를 기도한다"(「시민정부론」, §222)면, 그것은 국민들이 그들이 가진 자연의 권리를 지키기 위하여 그들에게 위탁한 권한을 오용하는 것이다. 또한 통치자가 대의원을 매수한다거나 자기 자신의 획책에 끌어들이는 등 국가 권력을 남용하고 국가의 재물이나 관직을 자기의 자의적인 의도에 맞춰 사용하는 것은 국민들의 신탁에 어긋나게 행동하는 것이다. 이런 경우들에서 입법부나 통치자는 스스로 국가사회의 기본법을 해치고, 사회를 전쟁 상태로, 권위 없는 폭력이 자행되는 무법 상태로 몰고 간 것이다. 이때 국민들은 국가 권력에 대해 더 이상 복종할 의무가 없으며, 그 정부를 해체하고 새로운 정부를 수립할 완전한 권리를 환수할 수 있다.

이런 경우들에 있어서 정부 해체의 책임은 궁극적으로는 국가 권력의 최고 집행권을 가진 자에게 있다. 왜냐하면 그가 궁극적으로는 국가의 권력과 자산 그리고 관직들을 관장하고 있기 때문이다. 그 때문에 국민 저항의 궁극적인 대상은 최고 집행권을 행사하는 자이다. 통치자가 국가의 법률적 권위를 훼손하고, 국민들의 기본권을 침해한다면, 그것은 외국인이나 불한당이 국민들의 권리를 침해한 것과 똑같은 것으로, 국민들이 그에 저항하는 것은 당연하고 정당한 일이다(「시민정부론」, §§231~239 참조). 그러나 문제는 이 경우 국민들의 저항권 행사의 적법성 여부를 누가 판정할 수 있느냐이다.

통치자가 국민들이 위탁한 권한을 제대로 수행하고 있는지, 아니면 월권하고 있는지를 누가 판정할 수 있을까? 그에게 맡긴 일을 그가 과연 적절하게 처리하고 있는지 어떤지를 가장 잘 가릴 수 있는 자는 그에게 일을 맡긴 국민들이라고 로크는 생각한다(「시민정부론」, §240 참조). 물론 통치자의 월권적 행위를 소수의 국민들이 탄핵하고자 할 때, 그 판결은 다수의 국민들이 할 수 있다. 그러나 다수의 국민들은 통치자를 탄핵하고자 하고 통치자는 그런 국민들의 의사를 위세로써 제압하고자 할 때, 이때 양자 중 어느 쪽에 정당성이 있는가는 누가 판정할 수 있는가? 통치자와 국민 사이에 분쟁이 생기면, 지상에 있는 모든 사람은 얽혀 있는 사건의 당사자로서 재판관이 되기에는 부적절하다. 이처럼 "사람들 사이의 분쟁을 판정할 재판소가 지상에는 없는 경우에는 하늘에 있는 신이 재판관이다"(「시민정부론」, §241)라고 로크는 말한다. 그러니까 국민들이 저항권을 행사하고자 하는 경우 그 정당성 여부를 최종적으로 판정할 수 있는 자는 신밖에 없다고 볼 수 있다. 이것은 무엇을 의미하는가?

역사 · 사회적으로 볼 때나 헌법 원리상으로 볼 때나, 입헌 국가에서 헌법에 저촉되는 행위를 하는 공권력에 대해 헌법을 수호하기 위해서 국민들이 저항하는 경우는 정당화하기가 그다지 어렵지 않다. 심지어 독일의 몇몇 주(州)의 헌법이나 연방 헌법은 이에 관한 명문 규정을 두고 있고, 분쟁 시 구제 기관으로 헌법재판소를 설치하고 있다. 예컨대 독일의 헤센(Hessen) 주 헌법은 "헌법에 위배되게 행사되는 공권력에 대한 저항은 모든 사람의 권리이자 의무이다"(Hessische Verfassung vom 1. Dez. 1946, Art. 147, Abs. I)라고 규정하고, 독일 브레멘(Bremen)의 헌법은 "헌법에 규정된 인간의 제 권리가 헌법에 어긋나게 공권력에 의해 침해될 경우에"(Bremer Verfassung vom 21. Okt. 1947, Art. 19 참조) 시민들의 저항을 허용한다. 독일 연방 헌법 제20조는, 독일연방공화국의 국체(國體)와 정체(政體) 그리고 주권재민의 원칙을 규정한 후에 제4항에서 "이 질서를 폐기하려고 기도하는 어떠한 자에 대해서도 모든 독일인은, 다른 구제 수단이 가능하지 않을 때는, 저항의 권리를 갖는다"(Grundgesetz für die Bundesrepublik Deutschland vom 24. Juni. 1968, Art. 20, Abs. IV 참조)고 명시하고 있다. 그러니까 이처럼 헌법 자체의 수호를 위해, 헌법에 어긋나는 통치 행위가 있을 때 그에 대한 국민의 저항권을 명문화하고, 그 권리를 행사할 수 있는 법적 절차를 마련하고 있을 경우, 저항권 행사는 헌법에 규정되어 있는 다른 권리의 행사 수준으로 이루어질 수 있다.

그러나 문제는, 대부분의 시민혁명적 사태에서 보듯, 통치자가 국민들의 저항권 행사를 무력으로 막거나, 또는 정복자가 괴뢰 정부를 이끌기 위해서나 무법적 독재자가 적법성을 가장하기 위해서 제정한 헌법 체제에서처럼, 이미 정당성을 가지고 있지 못한 헌법에 따라 '적법하게' 공권력이 행사될 때, 이에 대한 저항은 '폭력적'일 수밖에 없다는 데에 있다. 그리고 이때 이 저항이 정당한가 여부는 신만이 판정할 수 있다는 것은, 곧, 성공한 저항은 정당성을 얻지만 실패한 저항은 국가 내란의 죄나 반란의 죄를 범하는 것이 되고 만다는 뜻 이외의 것이 아니다.

그러므로 많은 경우에 저항권의 헌법 규정은 선언적 의미를 가질 따름이다. 저항권은 그 '정당한' 헌법을 수호하기 위해서 '불법적' 공권력에 대해 행사될 수도 있지만, '부당한' 그 헌법 자체의 폐기를 위해 '적법한' 공권력에 대해 행사될 수도 있다. 그러니까 '저항권' 그것이 인민들의 권리라면, 그것은 헌법 규정을 넘어서는 천부인권이라 해야 할 것이다. 어떤 헌법 내에 국민들의 저항권에 대한 명문 규정이 있거나 없거나 간에 용기 있는 국민은 불가피할 경우 저항을 할 것이고, 그리하여 성공하면 그 저항은 정당성을 얻을 것이니 말이다. 그럼에도 헌법 내에 저항권 규정을 둔다는 것은 주권재민의 원칙을 강조 재천명하는 뜻이 있다고 볼 수 있다.

2. '윤리 국가' 이론

로크의 시민사회 이론이 근대 국가 이론으로서 갖는 중대한 의

의에도 불구하고, 과연 국가가 시민들의 자의적 계약의 산물이며, 오로지 시민 개개인의 생명과 안전 보장책으로 생겨난 것인가에 대한 의문은 지울 수가 없다. 이 때문에 국가는 '윤리적 전체'로서 한낱 개인들의 총합 이상의 것이라는 헤겔의 윤리 국가 이론이 설 자리를 얻는다.

프랑스 대혁명 후의 시민사회와 영국 산업혁명 후 초기 자본주의 사회를 목도한 헤겔이 서술하는 '윤리 국가'는 이중적 변증법적 지양의 결실이다.

헤겔의 파악에 따르면 인간의 실천적 정신, 곧 자유의 외현 양식에는 '법'과 '도덕' 그리고 '윤리'가 있다. '법'은 인간 행위를 외적으로 강제하는 것으로서 객관적이되, 그 강제에는 인격의 주체[관]성이 도외시된다. 그래서 헤겔은 이러한 법을 '추상법' 또는 '형식적 법'이라고 일컫는다. 반면에 '도덕'은 자기활동적인 주체로서 인간의 내적 당위이되, 임의적이어서 객관성이 없고, 객체 연관성이 없어서 실재성이 없다. '윤리'는 이런 추상법과 도덕의 합일로서 추상법의 객관성과 도덕의 주체성을 지양적으로 결합한 객관적 주체[관]성 또는 주체적 객관성을 가진 보편적 행위 양식으로 최종적으로는 국가의 헌법으로 표현된다.

이 같은 윤리는 인간 사회생활의 양식인 '가족'과 '시민사회' 그리고 '국가'를 매체로 단계적으로 현실화된다. 구성원들이 자연적 감정으로써 '하나의 인격'이 됨이 '가족의 원리'라면, 구성원 각자가 자기의 목적인 '원자론의 체계'가 '시민사회의 원리'이다. 그리고 이 두 원리의 '통일'을 그 진리로 갖는 것이 '국가'라는 것인데, 그러니까 국가는 말하자면 가족적 시민사회 또는 시민사회적 가족이다. 국가는 시민사회에서처럼 구성원 각자가 독립적 존재자이면서 동시에 사랑으로써 하나의 인격이 된 전체로서, 이 국가의 주권은 가장(家長)과 같은 군주[元首]가 표상한다. 이런 국가를 헤겔은 "윤리적 이념의 현실태"라고 본다.

전형적인 전체국가들이 근대 이후에도 헤겔의 '윤리 국가'의 외양을 하고 등장했다는 역사적 사실은 이론과 실제의 차이가 특히 사회 이론에서는 주목되어야 함을 강조해 주고 있다. 그럼에도 '국가는 그 성원인 개개인의 총합 이상의 것'임을 받아들이는 마당에서는, 헤겔의 '윤리 국가'론이 하나의 이상국가론으로서 그 의의를 잃지 않는다.

1) 객관적 정신으로서 윤리 개념

헤겔에 따르면, 현실은 정신의 객관적 외현인데, 정신의 본질은 자유이므로, 현실이란 곧 자유로운 의지인 정신이 유한한 객체들과의 관계 속에서 자신의 목적들을 실재화해 가는 전개 과정에서 형성된 것이다. 그런데 자유 의지는 전개될 때에 일차적으로는 서로 다른 개별적 의지로 나타나며, 이 개별적 의지들은 상호간에 특수성을 의식하고 있다. 자유 의지는 그렇기에 우선 주관적 의지에서 현존재를 갖는다. 그러나 의지의 이성성이 진정한 현실성을 얻기 위해서는 개별적 의지에 머물러서는 안 되며, 세계 안에서 보편적으로 형태화되어야 한다. 그때 자유 의지의 내용들이 주관적인 "실천적 감정이나 충동에서 갖는 불순성과 우연성으로부터 해방되고", "보편성에서 주관적 의지에 그것의 습관, 성향, 성격으로 새겨지면 그 내용은 윤리(Sitte)가 된다."(Hegel, 『철학백과요강』[*Enzy*], §485) '윤리'란 그러니까 개개 의지가 보편성을 가진 습관 또는 성향 내지는 성격이다. "습관과 성향으로서 주관적 의지 안에 있는"(*Enzy*, §486) 보편적 규정이 윤리라는 것이다. 그래서 "개인들의 보편적인 행위 방식"으로서 이미 사회성을 갖는 윤리적인 것은 개인들에게는

"처음의 한낱 자연적인 의지"를 대신하여 정립된 "제 2의 자연[본성]"(Hegel, 『법철학요강』[*GPR*], §151)이라 할 수 있다.

이 같은 윤리의 성격, 곧 윤리성(Sittlichkeit)은 객관적 정신과 주관적 정신의 합일이자 "객관적 정신의 진리[진상]"이다. 이른바 '객관적 정신'은 한편으로는 실재성에 의거한다는 명목 아래 "외부에서, 즉 물건에서" 자유를 찾으며, 다른 한편으로는 객관성의 명목 아래 '보편적인 것'에서 선을 추구하지만, 누가 그것을 추구하는가가 배려되고 있지 않다는 점에서 추상적이고 일면적이다. 반면에 이른바 '주관적 정신'은 한낱 추상적으로-보편적인 것은 비주체적인, 따라서 아무런 자기결정도 없다는 이유에서 "자기의 내면적 개별성에서" 자기규정의 힘, 곧 자유를 찾지만, 그러나 외부 세계를 도외시한다는 점에서 그 역시 일면적이다. 이 양자의 일면성들이 지양되는 지점에서, 주관적인 자유는 "보편적인 이성적 의지"로 있게 되는바, "이 의지는 개별적인 주체성의 의식 안에서 자신에 대한 자기지(自己知)와 마음씨를 가짐과 함께, 또한 자기의 활동과 직접적인 보편적 현실성을 동시에 윤리[습속]로 갖는다."(*Enzy*, §513)

이런 보편적 현실성에서 개개의 주체성이 양심이다. 양심은 주관적인 자기의식의 절대적인 권리 주장을 표현한다. 양심은 자기 권리 주장 혹은 정당화이되, 무엇이 정당한 권리이며 의무인가를 자신 안에서 그리고 자신으로부터 알며, 선으로 알고 있는 것 이외에는 아무것도 인정하지 않는 그런 권리 주장이다. 이런 양심을 매체로 실현되는 "살아 있는 선"으로서 윤리란 "현재하는 세계로 된 그리고 자기의식의 자연 본성이 된 자유의 개념이다."(*GPR*, §142) 다시 말해 윤리란 자연으로 된 "자기의식적[자각된] 자유"이다(*Enzy*, §513 참조). 윤리란 요컨대 존재가 된 당위를 말한다.

자유 의지의 현존재로서 윤리는 '정당한 것(das Rechte)'으로서 다름 아닌 '법(das Recht)'이자 '권리(das Recht)'이다. 이 보편적으로 정당한 것, 권리가 개별적으로 구별되는 주관적 의지에 대해서는 '의무'이기도 하다.

자기의 특수성을 주장하는 개인들의 권리는 그들의 의무와 함께 윤리적 실체성 가운데 포함되어 있다. 여기서의 "특수성이란 윤리적인 것이 외면적으로 현상하는 방식이며, 이런 방식으로 윤리적인 것은 실존한다."(*GPR*, §154) 이렇게 해서 윤리는 보편적인 의지와 특수한 의지가 하나가 되는 곳에서 현현하며, "인간은 윤리적인 것을 통해서 의무를 가지는 한에서 권리를 갖고, 권리를 갖는 한에서 의무를 갖는다."(*GPR*, §155) 이런 맥락에서 "법/권리/정당한 것인 것은 의무이기도 하고, 의무인 것은 또한 법/권리/정당한 것이다." (*Enzy*, §486) 권리와 의무가 구별되는 것처럼 보이는 것은 의지의 유한성으로 인한 것으로, 실체에 있어서 그 내용은 동일한 것이다.

'법'이자 '권리'인 것은 윤리를 지반으로 갖는 것으로서 그것의 "위치와 출발점은 자유로운 의지이다. 그렇기에 자유는 법/권리의 실체와 규정을 형성하며, 법/권리의 체계는 실현된 자유의 나라이자, 정신의 그 자신으로부터 산출된 세계, 즉 제 2의 자연이다." (*GPR*, §4) "법/권리는 도대체가 이념으로서 자유"(*GPR*, §29)인 것이다.

칸트는, "법/권리(Recht, ius)란 그 아래서 한 사람의 의사가 보편적인 자유의 법칙에 따라 다른 사람의 의사와 합일될 수 있는 조건들의 총괄"(Kant, *MS*, Einl. in die Rechtslehre, §B: AA VI, 230)이며, 그렇기에 "행위가 또는 그 행위의 준칙에 따른 각자의 의사의 자유가 보편적 법칙에 따라 모든 이의 자유와 공존할 수 있는 행위는 정당하다(recht, rectum)"(Kant, AA VI, 230)고 규정한 바 있다. 그러니까 정당한 것으로서의 '법'이란 '나의 자유와 의사를 보편적인 법칙에 따라서 만인의 의사와 공존할 수 있도록 제한함'을 주요 요소로 가지며, 이러한 제한 아래에 있는 행위만이 정당한 권리를 갖는다는 것이다. 이러한 법/권리의 규정은 루소 이래로 특히 널리 퍼진 견해를 함유하는바, 그러나 이런 견해에 따르면 자유 의지의 실체적 토대는 각기 고유한 의사 안에 있는 개별자라는 것인데, 이런 견해는 그야말로 피상적이라 하지 않을 수 없다. '모든 이'가 개개인 모두를 뜻한다면, 그런 의미의 모든 이의 자유와 공존할 수 있는 '나'의 자유로운 행위는 도대체가 있지 않으니 말이다. 법/권리의 토대는 개개인의 의사 그 이상의 "어떤 신성한 것"(*GPR*, §30)으로서, "정신적인 것"(*GPR*, §4)이다. '법'이란 정신인 자유 의지의 현실 세계에서 통용되는 객관적 이법(logos)이다.

2) 시민사회의 문제

(1) 자유 의지의 단계적 외현: 법-도덕-윤리

살아 있는 실체인 정신은 자기전개적인 것으로서, 정신의 제 영역과 제 단계는 "정신이 자기의 이념 속에 함유되어 있는 더 많은 계기들을 자기 안에서 규정하고 현실화한 곳에서 더욱 구체적이고, 자기 안에서 더 풍부하고 진실로 보편적인 단계에 이름으로써 더 높은 차원의 법을 갖는다."(*GPR*, §30) 자기전개적인 정신으로서 "의지 안에서 스스로 관철해 나가는 사고 작용"(*GPR*, §21)인 '이성적인' 자유 의지는 자신을 3단계를 거쳐 객관화한다.

일차적으로 자유 의지는 '개별적 의지', 곧 '인격(Person)'으로 현상한다. 헤겔에 따르면, "결단함으로써 의지는 자신을 일정한 개체의 의지로서 정립하고, 자신의 밖으로 나와 다른 것에 대하여 자신을 구별하는 의지로서 자신을 정립한다."(*GPR*, §13) 이 개체가 인간으로서는 개인이며, 그것은 '나'로서 표현된다. '나'란 의지 일반이라는 구별 없는 무규정성으로부터 '너'와의 구별로의 이행이며, 내가 나를 타자와 구별한다는 것은 자기 자신을 일정하게 규정된 것으로 정립한다는 것을 의미한다. 이것이 나의 특수화 내지는 유한성의 계기이며, 그러나 나는 이렇게 함으로써 "현존재 일반 속에 발을 들여놓는다."(*GPR*, §6) 사고하는 지성에게 있어서 대상과 그 내용은 어디까지나 보편적인 것이며, 지성 자신이 보편적인 활동성으로 작용한다. 그래서 인식에서는 보편적 진리가 말해진다. 그러나 의지에 있어서는 보편적인 것이 동시에 본질적으로 "개별성으로서의 나의 것이라는 의의를 가진다."(*GPR*, §13) 이 개별화된 의지가 인격인 것이다.

인격이라는 결단하는 개별자는 제일 먼저 눈앞에 발견되는 자연과 실천적으로 관계 맺는다. 이 관계 맺음에서 "의지의 인격성은 자연에 대하여 하나의 주체적인 것으로서 대립한다."(*GPR*, §39) 개별자로서 인격은 그러나 개별자인 한에서 제한을 갖는데, 그 제한을 지양하고 자신에게 실재성을 부여하려고 능동적으로 활동한다. 바꿔 말하면 인격성은 눈앞에서 발견된 자연을 자신의 것으로 정립하려고 하는 능동성이다. '인격'이란 자기에 맞서 있는 자연의 "제한을 지양"함으로써 "자기에게 실재성을 부여하여" 자연적 "현존재를 자기의 것" 곧 "소유(Eigentum)로 정립"하는 행위자인 것이다(*GPR*, §39; *Enzy*, §487 참조). 개별적 의지는 자기의 개별성을 "절대적"인, 그러니까 어떤 무엇에도 묶여 있지 않은 자유로운 것으로 알고 있으나, 실상은 텅 비어 있어서, "자기의 특수성과 충만을 아직 자기 자신에서 갖지 못하고, 외적 물건에서 갖는다."(*Enzy*, §488) 인격은 자기의 의지를 물건에 "집어넣음"(*Enzy*, §489)으로써 물건을 소유하며, 이렇게 해서 물건은 인격의 주체적 자유의 외적 권역을 이룬다. 다시 말해 인격은 물건을 점유하게 된다.

자신을 개별적 독립체로 알고 있는 인격은 물건을 매개로 해서 다른 인격들과 관계 맺고, 점유물을 통해 인정받는다. 그런데 인격은 그의 의지를 이 물건에 집어넣을 수도 있고, 저 물건에 집어넣을 수도 있으며, 그 물건에 넣었던 의지를 다시금 빼낼 수도 있다. 그렇기에 그때에 인격의 의지는 의사 내지 자의이고, 그래서 소유는 "우연적"(*Enzy*, §492)이다. 한 인격의 소유로 있던 물건에서 그의 의지가 빼내지고, 그것에 다른 인격의 의지가 집어넣어짐으로써 그 물건은 다른 인격의 소유가 될 수 있다. 곧 소유는 이전될 수 있다. 물건은 양도되고 취득될 수 있는 것이다. 이런 물건을 "중간자"로 하는 두 의지 사이의 관계가 "계약"(*Enzy*, §492)이다.

'소유의 외화(Entäußerung)'로서 물건의 '이전(Übergehen)'이란 곧 '양도(Überlassen)'를 전제한다. 이전될 수 있는 것, 그러니까 양도될 수 있는 것은 오로지 인격이 그 안에 그의 의지를 넣었다 뺐다 할 수 있는 물건뿐이다(*GPR*, §65). 그래서 헤겔은 "나의 가장 고유한 인격과 나의 자기의식의 보편적 본질을 구성하는" 그런 "실체적인 규정들", 예컨대 "나의 인격성 일반, 나의 보편적 의지의 자유, 윤리성, 종교" 등은 양도될 수 없으며(unveräußerlich), 이런 것들에 대한 권리는 "시효가 없다(unverjährbar)"고 말한다.

물건과 같은 "외면적인 것에 있어서의 자유의 현존재"가 '법'이다. "이런 외면적인 것 및 다른 인격들과의 다수의 관계 맺음으로 귀착"(*Enzy*, §496)하는 이런 법을 헤겔은 "형식적인 법" 또는 법적인 '역할(persona)' 외에 인간의 다른 면모는 도외시한다는 점에서 "추상적인 법"이라 일컫는다.

외면적인 것, 물건에서 자신의 현존재를 갖는 자유 의지가 이제 자기 내로 반성하여 그 현존재를 자기 안에서 가질 때 "주체[관]적 의지의 법"(*Enzy*, §487)이 성립하는데, 그것이 '도덕성'이다. 도덕성은 자유로운 주체[관]의 내면에서 정립되는 의지의 규정성으로서, 이 의지 규정성의 법칙이자 실체가 선이다. 이 주체적 내지 도덕적 자유에 힘입어 "인간은 선악 일반의 구별에 대한 지식을 자기의 것으로 갖는다."(*Enzy*, §503)

"이 자유를 가진 의지의 활동적 외현이 행위이며, 이 행위의 외면성에서 의지는 오직 그가 그것에 대해 자기 자신 안에서 알고 의욕했던 것만을 자기의 것으로 인정하고 책임을 진다."(*Enzy*, §503)

그러나 도덕성은 자기 내 모순을 가지고 있으니, 그것은 도덕성이 주체의 "내면적 개별성에서 자기규정적"(*Enzy*, §513)이라는 성격을 갖는 데서 기인한다. 주체성이란 "자신을 선택하고 결정하는 자로 아는 자"(*Enzy*, §511)이다. 이제 도덕성이 주체적인 내면적 '당위'라는 것은 이미 객관적 실재와의 불일치를 함유할 뿐만 아니라, 마땅히 보편적이어야 할 선이 "비-객관적인, 오히려 단지 자기 자신에게만 확실한"(*Enzy*, §512) 특수한 것일 수 있음을 함의하기 때문이다.

이제 자유 개념의 자연적 · 직접적 형태인 추상적이고 형식적인 '법'과 실재적 · 자각적 형태인 도덕성이 통일되는 데서 자유 개념은 자기 자신과의 합치, 곧 현실태를 얻는바 그것이 진정한 객관적 정신으로서 윤리성이다. 한낱 당위적이 아니라 현실적이고 필연적인 도덕성, 다시 말해 "생각된 선의 이념이 자기 안에서 반성된 의지와 외적 세계 안에서 실재화된 것"(*GPR*, §33)인 윤리성은 "절대적 당위가 또한 존재이기도 한"(*Enzy*, §514) 자유로운 의지의 현존재로서 '국민' 정신에서 마침내 그 완전한 모습을 드러낸다. "주체 안에서 자기의 개념에 적합한 현실성이자 필연성의 전체성인 실체적 의지"(*Enzy*, §487)인 '국가'야말로 윤리적 이념의 현실태인 것이다.

(2) 윤리적 현실성의 한 양태로서 시민사회

근대의 사회계약론자들은 앞서 살펴보았듯이 '시민사회(societas civilis)'를 국가(civitas)와 동일시했다.

이때 '시민사회'로서 국가는 "서로 다른 인격들의 연합체(Gemeinsamkeit)"로 생각되었다. 이 시민사회의 구성원은 각자가 특수한 목적인 "구체적인 인격"이며, 이 인격은 필요와 욕구의 주체이자 "자연 필연성과 자의의 혼합"으로서, 구체적인 특수한 인격은 본질적으로 다른 똑같은 특수자와 관계 맺고 있기에, 각각의 특수한 인격은 다른 특수한 인격에 의해 "매개적으로 자신을 관철하고 충족시킨다." 그러니까 사회의 구성원인 특수한 인격들은 자신을 목적으로 삼되 "타자들과의 관계 없이는 자기의 목적들의 범위에 이를 수가 없다. 그래서 이 타자들은 특수자의 목적을 위한 수단이다."(*GPR*, §182) 한 인격이 자신을 목적으로 삼는 다른 인격의 수단이 되는 것이다. 그러나 이러한 관계는 보편적이므로, 이 보편성의 토대 위에서 사회는 이기적인 개인들의 "전면적인 상호 의존체계(ein System allseitiger Abhängigkeit)"(*GPR*, §183) 내지는 "만인의 상호 의존의 전면적인 뒤엉킴(allseitige Verschlingung der Abhängigkeit aller)"(*GPR*, §199)의 양식이 된다. "즉 개인의 자존과 안녕 및 그의 법적인 권리적 현존은 만인의 자존[생존]과 안녕 그리고 권리와 얽혀 있으며, 그 위에 기초 지어져 있고, 이 연관성 속에서만 실현되고 확보"(*GPR*, §183)되며, 이때 사람은 "시민(bourgeois)"(*GPR*, §190)이 되고, 사람들은 이러한 '시민의 사회'를 '국가'라고 생각한다.

시민사회로서의 국가는 그래서 '필요 욕구의 체계'로서 '국가경제 체제', "자연적인 필요 욕구와 자유로운 의사에 의해 조정된 체계"로서 "법이 확고한 보편적인 것"으로 의식되어 효력 있는 것으로 '정립된 것', 즉 '법률' — "법[권리/정당한 것: das Recht]이 확고한 보편적인 것으로 의식되는 것, 즉 그 규정성에서 인식되고 효력 있는 것으로 정립되는(gesetzt) 것"이 "법률(das Gesetz)"이다(*Enzy*, §529 참조) — 에 기반한 '사법 제도', 필요 충족의 사적 행위가 타인에게 손상을 입히거나 불법을 저지를 우연성에 대한 배려와 특수 이익으로부터 공동 이익을 도모하기 위한 '경찰행정(Polizei) 및 직업단체(Korporation)' 등의 '세 요소'를 갖는다. '국가경제 체제'란 "개인의 노동을 통하여, 그리고 동시에 다른 모든 사람들의 노동과 필요 충족을 통하여 개인의 욕구를 조정하고 개인을 충족시키는" 양식이다. '사법 제도'를 통해서 저 "체제 속에 포함되어 있는 자유라고 하는 보편적인 것이 실현되고, 소유가 보호"된다. "이들 체제에 잔류하는 우연성에 대하여 미리 배려하고, 특수한 이익을 공동의 이익으로 관리하기"(*GPR*, §188) 위한 것이 '경찰행정'이며, 가족을 벗어나 각기 독자적인 이익 추구에 나선 개개인을 소속원으로 갖고, 그들로 하여금 각자에게 할당된 능력을 도야하도록 배려하는 "제 2의 가족"(*GPR*, §252) 같은 것이 '직업단체'이다.

(가) 필요 욕구의 체계로서 국가경제

시민사회의 구성원인 시민 각각은 특수한 '주관적인 필요 욕구'를 가지고 있으며, 이 필요 욕구는 필요 욕구의 조정과 노동에 의한 '외적 사물'의 획득을 통해 충족될 수 있다. 이 욕구 충족의 장에서 개인들의 필요는 충돌하고 외적 사물은 나의 의지의 소유일

뿐만 아니라 타인의 의지의 소유이자 소산일 수밖에 없으므로, 개인 대 개인의 특수성은 불가피하게 제한성을 갖는다. “이 유한성의 영역에 합리성의 빛을 비추는 것”이 ‘지성(Verstand)’으로서, 지성은 이 영역 자체 안에서 화해의 요소를 형성하는 것이다. 근대의 ‘국가경제학(Staatsökonomie)’은 이 같은 지성을 대변한다.

국가경제학은 주관적 필요 욕구를 충족시키려는 특수자들로 이루어진 집단들의 관계와 움직임을 그 질적 양적 성질에서 그리고 그 얽혀진 상태에서 들추어내, 사상(事象, Sache) 안에서 작용하며 이 사상(事象)을 지배하는 단순한 원리, 즉 ‘지성’을 발견해 낸 것이다. “이러한 사상(事象) 안에 놓여 있으면서 작동하는 합리성의 빛을 필요 욕구의 영역에서 인식한다는 것은 한편으로는 [개개인의 필요 욕구의] 화해 작업이지만, 거꾸로 이것은 주관적인 목적들과 도덕적 의견을 가진 지성이 자기의 불만과 도덕적 울분을 분출하는 장이기도 하다.”(*GPR*, §189)

(나) 필요 욕구의 사회성과 노동의 특종화

필요 욕구와 그 수단들은 현존 양식에 있어서는 “타인들에 대한 것”으로 되며, 이 “타인들의 필요 욕구와 노동에 의해 충족은 상호적으로 제약받는다.” 개인들의 상호 관계 속에서만 필요는 충족될 수 있는 것이다. “이 보편성이 개별화된 추상적인 필요 욕구들과 그를 충족시키는 수단 방법들을 구체적인, 사회적인 것으로 만드는 계기이다.”(*GPR*, §192)

“내가 타인에게 맞추지 않으면 안 된다는 이 점으로부터 보편성의 형식이 우러나온다. 나는 타인들로부터 충족의 수단들을 얻는바, 그렇기 때문에 그들의 의견을 받아들이지 않을 수 없다. 그러나 동시에 나는 타인들의 충족을 위한 수단을 내놓을 것을 강요받는다.

그러므로 한 쪽이 다른 한 쪽에 영향을 미치면서 그 다른 한 쪽과 연관을 맺는 것이다. 그런 한에서 모든 특수적인 것은 사회적으로 되기 마련이다."(*GPR*, §192)

필요 욕구 충족의 이런 사회화는 "직접적으로 타인들과의 동등성[같음]의 요구를 그 안에 포함하는바, 이 동등성[평등]의 필요 욕구와 스스로 같게 만들기가 모방의 원천이며, 다른 한편으로는 그러면서도 또한 그 안에 현재하는 자신을 두드러지게 만들려는 특수성의 필요 욕구가 필요 욕구들을 다양화하고 이를 확대시키는 실제적인 원천이 된다."(*GPR*, §193)

이렇게 "특수화된 필요 욕구들에 맞춰 특수화된 수단들을 마련하고 획득하는 매개 작용이 노동으로서, 노동은 곧 자연으로부터 직접적으로 제공된 재료들을 매우 잡다한 과정을 통하여 이들 다양한 목적들을 위해 특종화한다."(*GPR*, §196) 이런 노동의 특종화는 노동의 전문화를 초래하고, 노동의 전문화는 생산의 전문화 곧 노동 분업을 낳고, 노동 분업은 노동의 숙련성 향상과 함께 생산량의 증대를 가져오되, 한편으로는 노동 활동을 더욱 추상화하여 인간의 상호 의존성을 절대적인 것으로 만들고, 다른 한편으로는 노동 행위를 더욱더 기능화 · 기계화하여, 종국엔 "인간을 노동에서 떼어내고 그의 자리에 기계를 등장시킨다."(*GPR*, §198)

(다) 사회적 생산의 분점과 신분계층의 형성

"노동과 필요 욕구 충족의 상호 의존성과 교호성 속에서 주관적 이기심은 모든 타인의 필요 욕구 충족을 위해 기여하는 데로 전환한다." 이제 "각자는 자기를 위해 획득하고 생산하고 향유하면서, 바로 그를 통해 여타 사람들의 향유를 위해 생산하고 획득하는 것이다. 이 같은 만인의 상호 의존의 전면적인 뒤엉킴 안에 놓여 있는 필연성이 바야흐로 각자를 위한 보편적이고 항구적인 자산이거니와, 이 자산은 각자에게 각자의 생존을 확보하기 위해서 각자의 교양과 숙련성을 통해 그 자산에 참여[분점, teilnehmen]할 가능성을 함유하고 있다."(*GPR*, §199)

그런데 보편적인 자산에 참여하여 그것을 분점·분유할 수 있는 가능성, 곧 특수한 개인 재산은 "한편으로는 직접적인 고유한 기반[자본]에 의하여, 또 다른 한편으로는 숙련성에 의해 조건지어지거니와, 이 숙련성은 다시금 저 기반[자본]에 의해 그리고 우연적인 상황에 의해 조건지어지는바, 잡다한 우연적 상황은 이미 그 자체로도 똑같지 않은 자연적인 신체적·정신적 소질의 발달에서의 차이를 낳고, 이 특수성의 영역에서 모든 방면, 모든 단계에서 등장해 여타의 우연성과 자의와 더불어 개인들의 재산과 숙련성의 불평등을 필연적인 결과로 갖는다."(*GPR*, §200)

이렇게 해서 다양화된 개인들은 "교호적인 생산과 교환의 무한히 잡다한 수단과 무한히 서로 교차하는 운동의 내용에 내재하는 보편성에 의해 응집되어 보편적인 집단으로 구별된다. 그래서 전체의 연관은 필요 욕구들, 필요 욕구의 수단 및 노동, 그리고 욕구 충족과 이론적 실천적 교양의 방식들의 특수한 체계들로" 형성되는바, 개인들이 그 성격에 따라 배정되는 이 체계들이 "신분계층의 구별"(*GPR*, §201)을 이룬다. 그리고 개념에 따라서 구별된 것이 "실체적 내지 직접적인 신분계층"인 농민계층, "반성적 내지 형식적인 신분계층"인 상공인 계층, "보편적인" "생각하는 신분계층"인 관료계층이다(*GPR*, §202; *Enzy*, §528 참조).

(3) 시민사회에서 국가로의 이행

시민사회로서의 국가의 성원인 시민은 '사적 인격[私人, Privatperson]'이다. "사적 인격들은 자기 자신의 이익을 자신의 목적으로 삼는다."(*GPR*, §187) 그러나 이 목적은 상호 연관성 속에서, 연대의 성원으로서만 달성될 수 있기 때문에, 결국 개인의 특수성은 사회의 보편성을 매개로 해서만 실현될 수 있다. 그래서 시민사회는 개별자로 분열한 정신이 "여러 가지 자연적 필요들과 이들 [필요의] 외적 필연성의 연관성 속에서 이러한 제한과 유한성을 자기에게 부여하는 가운데, 정신 자신이 이 제한과 유한성 속으로 파고들어가 형성함으로써 오히려 이 제한과 유한성을 극복하고, 거기에서 자기의 객관적 현존을 획득하는"(*GPR*, §187) 도장(道場)이자, "도야"의 과정이다.

사법제도와 경찰행정 및 직업단체는 시민사회로 하여금 윤리적 이념으로 복귀하도록 하는 요소이다.

> 필요 욕구의 체계에서 각 개인의 생존과 안녕은 하나의 가능성으로서 있을 뿐, 그것의 현실성은 각 개인의 자의와 자연적 특수성, 그리고 또한 필요 욕구의 객관적 체계에 의해 조건지어지거니와, [이때 있을 수 있는] 소유나 인격성의 침해는 사법제도에 의해 보상된다(*GPR*, §230).

> 경찰행정적 배려는 일차적으로 시민사회의 특수성 속에 함유되어 있는 보편적인 것을 실현하고 유지하는 것으로서, 이 보편적인 것은 그것 안에 존립 기반을 가지고 있는 갖가지 특수한 목적들과 이익들을 보호하고 확보하기 위한 외적 질서이자 기구일 뿐만 아니라, 또한 더욱 고차적인 지도 기능으로서 이 사회를 넘어서는 이익들을 위한 배려도 담당한다. [이로써] 이념에 따라서 특수성 자신이 그것의 내재적 이익들 속에 있는 이 보편적인 것을 자기의 의지 및 활동의 목적이자 대상으로 삼음으로써, 내재적인 것으로서 윤리적인 것이 시민사회로 복귀하는바, 이것이 직업단체의 사명을 이룬다(*GPR*, §248).

"직업단체에서 사인(私人)으로서의 특수한 시민은 자기의 재산이 보장됨을 알고, 또한 그가 그 안에서 그의 개별적인 사적 이해관심에서 벗어날 때, 상대적으로 보편적인 목적을 위한 의식된 활동을", 다시 말해 "윤리성을 갖는다."(*Enzy*, §534) '직업단체'는 시민들이 주관적 관점과 객관적 관점을 상호 인정하고 조정하는 윤리적 현실성의 한 양태이다.

이 같은 시민사회의 도야 형성 과정에서 "개인들과 계층들의 관계, 그리고 개인들 상호간의 관계, 또 개인들의 중심과의 법적 관계"(*Enzy*, §527)의 규정이 생기고, 이 규정이 '국가의 틀' 곧 헌법(Verfassung)이 된다.

3) 윤리적 이념의 현실태로서 국가

(1) 구체적 자유의 현실태로서 국가

형식적으로는 "다수의 인격들이 참된 법률 아래 하나를 이루고 있는 것"(Kant, *MS*, Rechtslehre, §45)인 국가는 실재적으로는 "윤리적 이념의 현실태이다. 즉, 스스로 생각하고 알며, 알고 있는 것을 아는 한에서 완수하는, 현현한, 자기 자신에게 분명한 실체적 의지인 윤리적 정신이다. 국가는 윤리[습속]에서 자기의 직접적인 실존을 갖고, 개인의 자기의식에서, 즉 개인의 앎과 활동에서 자기의 매개된 실존을 갖는다. 또한 이 개인의 자기의식은 마음씨를 통하여 자기의 본질이자 자기의 활동의 목적과 산물인 국가 안에서 자기의 실체적 자유를 갖는다."(Hegel, *GPR*, §257)

국가는 실체적 의지의 현실태로서, 국가는 이 현실태를 보편성으로 고양시킨 특수한 자기의식에서 가지며, 그러기에 국가는 그 자체로 그리고 반성적으로 "이성적인 것"이다. 특수한 의지와 보편적 의지가 실체적으로 일체를 이룸은 절대적인 자기목적이며, 이 자기목적 안에서 자유는 자기의 최고의 권리를 얻게 되고, 이 궁극 목적으로서의 국가는 개개인에 대해서 "최고의 권리"를 가지므로, 개개인의 "최고의 의무는 국가의 성원이라는 것이다."(*GPR*, §258)

"국가는 구체적 자유의 현실태이다. 그런데 구체적 자유란 인격적 개별성과 그것의 특수한 이익[이해관심]이 완벽하게 전개되고 그 권리가 자체로 (가족 및 시민사회의 체계 안에서) 인정받을 뿐만 아니라, 또한 이것들이 한편으로는 자기 자신을 통해 보편자의 이익으로 이행하고, 다른 한편으로는 앎과 의지를 가지고서 보편자의 이익을 더욱이 자기 자신의 실체적 정신으로 인정하여 그의 궁극 목적인 이 보편자의 이익을 위해 활동하는 데에서 성립한다." (*GPR*, §260)

국가는 "객관적 정신"인바 개개인이 특수성과 보편성, 즉 진리성을 얻는 것은 그가 국가의 일원일 때뿐이다. 타인들과 더불어 사는 개인들의 사명은 보편적인 생활을 영위하는 것이다. 그러므로 그들 각각의 특수한 만족과 활동과 행동 방식은 국가라고 하는 보편타당한 실체를 그 출발점이자 종점으로 갖는다. 이성적인 것이란 "보편성과 개별성이 상호 침투하여 통일을 이루는 것"(*GPR*, §258)이다. 윤리적 이념의 현실태인 국가에서 비로소 객관적 자유 즉 보편적 실체적 의지와 주체적 자유 즉 개인적인 앎 및 그의 특수한 목적들을 추구하는 개인적 의지가 일체를 이루는데, 바로 여기에서 이성적인 것이 구체화한다.

국가 내에서 의무를 짊으로써 개인은 해방된다. "이 해방은 한편으로는 그가 순전한 자연적 충동에 종속되어 있음으로부터의 해방이자 그가 주관적 특수성으로서 해야 함과 하고 싶음에 대한 도덕적 반성에서 처하게 되는 의기소침으로부터의 해방이며, 다른 한편으로는 현존재에 이르지 못하고, 즉 행위의 객관적 규정성에 이르지 못하고 자신 안에 비현실성으로 머물러 있는 무규정적인 주관성으로부터의 해방이다. 의무 안에서 개인은 해방되어 실체적 자유가 된다."(*GPR*, §149) 국가 내에서의 의무가 제한하는 것은 주관의 자의뿐이며, 충돌하는 것은 주관성이 붙들고 있는 추상적인 선뿐이다. 사람들이 보통 '우리는 자유롭기를 의욕한다'고 말할 때, 그것은 단지 '우리는 추상적으로 자유롭기를 원한다'고 말하는 것이다. 국가 내에서의 모든 규정과 분절 즉 조직 체계는 이런 추상적 자유의 제한으로 볼 수 있다. 칸트 식으로 말하면, "법이란 각자의 자유를 모든 사람의 자유와 부합하는 조건에 맞도록 제한하는 것이다."(Kant, *TP*: AA VIII, 289~290) 그래서 "각자는 자기의 자유를 타인의 자유와 관련하여 제한할 수밖에 없으며, 국가는 이런 상호적인 제한의 상태이고, 법률들은 제한들이라는 생각보다 더 널리 퍼져 있는 생각도 없다."(Hegel, *Enzy*, §539) 그러나 실상에 있어서 법률은 자유를 제한하는 것이 아니라 단지 자유의 추상성을 제한할 따름이며, 그것은 부자유의 제한을 뜻한다. 국가 내에서의 법적 의무는 구체적이고 확정적인 자유의 획득인 것이다. 실현할 수 없는 공허한 구호로서의 '자유'를 제한받는 대신에 이제 개개인은 윤리에 합치함으로써 국가 내에서 실재적인 자유를 얻는다. 헤겔의 국가는 '자유주의 사회'는 아니지만, '자유로운 사회'이다.

(2) 개인의 궁극 목적으로서 국가

의지의 자기규정만이 진정한 의지 개념의 요소이다. 그리고 의지의 현존재인 주체성이야말로 의지 자신의 규정이다. 그러니까 주체성이 곧 의지라는 개념을 성립시키는 본질적 계기이다. "주체에서 비로소 자유는 자신을 실현한다. 주체가 자유 실현을 위한 진정한 재료이기 때문이다."(*GPR*, §107, 추기) 인간의 존엄성은 그가 자신을 절대적인 것으로 알고 자신을 스스로 규정하는 데에 있다. 덜된 인간은 외부의 강한 힘이나 자연이 정해 주는 모든 것에 자신을 내맡기며, 그래서 예컨대 노예는 주인에 의해, 어린아이는 부모에 의해 자신이 규정되도록 내버려둔다. 그러나 개발된 인간은 그 자신이 그가 행하는 모든 것 가운데 있고자 의욕한다. "주체성은 그 자체가 절대적 형식이며, 실체의 실존적 현실이며," "자유 개념을 위한 실존의 토대이다."(*GPR*, §152)

그렇다면, 주체인 이 개별적 인격들의 권리, 곧 "자유이도록 주체적으로 규정되어 있는 개인들의 권리"는 도대체 어떻게 실현될 수 있는가? 그것은, 개별적 인격들이 "윤리적인 현실에 속함으로써"(*GPR*, §153)만 가능하다고 헤겔은 파악한다. 그리고 개별적 인격들의 윤리적 현실은 국민임에 있다. "그 안에서 절대적 당위가 또한 존재이기도 한, 자기를 자유롭다고 아는 실체는 한 국민[민족]의 정신으로서 현실성을 갖는다. 이 정신의 분열이 인격들로의 개별화이며, 정신은 이 인격들의 독립성의 내적 힘이자 필연성이다. [...] 그래서 인격은 선택하는 반성 없이도 자기의 의무를 자기의 것으로 그리고 존재하는 것으로 완수하고, 이 필연성 속에서 자기 자신과 자기의 현실적 자유를 갖는다."(*Enzy*, §514)

국가의 일은 다수의 개인들과 관련하여 이중적이다. 국가의 일은 "한편으로 개개인을 인격으로서 보존하고, 그와 함께 법을 필연적인 현실로 만들고, 다음에는 일차적으로는 각자가 스스로 배려할 것이기는 하지만 단적으로 보편적인 측면을 가지고 있는 개인들의 안녕을 촉진하고, 가족을 보호하고, 시민사회를 지도하는 것이다." 그러나 국가의 일은 "다른 한편으로는" 가족과 시민사회를 그리고 "스스로 중심이고자 애쓰는 자인 개별자의 전체 마음씨와 활동을 보편적 실체의 생으로 복귀시키고, 이런 의미에서 자유로운 힘으로서의 그에게 복속된 저 권역들에 간섭하고, 그 권역들을 실체적 내재에서 보존하는 것이다."(*Enzy*, §537)

살아 있는 정신으로서 국가는 "특수한 활동들로 구별되어 있는 유기적 전체"(*Enzy*, §539)로서 분절된 개별자들 없이는 존립할 수 없는 것이기는 하나, 그 생명성은 분절된 개별자들의 순전한 묶음 이상의 것이다. 개별자들의 활동들은 비록 충분히 의식되어 있지는 않다 하더라도 "이성적 의지의 '하나의' 개념에서 출발하여 지속적으로 그 개념을 그 활동들의 결과로서 생산한다."(*Enzy*, §539) 그러하기에 국가는 개인들의 궁극 목적으로서, 개인들이 국가에 귀속하는 것은 필연적이다.

국가계약론자의 소견처럼 "만약 국가가 시민사회와 혼동되어 국가의 사명을 소유와 인격적[개인적] 자유의 안전과 보호에[만] 두어진다면, 개인들 자신의 이익이 곧 최종 목적으로서, 그들은 이것을 위해 통합되어 있다는 것으로, 이로부터는 국가의 성원이라는 것이 임의적인 것이라는 결론이 나온다. — 그러나 국가는 개인에 대하여 전혀 다른 관계를 갖는다. 즉, 국가는 객관적 정신이므로, 개인 자신은 그가 국가의 성원인 한에서 객관성과 진리성 그리고 윤리성을 갖는다. 이 [개인과 국가의] 통합 자체가 진실한 내용이자 목적인 것으로, 개인들의 사명은 보편적 삶을 영위하는 것이다. 그들의 그 이상의 특수한 충족, 활동, 행태 양식들은 이 실체적이고 보편적인 것을 출발점이자 귀결로 갖는다. — 이성성[합리성]은 추상적으로 고찰해 보면 대체로 보편성과 개별성의 서로 침투하는 통일 속에 들어 있으며, 여기서 구체적으로 내용의 면에서 보자면 객관적 자유, 다시 말해 보편적 실체적 의지와 개인적 앎과 개인적인 특수한 목적들을 추구하는 의지인 주관적 자유의 통일에 들어 있다. — 그 때문에 형식의 면에서 보자면 이성성[합리성]은 사고된, 다시 말해 보편적인 법률들과 원칙들에 따라 규정된 행위 속에 들어 있는 것이다. — 이러한 이념이 정신의 즉자대자적으로 영원하고 필연적인 존재[임/있음]이다."(*GPR*, §258)

루소는 "의지를 단지 개별적 의지의 특정한 형식으로 파악했고, 보편적 의지를 의지의 즉자대자적으로 이성적인 것으로가 아니라, 단지 의식된 것으로서 이 개별적 의지로부터 나온 공통적인 것(Gemeinschaftliches)으로 파악함으로써, 국가 내에서 개인들의 통합을 개인들의 의사, 의견, 임의의 표현된 동의를 토대로 갖는 계약으로" 보았다. 그렇기에 "이로부터는 즉자대자적으로 신적인 것과 이것의 절대적 권위와 존귀성을 파괴하는 한낱 지성적인 결론이 나온 것이다." 그러나 헤겔이 보기에 "국가에 들어간다거나 떠난다는 것은 개개인의 자의에 의한 것이 아니며, 그러므로 국가는 자의를 전제로 하는 계약에 바탕을 두는 것이 아니다."(*GPR*, §75, 추기) 그러므로 국가를 설립하는 것은 인민들의 계약 참여에 바탕을 둔 것이라는 국가계약설은 근거가 없다는 것이 헤겔의 판단이다(Hegel, *VPG*: TW12, 61 참조). "누구에게나 있어서 그가 국가 내에 있다는 것은 필연적이다."(같은 곳) 개별자들이 그것을 인식하거나 말거나 또 그것을 의욕하거나 말거나 간에 "객관적 의지는 그 자체에서 그의 개념상 이성적이라는 것이다."(*GPR*, §258) 근대에 와서 국가의 이념은 바로, "국가란 주관적 임의성에 따라서가 아니라 이 [객관적] 의지의 개념에 따라서, 다시 말해 의지의 보편성과 신성(神性)에 따라서 자유를 실현한다"(*GPR*, §260, 추기)는 특성을 갖는다는 것이 헤겔의 생각이다.

그러나 주의해야 할 것은 국가의 가장 중요한 규정이자 국가의 내적 힘을 담지하는 것은, 국가가 보편성과 특수성의 합일이라는 점이다. 사적인 영역에 대해, 다시 말해 개인이나 가족, 시민사회에 대해 국가는 외적 강제성을 가진 고차적인 지배력을 갖지만, 그 지배력은 국가의 보편적 궁극 목적과 개인의 특수한 이익이 통일되는 곳에서만 타당성을 갖는 것이다. 개인은 국가에 대해서 의무를 지지만 그것은 어디까지나 권리를 갖는 한에서 그러한 것이다. "진실로 특수한 이익[이해관심]은 등한시되거나 결코 억압되어서는 안 되며, 오히려 보편적인 것과 합치되도록 해야 하거니와, 그를 통해 특수한 이익 자체와 보편적인 것은 함께 보존된다."(*GPR*, §261) 이런 일이 어떻게 가능한가? 그것은 "국가가 의무로 요구하는 것은, 국가라는 것이 자유 개념의 조직화일 따름이기에, 또한 직접적으로 개인의 권리/법이기도 하기"(*GPR*, §261, 추기) 때문이다. "개인의 의지의 규정들은 국가를 통하여 객관적 현존성을 얻게 되고, 국가를 통해 비로소 진상에 이르고 실현된다. 국가는 특수한 목적과 안녕을 성취할 수 있는 유일한 조건이다."(같은 곳) 그러므로 사회에서 개별화되어 자율적으로 행동하는 개인은 오로지 국민과 국가의 윤리성 속에서만 자신의 근거를 유지할 수 있다.

국가 안에서 "법률들은 객관적 자유의 내용규정들을 언표한다."(*Enzy*, §538) "모든 참된 법률은 하나의 자유이다. 왜냐하면 그것은 객관적인 정신의 이성규정을 함유하며, 그럼으로써 자유의 내용을 함유하고 있기 때문이다."(*Enzy*, §539) 앞서도 지적되었듯이, 법률들은 일차적으로 개개 "주체의 독자적인 자의와 특수한 이해관심에 대해서는 제한들"이다. 그러나 법률들은 "서로 다른 일반적인 특수화에서 다시금 개별화되는 신분계층들의 기능들에 의해, 그리고 개인들의 일체 활동과 사적 심려에 의해서 생겨난" 것으로서 "절대적인 궁극 목적이며 보편적인 작품"이다. 법률들은 개인들의 "자유로운 의욕 및 마음씨의 실체이고, 그래서 타당한 윤리[습속]로 드러나는"(*Enzy*, §538) 것이다.

국가는 그 안에서 특수와 보편, 권리와 의무, 당위와 존재가 합치하는 "윤리적 전체(das sittliche Ganze)"이다. "전체란 자신의 전개를 통해 자기를 완성하는 것"(*PdG*: GW9, 19)이기에, 그 자체로 자유이며, 이런 의미에서 국가는 "자유의 현실화"(*GPR*, §258, 추기)이다. 또한 권리이자 법이고 법이자 정당한 것인 것의 체계인 국가는 "실현된 자유의 나라"(*GPR*, §4)이다. 자유의 현실화야말로 이성의 절대적 목적으로서, 국가는 세계 내에 있는, 세계 내에서 자신을 의식적으로 실현하는 정신이다. "국가가 있다는 것은 세계 내에서의 신의 행보이며, 국가의 근거는 자신을 의지로서 실현하는 이성의 권력이다."(*GPR*, §258, 추기) 그렇기 때문에 "국가 안에서 사람들은 이성성의 표현인 것 외에는 아무것도 의욕해서는 안 된다. 국가는 정신이 스스로 이룩한 세계이다. 그래서 국가는 일정한, 즉자대자적인 행보를 갖는다. [그러하기에] 사람들은 국가를 지상의 신적인 것(Irdisch-Göttliches)으로 공경하지 않으면 안 된다."(*GPR*, §272, 추기)

(3) 윤리적 생의 형태화로서 국가

"그 자신의 모든 이성적 규정들의 발전 가운데에 있는 자유의 현실성으로서 실존하는 정의(Gerechtigkeit)"(*Enzy*, §539)가 국가의 기본틀인 헌법이다. 그것은 국가의 확고한 토대이자 국가에 대한 개인들의 신뢰와 신념의 토대이다. 그렇기 때문에 "어떤 일정한 국민의 헌법은 대체로 그 국민의 자기의식의 방식과 교양 형성에 달려 있다." "국민의 자기의식 속에 국가의 주관[체]적 자유와 함께 헌법의 현실태가 놓여 있"는 것이나. "정신은 그가 스스로 알고 있는바 그것으로서만 현실적이고, 국가는 국민의 정신으로서 동시에 모든 자기의 관계들을 침투하는 법률, 윤리 습속과 그 국가의 개인들의 의식"이다. "그 때문에 각각의 국민은 각자에게 알맞고 또 그에게만 속하는 헌법을 가지고 있다."(*GPR*, §274) "헌법은 정신 자신의 전개와 동일하게 정신으로부터 전개된 것일 뿐이며, 동시에 정신과 함께 개념에 의한 필연적인 형성 과정과 변화들을 관통해 온 것이다. 그에 의해 헌법이 만들어졌고 만들어지고 있는 것은 [국민에] 내재하는 정신이며 역사이다. — 그것도 이 역사는 오로지 정신의 역사일 따름이다."(*Enzy*, §539)

구성원들이 자연적 감정으로써 "하나의 인격"(*Enzy*, §519)이 되는 "가족의 원리"와 구성원 각자가 자기의 목적인 "원자론의 체계"(*Enzy*, §523)인 "시민사회의 원리"의 "통일"(*Enzy*, §535)을 그 진리로 갖는 '국가'의 권력은 통상 셋으로 구별되어, "(a) 보편적인 것을 규정하고 확립하는 권력 — 입법권(die gesetzgebende Gewalt), (b) 특수 권역과 개별적 사안들의 보편적인 것 아래로의 포섭 — 통치권(die Regierungsgewalt), (c) 최종적 의지결정으로서의 주체성 — 군주권(die fürstliche Gewalt)"으로 작동하거니와, "이 군주권 안에 구별된 권력들이 개별적 통일성으로 총괄되어 있으며, 그러므로 군주권은 전체, 즉 입헌군주제의 정점이자 기점이다."(*GPR*, §273) "자유와 평등이 헌법의 근본 규정이자 최종 목표이고 결과를 이루는 것"(*Enzy*, §539)임이 전제되어 있으되, "전체를 절대적으로 결정하는 계기는 그러니까 개별성[개인들] 일반이 아니라, '한' 개인, 즉 군주이며", 이렇게 볼 때 결국 "국가의 인격성은 한 '인격', 즉 군주로서만 현실적이다."(*GPR*, §279)

"국가의 입헌군주제로의 형성은 실체적 이념이 무한한 형식을 획득한 근대 세계의 작품이다. 세계의 정신이 자신 안으로 이렇게 심화한 역사, 또는 같은 말이지만, 이념이 자기의 계기들을 — 오로지 자기의 계기들인 것만을 — 전체성으로서 자신으로부터 방면하여, 그것들을 실재적인 이성성이 존립하는 곳인 개념의 이상적 통일성 안에 포함하는 이 자유로운 형성 — 윤리적 생의 이 진정한 형태화의 역사가 보편적 세계사의 일이다."(*GPR*, §273) "하나의 법정"(*GPR*, §341)으로서 세계사는 "정신의 힘의 한갓된 법정, 다시 말해 맹목적인 운명의 추상적이고 몰이성적인 필연성이 아니라, [⋯] 이성의 계기들이 그리고 그와 함께 정신의 자기의식과 정신의 자유가 오로지 정신의 자유라는 개념으로부터 전개된 것, 즉 보편적 정신의 개진이자 그 실현"(*GPR*, §342)이니 말이다.

국가의 성립 근거인 이성은 곧 "세계정신"(*VPG*: TW12, 40)이며, 이 세계정신은 개개인들의 이해관심과 욕구와 정열을 매체 삼아 자신을 전개해 간다. 이해관심에 매인 개별자로서 개인들은 "이성의 책략"(*VPG*: TW12, 49)에 따라 서로를 제한하고 대립하고 투쟁하지만 그것을 통해 보편자인 이성은 자신을 구체적으로 현실화한다. 그렇기에 현실은 언제나 이성적이고, 이성은 마침내 현실화한다. "이성적인 것, 그것은 현실적이며, 또 현실적인 것, 그것은 이성적이다."(*GPR*: TW7, 24)

충분히 이성적이지 못한 것으로 보이는 개별자들의 진정한 주체는 세계이성이고, 보편적인 것이며, "진상은 전체"(*PdG*: GW9, 19)이되, 그 전체는 다름 아닌 당위가 존재이고 존재가 당위인 '윤리적 전체'이다. "개개 인격은 당연히 윤리적 전체에 자신을 바쳐야만 하는 종속적인 것이다. 그러므로 만약 국가가 목숨을 요구하면, 개인은 그것을 제공해야만 한다."(*GPR*, §70, 추기) 그런 사태 연관 속에서도 개인들을 전적으로 수단만으로 볼 수 없도록 만드는 것은, 그들 안에서 발견되는 "어떤 그 자체로 영원하고 신적인 것" 즉 "도덕성, 윤리성, 종교성"이다(*VPG*: TW12, 49 참조). 이런 성격들은 무엇을 위한 수단이 아니라, 그 자체가 목적인 것으로 보아져야 한다. 그렇기에 개개인은 윤리적 전체의 성원이면서도 보편적 이성과 하나이다.

종국에는 당대의 입헌군주제를 정당화하는 헤겔의 '윤리 국가'론이 몇몇 점에서 로크 식의 '시민사회 국가'론에 내재하는 문제성을 해소할 것을 지향하고 있고, 그 의의가 적지 않음에도 오늘날 많은 '자유민주주의' 국가는 시민사회 국가론에 기초하고 있다고 볼 수 있다. 그것은 현대 국가가 헤겔의 구분법에 따를 때 아직도 '시민사회' 단계에 머무르고 있음을 의미하는가, 아니면 헤겔의 논변이 한낱 관념적인 것일 따름임을 말하는가?

제 4 절　사회 운영 원리

어떻게 이상적인 사회, 이상국가를 성취할 것인가, 곧 이상적인 사회를 운영할 원리는 무엇인가라는 물음에 대한 형식적인 답은 주어져 있다. 사회는 자유, 평등, 정의, 우애의 원리에 따라 운영되는 것이 최상이라는 것이다. 19세기 말 새로운 철학사상, 정치사상이 유입된 이래 한국 사회도 이들 원리를 기조로 지속적으로 발전하였다. 한국 사회를 중심에 놓고서 이들 원리가 사회 운영의 주도 원리로 작동하는 과정을 개관하면서 부수하는 문제점들을 살펴보자.

1. 평등의 개념과 문제들

1) 평등의 이념

인류의 역사는 '사람' 개념의 외연의 확장 과정이라고 말할 수 있다. 사람 개념의 외연의 확장이란 사회에서 '평등'이라는 원리 아래서 '사람'으로 인정받는 사회 구성원의 비율이 확대됨을 의미한다. 오늘날 대개의 사회에서는 '평등'이 사람들 사이의 관계 규정의 으뜸으로 통한다. 현대 한국의 헌법도 인간의 권리 가운데서도 그 첫 번째의 것으로 '평등'을 내세우고 있다.

> 모든 國民은 人間으로서의 尊嚴과 價値를 가지며, 幸福을 追求할 權利를 가진다. 國家는 개인이 가지는 不可侵의 基本的 人權을 확인하고 이를 보장할 義務를 진다(「대한민국 헌법」, 제6공화국 헌법 [1987. 10. 29] 제10조).

> ① 모든 國民은 法 앞에 平等하다. 누구든지 性別 · 宗敎 또는 社會的 身分에 의하여 政治的 · 經濟的 · 社會的 · 文化的 生活의 모든 領域에 있어서 차별을 받지 아니한다.
> ② 社會的 特殊階級의 制度는 인정되지 아니하며, 어떠한 形態로도 이를 創設할 수 없다.
> ③ 勳章등의 榮典은 이를 받은 者에게만 效力이 있고, 어떠한 特權도 이에 따르지 아니한다(「대한민국 헌법」, 제6공화국 헌법[1987. 10. 29] 제11조).

사람이 서로를, 그와 함께 국가사회가 국민 개개인을 사람으로 인정하고 대우하는 정도, 이것보다 더 본질적인 사회 발전의 척도가 있을까? 다른 사람도 나와 똑같이 사람이라는 생각, 사람은 누구나 대등하다는 생각, 사람들이 함께 모여 사는 사회는 그러니까 인격적 존엄성에 있어서 동등한 사람들의 집합체라는 평등 사회의 이념이 사람들 사이에서 오늘날처럼 폭넓게 받아들여진 것은 그러나 그렇게 오래된 일이 아니다. 인류 사회는 그 역사의 대부분에서 '신분 사회'였다.

2) 평등 이념의 유래

'평등'이라는 말과 생각이 있는 곳이라 하여 그것만으로 그곳에 '평등한 사회'가 있다고 말할 수는 없다. 어떤 사회를 '평등한 사회'라고 일컫을 수 있기 위해서는 그 사회가 적어도 신분제도와 같이 원천적으로 '사람다운' 사람의 범위를 제한하는 사회는 아니어야 한다.

조선시대 견고한 신분제 사회에서도 반계(磻溪) 유형원(柳馨遠, 1622～1673)과 성호(星湖) 이익(李瀷, 1681～1763), 담헌(湛軒) 홍대용(洪大容, 1731～1783), 연암(燕巖) 박지원(朴趾源, 1737～1805), 다산 정약용, 혜강(惠崗) 최한기(崔漢綺, 1803～1879) 등 일련의 실학자들은 사람은 개체적으로나 집단적으로나 근본적으로 평등함을 주장하였다.

> 지금 우리나라는 노비를 재물로 삼고 있다. 사람은 모두 같은데 어찌 사람이 사람을 재물로 삼을 수 있겠는가(유형원, 『磻溪隨錄』, 卷26, 續篇下, 奴隷).

> 사람을 관리로 채용함에 있어서는 오직 그 현명함과 재질을 기준으로 할 것이며 문벌은 논하지 말아야 한다(『磻溪隨錄』, 卷13, 任官之制).

> 귀천(貴賤)의 신분을 세습하지 않는 것이 옛날의 법도이다(『磻溪隨錄』, 卷10, 敎選之制下, 貢擧事目).

> 재능과 기량(器量)을 가지고 태어나는 것은 귀천의 차이가 없는데, 요즈음은 문벌만 숭상하여 문벌이 없는 자는 백 명 중 하나도 진출하지 못한다(이익, 『星湖先生全集』, 卷45, 論用人).

우리나라 노비의 법은 천하 고금에 없는 것이다. 한번 노비가 되면 백 세대에 걸쳐 고초를 겪는다. 이것도 가엾은 일인데, 더구나 반드시 어미의 신분을 따르게 하는 법에 있어서랴. 어미의 어미와 그 어미의 어미의 어미로 거슬러 올라가 멀리 십 세대, 백 세대에 이르면 어느 세대, 어떤 사람인 줄도 모르는데, 막연히 이어진 외손들로 하여금 하늘과 땅이 다하도록 한없는 고뇌를 받으며 벗어날 수가 없게 한다(이익, 『星湖僿說』, 권12, 人事門, 奴婢).

천자(天子)로부터 서인(庶人)에 이르기까지 모두 사(士)이다(박지원, 『燕巖集』, 권5, 答蒼厓).

천자도 원사(原士)이다. 원사란 생인(生人)의 근본이다. 그 관직인즉 천자이고, 그 신분인즉 사이다. 작위에는 높고 낮음이 있으나 그 신분에는 변화가 없다. 지위에는 귀천이 있으나 '사'라는 점에서는 바뀌고 옮김이 없다(『燕巖集』, 권10, 雜著, 原士).

편협하고 사사로운 인재 선발 방법을 통절하게 개혁하여 나라의 인재를 빠짐없이 등용하는 일, 이것이 국가의 행복이고 그야말로 옳은 일이다(정약용, 『與猶堂全書』, 文, 卷8, 策, 人才策).

타고난 그릇과 재능의 우열(優劣)로 귀천(貴賤)을 구분하는 것이 참다운 귀천이요, 문벌이나 직업의 존비(尊卑)로 귀천을 나누는 것은 속된 귀천이다. 만약 속된 견해로 천하다 하여 참으로 귀한 인재를 버린다면, 필경 속된 견해로 귀하다 하여 진짜로는 천한 자를 취하게 될 것이다. 참된 것과 속된 것은 함께 쓸 수가 없으니, 차라리 속된 것을 버리고 참된 것을 취해야 할 것이다(최한기, 『人政』, 권15, 選人門2, 擧賤).

실학자들은 이구동성으로 사람들 사이의 신분상의 차별이나 출신지에 대한 차별이 있어서는 안 된다는 논변을 폈다. 그러나 그

논거로 어떤 상위 원리가 제시된 것은 아니었으니, 말하자면 그들은 평등 그 자체를 자명한 원리로, 그러니까 '천부인권'으로 납득했다고 해석할 수 있다. 그럼에도 그들이 '천민' 개념을 완전히 버렸다고 볼 수는 없고, 더구나 남녀 차별이 분명했던 당시의 상황에서 그에 대한 별다른 언급을 하지 않았다는 것은 성적 차별은 문제로 의식하지 않았음을 반증한다 해야 할 것이다. 19세기까지 서양의 계몽주의 평등사상가들에게서도 '평등'은 다수의 하층민과 여성이 제외된 시민계급의 문제였다는 점을 고려할 때, 동서 구별 없이 인류의 지성이 아직 이 점에서까지 개명되지는 못했다고 볼 수 있겠다.

요컨대, 조선시대 실학자들은 평민 이상의 백성을 염두에 두고서 평등 사회 구현을 논했다. 그리고 이런 제한된 의미에서나마 평등 사회 실현을 위해서는 일차적으로 재산의 균등한 소유가 성취되어야 한다고 보았다.

> 능히 재산을 고르게 해서 다같이 잘 살게 하는 자를 임금이요 목민자라 할 수 있다(정약용, 『與猶堂全書』, 卷11, 論, 田論1).

사회주의를 생산 수단을 공유하고 소비재를 균등하게 분배함으로써 사회 구성원의 삶의 질을 평등하게 하고자 하는 이념으로 이해한다면, "실학의 정치사상에는 사회주의적 요소가 매우 많이 포함되어 있다"(김한식, 『實學의 政治思想』, 일지사, 1979, 345면)고 볼 수 있다. 유형원, 이익, 홍대용, 정약용 모두가 당시로는 거의 유일한 생산 수단인 토지의 사유화를 부정하고 국유[王土] 내지 공유를 주장했으니 말이다. 이들은 모두 고대 중국의 균전제(均田制) 내지 정전제(井田制)를 이상으로 생각했다.

왕정(王政)이 토지의 경계를 바르게 하는 데로 귀결하지 않으면, 모든 게 구차할 뿐이다. 빈부(貧富)가 고르지 못하고, 강약(强弱)의 형세가 다르면, 어떻게 나라를 공평하게 다스릴 수 있겠는가. 내가 전에 균전론(均田論)을 지었는데[『星湖先生全集』, 권30; 『霍憂錄』, 均田論 참조], 그 대략은 다음과 같다.

농지의 일정 크기를 한계로 정하여 한 농부의 영업전(永業田)을 만든다. 농지를 많이 가진 자의 것을 빼앗지 않고, 농지가 [그 이상] 없는 자를 추궁하지 않는다. 영업전으로 정한 농지 이외에는 마음대로 사고팔게 한다. 단, 농지를 많이 가진 자가 남의 영업전을 취해 가지고 있을 경우에는 그 문권(文券)을 빼앗아 불사른다. […] 농지를 파는 자는 필시 가난한 집이다. 가난하지만 자기의 농토를 팔 수 없게 하면 겸병(兼幷)하는 것도 마음대로 할 수 없을 것이다. 가난한 농부가 영업전을 경작하여 수입이 있고 지출이 없으면, 가난한 집이 재산을 탕진하지는 않을 것이다.

[…] 영업전은 [정전제(井田制)의] 공전(公田)의 정신에 비추어 만든 것이니, 이를 벗어나면 이내 농지가 없는 집이 생긴다는 사실을 미루어 알 수 있다(이익, 『星湖僿說』, 권7, 人事門, 均田).

아홉 도의 전답을 고루 나누어주고 10분의 1을 세로 징수한다. 남자로서 가정을 가진 자는 각기 2결(結)씩 받도록 한다.－그 자신에 한하며, 죽으면 3년 후에 다른 사람에게 옮겨준다(홍대용, 『湛軒書』, 內集, 補遺, 권4, 林下經綸).

후세에 정전법(井田法)을 부활시키지 아니하면 왕도(王道)는 결국 실행될 수 없을 것이다(『湛軒書』, 附錄, 從兄湛軒先生遺事(從父弟大應書)).

정전(井田)이란 성인의 경법(經法)이다. 경법이란 예나 지금이나 통할 수 있는 것인데, 예전에는 시행하기 편리했지만 지금은 불편하다는 것은, 필시 법을 밝히지 못해서 그런 것이지 천하의 이치가 예와 지금에 다름이 있어서 그런 것이 아니다(정약용, 『經世遺表』, 권 5, 田制1, 井田論1).

그런데 이들 실학자들의 균전 내지 정전의 법은 국토 전체가 왕(王)의 것, 요즈음의 주권 개념을 적용하면 국가의 것이라는 전제 위에 서 있다(김인규, 『북학사상의 철학적 기반과 근대적 성격』, 도서출판 다운샘, 2000, 206면 참조). 곧, 생산 활동 내지 재산의 원천은 만인의 공유라는 생각은 재산 형성의 원천인 토지가 개개인의 것이 아니라 공공의 것이며, 공공의 것은 결국 왕의 것이라 보았으니, 주권자(主權者)는 왕이라는 생각에는 변함이 없었다(정약용, 『經世遺表』, 권7, 田制9, 井田議1 참조). 그래서 실학자들의 사상에 사회주의적 요소가 있다 하더라도, 19세기 유럽의 사회주의자들이 한결같이 민중 주권주의자들이었다는 점을 고려할 때, 양자 사이에는 큰 차이가 있다.

> 공전(公田)의 법은 지극히 순리적이고, 지극히 편안하며, 지극히 간단하고, 지극히 요긴하다. 무엇을 꺼려 시행치 않는단 말인가? 제왕이 천하 국가를 통치함에 있어 이밖에 다시 다른 법은 없다. 만약 후세에 마침내 이를 시행치 못한다면 마침내 제대로 된 통치를 바랄 수가 없다. 진실로 영명한 군주가 있어 단연코 이를 시행한다면, 고금(古今) 화이(華夷)를 막론하고 본래 시행치 못할 것이 없다(유형원, 『磻溪隨錄』, 卷2, 田制下, 16).

실학자들이 정전(井田)과 공전(公田)의 법을 세우려 했던 취지는 민생의 안정에 있었으며, 그들은 통치자의 첫 번째 책무를 백성들이 두루 잘 살게 보살피는 데에 있다고 보았다. 그러나 아직 그들에게 국민 주권 개념은 없었다. 백성들을 잘 보살펴야 한다고는 하나, 이런 배려 이면에는 그러나 일반 백성은 '가축'이고, 관리(官吏)는 '가축을 사육하는 사람[牧夫]'이라는 비민주적 사고방식이 함께 하고 있었다.

> 옛날에 순임금은 요임금의 뒤를 이으면서 12목(牧)을 불러 그들로 하여금 백성을 기르게 하였으며, 문왕이 정치제도를 세울 때 사목(司牧)을 두어 목부(牧夫)라 하였으며, 맹자는 평육(平陸)에 갔을 때 [『孟子』, 公孫丑下 참조] 추목(芻牧: 가축 사육)으로써 백성을 기르는 것에 비유하였으니, 이로 미루어보면 백성을 부양하는 것을 가리켜 목(牧)이라 한 것이 성현의 남긴 뜻이다. 성현의 가르침에는 원래 두 가지 길이 있다. 사도(司徒)는 만백성을 가르쳐 각기 수신(修身)하게 하고, 태학(太學)에서는 국자(國子: 왕족 및 공경대부의 자제)를 가르쳐 각기 수신하고 치민(治民)하게 하였으니, 치민하는 것이 목민(牧民)하는 것이다. 그런즉 군자의 학문은 수신이 그 반이요 나머지 반은 목민인 것이다(정약용, 『牧民心書』, 自序).

> 윗사람을 섬기는 자를 민(民)이라 하고 목민하는 자를 사(士)라고 하니, 사는 벼슬하는 자이고, 벼슬하는 자는 모두 목민하는 자이다. (『牧民心書』, 권1, 赴任, 第一條 除拜)

일반 국민들을 평안히 살도록 살피는 것이 정치의 본령이라 한다 하더라도, 백성은 가련한 자식이나 양떼이고, 통치자는 인자해야 한 어버이나 목자(牧者)라고 생각하는 것은 국민 주권 사상과는 거리가 멀다. 그리고 그런 생각은 진정한 의미에서 '평등한' 사회의 이념과도 조화를 이루기 어렵다. '윗사람을 섬기는 자'로서 백성들 간의 '평등'이란 진정한 의미에서 평등이라고 보기는 어려운 것이니 말이다. 실학자들의 정치사상은 기본적으로는 유교 정치 이념, 그것도 원시 유교적 정치 이념의 틀 안에 여전히 머물러 있었다 하겠다.

한국 사회에서 천부인권으로서 평등의 권리가 보편적으로 천명된 것은 3일 천하로 끝났던 갑신정변(甲申政變, 1884)의 때에 박영효(朴泳孝, 1861～1939), 김옥균(金玉均, 1851～1894) 등이 내건 이른바 갑신혁신정강(甲申政令)에서이다. 혁신정강의 제2조는 "문벌을 폐지하여 평등의 권리를 세울 것"을 말하고 있다(전봉덕, 『韓國近代法思想史』, 박영사, 1981, 76면 참조). 특히 박영효는 1888년의 '조선 내정 개혁에 관한 건백서(建白書)'(戊子上疏)에서 천부인권 사상을 개진하고 있는데, 그것은 의심할 여지없이 미국 독립선언서(獨立檄文)의 논지를 따른 것이다.

> 하늘[天]이 내려 백성을 낳은 것이니 만인은 동등하며 한결같이 움직일 수 없는 권리[通義]를 받았다. 그 권리인즉슨 스스로 생명을 보존하고 자유를 찾으며 행복을 추구하는 것이다. […] 이 같은 천부인권을 보전하는 본지(本旨)에 의해 사람들이 정부를 세운 것으로, 정부는 그 뜻을 살려 백성이 원하는 바에 따라 정치를 함으로써 권위를 세울 수 있다. 만약 이와는 달리 정부가 이 뜻을 어기면 백성은 그 정부를 변혁하여 새 정부를 세워 그 본지를 보전하는 것이니, 이것은 인민의 권리[公義]이자 의무[職分]이다(「박영효의 上疏文」, '八曰 使民得當分之自由 以養元氣' 第1節; 전봉덕, 『韓國近代法思想史』, 박영사, 1981, 183면 참조).

그리고 수년간 일본(1881～1882)과 미국(1883～1885) 등지에 체류한 후 귀국하여 1895년 "갑오경장을 주도했던"(유영익, 『甲午更張研究』, 일조각, 1997, 88면) 것으로 알려진 유길준(兪吉濬, 1856～1914)의 글에서도 같은 사상을 볼 수 있다.

사람이 세상에 살면서 사람답게 사는 권리는 현명함과 우둔함, 귀함과 천함, 가난함과 부유함, 강함과 약함에 따라 구별되지 않는다. 사람답게 사는 권리는 세상에서 가장 공평하고 올바른 원리다. 대중이 이 원리에 의하여 그들의 인성을 저마다 펴나간다. 어떤 사람이 말하길, '사람이 사람답게 사는 권리는 각 사람에 따라 일정하게 정해져 있다'고 하였는데, 이는 하나만 알고 둘은 모르는 자다. 사람이 세상에 태어난 뒤에 차지하는 지위는 인위적인 구별이고, 타고난 권리는 하늘이 내려준 공도다. 사람이 사람답게 사는 이치는 천자로부터 서민에 이르기까지 털끝만큼의 차이도 없다. 그러므로 외모가 서로 같고 성정이 서로 비슷하여, 비록 크고 작은 구별은 있지만, 밖에서 닥치는 불의 무도한 행동을 받아들이지 않는다거나, 안에서 일어나는 좋고 나쁜 것을 취사선택하는 본심을 지니는 것은 또한 서로 같다. 그러니 사람을 가리켜 사람이라고 말하는 것을 그 누가 '안 된다'고 하겠는가(유길준, 『서유견문』, 허경진 역, 한양출판, 1995, 117면).

사농공상(士農工商)의 각종 직업을 귀하거나 천하다고 구별하지 않으며, 저마다 사업에 전념하여 정신적 또는 육체적으로 힘쓴 만큼 이익을 받을 수 있다(『서유견문』, 123면).

3) '당위'로서 평등 사회

평등의 권리를 자연권, 천부인권이라고 납득한다는 것은, '모든 사람이 평등하다'는 것은 '자명한 사실'이라고 말하는 것이다. 그러니까 왜 사람들이 서로 평등해야 하는가는 더 이상 해명을 필요로 하지 않는 물음이며, 국면에 따라 불평등 상황이 있을 경우 그 까닭과 정당성은 반드시 해명되어야 하는 것이다. 그러므로 우리가 평등 사회 구현을 말할 때, '평등 구현'은 사회에 정당화할 수 없는 불평등이 상존하고 있음을 뜻한다. 그리고 실상 사람들이 사회를 이루어 생을 영위해 온 이래 부(富), 권력, 명예 등 사람들의 사회적 관계를 형성하는 주요 요소에서 모든 사람들이 평등한 적은 없다.

19세기 후반 이래 한국의 평등 사회 형성 과정만 돌이켜보더라도, 그 평등화 역시 일차적으로는 기존의 '불평등의 해소'였으며, 이때 불평등의 주요소는 (태생적인) 신분의 차별과 성적 차별 그리고 빈부의 차이였다.

오늘날에 많은 사람들은 경제적 빈부의 차이를 여러 가지 사회적 불평등을 초래하는 요인으로 보아 경제적 불평등을 해소하면 여타 방면의 불평등 상황도 개선될 것으로 기대한다. 그러나 신분 사회에서는 오히려 경제적 불평등조차도 기본적으로는 '신분'의 차이에서 비롯하는 것으로, 이것의 타파 없이는 근본적인 불평등의 해소를 기대할 수 없다. 그렇다고 신분 사회를 벗어나면 여타 방면의 불평등 상황이 곧바로 개선되는 것은 아니니, 왜 그러할까? 사람들이 서로 평등한 것이 당연한데도, 그런데도 사람들 사이에 불평등 상황이 상존한다면, 도대체 그 까닭은 무엇인가?

로크는 『통치론』에서 사람들이 사회생활을 하기 이전의 자연 상태를 "평등의 상태"라고 규정하면서, 다음과 같이 주장한 바 있다.

> [자연 상태에서] 모든 권력과 권한은 호혜적이며 무릇 어느 누구도 다른 사람보다 더 많이 가지지 않는다. 이 점은 동일한 종류의 피조물은 차별 없이 자연의 동일한 혜택을 받고 태어나 동일한 재능을 사용하기 때문에, 그 피조물의 주인이자 지배자가 그의 의지를 명시적으로 선언함으로써 어느 하나를 다른 하나보다 위에 놓고 뚜렷하고 명백한 지명을 통해서 의심할 여지없는 지배권과 주권을 그에게 수여하지 않는 한, 어떠한 복종이나 종속 없이 상호간에 평등해야 한다는 데서 명백히 드러나 있다(Locke, 「시민정부론」, §4).

'인간은 누구나 태어나면서부터 그 권리에 있어서 평등하다'는 통찰 아래에서 로크가 근대의 사회계약·자연권 이론의 수립에 결정적인 영향을 미쳤다면, 루소는 그러나 사람들 사이에는 현실적으로는 불평등이 엄존하며, 그것은 사회 제도에서뿐만 아니라 자연적 요인에서도 비롯한다고 본다.

> 나는 인간에게 두 종류의 불평등이 있음을 본다. 하나는 자연적인 또는 신체적인 것이라 부를 수 있는 것인데, 왜냐하면 그것은 자연에 의해 만들어져 나이, 건강, 체력, 심리적 또는 정신적 자질의 차이에서 생기는 것이기 때문이고, 또 다른 하나는 도덕적 또는 정치적 불평등이라 부를 수 있는 것으로 일종의 관습에 의존하며 인간의 동의에 의하여 확립되거나 또는 적어도 인정되는 것이다. 후자는 다른 사람의 희생 위에 일부 사람들이 누리는 여러 특권들에 놓여 있는데, 다른 사람들보다 더 많은 부, 명예, 권력을 가지거나 혹은 심지어 남들을 그들 자신에게 복속시키는 것 등이 그 예이다 (Rousseau, 『불평등기원론』, 서론).

루소가 관찰한 것처럼, 어느 현실 사회에나 사람들 간에 불평등은 있으며, 그것은 정치 사회적 제도에서 기인하기도 하지만, 자연적 요인에서 기인하기도 한다. 그렇다면 실제로는 서로 불평등하면서도 사람들은 어떻게 '평등함'을 인간의 사회적 관계의 최고 가치로 납득하게 되었는가?

그것은 아마도 '이성적 동물'이라는 인간의 근본 성격에서 연유할 것이다.

인간은 여느 동물이나 마찬가지로 자연에서 태어나 자연 안에서 살며 자기를 지켜가기 위한 자연스런 자기사랑의 기질을 가지고 있다. 그러나 인간은 그것으로 그치지 않고 '이성적'이며 또한 '자기

의식적'이다.

인간이 이성적이라는 것은, '이성(logos, ratio)'이라는 낱말의 서양어 어원(legein, reor)에서 보았듯이, 기본적으로는 계산, 비교, 추정, 합리화할 줄 안다는 것이다. 인간은 이 능력을 가지고 도대체 무엇을 계산, 비교하는가? 그 첫 번째의 것은 아마도, 그가 궁극적으로 머물러 있고 싶어하는 상태에 그 자신이 어느 정도까지 도달해 있는가를 셈하는 것일 것이다. 그리고 그 지경을 '극락'이라고 하든 '천국'이라고 하든 사람들이 마침내 머무르고 싶어하는 것은 다름 아닌 행복의 상태이다.

그런데 사람들은 자기 자신의 행 · 불행을 남들과의 비교 중에서 확인하고자 한다. 그것은 사람들이 끊임없이 자기 자신을 대상화 곧 타자화(Entfremdung)하여 자기를 또 하나의 '남'으로 여기고 남들과 동렬에 놓고 남들과 '자기'를 비교하는 자기의식적임을 말함과 동시에, 남의 평가 인정 중에서 자기의 가치를 얻으려는 기질이 있음을 말한다. 무엇보다도 이 기질로부터 '평등'의 가치 이념이 유래한다고 볼 수 있다. 이에 칸트는, 평등의 가치는, 어느 누구에게도 자기보다 우월함을 허용하지 않고 혹시 누군가가 그러한 것을 추구하지나 않을까 하고 염려하면서도, 자기는 남들의 위에 서려는 부당한 욕구와 결부되어 있는 사람들의 경향성에서 비롯한다고 본다. 이러한 경향성은 질투심 또는 경쟁심이라고 일컬어지는 것으로서, 남들이 나보다 우위에 서고자 할 때, 자기의 안전을 위하여 이 타인 위에 서는 우월성을 방비책으로 확보해 두려는 경향성이다. 바로 이 경향성의 충돌로부터 얻은 지혜가 평등의 원리라 볼 수 있다는 것이다.

다른 한편 헤겔은 '평등'을 인간 역사 발전의 한 국면인 '시민사회'에 이르러 사람들이 공존의 원리로 세운 이념으로 본다.

“인간은 자기의식이다. 인간은 자신을 의식하며, 자신의 인간적 현실과 위엄[존엄성]을 의식한다.”(A. Kojève, *Hegel — Eine Vergegenwärtigung seines Denkens*, hrsg. v. I. Fetscher, Frankfurt/M., 1975, S.20) 인간이 ‘나’를 의식한다는 바로 이 점에서 인간은 한낱 “자기감정”(Hegel, *Enzy*, §407) 수준을 넘어서지 못하는 동물과는 본질적으로 구별된다. 그러나 인간 역시 하나의 생명체로서 동물이기 때문에 여느 동물이나 마찬가지로 그의 자기의식의 바탕에는 ‘욕구’가 있다.

욕구는 인간을 불안정하게 만들고, 그로 하여금 행위하도록 밀친다. 행위란 욕구에 의해서 생겨나는 것이므로, 행위는 이 욕구를 충족시키려 애쓴다. 행위는 오로지 그 욕구된 대상을 ‘부정’하고 변화시킴으로써만 이를 달성할 수 있다. 부정하는 활동으로서 행위는 외적인 것을 파괴하거나 동화시키고 내면화함으로써 새로운 현실을 만들어낸다. 그러나 그 같은 부정적 활동에 의해 실현되는 욕구를 통해 형성되는 ‘자기’가 그 욕구가 향해 있는 대상들과 성질상 같은 것, 곧 자연적인 것에 머물러 있는 한, 그 ‘자기’는 그저 살아있는 나, 동물적인 나일 따름이다. 이 ‘자연적인 나’는 자신에 대해서나 모든 타자들에 대해서나 한낱 ‘자기감정’으로 나타날 따름이며, 결코 자기의식에 이르지 못한다.

욕구가 비자연적인 대상, 즉 현존하는 현실을 뛰어넘는 어떤 것과 관계 맺을 때, 그것은 자기의식의 것이 된다. 그런데 현존하는 현실을 뛰어넘는 유일한 것은 욕구 자체이다. 욕구 그 자체, 충족되기 전의 욕구 자체란 존재하지 않는 것 곧 공허, 무(無)이다. 그래서 자기의식은 원초적으로 욕구인 것이다.

자기의식은 자연 존재로서의 자기 자신과 관련해서 자기를 초월함을 전제로 한다. 이것은 욕구가 현존하는 것에가 아니라 존재하지 않는 것에 관계할 때 가능하다. 현존하는 것을 욕구한다 함은 이 현존하는 것에서 자기를 만족시킨다 함이요, 이것은 곧 그것에 자기가 예속한다 함을 뜻한다. 존재하지 않는 것을 욕구한다 함은 현존하는 것으로부터 자신을 해방시킨다 함이요, 이것은 자기의 자유를 획득한다는 것을 뜻한다. 욕구가 자기의식의 것이기 위해서는 존재하지 않는 것, 곧 또 다른 욕구, 또 다른 공허, 즉 "다른 자기", 다시 말해 다른 자기의식과 관계해야만 한다(A. Kojève, *Hegel — Eine Vergegenwärtigung seines Denkens*, S.57 참조).

자기의식으로서의 인간은 자신을 사물에 종속시키는 것이 아니라, 끝내는 자신을 다른 욕구 앞에 마주 세운다. 자기의식으로서 사물을 욕구하는 인간에게는 사물 그 자체는 그다지 문제가 되지 않고, 오히려 그 사물에 대한 그의 권리 인정, 즉 사물의 소유자로서 인정받는 것이 문제이다. 이것은 결국 다른 사람들, 다른 자기의식들에 의해 자기가 그들보다 우월하다는 것을 인정받기를 노리는 것이다. 이러한 인정에 대한 욕구만이, 그러한 욕구로부터 비롯하는 행위만이 인간적인 그러니까 비생물학적인 자기의식을 개시한다.

진정한 자기의식으로서 인간은 그래서 그의 비생물학적인 욕구를 충족시키기 위해서 자기의 생물학적 생(生)을 건다. 직접적으로 생과 관련이 없는 목표들에 이르기 위해 자기 목숨을 걸 수 없는, 인정 투쟁에 자기 생을 걸지 않는, 순전히 위신을 세우기 위해 투쟁에 들어갈 수 없는 존재자는 그러니까 진정한 자기의식, 인간적 존재자가 아니라 해야 할 것이다.

인정 싸움에서 패배자란 인정에 대한 자기의식적 욕구를 목숨을 유지하기 위한 생물학적 욕구 아래에 놓은 자이고, 이것이 그가 그 자신과 승리자에게 그 자신이 승리자의 아래에 놓여 있음을 인정하는 짓이다. 승리자란 생물학적 목숨과 직접 관련이 없는 목표를 위해 자기 생을 걸었고, 그것이 그가 패배자 위에 있다는 징표이다. 이렇게 해서 양자가 서로 인정하는 주인과 노예의 관계가 생긴다.

인간은 자연 안에서 하나의 생명체로, 하나의 동물로 태어났으나, 주인과 노예 관계가 형성되어야 끝이 나는 인정 투쟁과 더불어 비로소 "인간의 공동생활(Zusammenleben der Menschen)", 곧 '인간의 역사'가 시작되었다고 헤겔은 파악한다(Hegel, *Enzy*, §433 참조). 주인-노예의 관계 맺음은 말하자면 "사회학적 근본 법칙"(N. Hartmann, *Die Philosophie des Deutschen Idealismus*(1923/29), Berlin, [3]1974, S.333)이다. 이 말은, 언필칭 '사회적 동물'인 인간은 시초에서부터 주인이거나 노예이며, "주인도 없고 노예도 없는 곳에서는 현실적인 인간은 없다"(A. Kojève, *Hegel — Eine Vergegenwärtigung seines Denkens*, S.61)는 것을 뜻한다. 그러나 이 같은 사회에서 '주인'은 '노예'의 노동의 산물에 의존해 있다는 점에서 타자에 대하여 비독립적이고, 곧 자유롭지 못하고, '노예'는 '주인'의 의지대로 노동한다는 점에서 타자에 대하여 비독립적이다, 곧 자유롭지 못하다. 이 상황의 극복은 사회 구성원 모두가 자기 행위의 주체가 됨으로써만 가능하다는 것을 비로소 근대인들은 깨달았고, 그것의 실현 방식으로 '시민사회'가 등장했다. — "전면적인 상호 의존체계"로서 '시민사회'는 일단 그 구성원 모두가 자유롭고 평등한 사회로 생각되었다.

4) 평등의 요소와 고려점들

현대의 입헌 민주 국가에서 시민은 누구나 "법 앞에 평등하다." (「대한민국 헌법」, 제11조 ①) '법 앞의 평등'이란 첫째로 모든 시민에 대해서 법은 보편적으로 적용되어야 한다는 원칙을 말하는 것이다. 그래서 그것은 어떠한 사람들의 특수한 지위를 인정하는 법률은 있을 수 없으며, 법정에서도 누구에게나 동일한 법률이 동일한 뜻으로 적용되어야 함을 말한다. 그러나 더 나아가 '법 앞의 평등'이란 법률로 보장되는 시민 생활에서 모든 국민은 그 권리와 의무에 있어서 평등함을 말한다. 모든 국민은 계층 계급, 성, 종교, 인종의 차이와는 상관없이 시민으로서 누릴 수 있는 행복 추구의 권리를 동등하게 가지며, 또한 동시에 법률이 정하는 국민의 의무를 균등하게 분담해야 함을 말한다.

그렇지만 이러한 원칙의 천명에도 불구하고 현실 사회의 사람들 사이에 부(富), 권력[힘, 영향력], 명예[위신, 명망] 등에서 차이는 상존한다. 이들 요소야말로 사람들의 사회적 삶의 질에 결정적인 영향을 미치기 때문에 무엇에서보다 사람들이 평등하기를 바라는 것임에도 말이다.

우리가 '왜 사람들은 사회적 삶에서 어느 면에서나 평등해야 하는가'는 따져 물을 것도 없이 '평등'을 사회 운영의 제일의 원칙으로 납득하고 나면, 이제 문제는 어떻게 저러한 불평등을 평등의 원칙을 훼손함이 없이 변경할 수 있느냐는 것이다.

현실적으로 사람들 사이에서 보이는 부나 권력, 명예의 차이 중 상당 부분은 각자의 소양과 인품에서 비롯한 것인 만큼 각자의 탓이라고 할 수도 있다. 그러나 사람들이 저마다 서로 상당히 다른 자연적 기질 내지 소양을 가지고 태어나고, 그런 소질이 각자의 생명 유지의 필요에 따라 개발되어 가는 것이 '자연적인' 현상이라고 하더라도, 다분히 사회적 평가 양태에 맞춰 어떤 소양은 강화되고 어떤 기질은 억제된다는 사실을 인정할 때, 인간이 사회 안에서 살고 있는 한에서 자연적 소양조차도 사회화되기 마련이고, 그런 한에서 일정 부분 '사회적'이라 하지 않을 수 없다. 그렇기에 사람들 사이의 불평등의 문제는 어느 것이나 사회적 문제가 아닌 것이 없다고 볼 수 있다.

사회적 불평등 요소를 손꼽아보자면 한둘이 아니지만, 그 가운데서 현대 사회에서 다른 문제에 비교적 크게 영향을 미치는 문제는 경제적 평등과 정치적 평등의 문제라 하지 않을 수 없다.

(1) 경제적 평등의 문제

개개인의 품위 있는 인간적인 삶을 위해 필요한 조건 중에서 으뜸은 경제적 기반이라는 데에 이의를 제기하는 사람은 많지 않다. 그러나 '부의 분배' 문제에 대한 사람들의 의견 차이는 결코 작지 않으며, 그것은 이른바 사회주의 대 자유주의의 대립 갈등으로 표출된다.

사회주의 또는 마르크스주의 관점에서 보면 부는 가장 중요한 것으로 간주된다. 아마도 그것은, 일찍이 루소도 설파한 바 있듯이, 부란 사람들 간의 사회적 차별을 결과하게 하는 신분, 지위, 권력, 개인 능력 따위 중에서도 "개인의 번영에 가장 곧바로 쓰이고, 주고받기에 가장 손쉬워 나머지 모든 것들을 사들이는 데 쉽게 활용될 수 있기 때문"(루소, 『불평등기원론』, 수록: 『사회계약론 외』, 박은수 역, 인폴리오, 1998, 106면 참조)이기도 하겠지만, 더욱 기초적인 것은 부만이 인간의 물질로부터의 해방, 곧 신체의 자유를 담보할 수 있기 때문일 것이다.

인간의 존엄성을 이야기할 때 그것은 개인의 존엄성을 말하는 것이며, 이때 제일의 문제는 존엄성의 기반인 개인의 자유이다. 여기서 '평등'의 문제는 무엇보다도 '자유의 평등' 문제로 인식된다. 그렇다면, '자유'란 어떠한 상태를 말하는가? 사유란 "정신의 본질" (Hegel, *VPG*: TW12, 30)이라고 파악된 적이 있었다. 그래서 헤겔은 정신의 자유가 확보되는 게르만-기독교 사회에서 "만인은 자유롭다"(*VPG*: TW12, 31 이하 참조)고 강론한다. 그런데 '정신이 자유롭다'는 것은 무엇을 뜻하는가? 어떤 사람의 몸이 구속되어 있는 마당에서 그 사람이 자유롭다는 것이 진실로 말해질 수 있는가? 사람은 본질적으로 '정신적' 존재니까, 몸이야 속박되어 있건 말건 자유롭다는 것인가? 자유민주주의 사회에서는 누구나 "거주 · 이전의 자유"(「대한민국 헌법」, 제14조)를 가지며, 또한 "직업 선택의 자유"(「대한민국 헌법」, 제15조)를 갖는다. 그러나 어디에서도 집을 장만할 재산이 없고, 짐을 짊어질 근력이 없는 사람에게 이 '자유'란 무엇이란 말인가?

현대에 와서 인간은 철두철미 신체적 존재자로 파악된다. 그래서 대한민국의 헌법이 인간의 권리로서의 '자유'를 열거할 때도 그러하듯이, 인간의 자유란 첫째로 "신체의 자유"(「대한민국 헌법」, 제12조 참조)를 말한다. 신체의 자유는 인간이 행사할 수 있는 자유권의 토대이다. 그런데 신체로서의 인간은 물질을 필요로 하고, 물질에 의거해서만 생명을 부지해 갈 수 있고, 물질의 충족을 통해서만 행복을 얻을 수 있다. 이 물질의 충족은 다름 아닌 '경제적 부'를 말한다. 그러니까 경제적 부야말로 인간의 존엄성을 보장할 수 있는 것으로 이해된다. 그러므로 경제적 부의 평등 없이 평등한 인간의 존엄성은 보장될 수 없다. 그래서 만약 우리가 사람들이 서로 평등한 사회를 구현하고자 할 때, 첫째로 해야 할 것은 경제적 부를 평등하게 하는 일이다.

그렇다면, 경제적 부를 평등하게 한다는 것은 무엇을 어떻게 한다는 말인가? 그것은 개개인의 경제 활동 기회를 균등하게 한다는 말인가, 또는 경제 활동의 조건을 평등하게 한다는 말인가, 아니면 경제 활동의 결과물을 모든 사람에게 평등하게 배분한다는 말인가?

또, 경제 활동의 결과물을 모든 사람에게 평등하게 배분한다는 것은 어떻게 한다는 것인가?

"두 종류의 평등이 있다. 하나는 수적인 것이고 다른 하나는 가치적인 것이다. 나는 '수적으로 평등한'이란 것을 크기나 양에서 평등하고 동일한 것을, 그리고 '가치에서 평등한'이란 것을 비례적으로 평등한 것을 지칭하기 위하여 사용한다"(Aristoteles, *Politica*, 1301b 26)고 일찍이 아리스토텔레스는 말한 바 있다. 여기서 '평등'은 최소한 서로 다른 두 가지 관점에서 얘기할 수 있다. 이른바 '산술적 평등'이냐, '비례적 평등'이냐의 문제이다.

생산 수단의 통제, 곧 만인이 토지, 산업 자본, 노동력을 공유하거나 수적으로 동일하게 균분하여 소유한다면 경제 활동의 기회나 조건에서는 평등하다 할 것이다. 그러나 이렇게 한다 해도 각자의 생산 수단 운용 능력과 경제 흐름에 대한 통찰력이 다르기 때문에 생산물의 소유에서의 평등은 이내 깨질 것이다. 그렇다고 각자의 생산량과 상관없이 생산물 곧 소비재를 고르게 분배한다면, 근본적으로 '신체적'이고 그래서 자신의 신체적 노고는 줄이는 대신 신체의 만족을 위해 분배는 '필요' 이상으로 받으려 하는 '이기적'인 인간이 전심전력으로 생산에는 참여하지 않아 총생산량은 줄어들 것이고 따라서 분배할 거리는 감소하는 반면, 필요에 대한 요구는 증대할 것이다. 그렇기에 근본적으로 이기적인 사람들로 이루어진 사회가 "능력에 따라 생산하고, 필요에 따라 분배받는다(Jeder nach seinen Fähigkeiten, jedem nach seinen Bedürfnissen!)"(Marx, "Kritik des Gothaer Programms", MEW, Bd. 19, S.21 참조)는 모토를 내거는 것은 곧 모두가 함께 '가난하게 살기'를 천명하는 것에 다름 아니다. 이런 자연스런 사람들의 경향성의 결과를 개선하고자 의도적으로 생산량을 늘리려 한다거나 필요에 대한 요구에 제동을 걸면, 그것은 국가사회가 개인의 삶을 근본적으로 통제 조절한다는 것을 의미한다. 바로 이 대목에서 평등주의자와 자유주의자의 견해가 첨예하게 대립한다.

각 개인의 인간다운 삶을 위해서 최소한의 평등한 부는 보장되어야 하고, 그를 위해 부의 재분배는 필요하고도 불가피하다는 것이 평등주의자들의 신념이고, 그 신념을 정당화할 명분 또한 충분하다. "그러나 정치 논쟁에서 오랫동안 일고 있는 논란의 일부는 부의 불평등을 축소하고자 하는 시도가 가져올 결과에 집중된다. 동기 유발에 미칠 효과와 다양한 정도의 기술, 재능, 책임 그리고 근면을 가진 사람들에게 동일한 보상을 하는 것이 불공평한가 여부의 문제는 차치하고라도, 개인의 손에서 부가 축적되는 것은 과도한 국가 권력을 방지하는 안전판이며 따라서 자유의 파수대라는 주장이 있다."(John Rees, 『평등(*Equality*)』, 권만학 역, 대광문화사, 1990, 50~51면; Q. Hogg, *The Case for Conservatism*, Penguin Books, 1947; F. A. Hayek, *The Constitution of Liberty*, London, 1960 참조) 이 같은 자유주의자들의 견해 또한 충분한 역사적 체험을 통해 나온 것으로 결코 무시할 수가 없다. 결국 결론은 두 주장에서 절충점을 찾는 것이고 그 과정이 현실 정치이다. 일단 절충점에 이르렀다 해도 그것이 영속적인 것이 될 수는 없는 것일 것이니, 거듭거듭 합의점을 찾아나가는 것이 현실 정치의 도정이라 해야 할 것이다.

(2) 정치적 평등의 문제

인간이 비록 근본적으로 신체적 존재자라고는 하더라도, 균등한 신체의 필요 충족만으로 인간다운 삶을 누릴 수 있는 것은 아니다. 인간다운 삶을 위해서는 부에 있어서의 평등뿐만 아니라 적어도

'권력'에 있어서의 평등 또한 보장되어야 한다. 그러나 실제로 권력은 만인에게 고루 분배될 수 있는 성질의 것이 아니다. 역사적으로 볼 때 권력은 소수 엘리트에 집중되는 것이 상례이고, 그 사정은 쉽게 개선되지 않는다. 이것이 정치적 평등이 문제가 되는 자리이다.

근대 사회에서는 정치적 평등을 본질로 갖는 민주주의를 실현하기 위해 대의제를 채택하고 있기는 하지만, 여기서도 만약 대의원이 선거를 통해 선출된다면 불평등은 거의 해소되지 못한다. 원한다고 해서 누구나 대의원이 될 수 있는 것은 아니기 때문이다. 그 마당에서 '나'의 의사와 명백히 다른 의사를 가진 대의원이 '나'의 의사를 대변할 수는 결코 없고, 따라서 그 의사결정에 내가 구속받는다는 것은 국민 주권 정신에 일치한다고 보기 어렵다. 공동체의 의사가 다수결로 결정되고 — 더구나 흔히 채택하고 있는 '단순 최다 득표제(plurality system)'의 경우에는 과반수 미만의 동의만을 얻어 — 그 의사가 다른 의견을 가진 이들에게도 구속력을 가질 경우에는 더욱 그러하다. 그것은 "모든 사람은 본래 자유로우며, 그 자신의 동의를 제외하고는 그 어떤 것도 그를 어떤 지상의 권력에 복종시킬 수 없다"(Locke, 『시민정부론』, §119)는 자유주의의 원칙과 상치한다.

또한 대의제와 다수결의 원칙의 시행에 부수하는 문제들도 정치적 평등을 적지 않게 저해한다.

대의 정치 체제에서 평등주의 원칙은 일차적으로는 '1인 1표 투표 참여제'로 나타난다. 그러나 투표권에서 모든 사람이 동등한 것은 아니다. 성차별, 신분 · 지위의 차별은 없어졌다 해도, 연령에 따른 차별은 여전히 남아 있다. 투표권을 19세 이상의 국민에게 부여하는 기준은 무엇에 근거해서 만들어졌는가? 그것은 정치적 참여를 위한 판단력의 수준, 아니면 사회 형성에 기여한 정도를 고려한 것인가? 사회 형성에 기여한 정도를 기준으로 할 것 같으면 그 정도는 거의 나이와 상관없이 국민들 간에 천차만별이다. 판단력을 기준으로 할 것 같으면, 어쩌면 18세 이상 80세 이하로 정하는 것이 더 합당할지도 모른다. 그리고 도대체 이런 제한을 두면서 제한 내에 있는 국민들에게는 '수학적 평등성'을 부여하는 것이 일관성이 있는 일인가? 또 지역구의 구별이 있는 경우 선거구 간의 불균등성(이른바 게리맨더링[gerrymandering])은 어떻게 정당화될 수 있는가? 더욱이 국회의원을 선출하는 선거구를 주민 8만 5천 명 이상 30만 명 이내로 획정할 때 그 수치의 정당성은 어떻게 확보되는가? 선거구 간의 불균등성을 해소하기 위하여 전국 단위 비례 대표제를 채택하면 대안으로 충분한가? — 전문 연구가들 사이에도 의견이 분분한 이 문제들이 더구나 이해 당사자들의 타협에 의해 '선거법'의 형태로 미봉된다면, 그 정당성에 대한 문제는 정치적 평등의 문제 가운데 하나로 여전히 남을 수밖에 없다.

2. 자유의 개념과 문제들

1) 자유의 사회철학적 문제

윤리 형이상학에서 '자유의 문제'가, 자연 상태에서의 사람은 자연의 법칙 아래에 종속하는, 곧 자연 사물의 인과적 연관 관계 속에 매여 있는, 그러니까 자유롭지 못한 존재자인데, 그런데도 어떻게 자연적 욕구 동인(動因) 또는 경향성에서 벗어나 이성의 자율 체계인 도덕 법칙에 따르는 행위를 할 수 있는가라는 인간성과 도덕 법칙 사이의 문제라면, 사회철학에서 자유의 문제는 개인과 개인, 개인과 사회 사이에서 생기는 충돌과 화해 모색의 문제이다.

이 '자유'의 문제는 사람은 원초적으로 '개인'으로 존재하며, 사회는 개인들의 '집합체' 내지는 '공동체'라고 이해하는 데서 출발한다. 개인은 자연에서 태어나 자연 안에서 사는 이성적 동물로서 애당초, 곧 이른바 '자연의 상태'에서는 자연의 법칙이 허용하는 범위 내에서 자신의 신체와 능력을 자신의 생각과 느낌대로 사용하고 발휘하는 '자유'를 가진 자이다. 그러나 이들이 모여 일단 사회가 형성되고 나면, 이제 개인은 단지 자연의 법칙 아래에뿐만 아니라, '사회의 법칙' 내지 규범 아래에 놓인다. 이때 개인이 자연의 상태에서 누리던 '자유의 권리'에 변동이 생기면, 그것이 바로 '자유 문제'의 발단이 된다. 그것이 문제가 되는 것은 개인이 더 이상 개인 단독으로는, 다시 말해 사회에 속하지 않고서는 살 수 없기 때문이다.

2) 자유 원리의 문제

(1) 권리로서의 자유에 대한 규정

인간의 기본적 권리로서 '자유'에 대한 명료한 규정의 모범을 우리는 프랑스 대혁명(1789) 후에 결성된 국민의회의 「인간과 시민의 권리 선언」에서 볼 수 있다.

「인간과 시민의 권리 선언」(1789)

제1조 인간은 권리에 있어서 자유롭고 평등하게 태어나 생존한다. 사회적 차별은 공동 이익을 근거로 해서만 있을 수 있다.

제2조 모든 정치적 결사의 목적은 인간의 자연적이고 소멸될 수 없는 권리를 보전함에 있다. 그 권리란 자유, 재산, 안전 그리고 압제에의 저항 등이다.

제3조 모든 주권의 원리는 본질적으로 국민에게 있다. 어떠한 단

체나 어떠한 개인도 국민으로부터 명시적으로 유래하지 않는 권위를 행사할 수 없다.

제4조 자유는 타인에게 해롭지 않은 모든 것을 행할 수 있음이다. 그러므로 각자의 자연권의 행사는 사회의 다른 구성원에게 같은 권리의 향유를 보장하는 이외의 제약을 갖지 아니한다. 그 제약은 법에 의해서만 규정될 수 있다.

제5조 법은 사회에 유해한 행위가 아니면 금지할 권리를 갖지 아니한다. 법에 의해 금지되지 않은 것은 어떤 것이라도 방해될 수 없으며, 또 누구도 법이 명하지 않는 것을 행하도록 강제될 수 없다.

[…]

제16조 권리의 보장이 확보되어 있지 않고, 권력의 분립이 확정되어 있지 아니한 사회는 헌법을 갖고 있지 아니하다.

한국 사회에서 인간의 기본권으로서 '자유'에 대한 규정과 그에 대한 해설의 초기 형태는 유길준(兪吉濬, 1856～1914)의 『서유견문(西遊見聞)』(1895) 「국민의 권리」 장에서 볼 수 있다.

국민의 권리라고 하는 것은 자유와 통의(通義)를 말한다. 이제 자유와 통의에 대하여 설명해 보자.

자유는 무슨 일이든지 자기 마음이 좋아하는 대로 따라서 하되, 생각을 굽히거나 얽매이지 않는 것을 말한다. 그러나 결코 자기 마음대로 방탕하라는 취지는 아니고, 법에 어긋나게 방자한 행동을 하라는 것도 아니다. 또 다른 사람의 형편은 돌보지 않고 자기의 이익이나 욕심만 충족시키자는 생각도 아니다. 나라의 법률을 삼가 받들고 정직한 도리를 굳게 지니면서, 자기가 마땅히 해야 할 사회적인 직분 때문에 다른 사람을 방해하지도 않고, 다른 사람의 방해도 받지 않으면서, 자기가 하고 싶은 일을 자유롭게 하는 권리다.

통의를 한마디로 설명하자면, 당연한 정리(正理)라고 할 수 있다. 이제 몇 가지 예를 들어보자. 가령 관직을 맡은 사람이 그 임무나 직책을 수행하기에 알맞은 직권을 가지는 것은 당연한 정리다. 집을 소유한 자가 주인으로서의 명의와 실권을 갖추어 자기의 소유물이라고 말하는 것도 또한 당연한 정리다. 돈을 남에게 빌려준 사람이 약속한 대로 이자를 요구하는 것이라든지, 논이나 밭을 남에게 빌려준 사람이 그 수확을 나누어 달라고 요구하는 것도 또한 당연한 정리다. 천만 가지 사물이 당연한 이치를 따라 본래부터 가지고 있던 상경(常經)을 잃지 않고, 거기에 맞는 직분을 지켜 나아가는 것이 통의의 권리다.

이와 같은 자유와 통의의 권리는 천하에 살고 있는 모든 사람들이 다 같이 가지고 있으며 다 같이 누리고 있다(유길준, 『서유견문』, 112~113면).

인간의 제반 기본권과 그에 상응하는 국가와 국민의 사회적 의무, 그 가운데서도 국민의 기본적 권리로서의 '자유'가 갖는 의의에 대한 숙고를 통해 한국 사회는 대한민국 수립과 더불어 비로소 제반 자유의 권리에 대한 헌법적 규정을 갖게 되었다(제헌헌법[1948. 7. 17] 제9조~제28조; 현행[제6공화국]헌법[1987. 10. 29] 제12조~제34조 참조). 그리고 이 헌법 규정에 알맞게 법령들이 정비됨으로써 한국은 법치국가가 되었다.

(2) 자유의 의미

오늘날 우리가 말하는 '자유'란 다름 아닌 개인의 자유를 지칭한다. 이때 '개인'이란 '개제'로서의 인간을 말한다. 이 같은 의미에서의 '자유' 개념은 비로소 근대 시민사회에 와서야 부각되었다. 개인 주체의 개념이 없는 곳에서 '자유' 개념은 형성될 수 없는바, 한 사람의 성장 과정에서도 '주체성'에 대한 의식은 사춘기에 이르러서나 뚜렷해지듯이, 인류의 역사에 있어서도 '개인 주체'의 개념은 상당 기간의 문화 체험을 한 근대에 이르러서야 형성되었던 것이다.

오늘날 '개인'은 '개체'로서의 인간이자 행위 주체로서의 인간으로 이해되는 것이 보통이다.

'개체'란 본디 무엇인가?

'개체'란 헤아려 셈할 때의 최소 단위, 곧 더 이상 무엇으로 환원될 수 없는 것, 그러니까 더 이상 분할될 수 없는 것(individuum), 더 이상 쪼개질 수 없는 것(ἄτομον), 하나인 것(monade)을 뜻한다. 그러므로 '개체'란 독특한 성격을 가진 존재자, 다시 말하면 그것이 가진 독특성의 전체가 다른 어떤 것과 동일한 것이 되지 않는 그런 존재자를 지칭한다. 좀 더 포괄적으로 말하자면 개체란 '분할될 수 있다고 하더라도, 어떤 것이 이제까지 그것이었던 바의 것이기를 중지하지 않는 한, 분할되어서는 안 되는 그런 것'이다.

이런 뜻의 개체 개념에 — 현재 우리가 사용하는 것과는 전혀 다른 의미이기는 하지만 — '주체' 개념을 결합시킨 것은 아리스토텔레스이다. 아리스토텔레스에게 있어서 개체는 진정으로 존재하는 '실체'이자 문장에서 주어 자리에 놓이는 '주체'이다.

개체는 다른 것과 구별된다는 의미에서는 개별자이다. 이 '개체', 곧 '개별자'에 대립하는 철학적 개념은 '보편자[보편적인 것]'이고, 이 '개별자-보편자'라는 켤레를 이룬 반성 개념은 '무엇이 실제로 존재하는 것인가?'라는 철학적 질문을 풀어가는 데 지침의 역할을 한다. 예컨대 '이 사람', '그 사람', '공자', '이율곡'은 개별자라면, '사람'은 보편자이다. 이 경우 실제로 존재하는 것은 '공자' 또는 '이율곡'인가, 아니면 '사람'인가? 이 물음에 대한 답은 '실제로 존재하는 것'을 어떻게 파악하느냐에 따라 두 갈래로 나뉜다.

보편자가 실재함을 주장하는 이들은, '실제로 있는 것', '참으로 있는 것'이란 불변적인 것을 뜻하며, 불변적인 것은 어떤 것의 본질인 것, 즉 어떤 것의 그 무엇임을 드러내주는 것이라고 생각한다. '이율곡'이 소년이었을 때든 장년이었을 때든, 그가 관청에서 사무를 보든 학문적 담화 중에 있든 그는 '사람'이며, 이율곡을 무엇이게 만들어주는 것은 '사람'이라는 성격이므로, '사람'은 '이율곡'의 본질이고, 그러므로 '사람'이야말로 '실제로 있는 것'이라고 생각한다. 이에 반하여 아리스토텔레스는 실제로 있는 것은 '이율곡'이라는 개별자[개체]이며, 이른바 '사람'이라는 보편자란 종(種)이나 유(類) 개념으로서 개별자에 속하는 성질이라고 이해한다.

아리스토텔레스에 의하면 그러나, '실제로 있는 것'이란 "그것 없이는 여타의 것들은 전혀 있을 수 없는 것"(Aristoteles, *Categoriae*, V, 2b 5~6), "그것을 제거하면 여타의 모든 것들이 제거되어 버리는 것"(Aristoteles, *Metaphysica*, XI, 1, 1059 b30), "이것들이 없다면, 도대체가 아무것도 있지 않게 되는 것"(*Metaphysica*, IX, 8, 1050 b19; XII, 6, 1071b 5~6)을 말하며, 따라서 그것은 존재론적으로는 존재하는 모든 것들의 '밑바탕에 놓여 있는 것[基體]'이며, 언표[문법]적으로는 주어가 되는 것이다. 이것을 아리스토텔레스는 '우시아(οὐσία)', 또는 낱말 뜻 그대로를 살려 '휘포케이메논(ὑποκείμενον)'이라고 불렀는데, 이것이 라틴어로는 substantia(실체) 또는 substratum(基體), subiectum(주어, 주체) 등으로 번역되어 오늘날의 여러 서양어 유래가 되었다. 그러니까 아리스토텔레스의 파악에 따르면, 실체는 개체이며, 오히려 이른바 보편적인 것은 이 개체의 속성으로서 개체가 없으면 더 이상 있을 수 없는 것이다. 그리고 이 '밑바탕에 놓여 있는 것'이 언표에서는 주어가 된다. '주어'란 "그것에 관해서 여타의 것이 말해지나, 그 자신은 어떤 다른 것에 관해서 말하는 것이 아닌 것"(*Metaphysica*, 1028b 36~37)을 말한다. 그런 까닭에 언표에서 주어, 주인말은 존재에서 주체, 실체이며, 이 주체를 중심에 두고 들락거리며 이 주체가 무엇이고 어떠한가를 드러내주는 말인 술어는 객어 즉 손님말로서, 그것은 존재적으로는 주체에 귀속되고 수반되고 담지되는 것이다. 이렇기에 언표에서 주어-술어의 관계는 존재에서는 실체-속성의 관계가 된다.

일상의 언표에서는 물론 보편자도 주어 자리에 놓인다. 가령 '사람은 말한다'에서 주어인 '사람'은 보편자이다. 그러나 이 언표가 형성된 과정을 추적해 보면, 최종적인 주어는 개별자임이 드러난다. '사람은 말한다'는 언표는 " '소크라테스는 말한다', '아리스토텔레스는 말한다', '이율곡은 말한다', …. 그런데 소크라테스, 아리스토텔레스, 이율곡 …은 사람이다. 그러므로 (일반화하면) '사람은 말한다' "를 줄인 것으로 볼 수 있다. 언표에서 최종적인 주어가 개체인 만큼, 주어 자리에 올 수 있는 것은 무수하게 많으며 따라서 실체 혹은 주체는 무수하게 많다는 결론이 나온다. 그리고 이 개체는 개별적인 사람뿐만 아니라, 일체의 개별적 사물도 지칭한다. 그러니까 '이 돌은 단단하다', '저 소나무는 푸르다', '저 바다는 깊다'에서 '이 돌', '저 소나무', '저 바다' 모두가 실체요, 주체이다.

무수히 많은 개별적인 사물이 실제로 있는 것이요, 주체라는 생각은 신이 자연 만물을 창조했다는 기독교의 교의(敎義)를 이어받은 서양 중세의 철학적 신학에서 다른 길로 접어든다. 자연 만물을 창조한 자로서 신이 있다면, 신은 자연 만물의 근원이요, 근거이며, 자연 만물의 '밑바탕에 놓여 있는 것'이고, 이런 뜻에서 신은 자연 만물의 주(主)요, 기체(基體)이며, 주체(主體)이고 실체(實體)이다. 그러므로 자연 만물 곧 모든 개체들은 주체인 신의 산물로서 피조물로서 신의 맞은편에 자리를 얻은 것 즉 객체이며, 객으로서 주인에게 의존되어 있는 것이며, 따라서 모든 개체들은 주체인 신 없이는 그 존재를 생각할 수 없는 것이다. 여기에서 개체들이 주체요 실체라는 생각은 유지될 수 없을 뿐만 아니라 오히려 그 반대가 된다.

이제 만물을 지어낸 자로서 신이 주체라는 것은 무엇을 함축하는가? 그것은 주체는 '하나[一者]'이며, 그리고 오직 '정신(精神)'이라는 것이다.

피조물은 모두 객(客)이고 객체이며, 그것을 지어낸 자에게 의존되어 있다고 이해되는 곳에서는, 그리고 낳고-낳아짐의 관계를 궁극에까지 소급 추적해 갈 때 결국 최초의 생산자가 있을 것이고, '최초'란 하나일 수밖에 없다고 생각되는 곳에서는, 주체는 오로지 '하나'뿐인 것으로 이해된다.

이 '하나'인 주체는 모든 존재자에게 존재를 부여하기도 하고 거둬들이기도 하되 일정한 질서 원리 형식(formae principales)과 변하지 않는 원칙들(rationes rerum stabiles et imcommutabiles)에 따라 계획성 있게 한다. 신은 무엇에 의존함이 없이 오로지 자기 자신으로부터 자신의 뜻에 따라 만물을 지어내고 그것들의 생성변화를 주재(主宰)하는 것이다. 그의 활동이 '창조(creatio ex nihilo)'라고 불리는 것은 그런 까닭이다. 그러므로 만물의 중심이고 주체인 신은 세계의 시작점(principium)이고 질서 원리이며, 질서 자체이다. 이런 의미에서 신은 도(道, 말씀, logos) 자체이며, 이성(理性, ratio) 자체, 바꿔 말해 '순수 이성(ratio pura)'이다. 신은 또한 자신의 생각대로 자신의 뜻에 따라 자연 만물을 기획(企劃)하여 기투(企投)적으로 지어낸다는 의미에서는 의지 자체, 즉 자유 의지로 이해된다. 진정한 의미에서 '자유(自由)'란 무엇인가? 그것은 문자 그대로 '자신으로부터 비롯함'이다. 자연 만물이 그 존재 생성에서 무엇인가 타자로부터 비롯한 것(ens ab alio)이라면, 신은 그리고 오직 신만이 자신으로부터 비롯한 것(ens a se)이요, 비로소 그로부터 만물이 생겨난 것이니, 신은 있지 않던 것을 있도록 하고, 이미 있는 것을 달리 있도록 하고, 있는 것을 없도록 할 수 있는 능동적 활동 자체(actus purus)이며, 이런 뜻에서 의지 자체 곧 자유 의지인 것이다. 이로부터 '주체'의 새로운 의미가 분명하게 드러났다. 그것은 언표에서 '밑바탕에 놓여 있는 것(主語, 基體)'일 뿐만 아니라, '참으로 존재하는 것(實體)'이되, 이 말은 그것이 이성이며 자유 의지임을 뜻하게 된 것이다. 이런 주체의 성격에 어울리는 명칭은 '정신'이다. 따라서 이제부터 어떤 물질적인 것에도—'물질적인 것'과 '정신'이 성격상 뚜렷하게 구별되었으니—'주체'라는 이름은 부적절한 것으로 납득되었고, 만약 '주체'가 있다면, 그것은 오직 정신적인 것이어야만 함이 자명한 것으로 여겨졌다. 후에 로크를 거쳐 실체가 다시금 무수히 많은 개체들로 바뀌어 이해되자, 라이프니츠는 정신만이 실체임을 애써 논증하였다. 개체란 어느 경우에나 자기동일성을 유지하는 것이고, 자기동일성의 유지는 오로지 단일성을 유지할 수 있는 힘을 소유한 자, 즉 정신에 의해서만 가능하다고 말이다.

아리스토텔레스적 언술과 존재의 체계에서는 모든 개체가—뒷사람들의 구분법에 따른 정신적인 것과 물질적인 것의 차이와는 상관없이—'주체'이고, 따라서 다수(多數)의 주체가 있었는데, 기독교 신학적 반성에 이르러 주체는 '하나'요, 오로지 정신—이성이고 실천 활동이며 따라서 자유 자체인—만이 주체로 파악되었다.

그러나 이 같은 신 주체 개념은 계몽주의와 더불어 인간 주체 개념으로 대치되었고, 그에 따라 '자유'도 새로운 의미를 얻었다. 홉스는 자유란 '(물리적) 강제로부터의 벗어남(libertas a coactione)'이라고 규정했는데, 이로부터 정치 사회적으로 중요한 '자유' 개념이 나왔다. 이런 규정 속에는 오늘날 흔히 통용되는 '해방'이라는 자유의 소극적 의미와 함께 적어도 두 가지가 함축되어 있다. 자유롭다는 말이 적용될 수 있는 것은 '자연적[물리적 · 신체적] 개체'라는 것과, 그런 한에서 그것은 완전히 자유로울 수는 없다는 것 말이다. 홉스는 "더 다양한 길을 걸을 수 있는 사람은 그만큼 더 자유롭다"(Hobbes, *De cive*, c. 9. sect. 9)고 인간의 자유를 상대적으로 고찰함으로써, 인간이 신체적 존재자인 한 그가 시민이든 노예이든 단지 그의 자유로움에는 정도의 차이가 있을 뿐이라고 보았다. 이 같은 홉스의 생각을 잇는 경험주의자들은 인간을 근본적으로 감성적인, 정념적인 존재자로 파악하고, 자유를 '하고 싶은 대로 할 수 있음'으로 이해했다. 그러니까 자신의 경향성을 억압하는 사람은 경향성을 따르는 사람보다 더 자유롭지 못한 것으로 보았다. 그러나 제아무리 자유로운 사람이라 하더라도, 그의 경향성에 스스로 제어할 수 없는 요소가 들어 있는 한, 그는 일정 부분 경향성을 좇을 수밖에 없는 것이고, 그런 한에서 그의 행동은, 적어도 부분적으로는, 결정되어 있는 것이다. 이것은 바꿔 말해 인간의 행동은 상당 부분 심리-생리적으로 결정되어 있다는 생각의 표명이다.

오랫동안 이성적 동물로 파악된 인간에서 '이성'을 인간의 의식 양태 일반이 아니라 종래 신적 이성의 본질로 이해했던 '보편적인 세계 질서 원리'라고 본 데카르트와 같은 초기 이성주의적 계몽주의자들에게 있어서 '인간'은 세계 질서의 원리인 한에서 분명히 '주체'이기는 하지만, 그러나 그 인간은 '정신'으로 간주된 보편자였다. 이 정신을 로크는 "정신들"(Locke, *Essay*, II, 27, 2 참조)로 복수화함으로써 복수의 인간'들'을 시야에 두었다. 이로써 인간은 이성을 가진 정신적 존재자이기는 하지만, 그렇다고 한 가지의 존재자가 아니라, 서로 구별되는 여럿의 존재자임이 명시되었다. 그것은 그러나 사실은 인간이 이성적이기는 하지만 여전히 '동물'임을 강조한 것이다. 인간이 이성적이라는 것은 신처럼 이성적이라는 것이 아니라, 동물이면서 이성적이라는 것이다. 즉 신체를 가진 이성적 존재자임을 말하는 것이다. 인간은 신체를 가진, 그로써 피가 흐르는, 욕구를 가진, 감정을 가진 존재자이고, 이 점에서 한 인간은 분명히 다른 인간과 구별되는 개별자로서 존재한다. 이런 인간의 존재 성격을 그대로 받아들임으로써 칸트 역시 기본적으로는 인간 본성에 대한 감각 경험주의적 입장을 취했다. 그러나 칸트는 인간은 동물임에도 불구하고 순수 실천 이성을 가지고 있고, 그런 의미에서 인간은 '자유'의 힘, 다시 말해 그의 자연적, 곧 동물적 경향성을 벗어나 자신이 세운 당위의 도덕 법칙을 준수할 수 있는 힘, 곧 자율(自律)적인 힘을 가지고 있으며, 그런 한에서 인간은 그 동물성에도 불구하고 "신성하다"고 보았다.

그러니까 홉스가 동물로서의 인간이 그 동물성으로 인해 끝까지 어느 행위에 있어서나 완전한 의미에서 자유로울 수는 없다, 곧 무엇이나 자기 하고 싶은 대로 다 할 수는 없다고 파악했다면, 칸트는 물론 사람이 무엇이나 자기 하고 싶은 대로 다 할 수는 없지만, 그러나 자연적 경향성으로부터 벗어나서 도덕적 행위를 할 수 있다는 점에서, 자연 법칙의 예속에서 벗어날 수 있다는 점에서 자유롭고, 그런 한에서 동물성 이상의 것, 곧 인격성을 가지고 있다고 파악함으로써 자유의 또 하나의 의미를 발견했다고 볼 수 있다.

이 같은 맥락에서 오늘날 자유는 '~으로부터 벗어남'이라는 소극적 의미 외에 '스스로에서 비롯함'이라는 원래의 적극적인 뜻 아래에 '자기 하고 싶은 대로 함'이라는 의미와 함께 '자신이 세운 법칙에 자신을 종속시킴 = 자율적임'이라는 의미를 가진다.

3) 자유의 주요 문제

일제로부터 해방 후 아직 한국 정부가 수립되기 전에 백범 김구(金九, 1876~1949)는 다음과 같이 말한 적이 있다.

> 우리가 세우는 나라는 자유의 나라라야 한다.
>
> 자유란 무엇인가? 절대로 각 개인이 제멋대로 사는 것을 자유라 하면 이것은 나라가 생기기 전이나, 저 레닌의 말 모양으로 나라가 소멸된 뒤에나 있는 일이다. 국가생활을 하는 인류에게는 이러한 무조건의 자유는 없다. 왜 그런고 하면, 국가란 일종의 규범의 속박이기 때문이다. 국가생활을 하는 우리를 속박하는 것은 법이다. 개인의 생활이 국법에 속박되는 것은 자유 있는 나라나 자유 없는 나라나 마찬가지이다. 자유와 자유 아님이 갈리는 것은 개인의 자유를 속박하는 법이 어디서 오느냐 하는 데 달렸다. 자유 있는 나라의 법은 국민의 자유로운 의사에서 오고, 자유 없는 나라의 법은 국민 중의 어떤 일 개인, 또는 일 계급에서 온다. 일 개인에서 오는 것을 전제 또는 독재라 하고, 일 계급에서 오는 것을 계급 독재라 하고 통칭 파쇼라고 한다(1947년의 글, 『백범일지』, 427면).

이 몇 마디 말 속에 자유의 중요한 정치적 문제는 모두 포함되어 있다.

인류의 역사를 돌이켜보자면, 여기저기 한두 사람씩 살던 때가 있었을 것이다. 그리고 로크가 상정한 것처럼 그러한 '자연의 상태'에서 "사람들은 타인의 허락을 구하거나 타인의 의지에 구애받지 않고, 자연법의 테두리 안에서 스스로 적당하다고 생각하는 바에 따라서 자신의 행동을 규제하고 자신의 소유물과 일신(一身)을 처분할 수 있는 완전한 자유"를 누리고 있었다고 보아 무리가 없을 것이다. '스스로 말미암음'이라는 본래 말뜻에 맞는 만상 운동 변화의 '제일 원인' 또는 세계 창시자라는 의미에서의 자유(自由)나 자연 법칙의 기계적 인과 연쇄를 넘어서는 도덕 법칙의 '존재 근거'로서의 자유에 대해서, 정치 사회적인 문제 상황에서 자유는 분명이 같은 로크적 의미로 사용된다. 모든 시민은 본래적으로 자유를 갖는다고 말할 때, 자유란 그래서 주권자인 시민은 누구의 간섭도 받지 않고 자기 생각을 표출하고 자기 몸과 소유물을 자기 의사대로 쓸 수 있는 능력 내지 권리를 갖는다는 것을 뜻한다. 그러나 주변에 '타인'이 없는 자연의 상태에서라면 몰라도 사회 속의, 곧 타인들과 더불어 사는 시민이 이 같은 자유의 권리를 가질 때는 분명 사회 문제가 발생한다. 한 사람의 자유권의 행사는 불가불 타인의 자유권 행사와 충돌하게 될 터이기 때문이다. 그런 까닭에 사회에서 '자유'를 얘기할 때 현안의 문제는 곧 사회 안에서 개인의 자유로운 행위의 정당한 범위는 어디까지인가, 바꿔 말해 국가사회는 개인의 자유를 어느 경우에 어느 정도까지 제한할 수 있는가 하는 것이다. 여러 종류, 여러 방향의 자유 가운데서도 오늘날의 사회에서 가장 중요하게 여겨지는 것은, 평등의 문제에서도 그러하듯이, 정치적 자유와 경제적 자유이겠는데, 이와 관련하여 저 현안의 문제는 그래서, 누구에게나 결사의 자유가 있지만, 그 정당한 범위는 어디까지인가, 그리고 누구에게나 자신의 근면과 재능을 살려 재산을 축적할 수 있지만 그 정당한 범위는 어디까지인가라는 물음의 형태로 등장한다.

(1) 결사의 자유 문제

개인이 사회와 대면할 적에 첫 번째 문제는 그 '사회'라는 것이 아예 그의 의사와는 상관없이 형성되고 운영되어 갈 때 생긴다. 조선시대의 한국 사회가 당시의 개개 주민들 누구의 의사에 따라 형성되었으며 운영되었던가를 상기해 보는 것만으로도 문제의 소재는 명료하게 나타난다. 서양 근대의 사회철학자들은 이 문제에 당하여 이른바 '사회계약설'을 수립함으로써 혈연 사회인 '가족'은 그렇다 치고, 국가를 포함해 여타 모든 사회는 자치 공동체로서 그 사회를 구성하는 개개인이 주체라는 점을 주장, 개개인은 국가의 설립, 정부의 수립과 해체를 포함해서 일체의 '결사(結社)의 자유'를 천부적으로 갖는다고 보았다.

다산 정약용도 국가 정부 수립의 발단을 주민들에 의한 통치자의 추대 · 선출로 설명하고, 심지어 통치자가 선임의 취지에 어긋나게 통치 행위를 할 때 주민들은 당연히 그 통치자를 교체할 수 있다는 이른바 주민들의 '저항권'을 인정, 역성(易姓) 혁명을 말하고 있다.

> 태초에는 백성이 있었을 뿐 무슨 목민자(牧民者)가 있었던가. 백성들이 옹기종기 모여 살면서 한 사람이 이웃과 다투다가 해결을 보지 못한 것을 공언(公言)을 잘하는 어른이 있었으므로 그에게 가서야 해결을 보고 사린(四隣)이 모두 감복한 나머지 그를 추대하여 높이 모시고는 이름을 이정(里正)이라 하였고, 또 마을 백성들이 자기 마을에서 해결 못한 다툼 거리를 가지고 준수하고 식견이 많은 어른을 찾아가 그에게 해결을 보고는 여러 마을이 모두 감복한 나머지 그를 추대하여 높이 모시고서 이름을 당정(黨正)이라 하였으며, 또 여러 고을 백성들이 자기 고을에서 해결 못한 다툼 거리를 가지고 어질고 덕이 있는 어른을 찾아가 그에게서 해결을 보고는 여러 고을이 모두 감복하여 그를 이름하여 주장(州長)이라 하였고, 또 여러 주(州)의 장(長)들이 한 사람을 추대하여 어른으로 모시고는 그를 이름하여 국군(國君)이라 하였으며, 또 여러 나라의 군(君)들이 한 사람을 추대하여 어른으로 모시고는 그 이름을 방백(方伯)이라 하였고, 또 사방(四方)의 백(伯)들이 한 사람을 추대하여 그를 우두머리로 삼고는 이름하여 황왕(皇王)이라 하였으니, 따지자면 황왕의 근본은 이

정에서부터 시작된 것으로 백성을 위하여 목민자가 있었던 것임을 알 수 있다. 그때는 이정이 민망(民望)에 의하여 법을 제정한 다음 당정에게 올렸고, 당정도 민망에 의하여 법을 제정한 다음 주장에게 올렸고, 주장은 국군에게, 국군은 황왕에게 올렸다. 그러므로 그 법들이 다 백성의 편익(便益)을 위하여 만들어졌는데, 후세에 와서는 한 사람이 스스로 황제(皇帝)가 된 다음 자기 아들, 동생 그리고 시어(侍御), 복종(僕從)까지 모두 봉(封)하여 제후(諸侯)로 세우는가 하면, 그 제후들은 또 자기 사인(私人)들을 골라 주장(州長)으로 세우고, 주장은 또 자기 사인들을 추천하여 당정, 이정으로 세우고 있다. 그렇기 때문에 황제가 자기 욕심대로 법을 만들어서 제후에게 주면 제후는 또 자기 욕심대로 법을 만들어서 주장에게 주고, 주장은 당정에게, 당정은 이정에게 각기 그런 식으로 법을 만들어준다. 그러므로 그 법이라는 것이 다 임금은 높고 백성은 낮으며, 아랫사람 것을 긁어다가 윗사람에게 붙여주는 격이 되어, 얼핏 보기에 백성이 목민자를 위하여 있는 꼴이 되고 있다(정약용, 『與猶堂全書』, 第1集, 詩文集, 卷10, 原, 原牧).

천자(天子)는 군중의 추대에 의해 된 것이다(『與猶堂全書』, 論, 湯論).

군중이 추대하지 않으면 장(長)이 될 수 없고, 추대되어 장이 되었다 해도 그의 행위를 오가(五家)가 찬동하지 않으면 오가가 협의하여 인장(隣長)을 바꿔 세우며, 오린(五隣)이 찬동하지 않으면 이십오가(二五家)가 협의하여 이장(里長)을 바꿔 세운다. 구후팔백(九候八伯)이 찬동하지 않으면 구후팔백이 협의하여 천자(天子)를 바꿔 세운다(같은 곳).

이 같은 정약용의 통치자론은 로크의 사회계약설과 맞닿아 있다. 공동체의 관리자로 선임된 통치자는 시민들의 권익을 보호·보장하고 국가 공동체를 수호하기 위해, 위임받은 범위 내에서만 그 권한을 행사해야 하며, 만약 통치자가 국가 공동체의 목적을 일탈하여 월권을 하거나 시민들의 권리를 제대로 보호하지 못하고 오히려 침해할 경우 시민들은 통치자 내지 통치 형태를 자기들의 의사에 맞게 바꾸는 저항권을 행사할 수 있다.

한국의 헌법도 이 같은 시민사회 국가 이론을 수용하고 있다.

> 悠久한 歷史와 傳統에 빛나는 우리 大韓國民은 3·1運動으로 建立된 大韓民國臨時政府의 法統과 不義에 抗拒한 4·19民主理念을 계승하고, 祖國의 民主改革과 平和的 統一의 使命에 입각하여 正義·人道와 同胞愛로써 民族의 團結을 공고히 하고, 모든 社會的 弊習과 不義를 타파하며, 自律과 調和를 바탕으로 自由民主的 基本秩序를 더욱 확고히 하여 政治·經濟·社會·文化의 모든 領域에 있어서 各人의 機會를 균등히 하고, 能力을 最高度로 발휘하게 하며, 自由와 權利에 따르는 責任과 義務를 완수하게 하여, 안으로는 國民生活의 균등한 향상을 기하고 밖으로는 항구적인 世界平和와 人類共榮에 이바지함으로써 우리들과 우리들의 子孫의 安全과 自由와 幸福을 영원히 확보할 것을 다짐하면서 1948年 7月 12日에 制定되고 8次에 걸쳐 改正된 憲法을 이제 國會의 議決을 거쳐 國民投票에 의하여 改正한다(「대한민국 헌법」, 前文, 1987年 10月 29日).

한국의 헌법은 당시 정부를 타도한 시민 정치 활동인 '3 · 1 운동'과 '4 · 19 의거'를 민주 이념의 발로로 보고 이것이 '자유민주적인' 국가의 토대임을 천명함으로써 시민들의 정부에 대한 저항권을 시민들의 정당한 권리로 인정하고 있다.

한국 사회에서뿐만 아니라 오늘날 개명된 시민사회에서 각급 사회단체를 설립하고 해체하는 결사의 자유는 폭넓게 행사되고 있다고 볼 수 있다. 그러나 국가 설립이나 취소, 정부 수립이나 해체의 자유는 어디서나 사실상은 거의 말뿐이다. 그것은 '국가'란 한낱 임의 단체가 아님을 말하는 것이 아니겠는가?

(2) 재산 형성의 자유 문제

재산 형성과 재산의 개인 소유권의 정당성 논의에 있어서도 앞서 살펴본 것처럼 로크는 그 원론을 제시한 바 있다.

'재산'은 각자의 손과 이성에 의한 노동을 통해 형성되는 것이며, 그렇게 형성된 재산은 노동한 자의 '고유의 것(property, Eigentum)'이다. 이로 인해 '사유 재산'이 생기는 것이며, 이 사유 재산은 노동 능력에 따라서 차등이 생길 수밖에 없다. 그럼에도, 만약 '각자의 것'이 '각자의 능력대로 노동 능력을 발휘하여 수확한 것'을 뜻한다면, 서로 다른 각자의 능력에 따라 서로 차등 있게 형성된 재산이 사유화되어 각자의 재산에 차등이 나는 것은 '각자의 것은 각자에게!'라는 '정의(正義)'의 원칙에도 부합한다 하겠다.

자유주의적이라 할 수 있는 이 같은 생각에 따르면, 차등적인 사유 재산이 그 차등성에도 불구하고 정당한 것은 각자의 노동에 의해 형성된 재산의 사유화는 인류의 공동 자산을 감소시키는 것이 아니라, 오히려 '인류의 전체 자산이 증대하기 때문'이다. 예컨대, 정전법에 따라 토지를 균등하게 분할하여 경작한 결과 최고 수확자의 생산량이 5이고, 최저 생산자의 생산량이 1로, 총 생산량이 50일 때, 같은 토지를 한 사람이 독점 경작한 결과 총 생산량이 100으로, 이 가운데 60을 시민들 곧 당초의 토지 공유자들에게 환원하고, 나머지 40을 경작자가 독점해도 그것은 인류 전체의 이익을 증대시킨 것인 만큼 정당하다는 것이다.

그러나 노동은 손과 이성 그리고 근면성만으로는 이루어질 수 없으니, 적어도 노동할 토지가 있어야 하고, 노동 능력이 배양되어 있어야 한다. 노동할 토지 자체가 사유이고, 이 사유화가 애당초

만인의 공유물인 토지에 최초로 노동을 더함으로써, 곧 개간함으로써 확보되는 것이라면, 누구에게나 마음만 먹으면 개간할 원시의 땅이 주어져 있지 않을 경우, 그 사유화가 정당하다고 볼 수 없다. 개간할 기회가 없어서 아직 한번도 토지를 소유해 보지 못했고, 그래서 토지 경작을 해보지도 못한 사람의 생산 능력이라는 것은 측정해 볼 수도 없으니, 그의 애당초의 '몫'을 알 수도 없다. 또한 어떻게 해서 경작할 토지를 확보는 했다 하더라도 누구에게나 노동 능력을 배양할 여건이 같지 않다면, '각자의 능력대로'가 원천적으로 차등이 있을 수 있는데, 이런 상황 속에서 과연 각자의 능력대로 생산한 것이 '각자의 것'이라고 정당하게 말할 수 있을지는 의문이 아닐 수 없다. — 이 같은 의문점을 빌미로 현실적으로 적게 가진 자는 현실적으로 많게 가진 자에게 때로는 정당하게, 때로는 과장되게, 때로는 사회 정의 이름으로, 때로는 감정적으로 소유의 불평등을 비난하고, 상대적으로 많이 가진 자는 자신의 노동의 자유를 내세워 그런 비난이 터무니없다고 응수하고 있다.

3. 정의의 개념과 문제

아리스토텔레스가 "정의란 그에 의해 각자가 자기의 것을 취하며, 법이 정하는 바내로 하는 미덕이고, 반면에 부정의란 그에 의해 누군가가 남의 재물을 취하고 법에 따라서 하지 않는 것"(Aristoteles, *Ars Rhetorica*, 1366b 9 이하)이라고 규정한 이래, 흔히 '각자에게 그의 것!'이라는 표어는 정의를 대변하는 것으로 간주되고 있다. 그러나 여전히 '그의 것'이 무엇인가는 분명하지가 않아 그만큼 정의 이론은 치열한 논쟁에 싸여 있다. 그런 중에도 오늘날 롤즈(J. Rawls, 1921～2002)의 『정의론』(1971/1999)은 현대적 정의 개념을 비교적 섬세하게 제시한다.

롤즈의 정치철학은, 사람들이 그의 주장을 '자유주의적 평등주의'라고 일컫듯이, '자유'와 '평등'을 화해시키고자 한 범형으로서, 그는 말하자면 '자유롭고 평등한' 사회를 '정의로운' 사회라고 일컫는다.

> 사상 체계의 제1덕목을 진리라고 한다면 정의는 사회 제도의 제1덕목이다. 이론이 아무리 정치(精緻)하고 간명하다 할지라도 그것이 진리가 아니라면 배척되거나 수정되어야 하듯이, 법이나 제도가 아무리 효율적이고 정연한 것일지라도 그것이 정당하지 못하면 개혁되거나 폐기되어야 한다. 모든 사람은 전체 사회의 복지라는 명목으로도 유린될 수 없는 정의에 입각한 불가침성(inviolability)을 갖는다. 그러므로 정의는 타인들이 갖게 될 더 큰 선을 위하여 소수의 자유를 뺏는 것이 정당화될 수 없다고 본다. 다수가 누릴 더 큰 이득을 위해서 소수에게 희생을 강요해도 좋다는 것을 정의는 용납할 수 없다. 그러므로 정의로운 사회에서는 평등한 시민적 자유란 이미 보장된 것으로 간주되며, 따라서 정의에 의해 보장된 권리들은 어떠한 정치적 거래나 사회적 이득의 계산에도 좌우되지 않는 것이다. 우리가 결함 있는 이론을 그나마 묵인하게 되는 것은 그보다 나은 이론이 없을 경우인데, 이와 마찬가지로 부정의는 그보다 큰 부정의를 피하기 위해 필요한 경우에만 참을 수 있는 것이다. 인간 생활의 제1덕목으로서 진리와 정의는 지극히 준엄한 것이다(Rawls, *A Theory of Justice*[*TJ*], revised edition, Oxford, 1999, pp.3~4).

그의 『정의론』의 첫 대목에서 롤즈는 그의 생각의 핵심을 이미 표명한다. 그가 '정의로운 사회'를 말할 때 염두에 두고 있는 정의는 '공정으로서의 정의'이다. 그리고 롤즈는 이 공정으로서의 정의는 가장 합리적인 절차에 의해서 공동체의 운영 원칙이 세워질 경우에만 실현될 수 있다고 본다.

그런데 “사회는 상호간의 이익을 위한 협동적 모험사업이기는 하지만, 그것은 이해의 일치뿐만 아니라 이해의 상충이라는 특성도 갖는다. 사람들은 각자가 자기 혼자만의 노력에 의해서 살기보다는 사회 협동체를 통해서 모두가 더 나은 생활을 할 수 있다는 점에서는 이해가 일치한다. 그러나 또한 사람들은 그들의 노력에 의해 산출될 더 큰 이득의 분배 방식에 대해 무관심하지 않으며, 자신들의 목적을 추구하기 위해 적은 몫보다는 큰 몫을 원하기 때문에 이해가 상충한다. 그러므로 이러한 이득의 분배를 결정할 여러 가지 조정책들을 선정하고 적절한 분배의 몫에 합의하는 데 필요한 한 벌의 원칙들이 요구된다. 이 원칙들이 사회 정의의 원칙들로서, 그것들은 기본적인 사회 제도 안에서 권리와 의무를 할당하는 방식을 제시해 주며, 사회 협동체의 이득과 부담의 적절한 분배를 결정해” 줄 것이다(*TJ*, p.4). 공정한 사회에서는 누구라도 “그에게 자신을 위해 특별한 이득을 취할 길은 없다. 반면에, 그가 특별히 손해를 입는 것을 그대로 묵과할 이유도 없다. 그가 사회적인 근본적 재화의 분배에서 동등한 몫 이상을 기대한다는 것은 합리적이지 못하며, 동등한 몫보다 적은 것에 동의한다는 것은 이성적이지 못한 까닭에, 그가 택할 수 있는 현명한 길은 평등한 분배를 요구하는 원칙을 정의의 제1원칙으로 인정하는 일이다. 사실 이러한 원칙은 누구나 막론하고 너무나 분명하여서 누구에게나 직각적으로 떠오르는 것이다. 그래서 당사자들은 공정한 기회 균등을 포함한 만인에 대한 평등한 기본적 자유와 더불어 소득과 부의 평등한 분배를 확립해 줄 원칙에서부터 출발한다.”(*TJ*, p.130) 그래서 사회계약에 임하는 최초의 상황(initial situation)에서, 가정컨대, 만약 사람들이 자신이 처할 상황, 자신의 능력, 심지어 자기 자신의 신념이나 선에 대한 개념조차 모르는, 곧 무지의 장막(veil of ignorance)에 둘러싸여 있다면, 그러니까 이를테면 원초적인 입장(original position)에 놓인다면, 사람들은 공정으로서의 정의를 확보하기 위한 다음의 두 기준을 채택할 것으로 기대된다. 곧, 그들은 첫째로 "기본적인 권리와 의무의 할당에 있어 평등을 요구"하는 한편, 둘째로는 "사회적 · 경제적 불평등, 예컨대 재산과 권력의 불평등을 허용하되 그것이 모든 사람, 그 중에서도 특히 사회의 최소 수혜자에게 그 불평등을 보상할 만한 이득을 가져오는 경우에만 정당한 것임을 내세울"(*TJ*, p.13) 것이다. 이로써 우리는 합리적인 시민들은 다음과 같은 사회 정의의 원칙들에 합의할 것이라 기대할 수 있다.

> 제1원칙 : 각자는 모든 사람의 유사한 자유의 체계와 양립할 수 있는 평등한 기본적 자유의 가장 광범위한 전체적 체계에 대해 평등한 권리를 가져야 한다.
>
> 제2원칙 : 사회적 · 경제적 불평등은 다음 두 가지를 충족시키게끔 조정되어야 한다. 즉,
>
> (a) 그것은 정의로운 저축 원칙과 양립하면서 최소 수혜자에게 최대 이득이 되어야 한다.
>
> (b) 그것은 공정한 기회 균등의 조건 아래 모든 사람들에게 개방된 직책 및 직위와 결부되어야 한다(*TJ*, p.266).

이 "사회 정의의 원칙들이 제일단계로 적용되어야 할 부분은, 어느 사회든 그 사회의 기본 구조 안에 불가피함직한 불평등들이다. 그래서 이 원칙들은 정치 체제의 선택과 경제적 · 사회적 제도의 중심 요소들을 규제한다. 한 사회적 구도의 정의 여부는 본질적으로 권리와 의무가 할당되는 방식에 달려 있으며, 경제적 기회와 사회 여러 분야에 있어서의 사회적 조건에 달려 있는 것"(*TJ*, p.7)이

니 말이다. 이제 이 원칙들은 자유롭고 평등한 시민들 간의 공정한 협동 체제로서의 사회를 이룩하는 데 초석이 될 것이다. 첫째 원칙은 '평등한 자유 원칙'으로서 여기서 말하는 '기본적 자유'란 시민적 자유, 언론과 결사의 자유, 양심과 사상의 자유, 신체의 자유, 사유 재산권, 공직에 대한 선거권과 피선거권 등등으로서, 이러한 자유와 권리는 타자의 그것을 침해하지 않는 한 결코 침해되어서는 안 되고 누구에게나 동등하게 보장되어야 하는 것이다. 이로써 롤즈는 '자유'가 사회 운영의 제1원칙임을 천명한다. 그러나 롤즈의 두 번째 정의 원칙은 사회 운영에 있어서는 '평등'의 원리가 동시에 작동해야 함을 적시한다. 둘째 원칙은 이른바 '차등의 원칙'을 담고 있지만, 그것은 사회적 · 경제적 평등을 대원칙으로, 예외적으로 만약 불평등이 불가피하다면 그것이 사회의 최소 수혜자의 관점에서 보아 더 큰 이득이 될 경우에 한하며, 또한 그러한 공무를 수행할 수 있는 사회적 직책과 직위는 누구에게나 개방되어 있어야 하고 누구나 그에 접근할 수 있도록 공정한 기회 균등이 보장되어 있어야 함을 말하는 것이다. 그러니까 두 번째 원칙은 사회에서 불가피하게 일어날 사회적 · 경제적 불평등이 용인될 수 있는 범위를 설정하여 불평등의 확산을 규제하는 규칙이다.

이어서 롤즈는 이 원칙들 사이에 마찰이 있을 경우에는 제1원칙이 우선하며, 제2원칙 내에서는 (b)가 (a)에 우선해야 함을 설득한다.

제1우선성 규칙(자유의 우선성) : 정의의 원칙들은 축차적 서열로 이루어져야 하고 따라서 기본적 자유는 자유를 위해서만 제한될 수 있다. 그런 경우로는 두 가지가 있는데,

(a) 덜 광범위한 자유는 모든 이가 공유하는 자유의 전 체계를 강

화해야만 하고,

(b) 덜 평등한 자유는 더 작은 자유를 가진 사람들에게 받아들여질 수 있어야 한다.

제2우선성 규칙(효율성과 복지에 대한 정의의 우선성) : 정의의 제2원칙은 서열상으로 효율성의 원칙이나 이득의 총량의 극대화 원칙에 우선해야 하며 공정한 기회는 차등의 원칙에 우선해야 한다. 그런 경우로는 두 가지가 있는데,

(a) 기회의 불균등은 더 적은 기회를 가진 사람들의 기회를 증대해야만 하고,

(b) 과도한 저축률은 결국 이러한 노고를 치르는 사람들의 부담을 경감시켜야 한다(*TJ*, pp.266~267).

그러니까 롤즈에게 있어서 최대한으로 평등한 시민들의 정치적 자유는 어떠한 사회적 · 경제적 대가로도 제한될 수 없는 것이다. 그것은 시민들의 정치적 자유의 권리가 사회적 · 경제적 평등의 권리에 우선함을 말한다. 이는 곧 제1원칙의 준수를 전제로 비로소 제2원칙이 기능할 수 있음을 뜻하는 것이다.

제2원칙은 사회적 · 경제적 차등을 허용하지만, 이 '차등'이 정당성을 얻는 것은 이 차등을 통하여 사회의 최소 수혜자의 이득이 오히려 증대하는 경우뿐이다. 예컨대 정전법(井田法)에 준하여 산술적으로 평등하게 토지를 배분한 결과 사회 구성원 8명이 각자의 경작 능력에 따라 1부터 3까지의 소득을 올리는 상황에서 제도를 바꿔, 사회 구성원 1명이 50%를 소유해 고도의 경작 기술을 발휘하여 50의 소득을 올린 경우 20은 그 경작자의 몫으로 하고, 그 나머지를 여타 7명에게 분배한 결과 최소 수혜자의 소득이 5가 된다면, 이는 허용될 수 있다는 것이다. 롤즈의 제2원칙이 이를 함축한다면, 그것은 결국 앞서 고찰했던바 로크에서도 볼 수 있는 사유

재산 제도의 정당화와 자본주의 실현을 가능하게 하는 토대 이론이라 할 수 있다.

그러나 제아무리 '원초적 상황'에서라 하더라도 이 같은 결과를 낳을 수도 있는 차등의 원칙에 과연 사회 구성원이 쉽게 합의할지는 의문이다. 자유주의적 평등 사회에서 절대적 빈곤 문제는 해결된다 해도 상대적 빈곤 문제가 불거질 것임은 충분히 예측할 수 있는 일이니 말이다.

그리고 또 절대적 빈곤이 문제가 되는 사회가 있다면 거기에서 롤즈 식 원칙들 간의 축차적 서열이 의미 있을지도 의문이다. 사실상 이 원칙들 사이의 우선성의 서열은 최소한 구성원 어느 누구도 생존의 위협을 받지 않는 경제적 조건이 갖추어진 사회에서나 통용될 수 있다고 보이기 때문이다. 그 때문인지 롤즈 역시 경우에 따라서는 사회적 · 경제적 평등이 정치적 자유에 앞서 고려되어야 함을 은연중에 시사하고 있다.

롤즈의 생각에 사람들이 정의의 원칙에 따라 분배해야 한다고 요구하는 것으로 '근본적인 사회적 재화(primary social goods)'가 있다.

> 개인의 이성적인 계획이 그 세부 사항에 있어서 어떤 것이든 상관없이 그가 적기보다 많기를 바라는 것들이 여러 가지 있다고 생각된다. 이들 재화를 더 많이 가질 때 사람들은 일반적으로 자신들의 의도를 이행하고 목적들－이들 목적이 무엇이든－을 진척시키는 데 있어 더 큰 성공을 이룰 것이라고 확신할 수 있다. 근본적인 사회적 재화는, 넓은 범주로 나눠보면, 권리들 및 자유들과, 기회들 그리고 소득과 부이다(*TJ*, p.79).

> 나는, 이들 [근본적인] 재화는 일반적으로 이성적인 인생 계획을

수립하고 실행하는 데 있어 필요한 것이므로, 그 외에 무엇을 원하든, 이들 재화를 원하는 것은 이성적이라고 본다. 원초적 상황에서 사람들은 이런 '재화[좋은 것]' 개념을 받아들일 것으로 생각되며, 따라서 그들은 그들이 더 큰 자유와 기회, 그리고 그들의 목적을 달성하기 위한 더 광범위한 수단들을 바라는 것은 당연하다고 여길 것이다(*TJ*, p.380).

그러나 이들 근본적인 재화들 가운데서도 어느 정도의 '소득과 부'는 사람이 사람답게 사는 데 필수적인 것이다. 정치적 자유는 충분히 누리고 있으나, 사회 구성원 대부분이 경제적 궁핍으로 인해 고통받고 있는 상황이라면 그러한 사회를 정의롭다고 볼 수는 없다.

경제적 · 사회적 체제에 있어서의 불평등은 유리한 역사적 조건 아래에서 존재할 수 있었던 정치적 평등을 순식간에 저해한다(*TJ*, p.199).

이 같은 롤즈의 생각을 종합해 볼 때, 롤즈 주장의 요지는 결국 완전 개인주의적 자유보다는 평등의 원칙을 수용하는 상대적 · 제한적 자유가 더 정의롭다는 것이며, 경제적 평등 실현이 정치적 평등 실현의 토대가 된다는 것이다. 그래서 "롤즈는 배경 제도의 정의를 유지하는 것과 공공선(public good)의 산출에서 정부의 중심 역할을 인정한다. […] 그런 점에서 롤즈는 자유지상주의(libertarianism)의 최소 국가 입장을 비판한다. 또한 롤즈는 정치적 사회를 사적 사회로 보는 것을 거부하고 정치적 사회가 개인에게 단순히 수단적 가치만이 아니라 그것 자체로서 추구해야 할 적극적 가치라는 것을 인정한다. 그리고 일반적으로 자유주의와 결합되어 있는 것으로 생각되고 있는 개인주의적 입장도 받아들이지 않는다. […] 그렇지만 그는 공동체주의자들의 입장과 자신의 입장을 동일하다고 보지는 않는다. 그는 사회적 연합체를 [일반적인] 공동체나 단체와 구분하고, 민주주의 정치 사회를 사회적 연합체들의 사회적 연합체(a social union of social unions)라고 규정한다."(염수균, 『롤즈의 민주적 자유주의』, 천지, 2001, 27면)

요컨대, 롤즈는 전통적인 자유주의가 제일의 가치로 내세우는 '자유'의 원리와 전통적 사회주의가 제일의 가치로 내세우는 '평등'의 원리를 화해시킴으로써 이룰 수 있는 '정치적으로 자유로운 경제적 복지국가'를 '정의로운 사회'의 정형으로 보고 있다고 말할 수 있다. 그런데, 이 '정의로운 사회'는 시민들이 적어도 합리적 수준의 도덕성은 갖추고, 시민들 사이에 우애(友愛) 관계가 두터울 때나 실현 가능한 것이다.

우리는 그 행위 양식에 따라 세 부류의 사람을 생각해 볼 수 있다. 첫째로 벤담이 말한 '공리성(utility)의 원리' 같은 것에 따라 행위하는 사람, 곧 오로지 자신에게 이익이 되는 것은 추구하고 손해가 되는 것은 회피하는 사람과, 둘째로 자신이 마땅히 해야 한다고 생각하고 또 다른 사람들도 모두 그렇게 행위하고 있다면, 그것이 자기에게 손해가 되더라도 실행하는 사람, 그리고 셋째로 칸트의 '인격성의 원리'와 같은 것에 따라 행위하는 사람, 곧 자신이 마땅히 해야 한다고 생각하면 다른 사람들이 어떻게 행위하든 상관없이 그것이 자기에게 손해가 되더라도 실행하는 사람이다. 롤즈의 '정의로운 사회'가 유지될 수 있으려면 그 사회는 최소한 두 번째 부류의 사람, 이를테면 '시민성의 원리'에 따라 행위하는 사람들로는 구성되어야 할 것이다. 그렇지 않으면 특별히 유리한 처지를 차지하게 된 사람이나 불리한 처지에 놓이게 된 사람은 당초에 제아무리 근사한 합의 계약이 성립됐다 하더라도 그것을 수시로 파기하려 할 것이기 때문이다.

그래서 롤즈는 '자유(libertas, liberté)'와 '평등(aequalitas, égalité)'의 조화를 통해 '정의'가 실현되기 위해서는 '우애(fraternitas, fraternité)'의 원리가 충분히 기능해야 함을 역설한다.

> [이제까지] 자유와 평등에 비해서 우애[박애, 이웃사랑]라는 관념은 민주주의 이론에서 덜 중요한 위치를 가졌다. 그것은, 그것이 없이는 민주주의적 권리들이 표현하는 가치들을 알아보지 못하게 되는 어떤 마음의 태도요 행동의 형식임을 알려주는 것 외에, 그것 자체가 본래 어떤 민주주의적 권리로 규정되는 것이 아니어서, 그다지 특유한 정치적 개념으로 생각되지 않은 것이다. […] 의심할 여지없이 우애는 시민적 동지애(civic friendship)와 사회적 연대(social solidarity)감을 함의한다. 하지만 우리는 그러한 근본 이념에 부합하는 정의의 원칙을 발견해야 한다. 그런데 차등의 원칙은 우애의 자연스런 의미, 다시 말해 더 못한 처지에 있는 타인들에게 이익이 되지 않는 한 더 큰 이익을 가질 것을 원하지 않는다는 관념에 부합하는 것으로 생각된다(*TJ*, p.90).

실제 시민사회에서 사람들이 어떤 공동체의 '협약'을 맺는 것은 롤즈가 상정한 '원초적 입장'에서가 아니다. 실제 사회에서는 언제나 대부분의 사람들에게 그들 자신의 자질과 취향이 상당한 정도로 알려져 있기 마련이다. 그런 상황에서도 '차등의 원칙'이 통용되기를 기대하는 것은 다름 아니라 시민들 사이에서 가족애에 버금가는 정도의 우애(友愛) 관계가 유지될 것을 기대하는 것이다. 그것은 각자 자신의 최대 이익을 확보하려는 개인 주체들과 이 개인들의 바로 그 점에서 일치하는 관심에서 생겨난 '시민사회'가 '우애의 덕(德)'에 의거하기를 기대하는 것이다. 우애의 덕은 타인에게 의존하려는 사람에게는 자존심을 보존하게 하고, 남에게 혜택을 베풀 수 있는 운이 좋은 사람에게는 흔히 있기 쉬운 자만심을 방지하도록 해준다.

제 7 장

문화철학과 기본 개념

제 1 절 문화철학과 기본적인 물음

인간은 자연에서 태어나 자연 안에서 살면서도 자연대로 살지 않고, 자연을 가꾸며 살고, 경우에 따라서는 자신의 생각에 따라 자연을 바꾸어가면서도 산다. 이 '자연을 가꿈' 내지 '자연을 꾸밈' 또는 '자연을 바꿈'의 활동 및 그 결과를 '스스로 그러한 바' 내지는 '저절로 그러한 바'인 '자연(自然)'과 대비시켜 통칭 '문화(文化)'라 하며, 자신의 생각에 따른 인간의 창작물 또한 '문화적인 것'이라 한다. 그러니까 문화는 인간의 자기활동의 산물이라 하겠다. 스스로 활동을 하면서 또한 그를 끊임없이 되돌아보는 '인간이 자기활동을 반성하면서 인간 내지 인간 활동의 본질을 구명하고 그 가치를 평가하며, 가치의 의미와 평가 척도의 원리를 찾는 작업'을 편다면, 그 결실이 '문화철학'의 내용을 이룬다.

왜 인간은 문화 활동을 할 수밖에 없는가, 아니 더 일반적으로 말해 '활동'을 하지 않을 수 없는가? 예컨대, 왜 인간은 노동을 하고, 투쟁을 하며, 글을 배우고 익히며, 유희를 하고, 결혼 의식을 가지고 있으며, 시민 생활을 하며, 시를 쓰고, 미술과 음악 활동을 하고, 종교 생활을 하는가? 이같이 인간의 본질적 생활양식의 까닭을 묻고 답을 찾을 때 문화철학은 진정한 의미에서 인간학이 된다.

인간의 문명은 발전하는가, 그리고 발전하기만 하는가? 문명의 발달은 인간에게 행복한 삶을 가져다주는가? 기술의 발달은 인간의 삶을 질적으로 향상시키고 있는가? 과연 고급문화, 저질문화의 평가 척도가 있는가? 문화의 보편적 양식이 있는가? 이 같은 물음들은 '문화 비판'의 성격을 띠고 있는데, 문화 비판은 문화철학의 주요한 요소를 이룬다.

문화라는 것이 한낱 각기 특정한 집단의 사회성, 역사성, 종족성이 표출되는 생활양식이어서 보편성을 찾을 수 없다면, 문화의 본질을 찾는다는 것도, 따라서 인간의 본질을 구명한다는 것도 부질없는 일이 것이고, 보편적 척도가 없는 마당에서는 문화의 비교 평가도 가능한 일이 아닐 것이다. 그리고 그런 경우에 문화에 대한 철학적 작업이란 무의미하다. 그러니까 문화철학은 다른 분야의 철학과 마찬가지로 인간의 이상적 생활양식을 추출하고, 그것을 근거 삼아 현실적인 인간의 생활양식을 조망하는 작업을 본령으로 삼는다.

문화의 본질 파악을 바탕으로 하는 문화 비판 작업은 특정 문화 형태의 폄하를 지향하는 것이 아니라, 문화의 다양한 형태 안에 있는 보편성을 발견하고, 그를 바탕으로 인간의 자연과의 관계를 조정하고, 이른바 '문화권'에 대한 이해를 높여 서로 다른 문화권에 속해 있는 사람들 사이의 진정한 화해의 길을 연다. 이런 작업은 또한 인간 문화생활의 연유를 이해하고 방향을 전망한다는 점에서 역사철학 또는 미래학의 토대가 된다.

철학이 근본학인 한에서 문화철학이야말로 인간의 근본학이라 하겠다.

제 2 절 인간의 본질로서 문화

1. 문화의 개념

문화(文化)란 무엇인가?

일상의 낱말 사용에서 많은 경우 '문화'는 '자연(自然)'이나 '야만(野蠻)'과는 다른 어떤 것, 이를테면 '문명(文明)', '교양(敎養)', '세련(洗鍊)'을 포함하는 인간의 모든 생활 방식과 생활 내용을 지시하는가 하면, 또 어떤 경우에는 인간의 특정한 생활양식이나 특정한 인간의 생활양식만을 지칭하기도 한다. 그래서 예컨대, 어떤 경우에는 인간 생활의 전 영역을 '문화'의 이름으로 부르는가 하면, 어떤 경우에는 정치, 경제, 사회, 문화 등으로 인간의 생활 영역을 나누어 그 가운데 일부만을 지칭하기도 하고, 또 어떤 경우에는 인간 자체를 '문화인'과 '야만인'으로 구별하여 말하기도 한다. 이 가운데서 아마도 첫 번째 경우, 곧 '문화란 인간 고유의 총체적 생활양태다'라는 것이 가장 넓게 통용되는 '문화' 개념일 터이므로, 우리의 논의를 이 점에서 출발시키기로 하자. 그런데, 인간은 그 고유한 총체적인 생활 양태를 통해 그 전체 모습을 드러낼 것이므로, 이런 맥락에서 문화가 무엇인가를 살펴보는 것은 결국 '인간이란 무엇인가'를 고찰하는 것과 같다.

대체 문화란 무엇인가? 아니, 인간이란 무엇인가?

2. 문화의 기초 요소

1) '무늬 놓음'

한글 낱말 '문화'는 한자어 '文化'의 표기이니 '문화'의 원형 의미는 이 한자어로 표현된 인간 체험의 모습에서 엿볼 수 있을 것 같다. '문(文)'이란 오늘날은 주로 '문장', '글'의 뜻으로 쓰이지만 워낙은 '무늬[紋]'를 또한 뜻했다. '문화'의 문자대로의 뜻 가운데 하나는 그러니까 '무늬 놓아짐' 또는 '무늬 놓음'이라 하겠다. 그리고 아마도 이것을 '문화'의 시작으로 보는 것이 무난할 것이다.

우리는 식물이나 동물 세계의 어떠한 존재 양태에 대해서도 문화라는 말을 쓰지 않는다. 문화는 인간 고유의 삶의 양태인 것이다. 이 인간에게 고유한 삶의 양태는 인간이 자연에다 무엇인가를 보탬으로써 또는 자연에서 무엇인가를 덜어냄으로써 비롯된 것이다. 인간도 여느 생명체처럼 자연 안에서 보금자리를 얻어 살지만, 그러나 자연 그대로를 수용하기보다는 자기 나름의 방식대로 변형시켜 산다. 자연을 변형한다는 것은, 비유적으로 얘기해서든 사실적으로 얘기해서든, 자연물에 일종의 무늬[文樣]를 놓고 색을 칠하는[彩色] 것이다. 사람들이 자연 그대로의 것 곧 자기에게 원래 주어진 것을 채색 단장하기 시작함으로써 한낱 초목이나 짐승과 구별되는 인간의 삶의 양식, 즉 문화가 발생하였다.

자연의 열매를 따먹고, 맨손으로 사냥하고, 자연 동굴에서 잠자리를 찾던 조상 동물 시대를 상정할 수 있다면, 그것은 문화 이전의 시기라 불러야 할 것이고, 자연석이나 자연 그대로의 동물의 뼈를 도구로 사용하던 시기도 기껏 문화의 태동기 정도라고나 해야 할 것이다. 돌과 뼈를 쪼고 깎아 연모를 만들고 흙을 빚어 그릇을 만들고, 그 그릇에 무늬를 새기고 색칠을 하고, 장식이 붙은 집을 지어 살면서 인간은 짐승과 다를 바 없던 삶의 방식에서 벗어나기 시작했다. 그리고 그때부터 이른바 '문화' 생활이 시작되었다. 그래서 우리는 문화의 최초의 의미를 자연 또는 야만과의 차별성에서 찾을 수 있다.

인간의 상상력이 '무늬 놓음'의 작업을 인간의 쾌감에 부합하는 방향으로 진전시킴으로써 기예(技藝)가 나왔으니, 문화는 기예를 그 기초 요소의 하나로 갖는다.

2) 자연의 개작

우리말 '문화'에 해당하는 대개의 서양말은 라틴어 '쿨투라(cultura)'에서 유래한다. '쿨투라'는 동사 '콜레레(colere)'로부터의 전성 명사로서, '콜레레'는 보살피다, 돌보다, 가꾸다, 개작(改作)하다, 경작(耕作)하다, 재배(栽培)하다 따위의 기본적 의미를 가지는 말이니, 우리말 '문화'의 본디 뜻에 잘 어울린다고 볼 수 있다. '문화'는 거친 자연, 야성(野性), 조야함을 벗어나 인간이 자신의 이성(理性)과 상상력이 제시하는 완전성을 기준으로 자연을 가꾸고 개작한, 인간의 자기활동의 생산물이다.

아닌 게 아니라 인간의 문화는 인간이 자연을 경작하여 얻은 자기활동의 산물들로 짜여져 있다. 그렇기에 자연 경작의 수단 곧 연모의 개발 정도는 문화 향상의 척도가 되기도 한다. 그래서 우리는 최초로 도구를 만들어 사용했다는 '호모 하빌리스(homo habilis)'를 인간의 시조로 간주하기도 하고, 자연을 가꿀 수 있는 '연장을 갖춘 자'를 뜻하는 '호모 파베르(homo faber)'나 연장을 만들 수 있는 '지혜를 가진 자'를 뜻하는 '호모 사피엔스(homo sapiens)'라는 말을 인간의 대명사로도 쓴다. 그리고 여기서 더 소급하여, 네 다리 (또는 두 다리와 두 날개) 모두를 자기 몸을 이동하는 데 쓰는 여느 짐승과는 달리, 두 다리에다가 '동물(動物)' — 곧, 자기 힘으로 장소를 이동할 능력이 있는 존재자 — 의 기본 기능을 맡기게 됨으로써 비교적 자유롭게 된 두 손을 갖게 돼 연장을 만들어 사용할 수 있는 조건을 갖춘 '서서 걷는 자', 이름하여 '호모 에렉투스(homo erectus)'를 최초의 인간으로 치기도 한다.

이와 같은 문화 형성의 기틀을 고려할 때, 사람들이 문화사를 석기 시대 → 청동기 시대 → 철기 시대 등등으로 연장과 기술의 변천을 중심으로 나누어 보는 것도 거의 자연스러운 일이라 할 것이다.

그러나 연장의 사용이라는 것이 본질적으로는, 주어진 자연 여건을 자기 생활에 편리한 환경으로 바꾸어 나가는 것을 지향하고 있는 것이라는 점을 인정한다면, 정도와 수준의 차이가 있기는 하지만 — 물론 정도의 차이도 심할 경우에는 사태의 본질적 차이가 되는 것이기는 하나 — 모든 생명체는 각자 나름의 활동 방식을 가지고 있고, 자연 속에서 각자 나름의 생활환경을 가꾸어 나간다고도 볼 수 있다. 예컨대, 까치도 안전한 장소를 골라 스스로 둥지를 만들고, 들토끼도 스스로 굴을 파서 보금자리를 마련한다. 그래서 만약 문화의 본질이 단순히 '자연을 개작함'에 있다면, 문화는 단지 인간의 삶의 양식이 아니라, 모든 생물의 삶의 방식이라고 생각할 수도 있겠다. 그러므로 문화란 물론 기본적으로는 자연을 자기 생활의 환경으로 개작한다는 뜻을 가지지만, 그러나 우리가 문화를 인간 삶의 고유한 양식으로 이해할 때, 인간의 문화적 삶은 자연의 경작, 경영, 관리에 그치는 것이 아니다.

인간은 끊임없이 효과적인 자연 경작의 방법을 개발하고, 그 결과가 과학 기술의 발전으로 이어지고 있지만, 그것은 단지 인간의 생명 유지를 위한 기초적인 의식주 문제 해결만을 지향하는 것이 아니다. 그것은 생존을 위한 노동으로부터 인간을 해방시킴으로써, 인간으로 하여금 여느 생명체에서는 볼 수 없는 여분의 삶을 향유할 수 있도록 해주었다.

3) 유희

자연 그대로의 상태를 수용하여 단지 연명(延命)하는 것에 만족하지 않고, 오히려 자연을 개작하고, 자연을 분식(粉飾)하는 삶을 영위하는 인간은 단순한 생존을 넘어 여유를 찾고, 놀이하는 자[homo ludens]로서 유쾌한 삶을 그리고 장엄한 죽음을 추구하는데, 그로부터 문화의 또 다른 중요한 부분인 유희(遊戱), 즉 놀이, 게임, 연예 오락과 예술, 종교 의식들이 파생할 수 있었다.

내 세상 뜨면 풍장시켜다오.
섭섭하지 않게
옷은 입은 채로 전자시계는 가는 채로
손목에 달아놓고
아주 춥지는 않게
가죽가방에 넣어 전세 택시에 싣고
군산에 가서
검색이 심하면
곰소쯤에 가서
통통배에 옮겨 실어다오.

가방 속에서 다리 오그리고
그러나 편안히 누워 있다가
선유도 지나 통통 소리 지나
배가 육지에 허리 대는 기적에
잠시 정신을 잃고

가방 벗기우고 옷 벗기우고
무인도의 늦가을 차가운 햇빛 속에
구두와 양말도 벗기우고
손목시계 부서질 때
남몰래 시간을 떨어뜨리고
바람 속에 익은 붉은 열매에서 툭툭 튀기는 씨들을
무연히 안 보이듯 바라보며
살을 말리게 해다오.
어금니에 박혀 녹스는 백금 조각도
바람 속에 빛나게 해다오.

바람을 이불처럼 덮고
화장(化粧)도 해탈(解脫)도 없이
이불 여미듯 바람을 여미고
마지막으로 몸의 피가 다 마를 때까지
바람과 놀게 해다오(황동규, 「풍장 1」).

삶의 시작부터 그리고 인생을 마친 후에조차도 인간은 놀이를 즐긴다. 주검도 의식(儀式)을 갖춰 거두고, 시인은 마지막 "피가 다 마를 때까지 바람과 놀고" 싶어한다. 인간은 단지 노동하고 사고만 하는 것이 아니고, 웃고 운다. 기뻐하고 슬퍼하며 감동하고 탐닉하며, 음미하고 경배한다. 한편으로 진지한 인간도 한편으로는 '놀고 있다.' 경우에 따라서는 '놀고 있음'을 통해 엄숙함을 극대화시키기도 한다. '놀고 있음'으로서 유희는 단지 인간 문화의 일면이라기보다는 오히려 인간 문화의 중심이자 종장(終章)이다.

4) 문자의 형성

그러나 진정한 의미에서 인간 문화는 무엇보다도 인간이 말과 글을 갖게 된 것으로부터 비롯한다. 인간의 고유한 생활양식으로서 문화는 또 하나의 중요한 의미 곧 '문자의 형성'이라는 뜻을 가짐으로써, 다른 생명체들의 자연에의 적응 방식과는 현저하게 구별되는 것이다.

인간은 여타의 생물 종(種)에서는 발견할 수 없는 고도의 상징 체계 내지 의미 체계를 가지고 있는데, 그 대표적인 것이 언어 체계이고, 그 가운데서도 문자의 체계이다. 인간은 사물을 한낱 '있는 그대로' 직관하고 사용만 하는 것이 아니라, 사물을 개념화하고, 개념으로써 실재 세계를 형상화한다. 인간은 개념을 상징 부호인 문자로 표현하여 의미를 고정화하는 한편 갖가지로 변양하고, 이를 축적하여 전승하고 전파한다. 그래서 인간은 한낱 사물과 직접적으로 — 감각적으로 — 대면한다기보다는 매개적으로 — 개념적으로, 사고(思考)를 통해 — 교섭한다. 이런 이해에서 인간의 생활환경은 많은 경우 '사물의 세계'라기보다는 '사물의 의미의 세계'이다. 의미를 매개로 사물은 인간에게서 공간과 시간상의 물체임을 벗어나 관념화하고, 단지 개별적이고 특수한 것임을 넘어서 보편적인 것이 된다.

문자, 글이란 인간의 보편적 사고를 형상화하는 대표적인 매체이며, 그래서 '글로 된[文化한]' 인간 정신은 단지 즉물(卽物)적이 아니라 사변(思辨)적인 능력을 갖는다. 사변적이고 사물을 관조(觀照)하는 인간은 단지 실천(praxis)하기만 하는 것이 아니라 이론(theoria)을 세우고, 이론을 세워 실천하고, 그 실천의 결과를 반성하고 고쳐 이론을 세우고, 그리고 다시금 실천한다. 실천이란 무릇 사물의 현재 상태를 그대로 수용하는 것이 아니라 변경하고, 개조하고 더 나아가서는 현재하지 않는 사물을 현재하도록 창출함을 뜻하는바, 인간은 이 실천을 이론에 따라, 이념에 따라 수행한다. 그리고 이 같은 탁월한 수행의 주체가 다름 아닌 문자화한, 문화적인 인간이며, 이런 인간을 우리는 글을 배우고 익힌, 글공부를 한, 교양(敎養) 있는 사람이라 부른다.

그래서 우리는 진정한 의미에서 인류 문화사는 문자의 고안과 사용으로부터 시작되었다고 말할 수 있다. 문자 사용 이전의 인류 조상들이 남긴 유물과 유적도 많이 있지만, 이것들을 우리가 '선사(先史) 시대'의 것이라고 일컫는 것은 그런 까닭이다. 이제 인간은 자연을 개작하고, 이미 개작한 것을 다시금 조합·개조하고 유희하면서 삶을 영위하되 문자의 형성을 통해서 그렇게 한다. 그로부터 문화는 역사성 곧 발전(發展) 내지는 진보(進步)의 성격을 갖게 되었다.

'발전'이나 '진보'를 행위자가 행위에서 노린 것을 더 쉽게 얻을 수 있는 상태의 변화로 이해할 때, 인간의 역사는 문자의 사용 이래 현저한 발전을 거듭해 왔다. 인간의 역사는 한갓 지나간 날의 인간들이 남긴 발자취나 활동의 기록에 머무르지 않고, 그 활동의 내역이 후대의 인간에게 전승되어 후대 인간의 삶 속에서 여전히 작동한다는 점에서, 인간을 한낱 군집 생활을 하는 동물이 아니라 유(類)적 동물로 특징짓는 결정적인 역할을 한다.

우리가 인간을 '유적 동물'이라고 규정하는 것은 한낱 개미나 벌 또는 얼룩말들처럼 인간도 인류라는 일종의 유(類)로서 끼리끼리 모여 살고 있기 때문이 아니라, 인간은 앞 세대의 삶의 결실을 다음 세대가 이어 받아 그들 삶의 시작으로 삼고 있기 때문이다. 여타의 짐승들은 그들이 집단적으로 모여 사는 경우에조차도 각기 동일한 삶을 중복적으로 또는 반복적으로 살 뿐이다. 인간의 삶에도 물론 그러한 면이 없는 것은 아니지만, 그러나 인간은 그 삶의 양식을 세대 간에 전수하는 한편, 계승·발전시킨다. 이 삶의 양식의 전승과 개발에서 연결 고리의 결정적 역할을 하는 것이 문자 언어이다. 그리고 이에 의한 기성 문화의 전승과 추가적 개발이 인간 문화 발전의 두 축임은 부인할 수 없는 사실이다.

문화 형성에 있어서 문자의 역할은 이뿐만이 아니다. 보편적 의미 매체이자 섬세한 생각과 느낌의 표현 매체인 문자는 인류를 한편으로는 통합하면서 다른 한편으로는 개별화하는 기능을 하고 있다.

인류 사회가 다양한 문자를 가지고 있다는 사실이, 그리고 문자로 쓰여진 서책(書冊)의 보급 방식의 차이가 인류 문화를 어떻게 형성 · 변화시키고 있는가를 살펴보라. 같은 문자를 사용하는 사람들끼리는 크게 보아 동질적인 문화를 가꾸어 갖는다. 그것은 다른 측면에서 보면, 서로 다른 문자를 사용하는 사람들 사이에는 이질적인 문화가 형성되기 십상이라는 것으로, 서로 다른 문자를 사용하는 다양한 집단들로 인류 사회가 구성되어 있기 때문에, 그만큼 인류의 문화는 다양하고 풍부하다. 다른 한편, 문자 사용의 범위가 확대됨에 따라 인간 사회의 형태는 크게 변한다. 예컨대, 문자 문화의 획기적인 보급 방식인 인쇄술의 발명은 특수층의 전유물이던 지식과 진리가 일반 대중들의 공유물이 되도록 상황을 격변시켰고, 근대의 이른바 자유민주주의 사회는 민중의 문자 언어의 공유 없이는 형성될 수 없는 것이었다. 더 나아가, 이제 새로 개발된 전자 전달 체계와 문자의 상호 번역 장치를 통한 신속하고 광범위한 정보 교환이 앞으로의 인류 문화 세계를 어떻게 전개시킬 것인가는 그 결과를 충분하게 예견하지 못할 정도이다.

개개인의 관점에서 볼 때도 우리는 문자의 대략적 의미 전달성으로 인하여 상호간에 필요한 만큼의 의사소통을 할 수 있고, 문지의 의미 집약성 내지는 함축성으로 말미암아 우리는 오히려 자기만의 생각과 느낌을 표현해 낼 수 있다. 그로 인해 우리는 공동체 생활 가운데서도 각기 독자성과 차이성을 유지할 수 있는 것이다. 이것 역시 문자가 인류 문화의 풍요로움에 크게 기여하고 있는 점이다.

그러나 이제까지의 문화생활에서 문자 형성이 차지하는 비중이 본질적일 만큼 컸다는 것은, 앞으로 인류 세계에서 문자 생활이 어떻게 변화하느냐에 따라 장래의 인류 문화의 형태가 거의 결정될 것임을 능히 추정하게 한다. 가령, 벌써 그런 징후가 나타나고 있듯, 인류 세계가 하나 또는 몇 개의 이른바 '세계 언어'로 통합된다든지, 기존의 자연 언어들이 인공 언어 내지 전자 언어 따위로 대치된다면, 인류의 문화생활 양상은 상상하기 어려울 만큼의 큰 변화를 겪을 것이다.

3. 문화의 본질

1) 인식과 해석

그로부터 진정한 의미에서 문화가 시작되었다고 할 기호의 의미체계인 문자, 글 말고도, 인간은 의미를 담고 있는 또 다른 다양한 상징들을 스스로 개발하여 가질 뿐만 아니라, 자연 현상들도 상징적으로 받아들이는데, 이것들은 인류 문화의 기틀을 형성한다. 스스로 만들고 재량으로 해독하는 기호나 상징들이 인간 생활의 얼개를 이루며, 이를 토대로 인간에게는 실재 세계가 관념의 세계가 되고, 관념 세계가 실재의 세계가 된다.

때 아닌 장마와 가뭄은 통치자의 부덕을 경고하는 것이고, 벼락은 악행에 대한 징벌이며, 연이은 풍년은 농민들의 덕성에 대한 하늘의 포상이고, 자손이 번성하는 것은 조상의 음덕이다. 그러기에 사람은 누가 보든 말든 행동을 신중히 해야 할 것이며, 마음 씀을 정성되게 해야 할 것이고, 생존해 있는 부모에게나 이미 세상을 떠난 조상에게나 효성을 극진히 할 일이다. — 자연의 여러 현상들을 이 같은 의미 연관 아래서 읽어내는 생명체가 인간 말고 또 있을까? 인간은 게다가 자신들의 골상(骨相)이나 관상(觀相) 심지어는 손금에서조차 '하늘의 뜻'을 읽으려 한다. 인간은 사물을 보면서 단지 사물의 모양뿐만이 아니라, 그 모양이 의미하는 바를 새기고 또 새긴다. 그리고 그 모양에 스스로 의미를 부여한다. 그래서 인간은 실상 '자연'의 세계에서가 아니라, 의미의 세계에서 산다.

인간의 거의 본성적인 상징 행위는, 인간의 문화를 오늘날의 것으로 형태 지우는 데 있어서 문자 못지않게 큰 역할을 한 또 하나의 요소인 숫자와 그것을 사용하는 계산 방식에서도 볼 수 있다. 사물들의 실재를 숫자로 기호화하고, 숫자를 척도로 세계를 구획하고, 그 구획된 것에 의미를 부여하면서, 사람들은 그를 기념하고 축하하고 열광하고 낙담하면서 산다. 당초에 길이의 척도를 1m로 정한 것이 지구의 적도 길이를 몇 분의 일로 등분한 것에서 유래한다 해도 그것은 근본적으로는 사람의 한 팔 길이를 반영했다 볼 수 있다. 그러나 하필 100m, 200m, 1,000m, 10,000m 단위의 경주를 하고, 잘한 자에게는 상금까지 지급하는 것은 왜인가? 왜 86m 경주는 없고, 왜 2,007m 경주는 없을까? 십진법적으로 계산하는 것이 간단해서가 아닐까? 아마도 사람의 손가락이 한 쪽에 넷씩 모두 8개였다면, 우리는 8진법 계산법을 가장 자연스러운 것으로 생각했을 것이다. 그랬으면 아마도 80m, 160m, 800m 경주 같은 것이 생겼을 것이다. 지구의 공전 주기를 1년으로 정하고 1년마다 무슨 날을 기념하는 것까지는 나름대로 실재의 반영이 있다고 하더라도, 10주년, 50주년, 100주년에 특별한 의미를 부여하여 무슨 기념탑을 세우고, 100년 단위로 세기를 나누어 자기성찰과 미래에 대한 전망 그리고 새로운 각오를 다지고, 또 새천년맞이 음악회를 열고, 세계 평화 기원 의식을 행하는 것은 왜일까? 그 숫자가 갖는 상징성 말고 또 다른 이유가 있을까? 오늘날 인류가 자랑하는 문화유산들은 대개 이렇게 해서 생겨난 것들이다. 그리고 그런 유산들로써 역사를 구성하고, 그 전통 위에서 현재의 삶의 의미를 되새긴다. 이런 것들이야말로 여느 동물 세계에서는 볼 수 없는, 비사실적인 관념적 조직으로서, 이 같은 관념적 체계 안에서 삶을 영위해 가는 것은 인간뿐일 것이다.

이뿐인가. 탁월한 도구 사용 능력을 연마하여 비교적 여유 있게 기본적인 의식주 문제를 해결한 인간은 남은 시간을 단지 잠자는 데 쓰지 않고, 갖가지 의식(儀式)을 행하고 상징적 사물들을 고안해 내 그것으로써 자기의 삶을 더욱더 아기자기하게 수놓는다. 명절을 만들어 축제를 벌이고, 결혼식을 올리고, 장례식을 치른다. 이런 의식을 통해 인간은 삶과 죽음에 또는 그 사이의 인생의 전기마다에 인간만의 의미를 부여한다.

이것에 더하여, 여러 가지 예술적 표현 수단들은 '있는 그대로의 세계' 대신에 '없지만 그러나 마치 있는 것 같은 세계'를 그려내고, 그것은 인간의 세계를 자연 세계 너머까지로 확대해 간다. 그래서 인간의 감성(感性)은 단지 주어지는 것을 느끼고 받아들이는 감수(感受)적 기관이 아니라, 인간을 새로운 상상의 세계로 인도하는 더듬이 기능을 한다.

인간은 쌀을 가지고 단순히 밥만 지어먹는 것이 아니라, 떡도 만들어 먹으며, 게다가 그 떡에다 물감도 들이고 문양도 새겨 넣으며, 모양을 내서 그릇에 담아 먹는다. 인간의 생활에는 '맛'만이 아니라 '멋' 또한 중요하다. 옷감을 가지고는 한가지로 둘둘 말아 몸에 걸

치기만 하지 않고, 색색으로 색깔을 들이고 둥글고 네모난 단추를 달고, 길이를 늘였다 줄였다 하면서 번갈아 입는다.

상징 체계는 인간 생활의 단순한 장식임을 넘어서 본질적 요소가 된다. 들짐승과 날짐승도 눈앞의 먹을거리는 식별하고 몸 누이고 깃들 곳을 알지만, '재산'이라는 개념을 갖고 있지는 않으며, '금(金)'이라는 글자가 새겨진 종이쪽지(화폐)를 진짜 금처럼 취급하지는 않는다. 인간 삶의 많은 부분은 정말이지 실물이 아니라 관념으로 짜여져 있다.

재산 개념이 생긴 후에도 실물 가치가 거의 없는 종이쪽지 화폐를 사람들이 착상하기 전까지만 해도 인간의 삶의 형태는 금이니 은이니 하는 자연물에 크게 종속되어 있었고, 인간이 철저하게 신체적 존재임이 드러난 후에도 신체적 욕망은 자연적으로 어느 정도는 조절되고 포기될 수 있었다. 재물이 쇳덩어리나 쌀 또는 옷감을 뜻할 때만 해도, 지상에 쌓아두는 재물은 녹슬고 썩고 좀 슬기 마련이었기에, 대부분의 사람들은 재물 취득의 무한한 욕망을 허망한 것으로 받아들였다. 그러나 화폐를 은행에 맡겨둘 줄 알게 된 인간에게는 지상에 제아무리 많은 재물을 쌓아두어도 녹슬거나 좀먹지 않는다는 것도 분명한 사실이 되었다. 이제 굳이 절제해야 할 필요가 없어진 근대인의 욕망이 인간의 삶의 방식을 어떻게 바꾸어왔는가는 굳이 예증하지 않아도 다 아는 바이다. 그러나 제아무리 많은 재산을 가지고 있어도, 한 사람이 쓸 수 있는 방의 크기와 음식의 양과 옷감의 종류는 한정되어 있는 것이고, 여분은 그래서 그에게 실제적인 쓸모는 없다. 그러나 오늘날 많은 경우에 사람들의 행동방식을 결정하는 것은 실제적인 쓸모보다는 상징적인 의미이다. 한 밥상에서 똑같은 음식을 나누어 먹으면서도, 일반적으로, 많은 재물을 쌓아놓은 자는 의기양양하고, 적은 재산밖에 없는 자는 움츠

러들기 마련이다. 재물은 의식주에 쓰는 데만 유용한 것이 아니라, 인간의 정신적 여유를 확보하고 삶의 태도를 결정하는 데도 유용한 것이다. 재산이 가지고 있는 실물성뿐만이 아니라, 이렇듯 그 관념성의 의미 또한 크기 때문에, 사람들의 재산에 대한 갈구는 끝이 없고, 이 욕구가 사람들의 생활양식을 각 방면에서 틀 지우고 있다. 현대의 문화 형태를 결정한 요소들 가운데서도 화폐가 가지는 이러한 상징성 내지는 관념성이 가장 클 것이다. 인간 외에 어느 생명체가 금고 안에 화폐를 쌓아놓고 배불러 하는가! 이런 의식(意識) 양태가 인간의 생활양식을 얼마나 크게 지배하는가! 인간은 관념과 상징의 체계 안에서 산다. 인간은 단지 주어진 세계를 인식하면서 사는 것이 아니라 해석하면서 사는 것이다.

2) 윤리 도덕

그러나 인간의 이성과 상상력이 이에서 멈추는 것은 아니다. 인간의 상상력은 '아직 있지는 않지만 마땅히 있어야 할 것'을 이상(理想)으로 세우고, 인간은 이를 자신의 행위를 통해 실현하려고 애쓴다. '사람은 마땅히 부모에게 효도하여야 한다', '시민은 사사로운 일보다는 공공의 일을 앞세워 행동해야 한다', '사람은 모름지기 거짓말을 하여서는 안 된다', '시민은 서로 남의 권리를 침해하여서는 안 된다'는 관념을 실천으로 옮기려 하는 것 또한 '문화인'들에게 나타나는 뚜렷한 현상이다. 여기서 '문화'라는 삶의 양태에 '도덕성' 내지 '윤리성'이라는 또 하나의, 아니 결정적인 특성이 모습을 드러낸다. 그래서 이를테면 '비도덕적인 문화' — 그것은 정확히 말하면 '~문화'가 아니라 '야만'인 것이다. 도덕화(道德化)야말로 '글로 다스려, 가르쳐 착하게 만든다'는 본래 의미에서의 문화의 핵심이다. 본디 '文化'는 '文治敎化'의 줄임말이기도 하니 말이다.

사실 어떤 삶의 형태가 문화적이냐 야만적이냐를 가름해 주는 궁극적인 준거는, 그것이 얼마만큼 야성(野性)을 분식(粉飾) 세련화했는가, 즉 자연 개작이 얼마만큼 적절하게 이루어졌는가, 또는 문자화(文字化) 내지는 교양 형성이 얼마만큼 돋보이는가가 아니라, 그 삶의 방식에 도덕화가 얼마만큼 충분히 성취되었는가, 다시 말해 사람들의 사회에서 사람들이 얼마나 '사람다움'에 이르렀는가, 인간의 존엄성이 얼마만큼 광범위하게 납득되고 있었는가라고 해야 할 것이다.

그래서 우리는 이집트 룩소르의 장대한 신전과 무덤들, 로마의 거대한 원형 경기장을 인류 문화의 찬란한 자취가 아니라, 오히려 건축 중에 수없이 죽어간 노예들은 아예 사람으로 간주하지 않은 당시 지배자들의 야만적 무도함의 증언으로 볼 수도 있는 것이다. 문화의 참모습은 문명(文明)이어야 하는 것이다.

3) 문명

문명이란 사람이 무지몽매한 야만과 자연의 예속에서 벗어나 자연을 다스리는 지혜를 터득하고 인간답게 사는 이치를 깨우쳐 밝은 빛 속에 살고 있는 상태를 일컫는다. 인간답게 산다는 것은 사람들이 일상생활에 필요한 여러 가지 도구를 개발하여 서로 골고루 나눠 씀으로써 삶의 의의를 새겨볼 여유를 누리면서 살 뿐만 아니라, 여느 초목이나 짐승들에게서는 볼 수 없는 도덕 원칙을 세우고 거기에 자신들의 행위를 맞춰 나가는 인격적 삶을 산다는 뜻이다.

어떤 사람들은 문화와 문명을 구분하여 문화란 정신적 개화 상태요, 문명은 물질적 개명 상태라 하기도 하지만, 우리는 정신적 문명 상태나 물질적 문화 상태 또한 얼마든지 말할 수 있으므로 서런 구별이 사태에 꼭 맞는다고 보기는 어렵다. 우리말 '문명'에 해당하는 서양말은 대개 라틴어로 '시민(市民, civis)'이라는 뜻을 가진 말에서 유래한다는 사실을 예로 들어 생각해 볼 수도 있다. 프랑스어로 '시민화(civiliser)' 곧 문명(civilisation)은 사람을 시민으로 만듦, 곧 사람들로 하여금 일정한 법과 질서를 지킴으로써 사회를 형성하고 그 사회의 일원이 되게끔 만듦을 뜻한다. 아무리 뛰어난 성능을 가진 기계들을 생활 도구로 가지고 있고, 제아무리 탁월한 유희 문화를 즐기고 있다 하더라도, 시민적 삶 즉 인격으로서 인간의 존엄함과 자유와 평등 그리고 이웃 사랑의 사회 운영 원칙이 준수되지 않는 사회생활이 문명적 삶이라고 할 수는 없다. 그러니까 우리가 '문명'이라는 개념을 이 같은 의미로 사용한다면, 문명은 단지 '문명의 이기(利器)'를 논하는 자리에서만 사용되는 개념이라기보다는, 오히려 포괄적인 관점에서 수준 높은 문화 상태인 성숙한 시민 생활의 모습이라 할 수 있다. 참다운 문화는 인간다운 인간들의 문명 세계에서만 볼 수 있는 것이다.

4) 합리성

우리가 이상에서 문화의 여러 가지 속성들을 들춰가면서 여러 각도에서 문화의 결정 요소들을 서술했지만, 그것들을 문화의 가치 평가의 척도로 사용하고자 할 때는 그 요소들과 함께 '합리성'을 동시에 염두에 두지 않으면 안 된다.

물론 우리는 '합리성' 개념을 도입하자마자 이론적 난관에 부딪친다. 합리성(合理性) 곧 '이성(理性)에 부합(符合)함'을 말하기 위해서는 먼저 '이성'이 무엇인가를 밝혀내야만 하는데, 이미 초두에서 문제로 제기했듯이, 이 문제야말로 철학적 문제 가운데서도 가장 오래되고 가장 어려운 단초적인 문제이기 때문이다. 그러나 이성 그 자체가 아니라 '합리적인 것'으로 행세하고 있는 것을 기준으로 말한다면, 조금 더 이야기를 계속할 수 있다.

인류의 지난 역사를 돌이켜보면서 문화 형성에 가장 큰 영향을 미친 요소를 꼽아보자면, 근대 이전까지는 어느 지역, 어느 종족에게서나 종교 내지는 종교적 의식(儀式)이었던 반면에, 근대 이후의 지구상의 대부분의 지역, 대부분의 사람들에게는 과학 기술이라고 말할 수 있을 것이다. 이 사실을 반성해 보면, 그간의 인류 문화사에서 대부분의 사람들에게 합리성의 척도를 제시해 준 것이 이 두 가지가 아니었나 생각된다.

세상살이를 해가면서 자기 지혜의 한계를 깨달은 인간에게 종교적 가르침은 그가 삶의 원리이자 토대로 삼을 수 있는 최종의 것이었고, 따라서 이런 가르침에 부합하게 사는 것이야말로 가장 합리적인 삶일 것이었다. 이성과 법도의 전범(典範)을 제공하는 고등종교들은 절대자에 대한 경배 의식 이외에도 하나같이, '종교(宗敎)' 곧 '마루가 되는 가르침'이라는 말 뜻 그대로 엄정한 삶의 지침, 윤리 강령을 제시한다. 그렇기에 종교는 인간의 삶의 양식, 인간의 인간에 대한 태도, 인간의 신에 대한 태도, 인간의 자연에 대한 태도 형성에 결정적인 영향을 미쳤고, 그로 인해 특정 종교가 그를 신앙하는 사람들의 사회 문화 형태를 거의 결정했다고 해도 과언이 아니다. 우리가 통일신라시대의 문화, 고려시대의 문화, 조선시대의 문화, 또는 한국의 전통 문화, 서유럽의 문화, 아라비아의 문화를 구분하여 말할 때도 그 핵심에서 종교를 빼고서는 이야기할 수 없다는 것이 좋은 예이다.

그러나 이제 현대에 와서 지구촌이 하나의 문화권이니 어쩌니 하는 등의 말이 오기는 것은, 유럽-미국 문화의 위세가 대단하고, 그에 편승해서 기독교 문화가 각 지역에 퍼져 나가는 면 때문이기도 하지만, 이보다도 더 근원적인 요인은, 오늘날 사람의 삶의 방식에 결정적 역할을 하는 것은 더 이상 그들이 건성으로 믿는 종교가 아니라, 어느 지역에서 어떤 종교, 어떤 전통 문화를 전승받은 사람이든 한결같이 과학 기술을 합리성의 척도로 받아들이고 있다는 점일 것이다.

이 같은 예에서 보듯, '이성'을 세우는 일은 문화의 뿌리를 내리는 일이고, 합리성의 기준을 갖는 일은 문화의 형태를 결정하는 일이다. 새로운 문화를 조성한다는 것은 새로운 합리성의 기준을 마련한다는 것이고, 인류 세계의 문화가 다양하다는 것은 합리성의 기준이 여럿임을 뜻한다. 그리고 인류 문화가 단일화한다는 것은 합리성의 단 하나의 기준이 세계를 풍미한다는 뜻이다. 요컨대, 문화는 합리성의 체계이다.

4. 문화 형성의 토대: 인간의 자기반성 능력

그렇다면, 어떻게 이러한 양태의 문화가 유독 인간의 고유한 생활 방식으로 형성되었을까?

여러 가지 연유들이 있겠지만, 근본적으로는 인간의 주체 의식에서 비롯한 것이라 볼 수 있을 것이다.

인간은 자연 안에서 나서 자연 안에서 살면서도 자기 자신을 단지 자연의 일부 또는 자연의 자식으로 보기보다는, 자연을 인간 삶의 환경(環境), 다시 말해 인간을 중심점으로 갖는 주변(周邊)으로 간주한다. 그래서 우선 인간은 자연(自然)의 '있는 그대로'가 자기 삶을 영위하는 데 부적절하다고 생각되면, 그의 능력이 미치는 한 그것을 뜯어고치고 꾸미고 개작한다. 인간에게 있어서 자연은 더 이상 그 자체로 있는 것이 아니라, 단지 인간의 조작 '대상(對象)'이고, 인간은 그 대상의 중심, 곧 주체(主體)이고 주인이다. 이 주객의 관계는 곧잘 주종(主從)의 관계로 바뀌기 마련이어서, 인간은 자연물을 종처럼 제 뜻대로 부리려 한다. 그래서 인간 문화는 때로 자연의 개선이라기보다 자연의 훼손으로 평가되기도 한다.

인간의 주체 의식은 비단 자연과의 관계에서만 볼 수 있는 것이 아니다. 한 사람은 다른 사람을 또한 대상으로 여기며, 심지어는 자기 자신을 대상화하기도 한다. 대상으로서의 타인을 자기와 동등한 주체로 변환시킬 때는 공동체 의식이 형성되고 시민사회가 성립되지만, 그 타인이 한낱 대상으로 머무를 때, 타인은 사물들과 동격이 되고, 인간의 인간과의 관계에도 인간의 자연과의 관계에서와 마찬가지로 주종 관계가 성립되어, 인간 사회는 주인과 노예로 구성된다. 개개인은 그러나 더 나아가 자기 자신을 대상으로 밀어내 '자기'를 마치 남인 것처럼, 다른 남들과 비교하고 우월감에 도취하기도 하고 열등감에 사로잡히기도 한다. 남이 아니라 자기 자신이 자기 자신을 채찍질하고, 남보다 더 돋보이게 하기 위해서 자기를 분칠하고 화장하기도 하며, 위장하고 숨기기도 한다. 그래서 주체로서 무게를 잡던 인간은 자칫 다시금 객(客)으로 밀려나, 인간 세계에서는 드물지 않게 인간 자신이 자신을 낯선 자로 만드는 현상, 이른바 소외(疎外) 곧 타자화(他者化) 현상이 나타나기도 한다.

남보다 예쁘게 보이기 위해서 거울에 비친 자기 곧 또 하나의 다른 자기, 그러니까 이미 자기가 아닌 '남'을 보면서 갖가지 궁리를 짜내어 화장하는 존재가 인간 말고 또 있는가? 거울 앞에서 자신의 모습 때문에 한숨 쉬고, 자신에 반하여 웃음 짓는 자가 인간 말고 또 있는가? 이러한 의식이 자신을 꾸미고[僞] 남과 경쟁하는 마음의 원천인바, 자신을 갈고 닦고 남과 경쟁하는 이 마음이야말로 오늘날의 인간 문화 형성의 원동력이었다고 해도 과언이 아닐 것이다. 그러나 그것은 또한 인간 문화 사회에서 드물지 않게 발견되는 여러 패악(悖惡)들, 위선과 시기와 질투와 파렴치 그리고 악마적 행태들의 원인이기도 하다. 남이 잘못 됨으로 해서 저절로 우월함을 누리게 되는 쾌감으로 인해, 인간은 남의 낭패를 바라고 고소해 하고 기뻐한다. 이런 현상을 인간 사회 외에 또 어디에서 볼 수 있는가? 짐승들은 어느 경우나 짐승에 머무를 뿐, 결코 악마 같은 짓을 하지는 않는다. 반면에 인간은 자기 콩팥을 떼어내 남을 살리는 '거룩한 천사'가 되기도 하지만, 위계를 써서 남의 콩팥을 떼어내 자기 용도로 쓰는 '야비한 악마'의 행태를 보이기도 한다.

그럼에도 인간은 자신을 대상화하여 스스로를 평가함으로써, 자신의 한계를 깨닫고, 현실에 대비되는 이상을 끊임없이 그리고, 그를 실현하기 위해 매진한다. 이로 인해 종교와 윤리 도덕 그리고 예술이 발원하고, 과학 기술의 착상에 이른 것이라 볼 수 있다. 그러니까 인류 문화의 토대는 인간의 자기 자신에 대한 반성 능력이라 할 것이다.

5. 문화의 보편성과 다양성

1) 문화의 보편성과 상대성

이제 문화를 인간 삶의 고유 양식이라 규정할 수 있다면, 이 문화라는 것은 모든 인류에게 보편적인 것인가?

인류 세계의 문화 형태들을 일별해 볼 때, 그 모습은 시대적으로, 지역적으로, 민족적으로, 계층적으로, 성별로, 연령별로 다기·다양하다. 과연 이러한 제 유형의 문화를 관통하는 문화의 보편적 성격이 있으며, 문화 평가의 보편적 척도가 있는가?

우리가 문화를 위에서와 같이 개념화하는 것이 허용된다면, 문화는 기본적으로는 보편성을 갖는다는 사실이 이미 해명된 것이다.

한국 문화가 됐든 미국 문화가 됐든, 고대 문화가 됐든 근세 문화가 됐든, 청소년 문화가 됐든 여성 문화가 됐든, 그것이 문화인 한에서 그것은 야성(野性)의 세련화와 문자화 내지는 교양 형성 그리고 도덕화라는 성격, 요컨대 합리성을 그 안에 지닌 것이어야 한다.

이런 보편적 기준에서만 우리는 저질문화 · 고급문화, 수준 낮은 문화 · 수준 높은 문화를 얘기할 수 있다. 고대에서든 현대에서든, 동양에서든 서양에서든 사람 위에 사람 있고 사람 밑에 사람 있는 사회, 인간의 존엄성이 경시되는 사회는 문화적으로 뒤떨어진 것이며, 조잡한 언어생활을 한다거나 구성원의 교육 정도가 각자의 자유로운 능력을 배양할 수 없는 수준이라거나, 예의범절이 갖춰져 있지 못하고 무법적 상황이 지속되는 사회는 문화적으로 후진이라고 평가할 수 있다. 먹을거리를 구하는 데 잔인한 방법이 동원된다거나, 질병 치료 체계를 갖추지 못했다거나, 세운 지 얼마 되지 않은 다리가 무너져 내리고, 지은 지 얼마 안 되는 건물이 공연히 내려앉아 사람들이 무더기로 살상되는 사회는 문화적으로 낙후돼 있다고 평가할 수 있다. 이런 시각에서 우리는 문화의 질을 논하고 문화 향상을 기획하며, 선진국과 후진국을 가린다.

문화의 양상은 참으로 다양하기 때문에 하나의 척도로써 문화의 우열을 가리기가 어려운 경우도 있다. 서로 다른 양식의 문화적 삶의 방식을 아무리 이리저리 뜯어 살펴보아도 어느 쪽의 수준이 더 높고 낮은지 분간하기 어려운 경우도 많다. 이런 경우에 우리는 이런 문화 양상들을 비교하여 질의 차이를 얘기할 수는 없고 단지 형태의 다름만을 얘기할 수 있을 뿐이다. 그러니까 문화는 다원적이고 다양하다고 말하는 것은 온당한 일이다.

사례 연구를 통하여 이런 사정을 잘 알고 있는 일단의 문화 인류학자들은 그래서 문화는 민족 간에 사회 집단 간에 서로 다르며,

저마다 나름의 배경을 가지고서 형성된 것인 만큼 하나의 문화 형태를 기준으로 놓고 다른 형태의 문화의 질을 평가할 수는 없다는 '문화 상대주의'의 길로 나아간다. 이런 생각은 충분히 그럴듯한 근거를 가진 것으로 보이지만, 그러나 매우 주의 깊게 받아들여져야 한다.

무슨 사태에 관해서든 그것의 본질을 이야기할 수 있다면, '문화'에 관해서도 그것의 본질적인 면을 이야기할 수 있고, 이것을 비본질적인 면과 구별하여 말할 수 있을 것이다. 본질이란 무엇을 바로 그 무엇이게끔 하는 성질을 일컫는 것이고, 이런 성질 때문에 우리는 한 사태와 다른 사태를 구별할 수 있는 것이다. 문화의 경우도 예외는 아니어서, 문화이게끔 만드는 어떤 무엇이 있기 때문에 우리는 문화를 자연, 야만, 조야, 몽매, 미숙 등과 구별할 수 있는 것이다. 그런 만큼 문화의 본질에 있어서는 상대성이 있을 수 없다. 그런 까닭에 고대에든 현대에든 단순 석기만 사용하는 족속이 있어서 그로 인해 오로지 먹는 것을 해결하는 데에 모든 노동력을 다 바치고, 그 노고로 인해 기진맥진하여 수명이 길지 못하고 주민의 대부분이 굶주림에 시달린다면, 그것은 성능 좋은 금속 기계와 전자 제품을 사용하여 그런 문제들을 완화시키는 족속에 비해 문화가 뒤떨어졌다고 평가할 수밖에 없다. 또한 소수의 지배자 아래에서 대부분의 주민들이 노예 상태에 머물러 있는 사회가 있다면, 그것은 자유민주주의 시민사회에 비해 분명히 문화적으로 낙후돼 있다고 말할 수밖에 없다.

각 사회의 문화 양상은 물론 민족적 · 역사적 배경도 갖기 마련이고 풍토나 기후에 영향을 받기 마련이어서 그 서로 다름에는 그 나름의 연유가 있겠지만, 그러나 서로 다른 사정 아래에서 형성되었다 해서 모든 문화가 그 수준이 똑같다거나 각 문화의 현재의 상태가 합당하다고 말할 수는 없다.

우리는 비슷한 수준의 서로 다른 양상의 문화의 예를 얼마든지 들 수 있다. 기와집을 짓고 살든 콘크리트 슬래브 집을 짓고 살든, 쌀밥을 먹든 밀가루 빵을 먹든, 그것이 비슷하게 세련된 수준이라면, 그리고 고개를 숙여 인사를 하든 악수로 인사를 하든 그 행위에 도덕성이 깃들어 있다면, 그런 차이는 문화의 질적 차이라기보다는 단지 취향이나 관습의 차이로 보아 무방할 것이다. 만약 '문화 상대주의'가 이런 경우들만을 염두에 둔 것이라면, 그 의미는 매우 제한적으로만 해석되어야 한다.

현대에는 여러 방면에서 '상대주의'가 혹은 '다원주의'의 이름으로 다수의 지지를 받고 있는데, 그것은 한때 절대적 가치를 지닌 것으로 행세하던 것들이 번번이 무너지는 것을 인류가 체험한 까닭이기도 하고, 요즈음 사람들의 이른바 '과학적'·'민주적' 삶의 태도 탓이기도 하다. '과학적'이란 한편으로는 수리(數理) 계량(計量)적이어서 보편적인 것 같지만, 그러나 다른 한편으로는 실험 관찰적이어서 그 결과는 언제나 불확실하고 상대적이다. 이런 상황에서는 서로 다른 사태나 생각에 대해서 상호 인정하고 존중하는 태도가 개방적이고 관용적이고 민주적이며, 이런 태도야말로 합리적이라는 생각이 폭넓은 지지를 받고 있다. 이런 경향의 연장선상에서 문화 상대주의도 그럴듯한 것으로 받아들여진다. 그러나 문화의 본질적인 면, 가령 도덕성의 면에서조차 상대성을 인정한다면, 끝내는 문화와 비문화, 도덕과 비도덕의 구별이 무의미해지고 말 것이다.

서로 다른 사회의 여러 형태의 문화의 특수성을 모두 인정한다 하더라도, 문화가 그것의 본질적인 면에서 고찰되는 한, 문화는 보편적인 것이다. 그렇기 때문에 우리는 서로 다른 문화일지라도 하나의 보편적 기준에서 그 질의 높낮이를 평가할 수 있다. 그러나 서로 다른 사회의 문화가 보편적 · 절대적 척도 아래에서 평가될 수 있다는 생각이 '자기 문화 중심주의'나 '문화 사대주의'를 낳는 것은 아니다. 선진 문화를 이끌어가고 있는 사람들은 '자기 문화 중심주의'에 쉽게 젖고, 낙후한 문화를 승계한 사람들은 '문화 사대주의'에 빠져들기 쉽지만, 그것은 사람들이 사려 깊지 못할 때 생기는 현상이지 보편적인 문화를 추구하는 일이 곧바로 자기 문화 중심주의나 문화 사대주의의 표상은 아니다.

2) 인류 문화와 민족 문화

개인이든 집단이든 이미 형성돼 있는 전통 문화 속에서 살기 마련이고 문화마다 나름의 고유성을 가지는 것이 보통이지만, 고유한 문화이기 때문에 꼭 지켜나가야만 하는 것도 아니고, 반대로 새로운 문화라 해서 꼭 받아들여 전통 문화를 버려야 하는 것도 아니다. 서로 다른 문화를 평가하고 좋은 문화를 가꾸어나가는 합당한 자세는, 우리 문화이든 남들의 문화이든, 문화라면 꼭 갖추어야 할 세련미와 도덕성을 기준으로 살펴서, 더욱 발전시킬 것은 발전시키고 개선해야 할 것은 개선하여 문자 그대로 문화를 부단히 '형성'해 가는 유연하고 개방적인 자세이다. 문화란 역사적인 것이고, 역사는 정태적인 것이 아닌 만큼, 문화 역시 고정 불변적인 것일 수가 없으니 말이다.

사람이 저마다 뛰어난 능력을 가지고 있다 하나 한 개인이나 한 집단의 그것은 전체 인류의 그것만은 못하다 할 것이다. 문화 향상의 바탕이라 할 상상력이나 창의력과 관련해서도 사정은 마찬가지이다. 제아무리 뛰어난 사람에게도 부족함이 있기 마련이고, 그것이 다른 사람을 통해서 보완될 수 있듯이, 한 사회의 문화가 제아무리 선진 문화라 해도 모든 면에서 그렇다고 보기는 어려울 것이며, 그 어떤 부분에서는 오히려 다른 사회의 문화를 배움으로써 개선할 수도 있는 일이다.

다만, 서로 다른 사회들 사이의 문화의 교류에 있어서 어느 한 집단의 문화가 문화의 '표준적 척도'가 되어 그를 좇아 세계 문화가 획일화된다면, 그것은 인류의 앞날에서 더 이상의 문화 발전을 가로막는 위험한 일이 될 수도 있다. 특성을 갖기 마련인 다양한 집단, 다양한 민족의 문화가 이른바 '선진적'인 한 집단의 문화를 기준으로 '세계화'라는 이름 아래 획일화한다면, 아마도 일시적으로는 전 인류가 '선진된 문명'의 빛 속에 서게 될지는 모르겠으나, 그러나 어쩌면 그것은 돌이킬 수 없는 인류의 재앙이 될 수도 있기 때문이다.

자연 안에서 생존하는 것은 인간뿐 아니라, 숱한 식물들이 있고 동물들이 있으며, 식물들은 식물들대로 동물들은 동물들대로 다시금 다양한 종류로 나뉘어 생존하고 있다. 더구나 소나무도 한 가지가 아니요, 참새 역시 한 가지가 아니다. 마찬가지로 '사람'도 사람인 한에서는 모두 같지만, 그러나 피부 색깔이 노란 사람도 있고 흰 사람도 있고 검은 사람도 있으며, 목소리가 높은 사람도 있고 낮은 사람도 있으며, 글씨를 잘 쓰는 사람이 있는가 하면 노래를 잘 부르는 사람이 있고, 그릇을 잘 만드는 사람이 있는가 하면 농사를 잘 짓는 사람도 있다. 자연은 사물들에게 왜 이런 다양함을 허용하고 있을까? 동물과 식물과 사람의 차이성과 다양성은 단지 자연 환경의 차이로 인한 것일까? 설령 주변 환경의 차이로 인해 사람들과 여타 사물들의 구별이 생겼고, 또한 주변 환경 차이 때문에 사람들 사이의 차이가 유래한 것이라 하더라도, 그 차이란 바로 각각의 환경에의 적합성을 뜻할 것이고, 사람들 사이의 차이나 각 민족 문화 형태의 차이는 그런 만큼 그 사람, 그 문화 형태의 적합성의 징표로 보아야 할 것이다. 만약에 실상이 그러하다면, 사람들 사이의 차이성과 민족의 다양성은 그 각각에 가장 알맞은 삶의 방식으로서 지켜져야 한다. 다시 말해, '보편적으로 더 좋다'는 구실로 무턱대고 남의 것을 받아쓰고 내 것은 아무렇게나 내던져버린다거나, 또는 선진 문명의 이름으로, 개화 계몽의 이름으로 자기 것을 남에게 강제로 씌워서는 안 될 것이다. 어떤 사람들에게는 좋은 것도 다른 사람에게는 부적합한 것일 수 있고, '부적합한' 그것은 미구에 그 다른 사람을 고사시키고 말 것이기 때문이다.

그럼에도 이른바 '무한 경쟁'의 세계에서 여타의 모든 삶의 방식을 압도하는 하나의 '삶의 방식'이나 그런 삶의 방식을 가진 사람들만이 '합리성'의 표본으로 살아남아, 마침내 인류가 보편적 삶의 방식으로 획일화되거나 가장 강한 하나의 민족, 가장 '선진적인' 한 문화 형태만이 번창한다면, 그 다음에는 어떤 일이 일어날까? 이제까지의 지구 생명체의 역사는 어느 한 종이 여타의 종을 압도할 만큼 극성(極盛)에 이르렀을 때 갑작스런 종말을 맞이했음을 보여주고 있다. 자연은 어쩌면, 생명체를 많은 유(類)로 나누고, 이것을 다시 많은 종(種)으로 나누고, 이것을 다시 많은 개체로 쪼개어 보편성과 함께 특성과 개성을 줌으로써, 자신의 품 안에서 자라는 생명체가 한 가지 원인으로 인해 일시에 소멸하는 재앙을 맞지 않도록 배려하고 있는지도 모른다. 인류가 인류인 한에서 보편성을 가지면서도, 여러 민족으로 나뉘어 각기 다른 문화를 일구어 살아가고 있음도 인류의 영속적인 번영을 위한 자연의 배려가 아닐까? 우리가 오늘날 우리 자신의 '자연 개발'로 인하여 생명체 종들의 변이와 소멸을 보면서 전율에 빠지고, '자연 보호'를 심각하게 받아들이는 것도 우리 안의 깊은 곳에서 울려오는, 다양성 유지를 통해 자연 자신을 지켜가려는 자연의 소리 때문이 아닐까?

일찍이 세계의 평화와 각 민족의 공존 번영을 역설했던 어떤 이는, 각 국가와 그 통치자들은 단일한 원리 아래에서 자신들이 전 세계를 지배하려 열망하고 자신들이 지배하는 토대 위에서 지속적인 세계 평화 유지를 기도하지만, "자연은 그와는 다르게 의욕한다"고 통찰했다. 그래서 다양한 민족의 번영이 자연의 '자연스런' 동향이고, 그것이 오히려 인류 전체의 문명과 평화와 융성을 가져온다는 것이다. 각기 민족은 고유한 언어와 종교 곧 문화를 가지고 있어 그것이 때로는 민족 간의 갈등과 불화를 야기하기도 하지만, 점차적인 상호 접근과 대화합을 통하여 더 큰 인류 문화를 낳고 마침내 평화를 영위할 수 있다는 것이다. 그 평화는 하나의 강자 밑에 나머지가 복종함으로써 생기는 자유의 무덤 속의 평화가 아니라, 제 세력들이 활기차게 경쟁하는 가운데서도 균형을 이룸으로써 성취되는 자유가 살아 있는 평화라는 것이다.

그러나 다양한 민족의 각각의 자유로운 번영이 자연이 의욕하는 바라 한다 해도, 그렇다고 해서 각 민족의 존속이 내버려두어도 '자연히' 이루어지는 것이라고 볼 수는 없다. 자연은 꽃씨를 바람에 날려 한 품종의 꽃이라도 더 많이 널리 고루 퍼져 자라기를 바란다 할 수 있지만, 바위 위에 떨어진 채 마냥 그대로 있는 꽃씨에게는 움틀 기회조차 주지 않으며, 수풀 그늘 속에 떨어져 겨우 뿌리내린 꽃씨에게는 다음 대를 이어갈 꽃씨 맺을 기회를 주지 않는다. 자연은 다양한 생명체의 공존을 배려하고 있으면서도, 또한 능동적으로 자기 삶의 여건을 개척해 가는 생명체에게 더 큰 번영의 기회를 준다. 역사적 사실이 말해 주듯이, 인간 세계에서도 주어진 상태만으로 모든 민족이 고르게 번영할 수는 없는 일이고, 삶의 방식을 부단히 개선해 가는 민족이 더 크게 번영할 기회를 갖는다. 그러하기에 각각의 사회나 각각의 민족이 '자기' 문화를 지키면서 상호 교류를 통해 자기 문화를 향상시켜 나가는 것만이 결국은 인류 전체의 번영과 평화를 보장하는 일이 된다.

우리 인간은 다른 문화를 서로 배워, 자기 문화를 풍부하게 만들고 남의 문화 향상에도 기여함으로써 인류 문화 창달에 이바지할 수 있다. 다만 사람의 능력은 주체성 내지는 자기 정체성(正體性)의 바탕 위에서 제대로 발양되는 것이 보통이므로, 본질적인 면에서의 수준에 큰 차이가 없는 것이라면, 자기 집단의 고유문화를 더욱 세련화하는 일은 자기 집단의 번영에도 좋은 일이요, 동시에 인류 사회에 다양성을 제공하여 그 삶의 질을 높이는 일이기도 하다. 예를 들어 한국 사람들이 서양 음악을 새로 배워 익히는 일은 한국의 문화 발전에 보탬이 되는 반면에, 한국 사람들이 전통 국악을 더욱 세련화하는 일은 한국 문화의 정체성을 확보함과 동시에 인류의 음악 세계를 풍요롭게 하는 데 기여하는 일이다.

6. 인간은 문화적 동물

요컨대, 지역 간에 시대적으로, 개인 간에 집단 간에, 민족 간에 국가 간에 문화 양상이나 문화 의식은 어느 부분 같으면서 어느 부분 서로 다르다. 인류 문화의 보편성과 다양성을 성찰하여 인류 공동의 문화를 질적으로 향상시키고 양적으로 풍부하게 함으로써 자연을 개작(改作)하고 문양을 새기는 일로부터 시작된 인류의 문화는 인류 자신을 형성 개작해 간다. 그리고 인류 문화가 형성 · 발전되어 가는 그만큼 인류의 역사는 진전한다.

어떤 사람들은 일반 자연의 세계처럼 인간의 사회 문화도 변화 · 변이할 뿐 발전이나 진보는 없으며, 그런 만큼 서로 다른 문화 형태들 사이에도 차이가 있을 뿐 우열은 없다고 주장한다. 그러나 이러한 주장은 궁극적으로는 일체의 가치(價値)를 부정하는 것으로, 인간과 짐승, 천사와 악마 사이에도 한낱 서로 다름이 있을 뿐, 품격(品格)의 차이란 없다는 주장을 함축한다. 그러나 우리는 여러 가지 기준에 따라 선악, 시비(是非), 곡직(曲直), 우열을 가릴 수 있고, 선진과 후진을 평가할 수 있으며, 발전과 답보와 퇴보를 논할 수 있다. 한 사람이 자유로운 사회보다는 여러 사람이 자유로운 사회가 분명히 진보한 사회이며, 여러 사람이 자유로운 사회보다는 모든 사람이 자유로운 사회가 분명히 더욱더 진보한 사회이다. 그리고 인류 역사는 그런 방향으로 진행되어 왔다. 짧은 시기에서는 그 방향이 역전된 적도 있고 머뭇거린 적도 없지 않지만, 대세는 진보적이었으며, 우리는 지금도 그러한 가치를 지향하고 있다. 수많은 사람들이 아직도 굶주리고 있지만, 그러나 그 상황은 현저하게 개선돼 가고 있으며, 모든 사람을 빈곤의 질곡에서 벗어나도록 하는 것이 상선(上善)으로 알고 우리는 그 목표를 향하여 노력하고 있다.

세상에는 가치 있는 일이 있고 해서는 안 될 일이 있음을 깨우치고, 인간이 세대를 이어가면서 가치 지향적 활동을 하는 한, 인간 사회는 문화 역사의 사회이며, 그런 한에서 인간은 이성적 동물로서 과학 기술적 · 정치 사회적 · 유희적 · 예술적 · 형이상학적 · 종교적 동물일 뿐만 아니라, 역사적 동물이고, 그런 의미에서 문화적 동물이라 할 수 있다.

[참고문헌]

I. 연구문헌

「대한민국 憲法」.

『經國大典』, 윤국일 역주, 여강출판사, 2000.

이 이, 『栗谷全書』.

이 익, 『星湖先生全集』.

_____, 『星湖僿說』, 민족문화추진회.

_____, 『星湖僿說』, 최석기 역, 한길사, 1999.

박지원, 『燕巖集』, 朴榮喆 편, 1932.

최한기, 『人政』, 민족문화추진회.

홍대용, 『湛軒書』, 민족문화추진회.

유형원, 『磻溪隨錄』, 명문당 영인본, 1982.

정약용, 『與猶堂全書』, 新朝鮮社, 1936.

_____, 『역주 목민심서』(1～6), 다산연구회 역주, 창작과비평사, 1978～1985.

_____, 『經世遺表』, 이익성 역, 한길사, 1997.

유길준, 『서유견문』, 허경진 역, 한양출판, 1995.

한용운, 『조선불교유신론』, 이원섭 역, 운주사, 1992.

백용성, 『覺海日輪』, 정운문 편, 보련각, 1984.

전병훈, 『精神哲學通編』, 1920경.
한치진, 『最新 哲學概論』, 復活出版部, 1936.
김 구, 『백범일지』, 도진순 주해, 도서출판 돌베개, 1997.

『周易』
『禮記』
『大學』
『論語』
『孟子』
『中庸』
『荀子』
『小學』
『朱子家禮』
『朱子語類』
老子, 『道德經』
『莊子』
『墨子』
『韓非子』
『呂氏春秋』
『史記』
范曄, 『後漢書』
『雜阿含經』
이연숙 뽑아옮김, 『精選 아함경』, 시공사, 1999.
학담 편역, 『아함경』, 조계종출판사, 2000.

『공동번역 성서』
Die Fragmente der Vorsokratiker[*Frag.*], H. Diels/W. Kranz 편, Verlag Weidmann, 1951.
Platon, *Politeia*[『국가』].
______, *Timaios*.

_____, *Phaidros*.

_____, *Theaitetos*.

_____, *Philebos*.

_____, *Sophistes*.

Aristoteles, *Categoriae*[『범주론』].

_____, *Ethica Nicomachea*[*Ethica*: 『윤리학』].

_____, *Metaphysica*[『형이상학』].

_____, *De anima*[『영혼론』].

_____, *Politica*[『정치학』].

_____, *Ars Rhetorica*[『수사학』].

_____, *Topica*[『위치론』].

Cicero, *De officiis*[『의무론』].

_____, *De legibus*[『법률론』].

_____, *De natura deorum*[『신론』].

Seneca, *Ad Lucilium Epistulae morales*[*Epistulae*: 『도덕서간』].

_____, *Naturales quaestiones*.

Diogenes Laertios, *VII*[Zenon]; *X*[Epicuros].

Plotinos, *Enneades*.

Augustinus, *De natura et origine animae*[『영혼본성론』].

_____, *De trinitate*[『삼위일체론』].

_____, *De civitate dei*[『신국론』].

_____, *De vera religione*[『참종교론』].

Anselmus, *Proslogium*.

Thomas Aquinas, *Summa Theologiae*[*ST*: 『신학대전』].

_____, *Quaestiones disputatae de veritate*.[*De veritate*: 『진리론』].

_____, *Summa contra gentiles*[『대이교도대전』].

_____, *Expositio super librum Boethii De trinitate*[*lib. Boet. De trin.*].

R. Descartes, *Meditationes de prima philosophia* [*Meditationes*: 『성찰』].

_____, *Principia philosophiae*[*Principia*: 『철학원리』] // *Principes de la philosophie*, Oeuvres de Descartes, par Ch. Adam & P. Tannery,

IX-2, Paris, 1978.
_____, *Discours de la méthode*[*Discours*: 『방법서설』].
Th. Hobbes, *De cive // On the Citizen*, ed. by R. Tuck and M. Silverthrone, Cambridge, 1998.
B. Spinoza, *Ethica ordine geometrico demonstrata*[*Ethica*: 『윤리학』].
J. Locke, *An Essay concerning Human Understanding*[*Essay*: 『인간지성론』], ed. A. C. Fraser, New York, 1959.
_____, *Two Treatises of Government*[『통치론』], ed. by P. Laslett, Cambridge 1988: 특히 *The Second Treatise of Civil Government*[「제2논고」: 「시민정부론」].
G. W. Leibniz, *Philosophische Schriften*, Bd. I, hrsg. v. H. H. Holz, Darmstadt, 1985.
_____, *Nouveaux Essais sur L'Entendement Humain*[『신인간지성론』].
_____, *Monadologie*[『단자론』].
I. Newton, *Philosophiae naturalis principia mathematica*[『자연철학의 수학적 원리』].
G. Berkeley, *A Treatise concerning the Principles of Human Knowledge* [『인간지식원리』].
J. O. de La Mettrie, *L'homme machine*[『인간기계론』].
_____, *L'homme plante*[『인간식물론』].
Ch. Wolff, *Philosophia prima sive Ontologia*[『제일철학』].
D. Hume, *A Treatise of Human Nature*[*Treatise*: 『인성론』], ed. by L. A. Selby-Bigge, Oxford, 1978.
_____, *An Enquiry concerning Human Understanding(with Hume's Autobiography and A Letter from Adam Smith)*[*Enquiry*: 『인간지성탐구』], introd. by E. Freeman, La Salle, Illinois, 1966.
_____, *An Enquiry concerning the Principles of Morals*[*EPM*: 『도덕원리탐구』], ed. by Tom L. Beauchamp, Oxford/N.Y., 1998.
Ch.-L. Montesquieu, *De l'espirit des lois*: 『법의 정신』, 권미영 역, 일신서적출판사, 1991.

J.-J. Rousseau, 「불평등기원론」, 『사회계약론 외』, 박은수 역, 인폴리오, 1998.

I. Kant, *Gesammelte Schriften*[AA: 『전집』], hrsg. v. der Kgl. Preußischen Akademie der Wissenschaft // v. der Deutschen Akademie der Wissenschaft zu Berlin, Bde. I~XXV, XXVII~XXIX, Berlin, 1900~.

_____, *Kritik der reinen Vernunft*[*KrV*: 『순수이성비판』.

_____, *Prolegomena zu einer jeden künftigen Metaphysik, die als Wissenschaft wird auftreten können*[*Prol*: 『형이상학서설』].

_____, *Grundlegung zur Metaphysik der Sitten*[*GMS*: 『윤리형이상학 정초』].

_____, *Kritik der praktischen Vernunft*[*KpV*: 『실천이성비판』].

_____, *Kritik der Urteilskraft*[*KU*: 『판단력비판』].

_____, *Metaphysik der Sitten*[*MS*: 『윤리형이상학』].

_____, *Religion innerhalb der Grenzen der bloßen Vernunft*[*RGV*: 『이성의 한계 안에서의 종교』].

_____, *Logik*[*Log*: 『논리학』].

_____, Beantwortung der Frage: Was ist Aufklärung?[WA: 「계몽주의란 무엇인가」].

_____, Mutmaßlicher Anfang der Menschengeschichte[MAM: 「인간 역사」].

_____, Über den Gemeinspruch: Das mag in der Theorie richtig sein, taugt aber nicht für die Praxis[TP].

J. Bentham, *An Introduction to the Principles of Morals and Legislation*[*Principles*: 『도덕과 입법 원리』], Prometheus Books, New York, 1988.

G. W. F. Hegel, *Gesammelte Werke*[GW], Felix Meiner Verlag, Hamburg, 1968ff.

_____, *Werke in zwanzig Bänden*(Theorie Werkausgabe[TW]), ed. v. E. Molenhauer / K. M. Michel, Suhrkamp Verlag, Frankfurt/M., 1970f.

_____, *Phänomenologie des Geistes*[*PdG*: 『정신현상학』]: GW9.

_____, *Wissenschaft der Logik*, Bd. 1[*WL* I: 『논리의 학』 I]: GW11.

_____, *Enzyklopädie der philosophischen Wissenschaften im Grundrisse* (1830)[*Enzy*: 『철학백과요강』]: GW20.

_____, *Vorlesungen über die Philosophie der Geschichte*[*VPG*: 『역사철학강의』]: TW12.

_____, *Grundlinien der Philosophie des Rechts*[*GPR*: 『법철학요강』]: TW7.

J. S. Mill, *Utilitarianism, On Liberty, Considerations on Representative Government*, ed. by G. Williams, J. M. Dent, London, 1993.

K. Marx, *Frühe Schriften*, Bd. 1, hrsg. H.-J. Lieber/P. Furth, Darmstadt, 1989.

_____, "Kritik des Gothaer Programms", MEW, Bd. 19.

K. Marx/F. Engels, *Deutsche Ideologie*[『독일 이데올로기』]: MEGA 3.

F. A. Lange, *Geschichte des Materialismus und Kritik seiner Bedeutung in der Gegenwart*, Iselohn/Leipzig, 1866.

F. Nietzsche, *Also sprach Zarathustra*[『차라투스트라는 이렇게 말했다』], in: Niezsche Werke, Bd. III, hrsg. K. Schlechta, München/Wien, 1980.

G. E. Moore, *Principia Ethica*[『윤리학원리』], Cambridge, 1959.

N. Hartmann, *Die Philosophie des Deutschen Idealismus*(1923/29), Berlin, [3]1974.

M. Heidegger, *Einführung in die Metaphysik*[『형이상학입문』].

U. T. Place, "Is Conciousness a Brain Process?", in: *British Journal of Psychology* 47(1956).

F. A. Hayek, *The Constitution of Liberty*, London, 1960.

J. Rawls, *A Theory of Justice*[*TJ*: 『정의론』], Oxford, 1971/1999.

_____, *Political Liberalism*[『정치적 자유주의』], New York, 1993.

『世界의 人權宣言』, 『新東亞』, 1975년 1월호 별책부록.

"The Declaration of Independence [of the thirteen united States of

America], in Congress, July 4, 1776".
"Grundgesetz für die Bundesrepublik Deutschland vom 24. Juni 1968".
"Hessische Verfassung vom 1. Dez. 1946".
"Bremer Verfassung vom 21. Okt. 1947".
UNESCO, "The Universal Declaration of Human Rights", Paris, 1995: 유네스코한국위원회 편, 『인권이란 무엇인가 — 유네스코와 세계인권선언의 발전과 역사』, 도서출판 오름, 1995.

II. 참조문헌

서울대학교 철학사상연구소 철학문헌정보센터(http://philosophy.snu.ac.kr/center/) 편, 『철학고전연구서』(전78권), 2003~2006.
Wissenschaftliche Buchgesellschaft 편, *Historisches Wörterbuch der Philosophie*, Bde. 12, Darmstadt, 1971~2004.
D. M. Borchert 편, *Encyclopedia of Philosophy*, 2nd edition, vols. 10, Macmillan Reference USA, 2006.

강영안, 『우리에게 철학은 무엇인가』, 궁리, 2002.
김인규, 『북학사상의 철학적 기반과 근대적 성격』, 도서출판 다운샘, 2000.
김철수, 『韓國憲法史』, 대학출판사, 1988.
김태길, 『한국윤리의 재정립』, 철학과현실사, 1995.
_____, 『유교적 전통과 현대 한국』, 철학과현실사, 2001.
김태영, 『실학의 국가 개혁론』, 서울대학교출판부, 1998.
김한식, 『實學의 政治思想』, 일지사, 1979.
나학진, 『기독교 윤리학』, 기독교방송 신학총서 5, 한밭출판사, 1983.
박영식, 「人文科學으로서 哲學의 受容과 그 展開過程」, 『인문과학』 26집, 연세대학교 인문과학연구소, 1972.
박종홍, 「李定稷의 '칸트' 硏究」, 『朴鍾鴻 全集』 V권, 민음사, 1998.

_____, 「李寅梓 論」, 『朴鍾鴻 全集』 V권.
백종현, 『독일철학과 20세기 한국의 철학』, 철학과현실사, 1998/2000.
_____, 『현대 한국사회의 철학적 문제: 윤리 개념의 형성』, 철학과현실사, 2003.
_____, 『현대 한국사회의 철학적 문제: 사회운영원리』, 서울대학교출판부, 2004.
성규탁, 『새 時代의 孝 — 부모 자녀 관계의 재조명』, 연세대학교출판부, 1995.
신용하, 『갑오개혁과 독립협회운동의 사회사』, 서울대학교출판부, 2001.
유영익, 『甲午更張硏究』, 일조각, 1990/1997.
이기상, 「철학개론서와 교과과정을 통해 본 서양 철학의 수용(1900~1960)」, 『철학사상』 5호, 서울대학교 철학사상연구소, 1995.
이종욱 외, 『韓國史上의 政治形態』, 일조각, 1993.
이현구, 「개화기 유학자와 계몽운동가들의 서양 철학 수용」, 『철학사상』 4호, 서울대학교 철학사상연구소, 1994.
전봉덕, 『韓國近代法思想史』, 박영사, 1981.
조요한, 「우리의 삶, 우리의 現實, 韓國 哲學言語로의 模索」, 『월간 조선』, 1982년 2월호.
조영달 편, 『한국 시민사회의 전개와 공동체 시민의식』, 교육과학사, 1997.
최영진 외, 『최한기의 철학과 사상』, 철학과현실사, 2000.
한국철학회 편, 『韓國哲學史』 下卷, 東明社, 1987.
_____, 『문화철학』, 철학과현실사, 1995.
한영우, 『다시 찾는 우리역사』, 경세원, 1997.
허남진, 「서구사상의 전래와 실학」, 『철학사상』 4호, 서울대학교 철학사상연구소, 1994.

김동화, 『佛敎倫理學』, 문조사, 1971/보연각, 1989.
김승혜, 『原始儒敎』, 민음사, 1990.
조긍호, 『유학심리학 — 맹자·순자 篇』, 나남출판, 1998.

P. Harvey, *An Introduction to Buddhist Ethics — Foundations, Values and Issues*, Cambridge University Press, 2000.

Tu Weiming/M. Hejtmanek/A. Wachman(ed.), *The Confucian World Observed*, Honolulu: The East-West Center, 1992.

금종우, 『국가론』, 형설출판사, 1979.

김용환, 『홉스의 사회 · 정치철학 —「리바이어던」 읽기』, 철학과현실사, 1999.

노명식, 『자유주의의 원리와 역사』, 민음사, 1991.

박호성, 『평등론 — 자유민주주의 · 사회민주주의 · 맑스주의의 이론과 현실』, 창작과비평사, 1994.

염수균, 『롤즈의 민주적 자유주의』, 천지, 2001.

조승래, 『국가와 자유 — 서양 근대 정치 담론사 연구』, 청주대학교출판부, 1998.

허남결, 『밀의 공리주의 — 덕과 공리성의 만남』, 서광사, 2000.

황경식, 『社會正義의 철학적 기초』, 문학과지성사, 1985.

E. Brunner, 『정의와 자유』, 전택부 역, 대한기독교서회, 1974.

H. Drüe/H. Schnädelbach/u.a., *Hegels Enzyklopädie der philosophischen Wissenschaften(1830). Ein Kommentar zum Systemgrundriß*, Frankfurt/M., 2000.

E. C. Gardner, *Biblical Faith and Social Ethics*: 『성서적 신앙과 사회윤리』, 이희숙 역, 종로서적, 1995.

A. Gross, *Der Streit um das Widerstandsrecht — Beitrag zur Geschichte der englischen Revolution*, Berlin, 1929.

Q. Hogg, *The Case for Conservatism*, Penguin Books, 1947.

J. Huizinga, *Homo Ludens. A Study of the play Element in Culture*, Boston, 1955: 『호모 루덴스』, 김윤수 역, 도서출판 까치, 1993.

W. C. Kaiser, *Toward Old Testament Ethics*: 『구약성경윤리』, 홍용표 역, 생명의말씀사, 1990.

H. Kelsen, 『정의란 무엇인가?』, 김영수 역, 삼중당, 1982.

A. Kojève, *Hegel — Eine Vergegenwärtigung seines Denkens* (Kommentar zur Phänomenologie des Geistes), hrsg. v. I. Fetscher, Frankfurt/M., 1975.

K.-L. Kunz/M. Mona, *Rechtsphilosophie, Rechtstheorie, Rechtssoziologie*, Bern/Stuttgart/Wien, 2006.

J. McClellan, 『자유, 질서 그리고 정의 — 미국 헌정의 원리』, 변정일 역, 범양사 출판부, 1991.

A. MacIntyre, *After Virtue*, London, 1981.

S. Mulhall & A. Swift, *Liberals and Communitarians*: 『자유주의와 공동체주의』, 김해성/조영달 역, 한울, 2001.

R. Nozick, *Anarchy, State, and Utopia*: 『自由主義의 正義論 — 아나키, 국가 그리고 유토피아』, 강성학 역, 대광문화사, 1991.

K. H. Peschke, *Christian Ethics. Moral Theology in the Light of Vatican II*. Volume 1: *General Moral Theology*, Alcester and Dublin, 1986: 『그리스도 윤리학 — 제2차 바티칸 공의회 정신에 의한 가톨릭 윤리신학. 제1권 기초 윤리신학』, 김창훈 역, 분도출판사, 1990.

J. Rees, 『평등』, 권만학 역, 대광문화사, 1990.

M. Riedel(Hs.), *Materialien zu Hegels Rechtsphilosophie*, 2 Bde. Frankfurt/M., 1974.

M. Sandel, *Liberalism and the Limits of Justice*, Cambridge, 1982.

H. Schnädelbach, *Hegels praktische Philosophie*, Frankfurt/M., 2000.

J. Seifert, *Das Leib-Seele-Problem und die gegenwärtige philosophische Diskussion*, Darmstadt, 1989.

L. Strauss, *Natural Right and History*, Chicago, 1953: 『자연권과 역사』, 홍원표 역, 인간사랑, 2001.

Th. C. Vriezen, *An Outline of Old Testament Theology*, Oxford, 1966.

M. Walzer, *Spheres of Justice*: 『정의와 다원적 평등』, 정원섭 외 역, 철학과현실사, 1999.

R. P. Wolff, *In Defence of Anarchism*, New York, 1970.

[찾아보기]

[인명 찾아보기]

[개념 찾아보기]

[ㅈ]

백 종 현(白琮鉉)

서울대학교 철학과에서 학사 · 석사 과정 후 독일 프라이부르크 대학에서 철학 박사 학위를 받았다. 인하대 교수, 한국철학회 『哲學』 편집인, 한국칸트학회 회장, 서울대 철학사상연구소 소장을 역임하였고, 현재 서울대 철학과 교수로 재직하고 있다.

주요 논문으로는 "Universality and Relativity of Culture"(*Humanitas Asiatica*, 1, Seoul, 2000), "Kant's Theory of Transcendental Truth as Ontology"(*Kant-Studien*, 96, Berlin & New York, 2005) 등이 있으며, 주요 저서로는 *Phänomenologische Untersuchung zum Gegenstandsbegriff in Kants "Kritik der reinen Vernunft"*(Frankfurt/M. & New York, 1985), 『독일철학과 20세기 한국의 철학』(1998/증보판 2000), 『존재와 진리 – 칸트 <순수이성비판>의 근본문제』(2000/보정판 2003), 『서양근대철학』(2001/증보판 2003) 등이 있고, 역서로는 『칸트 비판철학의 형성과정과 체계』(F. 카울바하, 1992), 『실천이성비판』(I. 칸트, 2002), 『윤리형이상학 정초』(I. 칸트, 2005), 『순수이성비판 1』 · 『순수이성비판 2』(I. 칸트, 2006) 등이 있다.

철학의 개념과 주요 문제

2007년 3월 5일 1판 1쇄 인쇄
2007년 3월 10일 1판 1쇄 발행
2008년 10월 1일 1판 2쇄 발행

지은이 / 백 종 현
발행인 / 전 춘 호
발행처 / 철학과현실사
서울시 종로구 동숭동 1-45
전화 579-5908 · 5909
등록 / 1987.12.15.제1-583호

ISBN 978-89-7775-617-5 03100
값 20,000원